Ferdinand von Zieglauer

Die Befreiung Ofens von der Türkenherrschaft 1686

Ein Beitrag zur zweihundertjährigen Gedächtnissfeier

Ferdinand von Zieglauer

Die Befreiung Ofens von der Türkenherrschaft 1686
Ein Beitrag zur zweihundertjährigen Gedächtnissfeier

ISBN/EAN: 9783744632683

Hergestellt in Europa, USA, Kanada, Australien, Japan

Cover: Foto ©ninafisch / pixelio.de

Weitere Bücher finden Sie auf **www.hansebooks.com**

Die Befreiung Ofens

von der

Türkenherrschaft 1686.

—◦◦◦—

Ein Beitrag zur

zweihundertjährigen Gedächtnißfeier.

Von

Dr. Ferdinand v. Zieglauer,

o. ö. Professor der österreichischen Geschichte an der k. k. Universität zu Czernowitz.

—◦◦◦—

Mit einer Tafel.

Innsbruck.

Verlag der Wagner'schen Universitäts-Buchhandlung.

1886.

Inhalt.

Vorwort.

Groß und gewaltig, einschneidend und folgenschwer waren jene opfer-
reichen Kämpfe um Ofen, die nach einer Dauer von fünfundsiebenzig Tagen
heute vor zweihundert Jahren ihren ruhmvollen Abschluß gefunden haben.
Wenn man die Bedeutung eines historischen Ereignisses nach dem Interesse
abschätzt, welches Mit- und Nachwelt an demselben genommen, so wird die
Befreiung Ofens nur wenige ihres gleichen in der Geschichte der Türkenkriege finden; ja, man muß sagen, daß der Kampf um Ofen im vollsten
Sinne ebenso als Entscheidungskampf angesehen wurde, wie die glorreiche
Befreiungsschlacht, die am 12. September 1683 unter den Mauern von Wien
geschlagen worden ist. Und mit Recht; denn wenn die letztere einen Wendepunkt in der Geschichte Ost-Europas deßhalb bezeichnet, weil den Expansions-
Bestrebungen der Osmanen im Abendlande für immer ein Ziel gesetzt wurde,
so haben der Kampf um Ofen und dessen unmittelbare Folgen die Frage
türkischer Herrschaft über Ungarn entschieden. Die Blätter dieses Buches
werden den Beweis bringen, daß die unbeugsamen Streiter beim Kampfe
um Ofen eine halbe Welt mit dem Ruhme ihrer Waffen erfüllt, daß jene
großen Ereignisse sich nicht ohne die innigste Theilnahme fast des ganzen
Abendlandes vollzogen und daß fast alle Kulturländer Europas die That der
Befreiung Ofens mit ihrem Jubel begleitet haben. Die tiefgreifenden Folgen
dieser Kämpfe und Siege sind allenthalben vorausempfunden worden. Das
Erscheinen der vorliegenden Arbeit, die das Andenken an jene ruhmvollen
Waffengänge erneuern, die denkwürdigen Einzelheiten der bewunderungswürdigen Handlung in die Erinnerung emporrufen soll, einer Arbeit, die sich
theilweise auf bisher undurchforschte handschriftliche Quellen stützt, bedarf daher
wohl kaum einer Rechtfertigung. Sie soll auf Grund eingehender Quellen-
forschung einen Beitrag zur Kenntniß jener gewaltigen Ereignisse und zur

Beurtheilung ihrer Bedeutung liefern, und die Blätter dieses Buches sollen zugleich einen Kranz bilden, der niedergelegt wird zur Erinnerung an jene stolzen Ruhmestage Oesterreichs, an die Helden der verbündeten christlichen Heere, die mit jener hinreißenden Begeisterung, welche das Eintreten für eine große Sache weckt, gelitten, gerungen und gesiegt haben, und endlich an jene glänzenden und eindrucksvollen Führergestalten, in deren Hände die Leitung der Waffen vor Osen gelegt war, und deren Namen auf das engste verknüpft sind mit den herrlichsten Triumphen, die je das kaiserliche Schwert davongetragen hat.

Schließlich sei für die Gestattung der Benützung handschriftlicher Quellen hiermit der lebhafteste Dank ausgesprochen. Insbesondere sage ich meinen wärmsten Dank dem Vorstande des Schriften-Archives im k. k. Reichs-Kriegs-Ministerium, ferner den Vorständen der Bibliothek des National-Museums in Budapest und den vielen Freunden, die mit großer Bereitwilligkeit diese Forschungen förderten und denselben ihre wirksame Unterstützung angedeihen ließen.

Czernowitz, den 2. September 1886.

Der Verfasser.

Zur militärischen und diplomatischen Lage.

1. Die Waffengänge der Verbündeten.

(Vom Herbste 1683 bis zum Ausgange des Jahres 1685.)

Gegen 7 Uhr Abends am 12. September 1683 hatte ein welthistorisches Ereigniß seinen ersten Abschluß gefunden. Jene wackeren Streiter, welche am Morgen jenes unvergessenen Tages von den Höhen herabgestiegen waren, um die türkischen Lagerlinien bei Wien zu umklammern, hatten eine Großthat vollzogen, deren unvergänglicher Ruhmesglanz leuchtend in die Gegenwart hineinstrahlt; eine gewaltige Völkerschlacht war geschlagen, welche nach dreizehnstündiger Dauer mit dem völligen Siege der verbündeten christlichen Heere über die Türken endigte, Wien rettete und damit den Sieg der abendländischen Kultur über die Fluth der osmanischen Barbarei neuerdings besiegelte. Es wird immer beklagenswerth bleiben, daß man den errungenen Sieg nicht durch eine rasche, vernichtende Verfolgung des Feindes mit der Cavallerie ausnützte. Man weiß, welch' glänzende Erfolge nach der Schlacht von Waterloo dadurch erzielt wurden, daß man sich mit drängender Eile dem fliehenden Feinde an die Fersen heftete und daß Gneisenau mit seinen Füsilieren durch seine nächtliche Verfolgung das Meiste dazu beitrug, dem glorreichen Siege die Krone aufzusetzen. Der weitschauende Feldherrnblick des Herzogs Karl von Lothringen erkannte auch die dringende Nothwendigkeit der Ausnützung des Sieges bei Wien. Mit vollem Nachdrucke drang er darauf, den Feind mit der gesammten Macht oder wenigstens mit der Cavallerie unverzüglich zu verfolgen, noch im Herbste Gran oder Neuhäusel zu belagern, oder Párkány, den starkbefestigten Brückenkopf von Gran und Pest für sichere Winterquartiere zu gewinnen[1]). Aber die unmittelbare Ausführung von Karl's Plänen scheiterte zunächst an dem Widerstreben des Königs von Polen, der seinen Truppen einige Ruhetage schaffen wollte; auch noch andere widerstrebende Elemente stemmten sich der Energie und dem kraftvollen Vorwärtsdrängen Karl's entgegen. Der Kurfürst von Sachsen trat mit seinen Truppen den Rückmarsch in die Heimath an, der Kurfürst von Bayern, dessen Truppen freilich durch Krankheit furchtbar litten, lagerte auf dem Marchfelde und war lange nicht zum Zuge gegen Osten zu bewegen, auch der Führer der schwä-

---

[1]) „Das Kriegsjahr 1683.“ Dargestellt in der Abtheilung für Kriegsgeschichte des k. k. KriegsArchivs. Wien 1883. S. 276 u. fg.

bischen und fränkischen Kreistruppen erhob lähmende und hemmende Bedenken. Es ist nicht zu leugnen, daß nach dem glorreichen Siege vom 12. September eine gewisse Abspannung sichtbar wurde und daß an die Stelle der Einmüthigkeit und der idealen Begeisterung, alle widerstrebenden Elemente dem einen hohen Ziele dienstbar zu machen, Mißverhältnisse, Verstimmungen und Schwankungen traten. So ging eine kostbare Zeit von fünf Tagen verloren, deren kluge und rasche Ausnützung die künftigen Operationen im hohen Grade erleichtert hätte. Endlich gab der König von Polen seine Zustimmung zu den Plänen Karl's und der Kaiser billigte ausdrücklich die Vorschläge desselben, ja kurze Zeit später ordnete er in bestimmtester Weise an, daß der Feldzug durch einen bemerkenswerthen Act seinen Abschluß zu erhalten habe[1]). Daher glauben wir auch, daß die Bedeutung des Schreibens, welches der kaiserliche Resident Kuniz am 24. September an Maurocordato richtete und in dem man ein „wenig verschleiertes Friedenserbieten von kaiserlicher Seite" erblicken will, wesentlich überschätzt wird[2]). Der kaiserliche Befehl mag sich auf die Zeit vor der Schlacht am 12. September beziehen. So glänzend auch der Sieg bei Wien sich gestaltete, so zerschmetternd die Schläge auf das Haupt der Osmanen niederfielen: darüber konnte kein Weitblickender im Zweifel sein, daß eine dauernde Sicherheit der westlichen Gebiete erst dann gewonnen, eine Wiederkehr der furchtbaren, eben mühsam abgewendeten Gefahren erst dann verhindert sein werde, wenn der große Wurf gelungen, die Grenze der osmanischen Machtsphäre zu verrücken und weiter und weiter nach Osten zu schieben. Man darf nie vergessen, daß 1683 die türkische Grenze nicht mehr als 100 Kilometer von Wien entfernt war, bis hart vor Komorn reichte, daß Gran und Neuhäusel die westlichen Bollwerke osmanischer Barbarei bildeten und Ofen der Schlüssel des türkischen Reiches genannt wurde. Bei dem Ehrgeize, der Herrschgier und den flammenden Rachegedanken der Osmanen vermochte dieses gewaltige Staatswesen binnen kurzer Frist wieder an das Schwert der Uebermacht zu schlagen. Einen Augenblick mag sich Kaiser Leopold dem täuschenden Gedanken des Friedens und der Sicherheit vor weiteren Gefahren hingegeben haben. Dies leuchtet aus der Antwort hervor, die er am 24. September an den ihn zum Siege beglückwünschenden venetianischen Gesandten, Domenigo Contarini, richtete[3]): „Nachdem die weitgreifenden Pläne der Barbaren auf diese Weise zertrümmert, würden sie für lange Zeit die Christenheit im Frieden belassen."

Aber dieser Blüthentraum der Hoffnung welkte rasch dahin. Der Kaiser gab schließlich allen Vorschlägen des Herzogs von Lothringen zur Verfolgung des Feindes und zum Angriffe auf das türkische Gebiet seine Zustimmung. Nachdem fünf kostbare Tage verloren waren, brachen die Kaiserlichen und die Polen, doch ohne die deutschen Hilfskorps, am 18. September gegen Preßburg auf. Dort trat eine neue, beklagenswerthe Verzögerung ein, weil die Schiffbrücke, welche die Streitkräfte auf das linke Donauufer zu bringen hatte, nicht früher fertig gestellt werden konnte. Am 2. Oktober beschloß der Kriegsrath, den Gedanken einer Belagerung von Neuhäusel fallen zu lassen, dagegen den Angriff auf Párkány und Gran zu richten. Am 3. Oktober wurde der diesen Zielen entsprechende Vormarsch fortgesetzt; am 7. Oktober erlitten dann die Polen jene verhängnißvolle, blutige Schlappe bei Párkány, der mehr als 2000 polnische

---

[1]) „Das Kriegsjahr 1683" a. a. O. S. 298 und 305.
[2]) Ono Klopp: „Das Jahr 1683 und der folgende große Türkenkrieg" S. 342.
[3]) Ono Klopp a. a. O. S. 340.

Reiter zum Opfer fielen. Mangel an Besonnenheit, ja Eigensinn und Leichtsinn des Königs, der gegen den ausdrücklichen Befehl des Herzogs Karl ohne Infanterie und ohne Geschütz, in seiner Verblendung einen leichten Sieg wähnend, zum Angriff schritt, Mangel an Kundschaft, Mangel an Disciplin der Truppen, dies Alles vereinigte sich, den Tag für die Polen so verhängnißvoll, die Verluste so empfindlich zu machen. Das Unglück wäre noch viel größer geworden, wenn die Wogen der nachstürmenden Türken sich nicht an dem ehernen Walle der zu Hilfe eilenden kaiserlichen Küraffiere gebrochen hätten. So beschämend für Sobieski diese Niederlage auch war, so schmerzlich die Verluste empfunden wurden: den Gang der Ereignisse hat dieser Unglückstag nicht im mindesten aufgehalten. Schon zwei Tage darauf, am 9. Oktober, hat das über-legene Feldherrntalent Karl's in der Schlacht bei Párkány einen ruhmvollen Sieg errungen, der das Werk einer Stunde war und mit völliger Vernichtung des Feindes endigte: von den 16.000 Türken, die am Morgen dieses für sie so verhängnißvollen Tages zur Abwehr bereit standen, fanden 9000 theils in den Fluthen der Donau ihr Grab, theils im Kampfe ihr blutiges Ende. Noch während der Dauer der Schlacht wurde Grans befestigter Brückenkopf — Párkány — im ersten Ansturm genommen, kein Pardon gegeben, die Besatzung erbarmungslos niedergemacht, nur 200 Janitscharen die erflehte Gnade gewährt [1]). So hat sich der türkische Name von Párkány — „Herzdurch-bohrend" — in erschütternder Weise vorbedeutungsvoll erwiesen. Nach allen Seiten machten sich die Folgen des glänzenden Sieges geltend und äußerten sich in dem Aufbruche Kara Mustapha's mit den Trümmern seines Heeres von Ofen nach Belgrad, im Rückzuge Thököly's und im Abfalle einer Reihe ungarischer Magnaten von der Sache der Rebellion [2]).

Unverzüglich schritt Karl von Lothringen im Sinne der am 2. Oktober in Vizvar gefaßten Beschlüsse des Kriegsrathes zur Belagerung von Gran. Es war ihm aber nicht beschieden, seine hingebenden Bemühungen ausschließlich der militärischen Ope-ration zu widmen. Wir können heute noch die quälende Sorge Karl's nachempfinden, die ihm die schwankende Haltung des polnischen Königs bereitete, der so störend auf die in zielbewußter Weise mit drängender Eile in Angriff genommene militärische Action wirkte. Die Hindernisse eines einmüthigen Handelns wollten kein Ende nehmen. Zuerst stimmte der König dem Plane der Belagerung von Gran bei, dann erhob er Bedenken auf Bedenken. Einen Augenblick schien es, als ob der König die Verbündeten verlassen, auf und davon in die Winterquartiere ziehen wolle. Die verschiedenartigsten Einflüsse stürmten auf die Seele des Königs und riefen diese unheilvollen Schwan-kungen hervor. In den Briefen der Königin Maria Kasimire aus Warschau, wo der französische Einfluß wieder im Wachsen war, wurde die Rückkehr der Armee unter Hinweis auf die öffentliche Meinung und die Stimmungen der Patrioten gefordert, von vielen Officieren der polnischen Armee dies Verlangen unterstützt; auch der schwere Krankenstand, die herrschende Ruhr, die täglich viele Opfer forderte, mochte empfindlich auf die Erschütterung des ursprünglichen Entschlusses gewirkt haben. Die ruhelose Arbeit und die hingebenden Bemühungen des Herzogs trugen endlich den Sieg über alle Bedenken davon, doch bedurfte es seiner persönlichen Intervention und des Hin-weises auf den ausdrücklichen Befehl des Kaisers, den Feldzug mit einem hervorragenden

---

[1]) Das Kriegsjahr 1683 a. a. O. S. 290 und 291.
[2]) Ebenda S. 292.

Erfolge zu schließen[1]). Der König stimmte der Belagerung von Gran endlich zu, verweigerte jedoch den Uebergang seiner Truppen auf das rechte Donauufer, blieb bei Párkány stehen, nahm also keinen direkten Antheil an dem Befreiungswerke von Gran, vollzog aber doch eine militärische Mission, indem er die Belagerung gegen eventuelle Angriffe Thököly's und der Tartaren deckte, auch eine Batterie errichtete, die das Schloß beschoß. An Kampfesmitteln für die Umlagerung und Erstürmung von Gran litt Karl von Lothringen keinen Mangel; für die Polen war reichlicher Ersatz geboten; am 16. Oktober war die ersehnte kurbayerische Infanterie zum kaiserlichen Heere gestoßen, wenige Tage später auch ein, freilich kleiner Bruchtheil der bayerischen Cavallerie (1200 Reiter). Am 12. Oktober war auch das kleine brandenburg=preußische Hilfs=korps bei den Verbündeten eingetroffen, das der Kurfürst Friedrich Wilhelm dem pol=nischen Könige auf Grund des Bromberger Vertrages vom 6. November 1657 und des Subsidienvertrages vom 22. Juli 1683 gesendet hatte. Dasselbe bestand aus 1000 Mann zu Fuß in 8 Kompagnien, 200 Dragonern in 2 Kompagnien, 3 Geschützen und 56 Wagen[2]).

Dieses Detachement, das unter dem Kommando des Wolfgang Christoph Freiherrn zu Waldburg stand, nahm direkten Antheil an der Belagerung und Eroberung von Gran. Der Angriff auf Gran begann am 22. Oktober; mit staunenswerther Schnellig=keit schritten die Arbeiten vor, am 25. Oktober wurde die Wasser= und Raitzenstadt im ersten Anlauf genommen, am 26. Oktober das Schloß immer heftiger beschossen, am 27. dasselbe zur Kapitulation gezwungen und am 28. von kaiserlichen Truppen besetzt. So war in fünf Tagen eine hochwichtige Grenzposition der Türken gefallen, eine Stadt zurückgewonnen, die seit 1605 ununterbrochen im osmanischen Besitze war, deren hohe Bedeutung sich am besten in dem Umstande spiegelt, daß sie seit 140 Jahren ein heißumstrittener Platz war, unter dessen Mauern die Schaaren des Morgen= und Abendlandes um die Palme des Sieges rangen. Zum erstenmale wurde Gran im Jahre 1543 von den Türken erobert, dann ging es nach gewaltigen blutigen Kämpfen im Jahre 1595 für sie verloren und fiel nach neun Jahren wieder in ihre Hände.

Mit der glänzenden Waffenthat der Rückeroberung Grans schloß der Feldzug und die Truppen zogen in die Winterquartiere. Aber damit verstummte noch nicht der Waffenlärm dieses an aufreibenden Kämpfen, an Jammer und Elend, an allen Schrecken, aber auch an Siegen und Ehren reichen Kriegsjahres. Abgesehen davon, daß die Winterquartiere von den Polen förmlich erkämpft werden mußten[3]), haben die Polen, die mit ihnen vereinigten 7 kaiserlichen Regimenter und das brandenburgische Detachement, dessen Kampfesmittel übrigens furchtbar zusammengeschmolzen waren, noch manchen heißen Streit um einzelne befestigte Städte Oberungarns ausgefochten.

Am 10. November wurde die Stadt Szécsény in anderthalbstündigem Kampfe erstürmt[4]), am 8. Dezember die Beschießung von Zeben (unweit Eperies) vorgenommen

[1]) „Das Kriegsjahr 1683" a. a. O. S. 296—297, und Otto Klopp S. 252—54 schildern die Schwankungen des polnischen Königs mit allem wünschenswerthen Detail.
[2]) Ueber diese Verhältnisse hat erst in neuester Zeit ein interessanter Aufsatz Licht gebracht, der unter dem Titel: „Brandenburgisch=Polnische Türkenzüge von 1671—1688" erschienen ist. (Kriegs=geschichtliche Einzelschriften. Herausgegeben vom Großen Generalstabe. Heft 5. Berlin 1884. S. 18—22.)
[3]) Das Kriegsjahr 1683 a. a. O. S. 308.
[4]) „Kriegsgeschichtliche Einzelschriften" a. a. O. 5. Heft; S. 20. Die Stärke der Besatzung ist

und die Stadt zur Uebergabe gezwungen. Aber auch damit hatten die Kämpfe jenes Jahres ihr Ende nicht erreicht; bis tief in den Winter hinein hörte Oberungarn den Donner der Geschütze. Graf Dünewald, der sich mit 3 kaiserlichen Regimentern bei Kaschau von den Polen getrennt hatte, griff das von den Rebellen besetzte Leutschau an, beschoß die Stadt auf das heftigste und zwang den fast ganz niedergebrannten Platz am 11. Dezember zur Uebergabe auf Gnade und Ungnade.

Unterdessen wurden zu Linz, am Hoflager des Kaisers, in den Monaten Oktober, November und Dezember die eifrigsten Berathungen über die Fortsetzung des Kampfes gegen die Türken gepflogen; und es handelte sich jetzt nicht mehr um die Frage, ob der Krieg gegen die Osmanen weiter zu führen sei, sondern um die Art der Ausführung der Pläne, um die Kampfesmittel, um die Bundesgenossen. Ende September mochte, wie bereits erwähnt wurde, die Seele des Kaisers wohl einen Augenblick von dem Gedanken an die Möglichkeit eines baldigen Friedens mit den Türken befangen gewesen sein, aber diese Stimmung hielt nicht lange vor; seit Mitte Oktober waren der Kaiser und alle seine Rathgeber für die Fortsetzung des Kampfes. Ja, diese Strömung war so gewaltig, daß selbst der einzige Mann am Hoflager des Kaisers, der spanische Gesandte Borgomaniero, der dem Türkenkriege abgeneigt war und die Kräfte des Kaisers lieber gegen den Einbruch der Franzosen in Belgien gerichtet hätte, allmählig verstummen mußte und den Widerspruch aufgab.

Man muß sagen, daß es umfassende und große Ziele waren, die man im Oktober bei jenen Berathungen in Linz in's Auge faßte. Rüstungen im großen Maßstabe wurden beschlossen, 20.000 Mann Infanterie und 10.000 Reiter sollten angeworben, die Stärke des kaiserlichen Heeres sollte auf 80.000 Mann gebracht werden. Aber nicht darin liegt das Schwergewicht der Bedeutung dieser Beschlüsse, die auf einen großangelegten Offensivkampf hinwiesen; die weitschauenden, weltumfassenden Pläne erhielten in anderen Kundgebungen ihren Ausdruck. Es wurden Gesandte an die Großfürsten Iwan und Peter von Moskau, ja auch an den Schah von Persien geschickt, um dieselben zum Kampfe gegen die Pforte aufzufordern; an die Fürsten von Siebenbürgen, der Moldau und Walachei ergieng die Einladung, dem Bunde gegen die Osmanen sich anzuschließen, an den Papst, an Venedig, Florenz und an die Malteser wurde die Bitte gerichtet, den Albanesen in ihrer bereits begonnenen Erhebung gegen die Türken Beistand zu leisten[1]). Eine halbe Welt sollte also zu einem allgemeinen Anfalle auf die osmanischen Länder in Bewegung gesetzt werden. Unter diesen Umständen ist die Behauptung ganz und gar ungerechtfertigt, daß der Blick der Konferenz nicht nach weiteren Eroberungen ausschaute[2]). Auf die alten Bundesgenossen konnte der Kaiser mit Sicherheit rechnen, auf die deutschen Hilfstruppen, auf die Polen und nicht zum

---

da mit 500 Janitscharen und 600 anderen Türken angegeben. Etwas abweichend davon theilt „Das Kriegsjahr 1683" mit, daß die Besatzung aus 300 Janitscharen und 560 Reitern bestanden habe, welche durch die bewaffnete muselmannische Bevölkerung verstärkt worden sei. Der Verlust der Brandenburger betrug beim Kampf um Szécsény 12 Todte und 13 Verwundete. (Kriegsgesch. Einzelschriften; V. S. 20.)

[1]) Ono Klopp a. a. O. S. 359—370; in anschaulicher und lebendiger Weise ist da das allmählige Reifen der Entschlüsse geschildert, doch muß die Darstellung durch die Angaben ergänzt werden, welche „Das Kriegsjahr 1683" S. 320 nach der Registratur des Reichskriegsministeriums zur Mittheilung bringt.

[2]) Ono Klopp a. a. O. S. 361.

geringsten Theile auf die werkthätige Hilfe des Papstes, der nie aufgehört hatte, den Kampf gegen die Osmanen als eine Sache der ganzen Christenheit zu betrachten, der mit Fenereifer für diese große Sache eintrat und in hingebender Bemühung alle Hindernisse zu beseitigen suchte, die sich dem einen hohen Ziele entgegenzustemmen schienen, dessen helle Einsicht nach allen Seiten hin die Rathschläge ertheilte, dessen freigebige Hand reiche Mittel für die Fortsetzung des Kampfes bot.

Neue Impulse für einen nachhaltigen und umfassenden Kampf gegen das Osmanenthum, für einen Anfall auf dasselbe von allen Seiten waren erst dann gegeben, eine gesicherte Grundlage für die Einleitung der Bündnisse erst dann geschaffen, wenn die Hoffnung erstarkte, daß der Friede im Westen wenigstens für die nächste Zeit gesichert sei; und diese Hoffnung hat sich erfüllt. Dem Fortgange der Monarchie Ludwig's XIV. in ihrer erobernden Tendenz war durch die Constellation der europäischen Verhältnisse Einhalt geschehen. Der französische König gab sich keiner Täuschung hin, daß eine Liga gegen ihn sich bilden könne; es schien ihm daher geboten, seine Schritte zu mäßigen und der europäischen Nothwendigkeit durch eine Beschränkung seiner Ansprüche Rechnung zu tragen. Noch im September schien der Einmarsch der Franzosen in Belgien eine Conflagration im Westen zu erwecken; Spanien war auf's höchste beunruhigt, sein König appellirte an die Verbündeten. Indem er eine Allianz der Seemächte besorgte, mäßigte Ludwig auch in dieser Beziehung seine Ansprüche; dem Plane des Kaisers, auf einem allgemeinen Congreß in Haag alle Streitfragen zur Prüfung und Lösung zu bringen, war er nicht abgeneigt.

Mit erleichtertem Herzen konnte man jetzt am Hoflager in Linz sich dem geplanten Offensivkriege gegen das Osmanenthum zuwenden.

Indem der Friede im Westen für die nächste Zeit gesichert schien, indem die Besorgnisse vor den erobernden Tendenzen Ludwig's XIV. zurücktraten, konnte man alles Denken und Fühlen den großen Zielen im Osten zuwenden.

Die Vollendung des stolzen Gedankens, den man in Linz im Oktober und November zum Ausdrucke brachte, der eine halbe Welt zum Anfalle auf das Osmanenthum vereinigen wollte, wurde nun zwar zunächst nicht erreicht; aber es kam doch ein großer starker Bund, eine Vereinigung gleichgesinnter und von gemeinsamen Interessen geleiteter Staaten zu Stande, die zielbewußt dem einen großen Gedanken dienstbar war, die Macht der Osmanen auf allen Seiten zurückzudrängen. In den ersten Tagen des Monats Dezember 1683 wurde die Einleitung der Verhandlungen wegen Abschluß einer umfassenden Liga gegen die Türken am Hoflager des Kaisers in Linz vollzogen. Im Auftrage des Letzteren forderte Graf Königsegg den Botschafter der Republik Venedig, Domenigo Contarini, auf, seiner Regierung den Vorschlag auf Abschluß eines Bündnisses gegen die Türken zu unterbreiten. Bei den herrschenden Stimmungen und Tendenzen der Republik konnte kein Zweifel obwalten, daß die Mehrheit des Senates den Antrag der Allianz mit Freude annehmen werde. Wohl gab es im Senate eine Gegenströmung, eine Partei, die den Frieden als die sicherste Grundlage der Dauer der Republik zu erhalten wünschte. In der entscheidenden Sitzung des Senates — Jänner 1684 — wo die schicksalschwere Frage der Allianz zur Verhandlung kam, war Foscarini der Sprecher der Friedenspartei; in warmen und weichen Tönen, doch ohne Leidenschaft und mit vornehmer Ruhe entwickelte er die Gründe für die Erhaltung des Friedens, aber die große Mehrheit des Rathes beschloß die Allianz mit dem Kaiser und mit Polen. Nichts ist bezeichnender für die Stimmungen am Hofe zu Warschau und

für den Entschluß des polnischen Königs, an dem Bündnisse mit dem Kaiser festzu=
halten und den Kampf gegen das Osmanenthum weiter zu führen, als der Ausspruch,
mit welchem König Johann die Nachricht von dem Beschlusse des Senats der vene=
tianischen Republik aufnahm. „Es lebe der Senat von Venedig" rief der König, als
der Courier ihm diese Botschaft überbrachte. Am 5. März 1684 kam dann nach
Abschluß aller Vorverhandlungen jener große Bund in Linz zu Stande, der die heilige
Liga genannt wurde und aus dem Kaiser, dem König von Polen, der Republik Venedig
unter dem Protectorate des Papstes Innocenz XI. bestand[1]). Diese machtvolle Staaten=
vereinigung bezeichnet den Ausgangspunkt eines Kampfes, der 16 Jahre dauerte und
so überreich an Opfern und Kraftaufwand, aber auch an Siegen und Ehren war; sie
bezeichnet den Anfang einer Kriegsepoche, welche gewaltige Emanationen des militärischen
Geistes zeigt, Großthaten aufweist, welche den Jubel und die Theilnahme von Millionen
im Abendlande wachriefen. Eine halbe Welt ist mit dem Ruhme der Waffen der
österreichischen und der deutschen Heere in den Befreiungskämpfen gegen osmanische
Barbarei erfüllt worden, denn die wackeren Streiter der verbündeten christlichen Heere
haben mit jener hinreißenden Begeisterung, die das Eintreten für eine große Sache
weckt, mit jenem Feuer, das die Unerschrockenheit einflößt, gelitten, gerungen und gesiegt.

Abgesehen davon, daß die Herstellung der inneren Ruhe in Ungarn ein noth=
wendiges Postulat der verständigen Regierungspolitik bilden mußte und bildete, war
es mit Rücksicht auf den großen Kampf gegen die osmanische Herrschaft in Ungarn
dringend geboten, alle gebundenen Kräfte in Ungarn frei zu machen, zu concentriren
und dem einen großen Zwecke dienstbar zu machen.

Auf Beschwichtigung der Rebellion, auf Beilegung der Wirren in Ungarn zielten
nun unausgesetzt die Bestrebungen der kaiserlichen Regierung, die Rathschläge und
Bemühungen ihrer Verbündeten. Alle Verhandlungen mit Thököly scheiterten und
mußten scheitern an der Maßlosigkeit seiner Forderungen. Es galt daher, den Führer
der Rebellion zu isoliren, ihm die Kräfte des Aufstandes zu entziehen. Es galt daher,
durch eine allgemeine umfassende Amnestie den Aufstand zu brechen und die religiösen
Besorgnisse der protestantischen Bekenntnisse zu beschwichtigen und zu zerstreuen.

Nach diesen beiden Seiten hin war die Politik der kaiserlichen Regierung thätig.
Zwei Erscheinungen erregen dabei unser besonderes Interesse. Man weiß, wie unver=
söhnlich und unnachgiebig sich die römische Curie fast immer den protestantischen
Bekenntnissen gegenüber zeigte. Innocenz XI. war aber von dem einen großen Ge=
danken der Zusammenfassung und Vereinigung aller Kräfte zum Kampfe gegen den
Islam so erfüllt, daß er alle Bedenken und Traditionen der römischen Curie dem in's
Auge gefaßten großen Zwecke unterordnete. Staunend hören wir, wie Innocenz in
der confessionellen Frage Ungarns Töne der Versöhnlichkeit, weitgehender Toleranz, ja
der Gewissensfreiheit anschlägt und eine Sprache redet, deren Einbürgerung in den
Kreisen der römischen Curie sehnlichst zu wünschen war. Der venetianische Gesandte
erzählt uns, der Cardinal=Nuntius habe dem Kaiser eröffnet, daß der Papst als das
Haupt der Kirche der allgemeinen Amnestie und der Gestattung der freien Religions=
übung für die Protestanten in Ungarn beistimme, damit sie, befriedigt wie immer es

---

[1]) Werden und Reisen dieses Bundes sind neuerdings mit eingehender Sorgfalt geschildert bei
Otto Klopp: „Das Jahr 1683" u. s. w. S. 371 - 389.

sein möge, Antheil nehmen am Kampfe wider die Türken. Denn er wisse gar zu wohl, daß die Gewissen sich nicht zwingen lassen[1]).

Und noch eine zweite Erscheinung in der Haltung der Alliirten dem Rebellenführer Thököly gegenüber weckt eine Empfindung der Ueberraschung, um nicht zu sagen, des Befremdens. Die Härte, die in den Rathschlägen des Papstes zum Ausdrucke gelangt, sticht grell ab von der milden und versöhnlichen Stimmung des Kaisers. Indem Innocenz alle Hindernisse, die sich dem großen Kampfe gegen den Islam in den Weg stellten, erbarmungslos zu Boden reißen und zerschmetternd über sie hinwegschreiten wollte, rieth er dem Kaiser, einen Preis auf den Kopf Thököly's zu setzen, um die Rebellion im Haupte derselben rascher zu ersticken. Diesen Rath lehnte der Kaiser ab und die in Ungarn verkündete Amnestie war eine allgemeine, erstreckte sich auch auf Thököly, wenn er zum Gehorsam gegen den legitimen Souverain zurückkehren wollte.

Mit großen und stolzen Hoffnungen mochte man in das Kriegsjahr 1684 eintreten, wo die heilige Liga zum erstenmale ihre Kraft bewähren, gewaltige Offensivstöße gegen das Osmanenthum in Ungarn, in Podolien, an der dalmatinischen und albanesischen Küste auf weitausgedehnten Kriegsschauplätzen führen sollte. Ende Juni concentrirte sich das kaiserliche Heer bei Párkány in der Stärke von 85 Schwadronen, 39 Bataillonen und 70 Feldgeschützen[2]).

An der Seite der polnischen Armee bei den Unternehmungen gegen Chotin und KamenjecPodolskij (22. September bis 11. Oktober) focht abermals ein brandenburgisches Hilfscorps von 2000 Mann (darunter zwei Compagnien Dragoner), welches der Große Kurfürst auf Grund des Vertrages vom 16. März 1684 dem polnischen Könige gewährt hatte[3]).

Die venetianische Kriegsmacht führte Francesco Morosini, dessen Gestalt man nicht mit Unrecht „als eine Art Markstein" benannt hat, „der den Beginn des sturzartigen Unterganges der Republik bezeichnet." Es ist derselbe Kriegsheld, der 15 Jahre früher mit ruhmvoller Ausdauer Candia vertheidigt hat, bis er dem unabwendbaren Schicksale sich beugen mußte. Es wurde dem Helden jetzt die Genugthuung zu Theil, die Leiden von Candia durch großartige Siege wettzumachen. Die freigebige Hand des Papstes Innocenz bot auch in diesem Jahre, wie früher, im reichen Maße Geldhilfe für Kriegszwecke, die sich für den Kaiser auf 1,300.000 Gulden, für den König von Polen auf 500.000 Gulden belief[4]).

Den kühnen Hoffnungen und der Siegeszuversicht, die man dem Kriegsjahre 1684 entgegenbrachte, entsprachen durchaus nicht die Erfolge der Feldzüge. Das Hauptunternehmen, die Belagerung von Buda, mißlang und endigte, was das schmerzlichsten war, mit einer furchtbaren Einbuße an Kampfesmitteln. Zwar wurden auf den drei Kriegsschauplätzen einzelne Vortheile errungen, ja einzelne glänzende Waffenthaten

---

[1]) Die Stelle aus dem Berichte des Domenigo Contarini vom 26. Dezember ist abgedruckt bei Ono Klopp a. a. O. S. 374.
[2]) Röder v. Diersburg: „Des Markgrafen Ludwig von Baden Feldzüge wider die Türken." (Karlsruhe 1839) I. 80.
[3]) Ueber diese Cooperation bringt interessante Details die oben erwähnte Abhandlung in den „Kriegsgeschichtlichen Einzelschriften" herausgegeben vom Großen Generalstabe. V. 22 u. f.
[4]) Ono Klopp a. a. O. S. 390.

vollzogen, aber alle diese Lichterscheinungen wurden verdunkelt durch den schicksalsschweren Gang der Dinge vor Buda. Die kaiserliche Armee, welche am 13. Juni ihre Operationen begann, nahm im raschen Anlaufe das am Donaufer gelegene Felsenschloß Visegrád, um die Wasserstraße für den Transport der Kampfesmittel frei zu machen, nach anderthalbtägiger Belagerung am 18. Juni. Neun Tage später, am 27. Juni, hat der Herzog von Lothringen ein aus 17.000 Streitern bestehendes Corps der Türken bei Waitzen über den Haufen geworfen, eine Wegstunde weit verfolgt und als Frucht des Sieges die Uebergabe der befestigten Stadt Waitzen erzielt, die noch am nämlichen Tage capitulirte. Während der Dauer der Belagerung von Buda hat der Herzog auf der Ebene von Hamsabég in der gewaltigen Reiterschlacht, deren Getümmel volle vier Stunden währte, so zerschmetternde Schläge gegen das türkische Entsatzheer geführt, daß 3000 feindliche Leichen das Schlachtfeld bedeckten, das ganze Lager sammt allem Gezelt und Geschütz erbeutet wurde. Gleichwie die Kaiserlichen auf dem ungarischen Kriegsschauplatze einzelne leuchtende Vortheile errangen, haben die Venetianer in einer Reihe glänzender Waffenthaten Risano in Dalmatien, Santa Maura im jonischen Meere, Preveza an der albanischen Küste erstritten und in Besitz genommen. Aber, wie gesagt, alle diese Errungenschaften traten in den Hintergrund vor dem Unglücke, das die kaiserliche Armee bei Buda traf, dessen Belagerung trotz der Opfer, die entsagungsfreudig gebracht wurden, trotz vieler Beweise des kühnsten Unternehmungsgeistes und trotz hingebender Tapferkeit mißlang. Wenn man als Ursache des Mißlingens „die Unterschätzung der türkischen Kraft des Widerstandes" angibt, so ist, wie wir glauben, diese Behauptung zu allgemein. Die Tradition von der zähen Ausdauer der Türken bei der Vertheidigung fester Plätze war im österreichischen Heere gewiß eine allgemeine; sechsmal ist das von den Türken vertheidigte Ofen vergeblich belagert worden, im Jahre 1594 haben 50.000 Mann kaiserlicher Truppen unter dem Befehle des Erzherzogs Mathias Gran vergeblich belagert, vergeblich sechsmal die Werke gestürmt. — Das Unternehmen auf Buda scheiterte und mußte scheitern an dem allzu großen Selbstvertrauen, an der siegesfrohen Zuversicht der Heerführer, die von dem trügerischen Glauben befangen waren, daß die Panik bei den Türken fortdauere, daß der lähmende Schrecken ihnen noch in den Gliedern stecke und ihre Kraft fessle, jener lähmende Schrecken, der sie seit der Septemberschlacht bei Wien bis Párkány und Gran und von Waitzen bis nach Pest begleitete. Man zog nicht in Rechnung, daß der Gegner seinen Halt wieder gefunden haben könne. Aus diesem täuschenden Glauben ist der befremdende Optimismus zu erklären, dem sich die Heerführer hingaben. Am 24. Juli, also 10 Tage nach Beginn der Belagerung versprach der Feldmarschall Starhemberg, der die Belagerung leitete, in fünf Tagen in der Stadt zu sein, und an demselben Tage schrieb Markgraf Ludwig von Baden an seinen Oheim: „und glaub' ich nit, daß dieser Ort sich längsten noch über 3 oder 4 Tag halten werde"[1]. Gar viele Ursachen vereinigten sich, um das verhängnißvolle Mißlingen der Unternehmung herbeizuführen. Die Uebereilung, mit der man zum Angriffe schritt, ohne die verbündeten deutschen Hilfscorps (Bayern und Schwaben) abzuwarten, die bekanntlich erst am 11., 22., 24. September und 5. Oktober in die Belagerungslinie einrückten, als die Einbuße der kaiserlichen Streitkräfte bereits eine furchtbare geworden war, Mangel an Einmüthigkeit der Truppenführer, Mangel an

[1] Röder v. Diersburg, a. a. O. I. 99.

zielbewußten Dispositionen, Unbeständigkeit der Entschlüsse, wiederholter Wechsel der Angriffsfronten, worüber der Markgraf Ludwig von Baden mit Recht eine vernichtende Kritik übte und es als das „größte Uebel" bezeichnete, daß man selten länger als vierundzwanzig Stunden auf einer Resolution beharre, heute auf der rechten, und wenn der verlangte Erfolg nicht gleich erzielt werde, auf der linken Seite den Angriff vornehme[1]): dies Alles vereinigte sich, um den schweren Mißerfolg einer Unternehmung herbeizuführen, die in großem Style hätte erfaßt werden müssen.

Nachdem die vergebliche Belagerung 109 Tage gedauert hatte (seit 14. Juli), traten die Reste der furchtbar gelichteten Regimenter am 30. Oktober den Rückzug an. Die Einbuße an Menschenleben ist eine geradezu erschreckende gewesen, von den 57.000 Mann, die im Laufe der Belagerung nach und nach in die Kampfeslinien gerückt waren, hatten 23.000 unter den Mauern von Ofen ihr Grab gefunden.

Aber die Kluft zwischen Wollen und Können, die sich momentan vor Ofen aufgethan, die Gräber abgestorbener Hoffnungen erschütterten nicht im geringsten den Muth und die Zuversicht der verbündeten Staaten. In rastloser Thätigkeit und mit allem Feuereifer wurden die Rüstungen betrieben, durch neue Werbungen die Lücken im Heere ausgefüllt, um im nächsten Feldzuge — 1685 — die Leiden vor Ofen durch neue Siege wettzumachen. Der am 15. August 1684 mit Ludwig XIV. abgeschlossene Waffenstillstand und die dadurch wenigstens für die nächste Zeit erzielte Sicherung der westlichen Reichsgrenzen gaben die Möglichkeit, daß die kaisertreuen Reichsfürsten in umfassenderer Weise ihre Hilfsvölker zum Kampfe gegen die Türken nach Osten zu senden vermochten. Die Kurfürsten von Bayern und Köln, die Herzoge von Braunschweig-Lüneburg, der fränkische, schwäbische und oberrheinische Kreis stellten zusammen 37.500 Mann für das Kriegsjahr 1685.

Die Geschichte dieses Feldzuges weist zwei glänzende Waffenthaten der verbündeten Heere in Ungarn auf: die Eroberung von Neuhäusel, des äußersten osmanischen Bollwerkes im Westen, und den Sieg bei Gran über das vom Großvezier geführte türkische Heer. Während der Belagerung von Neuhäusel, die am 7. Juli begonnen hatte und trotz rastloser Arbeit nur mühsam und langsam Fortschritte machte, erschien das türkische Hauptheer, vom Serasfier Kara Ibrahim geführt, in der reichlichen Stärke von 40.000 Mann, welche nach dem Uebergange über die Draubrücke bei Essek über Ofen am rechten Donauufer aufwärts gezogen waren, vor der Festung Gran, deren Belagerung in Angriff genommen wurde.

Schon waren die Laufgräben eröffnet, schon hatte die Beschießung begonnen, aber noch war man im Hauptquartiere bei Neuhäusel schwankend, ob Gran seinem Schicksale überlassen und die ungetheilte Kraft nur allein der Eroberung Neuhäusels zugewendet werden solle. Es scheint kein Zweifel obzuwalten, daß dem Markgrafen Ludwig von Baden das Verdienst zuerkannt werden muß, eine Doppelaction befürwortet zu haben: die Fortsetzung der Belagerung von Neuhäusel und den Aufbruch des Hauptheeres zum Entsatze von Gran. Mit vollem Nachdrucke und mit dem ihm eigenen Feuer der Energie trat der Markgraf für diese Idee ein[2]).

---

[1]) Der interessante Bericht des Markgrafen Ludwig ist abgedruckt bei Röder a. a. O. I. S. 105
[2]) Im Angesichte der bei Röder a. a. O. I. S. 139 und 141 u. f. mitgetheilten Actenstücke müssen wir an der Annahme dieser Urheberschaft festhalten. Wenn Onno Klopp a. a. O. S. 396 sagt: „Aber der Herzog von Lothringen war der Ansicht, daß die Hälfte der Belagerungsarmee vor

Zu dem am 6. August im Hauptquartiere bei Neuhäusel gehaltenen Kriegsrathe gelangte dieser Gedanke zum Siege und die Doppelaction wurde mit eben soviel Klugheit und Umsicht, als unwiderstehlichem Nachdrucke durchgeführt. Zur Fortsetzung der Belagerung von Neuhäusel wurde unter dem Befehle des Feldmarschalls Aeneas Caprara ein aus kaiserlichen Regimentern und Contingenten der deutschen Reichstruppen bestehendes Corps von 16.000 Mann zurückgelassen. Die Hauptarmee — 40.000 Mann stark — brach am 7. August zum Entsatze von Gran auf, überschritt am 8. August den Donaustrom bei Komorn, nahm die Besatzung von Visegrád, das leider wieder auf kurze Zeit in die Hände der Osmanen gefallen war, auf, und erschien am 11. August im Angesichte des Feindes. Fünf Tage später erfocht dann Karl jenen glänzenden Sieg bei Gran (16. August), der zwar nicht mit der Zerschmetterung des Gegners, aber mit dem Rückzuge desselben und dem Verluste von 1500 Todten, 200 Gefangenen und 31 Geschützen endigte. Und an diesen Sieg reihte sich rasch ein zweiter. Am 19. August wurde nach zweistündigem gewaltigen Kampfe (von 7 bis 9 Uhr Morgens) Neuhäusel mit stürmender Hand genommen und schon um 10 Uhr Vormittags erstattete der Marschall Caprara im Siegesjubel seinen schriftlichen Bericht über das Gelingen der Action an seinen obersten Kriegsherrn. Sicher waren die Erfolge dieses Feldzuges vom Jahre 1685 groß und schön; mit der Festung Neuhäusel war die ganze türkische Enclave zwischen der Waag und Neutra wieder zurückerobert, der Besitz von Gran neuerdings gesichert, Waitzen, das im jüngsten Winter auf kurze Zeit den Türken abermals in die Hände gefallen war, zurückgewonnen und die Grenze des osmanischen Machtgebietes, welche noch 1683 nur 100 Kilometer von Wien entfernt war, bis an das große Donauknie bei Waitzen zurückgedrängt; aber man kann nicht sagen, daß die beiden glanzvollen Siege von Neuhäusel und Gran in großem Style ausgebeutet worden sind; der Kapuziner-Mönch Marco d'Aviano, der den kaiserlichen Kriegszügen seit 1683 das Geleite gab, mag recht haben, wenn er wenige Tage nach den eben erwähnten ruhmvollen Waffenthaten am 25. August seinem kaiserlichen Herrn schreibt: „Das ganze Uebel, welches ich vorfinde und welches mir vielen Kummer bereitet, besteht in der Langsamkeit, welche bereits große Nachtheile verursacht hat und noch verursacht[1).

Aber was man auch sagen mag, die Erfolge, welche die Heereszüge im Jahre 1685 mit verhältnißmäßig geringen Opfern errungen haben, dürfen nicht unterschätzt werden. Nicht nur im Donauthal und an der Neutra ist der Sieg an die Banner der Kaiserlichen gefesselt worden, auch das kleine Corps, welches Feldmarschall Graf Leslie in Croatien befehligte, hat nennenswerthe, wenn auch nicht dauernde Erfolge erzielt, in einem siegreichen Gefechte am 13. August den Türken vor Essek eine empfindliche Schlappe zugefügt, einen Theil der vielumstrittenen Brücke bei Essek zerstört und vorübergehend auch diese Stadt besetzt. In Oberungarn ist eine Reihe von festen Plätzen, die im Machtkreise der Thökölÿ'schen Rebellion lagen, von den kaiserlichen Waffen genommen, ist Eperies nach dreiwöchentlicher Belagerung mit Waffengewalt bezwungen, Tokai besetzt, sind Kaschau, Sáros-Patak und Ungvár zur Capitulation vermocht worden. Die Truppen der verbündeten Republik Venedig drangen mit gleichem Glücke, wie im

---

Neuhäusel dennoch genügen, daß er immerhin mit der anderen Hälfte gegen den Serasfier Ibrahim aufbrechen könne", und wenn er damit den Herzog als den Urheber und Hauptverfechter des Gedankens einer Doppelaction hinstellen will, so fehlen dafür die Beweise.
[1) Ono Klopp a. a. O. S. 396.

vorausgegangenen Jahre, auf der Siegeslaufbahn weiter. Francesco Morosini's ruhm=
volle Führung ließ sie neue Erfolge erringen. Auf den Mauern des eroberten Koron,
an der Küste von Morea, wallte das rothe Banner Venedigs.

Mit berechtigten Hoffnungen durfte man den Feldzügen im kommenden Jahre
entgegensehen und eine Siegeslaufbahn in großem Style erwarten. In gleicher Weise
theilte man die frohe Zuversicht und die Hoffnungsfreudigkeit am Hoflager des Kaisers,
im Schooße der römischen Curie, in den Reihen der kampferprobten Heere, wie in
der stillen Klosterzelle des Kapuziner=Mönches Marco d'Aviano, des treuen und vertrauten
kaiserlichen Rathgebers, dessen ganzes Denken und Fühlen dem gewaltigen Kampfe
der christlichen Heere gegen den Erbfeind zugewendet war, in dessen Feuerseele die
edelste Begeisterung für die Siege und Ziele der durch die heilige Liga verbündeten
Staaten aufflammte. Gleichwie Papst Innocenz XI. bei diesen Kämpfen die um=
fassendsten Ziele in's Auge gefaßt hatte, eine halbe Welt zur Abwehr der Osmanen ver=
einigen wollte, den ganzen Osten dem Halbmond wieder zu entreißen und den Segnungen
des christlichen Geisteslebens zurückzugeben sehnlichst wünschte, so theilte auch der gott=
begeisterte Mönch die weite Auffassung und das Streben nach den großen Zielen. Er
hat dieselben nie klarer und bestimmter ausgesprochen, als in dem aus Venedig an
den Kaiser gerichteten Schreiben am 1. Dezember 1685, also zu einer Zeit, da bereits
die Vorbereitungen für die Feldzüge des nächsten Jahres im großen Style getroffen
wurden[1]). „Gott stehe Ihnen bei“, schreibt er, „und verleihe Ihnen im nächsten Jahre
die größten Siege gegen den Türken und sowohl die Eroberung von ganz Ungarn,
als auch der andern von dem Türken besetzten Staaten, bis man denselben vollends
aus Europa vertrieben haben wird“[2]). Wir werden da an die großartigen,
weitausgreifenden Pläne erinnert, welche fünfundfünfzig Jahre früher die Seele Wallen=
stein's erfüllten, nachdem er den Frieden mit Dänemark (12. Mai 1629) geschlossen
und die Herrschaft des Kaisers auch in Niederdeutschland zur unbedingten Uebermacht
gebracht hatte. Er dachte damals die orientalische Frage in großem Maßstabe zu
lösen, im nächsten Frühling in Albanien ein Heer von 100.000 Mann zu sammeln,
die auf 7 Millionen berechneten Kosten dieses gewaltigen Zuges aus eigenen Mitteln
aufzubringen, von Albanien aus den kühnen Zug nach Konstantinopel zu unternehmen,
die türkische Macht zu zerschmettern, Stambul zu erobern, die Türken nach Asien zu
treiben, und die Eroberungen unter die Kriegstheilnehmer zu vertheilen, doch so, daß
alle Theile des europäischen Ostens unter der Oberlehnsherrschaft des Kaisers stehen,
wie die Theile des deutschen Reiches. Dieselben kühnen, stolzen Pläne und Hoffnungen,
welche einstens die Seele des gewaltigen Kriegsheros erfüllten, lagen nun auch in dem
Gedankenkreise des einfachen, aber kampfbegeisterten Kapuziners. Vor dem Throne
hat er seinen Ideen lauten Ausdruck gegeben und den drängenden Rath ertheilt, die

---

[1]) Was man auch mit Recht gegen einzelne Auffassungen und Darstellungen Ono Klopp's sagen
und einwenden mag, darin ist die Kritik einig, daß sein Buch durch die zahlreichen Mittheilungen aus
der Correspondenz zwischen Kaiser Leopold und dem Kapuziner d'Aviano, die zum erstenmale um=
fassend benützt, wenn auch leider nicht vollständig geboten wird, in dieser Beziehung einen beachtens=
werthen Fortschritt bezeichnet und die historische Erkenntniß wesentlich bereichert hat.

[2]) Iddio gl'assista e li conceda nell'anno prossimo vittorie grandissime contro il Turco
et il conquisto di tutta l'Ungaria et altri stati occupati dal Turco, sino a scacciarlo del tutto
dall'Europa. (Ono Klopp a. a. O. S. 399.)

orientalische Frage in umfassender Weise zu lösen, die Türken aus Europa zu jagen und nach Asien zu werfen.

Zwei Umstände waren es, die zu Beginn des Feldzuges 1686 neue Hoffnungen weckten, siegesfreudig in die Zukunft blicken ließen und im glücklichen Gelingen noch größere Erfolge, als bisher erzielt wurden, in frohe Aussicht stellten. Das Bündniß des Kaisers mit dem Großen Kurfürsten Friedrich Wilhelm sicherte die Mithilfe dieses mächtigsten unter den deutschen Reichsfürsten und die Erwerbung eines starken, in langer Kampfesschule trefflich geübten Hilfscorps. Zweitens ist ein seit dem Herbste des Jahres 1683 stets erstrebtes Ziel erreicht und durch den Abschluß eines Schutz- und Trutzbündnisses zwischen Polen und den moskowitischen Czaren der Kriegsschauplatz für den mächtigen Anfall auf das Osmanenthum erweitert worden.

2. Der Vertrag des Kaisers mit Brandenburg über die Türkenhilfe.

Der Große Kurfürst hatte bisher in dem seit 1683 entbrannten Kriege keine Reichshilfe gegen die Türken geleistet. Die kleinen brandenburg'schen Contingente, welche an den Kämpfen in Ungarn im Jahre 1683 und auf dem nordöstlichen Kriegs-schauplatze im Jahre 1684 gegen die Türken theilnahmen, wurden, wie oben erzählt wurde, auf Grund besonderer Verträge mit dem Polenkönige Sobieski in's Feld gestellt. Ob-gleich im Princip reichsgesetzlich die Stände des Reiches gegen die drohende Türken-gefahr zur militärischen Hilfe verpflichtet waren, so mußte über den Antheil der ein-zelnen Stände und über die Bedingungen in den einzelnen Fällen durch besondere „Capitulationen" um so mehr entschieden werden, als die Machtvollkommenheit des Kaisers mehr und mehr in's Wesenlose zurückgetreten, die Stellung der Reichsstände eine stets mächtigere geworden war. Als Wien einer entsetzlichen Gefahr preisgegeben war und die Vereinigung aller Kräfte zur Abwehr des Erbfeindes als Gebot der Nothwendigkeit erschien, setzte sich Kaiser Leopold, gleichwie mit den Kurfürsten von Bayern und Sachsen auch mit dem Großen Kurfürsten wegen Stellung kriegsbereiter Mannschaft gegen die Türken in Unterhandlungen. Die letzteren zerschlugen sich; es wäre ungerecht und unhistorisch, alle Schuld des Scheiterns dem Kurfürsten zuzu-schreiben. Es ist wahr, daß sich des Letzteren seit 1679 eine tiefe Verstimmung gegen den Kaiser bemächtigt hatte. Isolirt und verlassen, war er im genannten Jahre gezwungen, den für ihn nachtheiligen Frieden von St. Germain en Laye zu schließen und für seine Stimmung ist nichts bezeichnender, als daß er als Text der Friedenspredigt die Worte der Bibel wählen ließ: „Es ist gut auf den Herrn vertrauen und sich nicht verlassen auf Fürsten"[1]. Dessenungeachtet war er im Jahre 1683 zur Hilfe bereit und ging auf Unterhandlungen ein, machte aber seine Cooperation von zwei Bedingungen ab-hängig, verlangte Berücksichtigung seiner Ansprüche auf die schlesischen Herzogthümer und Sicherung gegen die französischen Gefahren durch Herstellung des Friedens oder Waffenstillstandes mit Ludwig XIV. Es kann nicht geleugnet werden, daß der Kur-fürst beim Eintreffen der Nachricht von der Bedrohung Wiens durch die Türken den eifrigsten Willen hatte, an dem Kampfe gegen die Ungläubigen theilzunehmen und an

---

[1] „Der Kampf um Wien 1683. Sein Verlauf und seine Bedeutung für die Geschichte des Festungskrieges." Von G. Schröder. Berlin, 1883, S. 24.

der Rettung Wiens mitzuwirken. Am 20. Juli erklärte er sich bereit, 12,000 Mann gegen die Türken marschiren zu lassen; er sendete Ende Juli den Fürsten Georg von Anhalt zum Zwecke von Unterhandlungen an den Kaiser und ließ durch denselben seine Bedingungen stellen[1]), die man am kaiserlichen Hoflager in Passau als „exorbitant" bezeichnete. Diese vom Fürsten von Anhalt geleiteten Unterhandlungen, die sich vom 5. bis 19. August hinschleppten, scheiterten nicht so sehr an den „exorbitanten" Forderungen, als an zwei anderen wesentlichen Umständen, und zwar einmal an dem Verlangen des kaiserlichen Hofes, daß in dem mit Brandenburg abzuschließenden Vertrage, der einen Defensivbund für die sämmtlichen beiderseitigen Lande schaffen sollte, die Gewährung einer Gesammtgarantie ausgesprochen werde; in der Erfüllung einer solchen Forderung erblickte aber der Kurfürst die Aufbürdung zuweit gehender Verpflichtungen. Vor Allem scheiterten aber die Verhandlungen an der ablehnenden Haltung, welche der kaiserliche Hof gegenüber den Erbietungen Frankreichs zu einem Waffenstillstande einnahm. Die Erklärung, welche der Große Kurfürst dem polnischen Gesandten in Berlin im August 1683 gab, läßt die Stimmungen und leitenden Gedanken der brandenburgischen Regierung wie in einem treuen Spiegel erscheinen; „nicht an ihm — sagte er — liege die Schuld der Säumniß; der Vertrag, den man dem Fürsten von Anhalt vorgeschlagen, zeige, daß man seine Hilfe nicht wolle; da der Waffenstillstand mit Frankreich abgelehnt sei, müsse er besorgen, daß, wenn seine besten Truppen an der Donau anderer Herren Länder retten helfen, seine Lande am Rhein und an der Elbe überfallen würden"[2]). So ist es gekommen, daß es dem brandenburgischen Heere versagt blieb, an dem Waffenruhme der verbündeten christlichen Heere bei den Kämpfen um Wien theilzunehmen.

Erst der am 15. August 1684 nach langen Unterhandlungen zwischen dem deutschen Reiche und Frankreich abgeschlossene Waffenstillstand bildet einen Wendepunkt für die Beziehungen des Kaisers zu Brandenburg. Vom Großen Kurfürsten selbst ging die Initiative für eine Annäherung der beiden Staaten im November 1684 aus. Zum Zwecke der Verhandlungen versprach er einen Bevollmächtigten nach Wien zu senden und übertrug dann diese Mission dem Otto von Schwerin[3]). Doch nicht dieser Persönlichkeit war das Gelingen der doppelten Aufgabe beschieden, eine dauernde Freundschaft zwischen den beiden Staaten zu begründen und die Hindernisse eines guten Einvernehmens zu beseitigen. Die Forderungen, welche Schwerin im Namen seines kurfürstlichen Herrn in Wien erhob, fanden nur zum geringsten Theile ihre Erfüllung[4]). Die Lösung der schwierigen Aufgabe, den Großen Kurfürsten in die Bahnen der kaiserlichen Politik zu leiten, bundesfreundliche Beziehungen herzustellen, und eine Türkenhilfe von Seite des brandenburg-preußischen Staates zu erwirken, vollzog der Reichshofrath Franz Heinrich von Fridag, der nach dem Tode des Grafen Lamberg, österreichischen Gesandten am brandenburgischen Hofe, die Mission nach Berlin erhielt. Die Instruktion für den kaiserlichen Abgesandten ist am 8. Dezember 1684 ausgestellt

---

[1]) Geschichte der Preußischen Politik von J. G. Droysen, 2. Aufl. III, 3. S. 502 u. f. und S. 636.
[2]) Droysen a. a. O. S. 504.
[3]) Oesterreich und Brandenburg, 1685—1686. Von Dr. Alfred Pribram. Innsbruck. 1884. Diese auf neuerschlossenen Quellen aufgebaute Untersuchung bildet die Grundlage unserer Darstellung des Ganges der betreffenden diplomatischen Verhandlungen.
[4]) Oesterreich und Brandenburg a. a. O. S. 6—8.

worden. Sie trägt unverkennbar die Spuren des tiefschmerzlichen Eindruckes, den das mißglückte Unternehmen gegen Osten und die damit verknüpfte furchtbare Einbuße an Menschenleben hervorriefen; aus ihr spricht die Erkenntniß der Nothwendigkeit, die Streitkräfte und Kampfesmittel zur Fortsetzung des Krieges gegen das Osmanenthum zu mehren. Das Leisetreten, das als geboten erachtet und dem Gesandten zur Pflicht gemacht wurde, ist ebenso bezeichnend für die Lage der Dinge, wie für die herrschenden Stimmungen. Der Gesandte erhielt den Auftrag, äußerlich den Schein zu wahren, als ob er blos zur Beglückwünschung des brandenburgischen Hofes wegen der Vermählung des Kurprinzen mit Sophie Charlotte von Hannover seine Sendung erhalten hätte[1]. Die beiden Hauptziele seiner Aufgabe, den Kurfürsten zur Theilnahme an dem Kampfe gegen die Türken zu bewegen und ein dauerndes Freundschaftsverhältniß zwischen den beiden Staaten herzustellen, sollten insbesondere vor dem Grafen Rébénac, dem französischen Gesandten am Berliner Hofe, und vor dessen Parteigenossen als Geheimniß behandelt werden. Beim Kurfürsten selbst aber solle mit allem Nachdrucke die Stellung eines Hilfscorps gegen die Türken zu erwirken versucht werden; der Gesandte möge auf die Leiden der Erbländer, auf die verhängnißvollen Nachwirkungen des mißglückten Kriegsunternehmens gegen Osten, auf die unumgängliche Nothwendigkeit einer ausgiebigen Mithilfe des Reiches zur glücklichen Beendigung des Kampfes, auf das wiederholte Versprechen des Kurfürsten, für den Fall der Herstellung eines Friedens mit Frankreich dem Kaiser nachdrücklich gegen seine Widersacher Hilfe zu leisten, eindringlich und unausgesetzt hinweisen. Aber die Erwirkung der Theilnahme am Kampfe gegen die Osmanen sollte nur einen Theil der Aufgabe der Mission bilden. Die Absicht des Kaisers sei endlich dahin gerichtet, sagt die Instruktion, „ob nicht jetzt, da der Kurfürst freie Hand habe und an die Krone Frankreichs nicht gebunden sei, derselbe von dem Irrwege ab und auf unsere Seite wieder zu bringen sei, dergestalt, daß er sich in ein Bündniß mit uns einlasse"[2]. Am 25. März 1685 traf Fridag in Berlin ein und begann ungesäumt seine Thätigkeit, anfangs tastend, aber stets zielbewußt vordringend, jeden Schritt mit der größten Vorsicht überlegend. Fassen wir die gesammte diplomatische Arbeit Fridag's in's Auge, so waren derselben in Bezug auf die Türkenhilfe vier Zielpunkte gesteckt: 1. Die Trennung der beiden Fragen über die Türkenhilfe und über die Anerkennung der brandenburgischen Ansprüche auf die schlesischen Herzogthümer, 2. die Stellung eines Hilfscorps in der Stärke von 5- bis 6000 Mann, welche 3. ohne Subsidienzahlung in's Feld gestellt werden sollen, und 4. Einflußnahme auf die Wahl des Commandanten des brandenburgischen Truppencorps. Die Aufgabe des Gesandten war um so schwerer, als er in stetem Kampfe die Hindernisse zu überwinden hatte, die aus den politischen Gegensätzen und aus den der kaiserlichen Politik feindlichen Strömungen in den Berliner Kreisen erwuchsen. Die französische Partei, die unter dem Einflusse und unter der Führung des schlauen und gewandten Grafen Rébénac stand, war stark und mächtig; sie zählte viele und höchst einflußreiche Mitglieder in den Hofkreisen, im Heere, unter den Ministern; ja unter den letzteren bildete eigentlich nur der geheime Rath Paul von Fuchs eine Ausnahme und es ist ungemein characteristisch, daß der Kurfürst selbst einmal zu Fridag

---

[1] Alfred Pribram a. a. O. S. 5. Leider ist die Instruktion für Fridag nur im Auszuge mitgetheilt.

[2] Alfred Pribram a. a. O. S. 6.

sich äußerte: „er könne nur auf Fuchs und seinen Sekretär Stossius vertrauen, die übrigen hielten es alle mehr oder weniger mit der französischen Partei"[1]). Aber andererseits fehlte es dem kaiserlichen Gesandten nicht an Unterstützung höchst einfluß= reicher Bundesgenossen. Der Kurprinz Friedrich selbst war ein eifriger Anhänger der kaiserlichen Politik; der alte General=Feldmarschall Derfflinger und Johann Georg Fürst von Anhalt schlossen sich in warmer Weise an Fridag und förderten die Er= reichung seiner Aufgaben. Nach einer vorsichtigen und rastlosen Thätigkeit von sechs Monaten sah sich Fridag Ende September 1685 seinen Zielen näher gerückt. Am 28. September konnte er seinem Kaiser berichten, daß der Kurfürst sich bereit erklärt habe, „zum Zeichen seiner Aufopferung für den Kaiser" 4000 auserlesener Truppen zum Kampfe gegen die Türken zu schicken, daß derselbe schließlich den dringenden Vorstellungen nachgegeben und die Zahl der Truppen auf 5—6000 zu erhöhen ver= sprochen habe. In Bezug auf die Geldfrage war die Bemühung Fridag's eine ver= gebliche; es gelang ihm nicht, die Hilfe ohne Subsidienzahlung zu erlangen; auch einen Einfluß auf die Wahl des militärischen Führers vermochte er nicht zu erringen. Ueber die Höhe der Subsidiengelder wurde noch lange verhandelt und gefeilscht. Die ursprüng= liche Forderung von 200.000 Reichsthalern wurde auf 150.000 herabgemindert. So= wohl diese Ermäßigung, als das Versprechen des Kurfürsten, ein stärkeres Truppen= contingent zu stellen, dankte Fridag der Hilfe und Fürsprache des alten Derfflinger und des geheimen Rathes von Fuchs. Am 25. Dezember 1685 (4. Jänner n. St.) kam endlich der Vertrag zu Stande. Brandenburg verpflichtet sich gegen eine Subsidie von 150.000 Reichsthalern ein Hilfscorps von 7500 Mann und zwar 5200 zu Fuß, 1450 zu Pferde, 700 Dragoner und 150 Artilleristen zum Kampfe gegen die Osmanen in Ungarn zu stellen. Wie wir hören werden, hat das brandenburgische Hilfscorps, das im Frühlinge des Jahres 1686 den Zug nach Ungarn antrat, über die Vertragsverpflichtung hinaus noch eine etwas größere numerische Stärke auf= gewiesen. Auf die Entscheidung der Frage, wer das Commando zu führen habe, ver= mochte der kaiserliche Gesandte keinen Einfluß zu erringen und seine Bemühungen blieben fruchtlos, der französischen Partei auch auf diesem Gebiete sieghaft zu begegnen und die Wahl des Kurfürsten auf einen General zu lenken, der zu den Anhängern der kaiserlichen Politik zählte. Aber die Besorgnisse, die da auftauchten, erwiesen sich, wie der Gang der Verhältnisse zeigte, als nicht gerechtfertigte. Wenngleich Hans Adam Schöning, der mit der Führung des Hilfscorps betraut wurde, als entschiedener An= hänger der französischen Partei galt, so ist der ruhmvolle Antheil, den er am Kampfe in Ungarn nahm, das harmonische Verhältniß zu dem kaiserlichen Oberfeldherrn und seine willige Unterordnung während der ganzen Action nie durch einen Mißton gestört worden.

Ist der Vertrag über die Türkenhilfe im Sinne der Intentionen des kaiserlichen Hofes und seines Gesandten auch getrennt von den übrigen schwebenden Fragen zum Abschlusse gelangt, so bildete er doch nur den Vorläufer des großen und wichtigen Vertrages, der am 22. März 1686 geschlossen wurde und so viele strittige Verhältnisse regelte, die Frage der brandenburgischen Ansprüche auf die schlesischen Fürstenthümer zu einem vorläufigen Austrage brachte, die Abtretung des 24 Quadratmeilen um= fassenden Schwiebuser Kreises an Brandenburg aussprach, seine große Bedeutung aber

---

[1]) Alfred Pribram a. a. O. S. 9. Anmerk. 18.

darin findet, daß er eine dauernde Freundschaft zwischen beiden Staaten gründete, die sich versprachen, „gleichsam vor einem Manne zu stehen und Wohl und Wehe mit einander zu theilen." Das Einlenken des Kurfürsten in die Bahnen der kaiserlichen Politik bezeichnet zugleich einen Wendepunkt der brandenburg-preußischen Politik, der für eine Reihe von Dezennien bestimmend wirkte. Der Gang der Weltverhältnisse hatte dazu gedrängt, vor Allem aber die stets wachsende Abneigung des Kurfürsten gegen die Uebermacht und das immer drohendere Uebergreifen des französischen Königs, sowie gegen die brutale innere Politik desselben; denn man darf bei der Verkettung der Verhältnisse die Erscheinung nie übersehen, daß kurze Zeit früher (Oktober 1685) durch Ludwig XIV. die Aufhebung des Edictes von Nantes erfolgte, jenes Edictes seines großen Ahnherrn, das eine Rechtsgrundlage friedlicher Entwicklung der französischen Protestanten gewährt hatte. Diese That Ludwig's und die sich daran knüpfenden brutalen Gewaltacte haben die höchste Erbitterung in die Seele des Großen Kurfürsten gelegt.

3. Das Schutz- und Trutzbündniß zwischen Polen und den Groß- fürsten von Moskau.

Bei den am kaiserlichen Hoflager zu Linz im Oktober und November 1683 ge- pflogenen Berathungen über die Fortsetzung des Kampfes gegen die Türken, sind, wie bereits oben erwähnt wurde, umfassende Ziele in's Auge gefaßt worden; man wollte den Kriegsschauplatz erweitern, -nahe und ferne Bundesgenossen gewinnen, einen all- gemeinen Anfall auf die Osmanenmacht im größten Style vorbereiten. Damals wurde auch der Beschluß gefaßt und ausgeführt, einen Gesandten nach Moskau abzuordnen, um die Großfürsten Iwan und Peter zur Kriegserklärung gegen die Pforte zu be- wegen[1]. An diesem Gedanken ist mit großer Consequenz festgehalten worden. Als in den ersten Tagen des Monates Dezember 1683 zu Linz die hochbedeutsame Frage der Bildung eines großen Bundes gegen die Türken angeregt wurde, als jene ein- schneidenden Verhandlungen in Fluß geriethen, die dann im März 1684 zum Abschlusse der heiligen Liga unter dem Protectorate des Papstes führten: da hat der Nuntius Buonvisi in jener vertraulichen Unterredung mit dem Botschafter der Republik Venedig, in welcher er die Motive und Ziele des Kaisers entwickelte und die Mitglieder des anzustrebenden großen Bundes bezeichnete, mit Nachdruck hervorgehoben, daß man auch bestrebt sein werde, die moskovitischen Zaren — Iwan und Peter — für das um- fassende Bündniß gegen die Osmanenmacht zu gewinnen[2]. Der Ausführung dieses Planes stemmten sich aber zunächst Hindernisse entgegen, die in dem unfriedsamen Verhältnisse zwischen Polen und Rußland ihren Grund hatten. Das einträchtige Zu- sammenwirken des Papstes und des Kaisers war daher vor Allem auf die Herstellung des Friedens zwischen diesen beiden Staaten gerichtet. Aber die Polen knüpften den Abschluß desselben beharrlich an die Rückstellung von Kleinrußland, das nach langen Kämpfen an Rußland abgetreten worden war. Um diese Gebiete, insbesondere um den Besitz von Kijew drehte sich der harte Streit. Der Vertrag von Andrussow (1667)

---

[1] „Das Kriegsjahr 1683" nach der Registratur des Reichskriegsministeriums. (S. 320.)
[2] Otto Klopp a. a. O. S. 371.

hatte keinen dauernden Frieden zwischen Rußland und Polen geschaffen, nur einen Waffenstillstand, der in den Jahren 1670—1678 durch mühsam erfolgte Abschlüsse von Conventionen eine Fristerstreckung erlangte. So dauerte das friedlose Verhältniß zwischen Rußland und Polen fort. Letzeres wollte die Hoffnungen auf Wiedererlangung Kleinrußlands nicht aufgeben; Rußland dagegen war nicht gesonnen, die eroberten Gebiete herauszugeben, auch Kijew nicht, obwohl es im Vertrage von Andrussow nur für den Zeitraum von zwei Jahren den Russen überlassen worden war[1]). An diesen Gegensätzen scheiterten zunächst die Bemühungen, die russischen Fürsten zum Anschlusse an die Liga und zum Kampfe gegen die Türken zu bewegen, denn für die Theilnahme an demselben war die Herstellung eines dauernden Friedens zwischen Rußland und Polen die unerläßliche Vorbedingung. Im Mai des Jahres 1684 erschienen am Zaren- hofe zu Moskau die österreichischen Abgeordneten Hans Christoph Freiherr von Zierowski und Sebastian von Blumberg[2]), um im Auftrage des Kaisers einerseits für die Her- stellung des Friedens zwischen Polen und Rußland, andererseits für die Theilnahme der russischen Zaren an dem allgemeinen Kriege gegen die Türken zu wirken. Die kaiser- lichen Gesandten richteten an den Zarenhof die dringende Aufforderung, „die rechte Hand des Sultans abzuhauen", d. h. die Krym zu erobern[3]). Aber alle Bemühungen scheiterten an den erwähnten Gegensätzen; die damals vorwaltende Persönlichkeit am Zarenhofe, Fürst Wassilij Golizyn, der Leiter der auswärtigen Politik, wollte sich zu keinem aggressiven Vorgehen gegen die Tartaren herbeilassen, ehe Polen nicht seinen Ansprüchen auf die strittigen Gebiete unwiderruflich entsagt hätte. Und die Hoffnungen auf die Nachgiebigkeit Polens waren gerade im Frühlinge 1684 sehr gesunken, denn die Ver- handlungen des Congresses von Bevollmächtigten Polens und Rußlands, der zu Anfang des Jahres 1684 in Andrussow tagte, hat keinen versöhnenden Abschluß erhalten, obwohl in 39 Sitzungen mit dem größten Eifer die Berathungen gepflogen wurden. Rußland verweigerte beharrlich die geforderte Rückgabe der eroberten Gebiete und wollte sich vor endgiltiger Lösung der Streitfragen nicht zu einer Angriffsbewegung gegen die Tartaren und Türken entschließen. Und doch lag das gemeinsame Vorgehen gegen den gemein- samen Feind im Interesse beider Staaten. In Rußland ist das klar erkannt worden. Die Stimmen vorwaltender Geister erklärten laut, wie nothwendig es sei, die räube- rischen Nachbarn zu züchtigen und unschädlich zu machen. Der ausgezeichnete Publicist Jurij Krishanitsch erhob ebenso eindringlich wie der den militärischen Kreisen angehörige Patrick Gordon das Wort für die Aggression nach Süden, für den Kampf gegen die Ungläubigen, für die Eroberung der Krym[4]). So laut auch die Wünsche, Rathschläge und Mahnungen an das Ohr der russischen Staatslenker klangen, schließlich hingen die Herstellung des Friedens zwischen Polen und Rußland und die Theilnahme des letzteren an dem großen Kampfe gegen die Ungläubigen von der Nachgiebigkeit Polens und dem Aufgeben seiner territorialen Ansprüche ab. Noch ist uns das Schreiben er- halten, welches der Große Kurfürst von Brandenburg am 22. Februar 1686 aus Potsdam an die Zaren Peter und Iwan richtete; er ermahnt dieselben dringend, mit

---

[1]) Peter der Große. Von Dr. Al. Brückner. Berlin 1879, S. 61 u. fg.
[2]) Dr. Ernst Herrmann: Geschichte des russischen Staates. Hamburg 1849. 4. B. S. 13 Brückner a. a. O. S. 69. Otto Klopp a. a. O. S. 388 und 389.
[3]) Brückner a. a. O. S. 69.
[4]) Brückner a. a. O. S. 62 und 68.

der Republik Polen einen ewigen Frieden zu schließen und einen Traktat aufzurichten, „um den Erbfeind mit gesammter Macht anzugreifen", er empfiehlt den Zaren dieses „hochwichtige Werk" auf's höchste, es werde ebenso ihrem Reiche zum Wachsthume und zur Sicherheit, wie zum Besten der ganzen Christenheit gereichen. Die Zaren — sagte er — werden sich dadurch die ganze Christenheit auf's höchste verbinden, ihren Thron und ihre Reiche wider einen so verderblichen Feind befestigen und sichern, und sich dadurch bei der Nachwelt einen unsterblichen Namen erringen; er selbst — fügt der Kurfürst hinzu — habe sich entschlossen, eine ansehnliche Armee aus seinen besten Truppen wider den Erbfeind nach Ungarn zu schicken, um das Beste der Christenheit nicht allein mit gutem Rathe, sondern auch mit der That zu befördern. — So freundlich sich bereits damals schon die Beziehungen Rußlands zu dem brandenburgischen Staate gestaltet hatten, schwerlich würde das Wort des Kurfürsten am Hofe zu Moskau den Ausschlag gegeben haben, wenn die Polen schließlich nicht doch ihre Ansprüche fallen gelassen hätten und vor der unerschütterlichen Festigkeit des damaligen Leiters der auswärtigen Angelegenheiten Rußlands nicht zurückgewichen wären. Die polnische Gesandtschaft, welche zu Anfang 1686 zum Zwecke der Friedensunterhandlung nach Moskau kam, ist zwar mit allen äußeren Ehren und Auszeichnungen empfangen worden[1]), aber die Ansprüche Polens vermochte sie nicht durchzusetzen. Nachdem die Verhandlungen sieben Wochen gedauert, dabei die Gegensätze mit solcher Schärfe hervorgetreten waren, daß mehrmals der Abbruch der Verhandlungen und die Abreise der Gesandten bevorstanden, kam am 21. April der „ewige Friede" endlich zum Abschlusse[2]). Der entscheidende Grund für die Nachgiebigkeit der Polen lag ohne Zweifel in den Schlappen, welche Polen bei den Kämpfen gegen die Türken in den letzten Jahren erlitten hatte. Der „ewige" Friede entsprach im Wesentlichen den Tendenzen und Interessen Rußlands. Polen verzichtete auf Kijew, die Zaren dagegen verpflichteten sich, der Republik Polen 146.000 Rubel zu zahlen und kraft des ewigen Friedens und des geschlossenen Schutz= und Trutzbündnisses den Kampf gegen Tartaren und Türken auf= zunehmen und die Krym anzugreifen. Eben dieser Krieg lag in den Wünschen und Tendenzen der verschiedensten Gesellschaftskreise Rußlands. Bei den Stimmungen, welche das Abendland damals bewegten, konnte es nicht anders sein, als daß der Ab= schluß des Friedens und der Eintritt Rußlands in den großen Bund gegen die Un= gläubigen mit der freudigsten Theilnahme aufgenommen wurden. Es entsprach unzweifel= haft diesen Stimmungen, wenn ein einsichtsvoller Zeitgenosse sagt, daß dieser Act „zur unermeßlichen Freude der ganzen Christenheit" sich vollzog[3]). Bei aller skeptischen Reserve gegen „ewige Friedensschlüsse" und mit Ausdrücken, über welchen freilich auch ein Hauch der Ironie weht, gibt derselbe Gewährsmann seinem Jubel und seinen Hoff= nungen Ausdruck[4]).

Einen unmittelbaren Einfluß haben der „ewige" Frieden und das vertrags=

---

[1]) Ruhm=Belorberter Triumphleuchtender Kriegshelm u. s. w. von Christoph Boethius (Nürnberg, 1687), II. Th. S. 347.

[2]) Brückner a. a. O. S. 69.

[3]) Kriegshelm u. s. w. von Boethius. II. S. 348.

[4]) „Gott lasse sie (die Handlung) gleichwie sie auf ewig eingerichtet, auf ewig bauern, und obschon heut zu Tag ein Mensch nicht alt sein darf, wenn er drei ewige Frieden überleben will und besonders die Moskowiter an sich selbst zur Unbeständigkeit mehr als ein Volk geneigt, so werde doch in diesem Bunde das Widerspiel dargethan!" Boethius II. S. 349.

mäßig sichergestellte Eingreifen Rußlands in die Action auf den Gang der Kriegs=
ereignisse im Jahre 1686 und auf den gewaltigen Kampf um Ofen
nicht ausgeübt, denn das ganze Jahr verbrachte Rußland mit Rüstungen, und erst im
Jahre 1687 unternahm es den ersten Angriff auf die Krym. Aber die indirecte Ein=
wirkung auf die Feldzüge jenes Jahres kann nicht bestritten werden. Das
Aufsteigen einer neuen Gefahr, die Bedrohung der ihrer Machtsphäre unterworfenen
Gebiete am Nordufer des Schwarzen Meeres mußte lähmend auf die Pforte wirken
und sie zur Zersplitterung ihrer Kräfte zwingen. Indem sie jeden Augenblick des
Anpralles von Seite eines neuen, verwegenen Feindes gewärtig sein mußte, ist sie an
der ungetheilten Entwicklung ihrer Kampfmittel gegen den Kaiser, gegen Polen und
Venedig wesentlich behindert worden. Der russische Feldzug gegen die Krym im Jahre
1687 mißlang ebenso wie der im Jahre 1689 unternommene. Dann trat eine lange
Waffenruhe ein und erst im Jahre 1696 drangen die russischen Waffen siegreich gegen
das Schwarze Meer vor, eroberten und behaupteten Asow. Nicht nur in Wien, Warschau
und Venedig, sondern auch in den meisten am Kampfe nicht betheiligten Staaten hat
man diese russische Errungenschaft mit Jubel begleitet. Es wäre ungerecht und un=
historisch, gegen jenes Geschlecht von damals den Vorwurf der Kurzsichtigkeit zu er=
heben, denn die kommenden Ereignisse lagen ganz außerhalb menschlicher Berechnung.
Mit Recht haben damals die abendländischen Völker in der Besiegung der Türken,
in der Niederwerfung und Zurückdrängung dieser Barbaren das heißersehnte Ziel
ihres Strebens erblickt, weil die Interessen des Friedens und Glaubens, wie der abend=
ländischen Kultur und Civilisation den Niedergang der Erbfeinde gebieterisch forderten.
Niemand konnte damals ahnen, daß Rußlands Festsetzung am Schwarzen Meere nur
der Vorposten für seine erobernden Tendenzen gegen Südosten, daß Asow nur eine
Etappe auf der Bahn zu jenem dominirenden Einflusse auf der Balkanhalbinsel sein
werde, aus dem schon vierzig Jahre später die Interessen=Verschiedenheit und der
Interessen=Conflict mit anderen europäischen Staaten erwachsen sollte.

In jenen Apriltagen, als zu Moskau die Verhandlungen über den
„ewigen" Frieden zum Abschlusse gelangten, begannen auch schon die ersten Be=
wegungen der kaiserlichen Truppenkörper nach den Sammelplätzen in Ungarn, begann
auch schon der Anmarsch der verbündeten deutschen Heere. Am 27. April hatte der
Große Kurfürst bei Crossen glänzende Heerschau über das zum Kampfe gegen die
Türken bestimmte Hilfscorps gehalten. Noch stand es aber nicht fest, noch war die
Entscheidung nicht getroffen, ob in diesem Jahre der Angriff auf Ofen, „den
Schlüssel des osmanischen Reiches" unternommen werden sollte.

II

Buda.

Wachsthum, Blüthe und Verfall.

Vollzieht man an der Ostseite des Ofener Festungsberges vom Ufer der Donau aus den Aufstieg zur Festung, so gelangt man in dieselbe durch jenes Ostthor, dessen drei Namen allein schon, wie eine Art von Marksteinen, drei Perioden dieser alten, schicksalsreichen Stadt uns vor Augen stellen. In der Zeit der Blüthe des nationalen Königthums wurde dasselbe nach der in seiner Nähe erbauten Johanneskirche: „St. Johannes-Thor" benannt; zur Zeit der Türkenherrschaft trug es den stolzen Namen: „Thor von Stambul", nach dem Sturze der Osmanenherrschaft, seit der Wiedergeburt der Stadt und der Festung erhielt es den Namen „Wasserthor" nach seiner Richtung gegen die am Stromufer sich hinziehende Vorstadt: Wasserstadt. Der Ausblick, der sich vom Stambuler Thore gegen Osten, und von dem ihm gegenüber liegenden Stuhlweissenburger Thore gegen Westen erschließt, ist unvergleichlich schön zu nennen, denn das Auge erfreut sich an einer großartigen malerischen Landschaft mit eigenthümlichem Zauber. Gegen Osten schaut es zunächst den großen stolzen Strom, der am Fuße der Stadt und Festung die rauschenden Wogen wälzt und zahllose Fahrzeuge trägt, an dessen linkem Ufer die zu neuer Blüthe erwachsene, in wunderbarem Aufschwunge befindliche Schwesterstadt liegt, und im Rücken derselben schweift das Auge in die weite Ebene bis an die in blauer Ferne wie leichte Nebelstreifen erscheinenden Höhen; zur linken Seite wird das Auge durch die „Perle der Donau" gefesselt, jenes reizende, blumendurchduftete Eiland, das den Namen „Margarethen-Insel" trägt, in längst verklungenen Tagen „Haseninsel" genannt wurde, an die sich eine Fülle von historischen Erinnerungen knüpft. Ganz anderer Art und grundverschiedenen Gepräges ist die Ausschau von der Westseite. In weitem Halbkreise umkränzen den Festungsberg jene Höhenzüge, die, zum großen Theile mit Reben bepflanzt, im Schmuck der Gärten und Bäume weit hinausleuchten, jene sonnigen weinberühmten Hügel, die den edelsten Trauben die Bedingungen des Daseins gewähren, an die sich aber auch die düstere Erinnerung knüpft, daß sie in einer langen Reihe kriegerischer Ereignisse vom Waffenlärm wiederhallten. Doch empfinden wir, daß hinter diesem gewaltigen Schaustücke bezaubernder landschaftlicher Reize noch etwas Anderes verborgen liege, dessen Wesenheit darin wurzelt, daß sich an diesen Stellen, denen die Geschichte ihre Weihe gegeben, eine Fülle von Bildern vor die Seele drängt, welche uns die Erinnerung aus sechs Jahrhunderten zurückruft; ja überall, wohin wir blicken, an allen blutgetränkten Stellen dieser schicksalsreichen Stadt tauchen in unserem Gedächtnisse Bilder auf, die reich an ergreifenden Einzelheiten und spannenden Scenen sind. Nicht leicht hat eine andere Stadt so ungeheuere Wandlungen an sich erlebt; denn auf und nieder gingen die Schicksale derselben seit sechs Jahrhunderten. Rascher, hoffnungsreicher Aufgang, wunderbar herrliche Blüthe, Niedergang und Verfall, endlich tröstende Wiedergeburt haben da in ergreifender Weise den Wechsel vollzogen; diese unvergleichliche Stätte hat Tage mächtigen und schönen Emporringens, Tage voll Stolz und Pracht, voll von Zeugnissen der höchsten und edelsten Blüthe der Kultur, dann wieder Tage des Jammers und Elends, trostlosen Verfalles, ja in ihren schrecklichsten Stunden ein Gemälde grauenvoller Verwüstung gesehen, bis endlich aus den Ruinen wieder neues Leben erblühte; doch die einstige Größe und Pracht, den strahlenden Glanz, der sie am Ende des 15. Jahrhunderts erfüllte, hat sie nie wieder erreicht.

Ja, der Zauber uralter Geschichte und ihrer Erinnerungen knüpft sich an diese Stätte, die eine große und gewaltige Vergangenheit von sechs Jahrhunderten in sich schließt. Die Anfänge Ofens — d. h. der Burg und der Stadt auf dem heutigen Ofener Festungsberg — reichen in die Zeit des Königs Bela IV. zurück und zwar in die Tage der schwersten Heimsuchung dieses vielgeprüften Fürsten. Der größte Theil Ungarns war in den Jahren 1241 und 1242 durch den Mongolensturm rettungslos einer furchtbaren Verwüstung preisgegeben; unter dem eisernen Griffe dieser Weltstürmer hatte auch das am linken Ufer der Donau gelegene und von ihnen eroberte „Pest" schrecklich gelitten, jene Stadt, welche ein einsichtsvoller Chronist jener Zeit, Domherr Roger von Großwardein, in der ergreifenden Leidensgeschichte seines von den Mongolen heimgesuchten Vaterlandes eine große und sehr reiche deutsche Ortschaft nennt[1]). Aller Heldenmuth der Vertheidiger vermochte den Platz, der erst im letzten Augenblicke halb vollendete Befestigungswerke erhalten hatte, nicht gegen den Ansturm der Mongolen zu schützen. König Bela mochte erkannt haben, daß die geringe Widerstandsfähigkeit seines Landes gegen die mongolischen Horden in dem fast gänzlichen Mangel sicherer Burgen, fester Plätze und mit Vertheidigungswerken versehener Städte nicht zuletzt ihren Grund gehabt habe. Unter den Maßregeln, die der edlen Fürsorge des Königs für die Wiederaufrichtung seines gesunkenen Staatswesens entsprangen, nahmen die Berufung fremder Ansiedler, vorzüglich der Deutschen, und die Gründung von Burgen und Vertheidigungswerken eine hervorragende Stellung ein. Dieser Richtung der königlichen Thätigkeit verdankt die Burg auf dem „Pester Berge" ihre Entstehung. Um in der Nähe des wieder aus seiner Zerstörung sich erhebenden Gemeinwesens ein Vertheidigungsmittel, einen militärisch wichtigen Platz und eine Zufluchtsstätte zu schaffen, ließ König Bela bald nach dem Abzuge der Mongolen auf der am rechten Donauufer steil abfallenden, von Nord nach Süd langgestreckten Anhöhe eine Burg erbauen. Sie erscheint unter dem Namen: „Pester Burg" (castrum de Pest) oder „die Burg auf dem Pester Berge" (castrum in monte Pestiensi). Da der Name „Pest" slavischen Ursprunges ist und „Ofen" bedeutet, haben die Deutschen diesen Namen auf die Niederlassungen am rechten Donauufer übertragen, die dem alten Pest gegenüber lagen. Woher der magyarische Name: „Buda", der für Ofen gebraucht wurde, stammt, ist unbekannt[2]).

---

[1]) Rogerii carmen miserabile ap. Endlicher: Monumenta Arpadiana S. 266, cap. 16; magna et ditissima theutonica villa, que Pesth dicitur, Bude opposita ex altera parte Danubii.

[2]) Paul Hunfalvy. Ethnographie von Ungarn. In's Deutsche übertragen v. Prof. J. Schwider. (Budapest 1877) S. 282.

Schon unter Bela's IV. zweiten Nachfolger wird die „Burg auf dem Pester Berg" urkundlich wiederholt „Castrum Budense" genannt. Es besteht wohl kein Zweifel, daß die von Bela gegründete Burg das Südende der Anhöhe krönte und dort erbaut wurde, wo heute die Königsburg sich erhebt. Die Errichtung des Bollwerkes, welches die Vertheidigungspolitik Bela's schuf, war gleichbedeutend mit der von ihm so sehr begünstigten Niederlassung der Ansiedler, welche auf dem Rücken der Anhöhe, nördlich von der Burg sich ausbreiteten.

Für das wunderbar rasche Aufblühen, welches die neue Gründung schon im 13. Jahrhunderte offenbart, für die steigende Bedeutung dieses aus Burg und Stadt bestehenden Gemeinwesens werden als Erklärungsgründe drei Erscheinungen gelten müssen: die treffliche Lage, die Gunst städtefreundlicher Könige und die Betriebsamkeit des thatkräftigen, fleißigen und entschlossenen Bürgerthums. Es waren noch nicht zehn Jahre seit der Gründung verflossen, und schon konnte Bela in einer Urkunde vom Jahre 1255 rühmen, daß die „Burg auf dem Pester Berge von einer zahlreichen Bevölkerung erfüllt sei"[1]). Die kommenden Könige wandelten in den Bahnen ihres Vorgängers, auch sie waren von der doppelten Tendenz erfüllt, den Festungsbau zu erweitern und das städtische Gemeinwesen durch festere Begründung seiner Autonomie zu heben. Auf die Ziele und Pläne dieser Art wirft ein helles Streiflicht jenes Privilegium, welches Ladislaus IV. den Ansiedlern der jungen Pflanzstätte auf dem Pester Berge im Jahre 1276 verlieh[2]). Des Königs Fürsorge ist ebenso auf die Mehrung des Freithums der Bürger als auf die Herbeischaffung der Mittel zum Ausbaue der Befestigungswerke gerichtet. Das Vermögen eines flüchtigen Verbrechers, der keine Erbberechtigten hinterläßt, wird theilweise für die Herstellung von Festungsbauten in Ofen verwendet[3]), gleichwie aus der Hinterlassenschaft eines ohne Testament verstorbenen Bürgers zwei Drittel für Befestigungswerke und für öffentliche Bauten in der Festungsstadt bestimmt werden[4]).

So erscheint Bela's Schöpfung schon wenige Jahrzehnte nach der vollzogenen Gründung einerseits als mächtiges Bollwerk, dessen stetes Wachsthum in der rastlosen Fürsorge der Staatslenker seine Quelle hat, andererseits als eine Stätte aufstrebenden Bürgerthums, blühenden Handels und regen Verkehrs. Schon bildet die Stadt auch einen Mittelpunkt kirchlichen Lebens; in ihrer Mitte tagte im September des Jahres 1279 jene große Synode, welche der Legat des apostolischen Stuhles, Bischof Philipp von Fermo auf Geheiß des Papstes Nikolaus III. berufen hatte, um in jenen Landen, auf die sich seine Legationsthätigkeit erstreckte, für den christlichen Glauben und die Freiheit der Kirche Zeugniß zu geben, sie zu stützen und zu schirmen und zugleich durchgreifende, auf das ganze Leben des Volkes und des Klerus bezügliche Reformen

---

[1]) Fejér Cod. dipl. IV, 2. S. 221. . . . in monte Pestiensi castrum quoddam exstrui fecimus, refertum multitudine hominum numerosa.

[2]) Articuli additi libertati hospitum de castro Budensi, ap. Endlicher: Monumenta Arpadiana, 542.

[3]) Si vero heredibus aut proximis ipsi fugitivi caruerint, de possessionibus et bonis eorum cives laesis satisfacere teneantur secundum commissi qualitate, residuum vero, si quid fuerit, ad opus castri Budensis expendatur. Ap. Endlicher: Monumenta Arpadiana S. 542.

[4]) Si vero quispiam ex predictis hospitibus nostris intestatus decesserit, possessiones et bona talium in tres partes dividantur, ... due vero partes ad munimenta et edificia castri Budensis reserventur.

durchzuführen[1]). Und schon erhoben sich auf der stolzen Höhe innerhalb des Weichbildes der jungen Stadt, wie es in dieser glaubensstarken Zeit nicht anders sein konnte, die stattlichsten Gotteshäuser. Drei dieser Kirchengründungen sind sicher auf Bela, den Schöpfer der Burg, zurückzuführen, vor allem der Bau der berühmten Marienkirche auf dem Marktplatze, jenes Tempels, der so viele gewaltige Wandlungen erlebt hat und auf eine schicksalschwere Vergangenheit zurückblicken kann.

Es war kaum mehr als ein halbes Jahrhundert seit der Gründung des Ofener Schlosses verflossen, und schon bildet die Stadt einen bedeutsamen Mittelpunkt des politischen Lebens der Nation, schon ist das Bürgerthum daselbst zu einem solchen Ansehen und zu solcher Macht gelangt, daß seine politische Parteistellung hervorragende Bedeutung gewinnt und nicht geringen Einfluß auf den Gang der Begebenheiten übt. Als am 14. Jänner 1301 mit Andreas III. der Mannesstamm der Arpaden erlosch, als der Thronstreit ausbrach, ein zersetzender Bürgerkrieg das Königreich erfüllte, als die großen Gegensätze der Zeit sich auch in Ungarn immer mehr offenbarten und das Princip der päpstlichen Gewalt in großen Conflicten mit dem nationalen Eigenwillen erschien, als die Gegenkönige — der von der Nation erkorene Premyslide Wenzel und der vom Papste begünstigte Karl Robert — sich auf's äußerste befehdeten, da gewann Ofen eine immer steigende Bedeutung und ward Zeuge der wichtigsten Ereignisse. Mit Jubel wurde Wenzel nach seiner am 27. August 1301 in Stuhlweissenburg erfolgten Krönung in Ofen empfangen, mit Jubel auf seinem Gange zur Marienkirche geleitet. In Ofen schlug der von der nationalen Partei gewählte König seine Residenz auf, eine feste Stütze suchend in der Treue des Bürgerthums dieser Stadt, das, ungeschreckt durch den kirchlichen Bann, mit zäher Ausdauer zur nationalen Partei und zur Sache des Königs Wenzel hielt. Nach Ofen, als dem Mittelpunkte des politischen Lebens, richtete im Herbste 1301 der Kardinalbischof Nicolaus von Ostia und Velletri seine Schritte, der als Legat nach Ungarn entsendet worden war, um, vorläufig vergeblich, im Dienste der päpstlichen Ansprüche thätig zu sein.

Wenige Jahre später konnte die Stadt den raschen Wechsel menschlicher Dinge beklagen; sie sah den Niedergang der nationalen Partei, den Sieg der päpstlichen Politik und das gräßliche Blutbad, dem die national gesinnten Bürger der Stadt überliefert wurden. Aber auch nach dem Siege der Gegenpartei bleibt Ofen der Centralpunkt politischer Thätigkeit. Hier tagte im November 1308 die berühmte Reichsversammlung, welche der päpstliche Legat, der Kardinal Gentilis, berufen hatte, um den päpstlichen Tendenzen zum Siege zu verhelfen; hier trat die Synode im Dezember 1308 zusammen, die unter dem Vorsitze des genannten Legaten gehalten wurde; hier fand am 15. Juni 1309 die erste Krönung Karl's von Anjou in der Marienkirche mit festlichem Gepränge statt.

Das von Bela gegründete Schloß wurde im Laufe des 14. Jahrhunderts immer prächtiger erbaut. Ein bedeutender Zubau ist von Stephan, einem Bruder des Königs Ludwig ausgeführt worden, auf diesen ist der sogenannte Stephansthurm mit seinen Nebenbauten zurückzuführen. In großem Maßstabe ist dann der Zu- und Umbau vom Könige Sigismund unternommen worden. Er begann den Bau jenes glänzenden Palastes, der an der Stelle des heutigen Zeughauses stand und seine Front gegen den

---

[1]) Constitutiones synodus Budensis; ap. Endlicher, p. 565 u. f.

Georgsplatz hatte. Baumeister aus Frankreich zog er nach Ofen, deren Kunstfertigkeit und seiner Geschmack die Ausführung des Werkes fördern sollten. So erstand in der neuen Burg ein prachtvoller Königssitz, dessen edelsten Theil wol der sogenannte römische Saal bilden mochte, der nicht nur die Bewunderung der Zeitgenossen erregte, sondern selbst am Ende der Türkenherrschaft trotz der Verwilderung, welcher alle Kunst= denkmäler unter der Mißwirthschaft der Barbaren preisgegeben waren, durch seine prächtigen Reste die Aufmerksamkeit fesselte und noch in den Flugschriften aus dem Jahre 1686 erwähnt wird [1].

Es liegt aber nicht in unserer Aufgabe, den Werdegang und die ganze Ent= wicklung dieser merkwürdigen Stadt zu schildern. Nur zwei Bilder wollen wir hier aufrollen, die durch die Grundverschiedenheit der Gestaltung und Zustände der Stadt einen gewaltigen und ergreifenden Gegensatz darstellen. Wie war Ofen am Ausgange des 15. Jahrhunderts zur Zeit des Königs Mathias beschaffen und was ist aus dem glänzenden Mittelpunkte der Kultur während der 145 Jahre der Türkenherrschaft geworden? Dort bietet sich uns eine edle Form menschlichen Daseins, die Blüthe der Kunst und Wissenschaft, ein Schauplatz der Prachtliebe und Lebensverfeinerung, hier begegnet uns dagegen eine Periode des Verfalls und Hinwelkens, treten uns überall ersterbende und zer= fallende Ordnungen entgegen, wo unter dem eisernen Griffe der Barbaren der lebendige Odem des abendländischen Kulturlebens entflieht.

Welch eine glänzende Stellung hat König Mathias Corvinus in den letzten Dezennien seiner Herrschaft eingenommen! An der Spitze seiner siegreichen Heere hat er ruhmvoll die gewaltigsten Erfolge erzielt. Die Geschicke des mittleren und unteren Donaugebietes waren ungarischer Entscheidung unterworfen. Blitzend war das ungarische Schwert über Mähren und über einen Theil uralten habsburgischen Besitzes einhergefahren.

Die Macht und der Stolz des Reiches sollten nun aber in einer prunkvollen und glänzenden Hauptstadt zum Ausdrucke gelangen; der Wohnsitz des Königs sollte dem Glanze der äußeren Erscheinung des Staates entsprechen. Ofen, wo schon längst die Keime künftiger Größe gelegt waren, sollte jetzt ein leuchtender Mittelpunkt werden, die Verkörperung des sonnigen Glanzes, der das Reich umstrahlte. So viel an diesen Bestrebungen des Königs Prachtliebe, sein Sinn für Lebensverfeinerung, seine Neigung für die Künste Theil haben mochten, vorwiegend haben dabei der Staatsgedanke und die politischen Tendenzen gewirkt, die zielbewußte Absicht, die Größe des Staates durch eine zu schimmernder Blüthe gebrachte Hauptstadt des Reiches zum Ausdrucke zu bringen. Aus dem Boden dieser Bestrebungen erwuchs zunächst der Entschluß des Königs, eine prachtvolle Königsburg zu schaffen; einerseits ging er an die Umgestaltung des aus der Arpadenzeit stammenden Schlosses und des vom Könige Sigismund her= rührenden Palastes, andererseits an die Ausführung eines großartigen Baues auf der

---

[1] „Der Römische Kayser und König in Ungarn Sigismundus ließ Ofen mit viel ansehnlichen Gebäuen, bevorab das Schloß, darinnen einen prächtigen Saal auf Römische Art, wie auch schöne Gänge und Ziergärten, zurichten, und das mit einer Mauer einfassen". — („Der geschwinde Courier von der Hauptfestung Ofen in Nieder=Ungarn, oder ausführlicher Bericht, was sich Zeit während dieser letzten Belägerung bemelter Festung von Anfang an biß zu glücklicher Eroberung derselben, sowohl in= als außerhalb der Stadt von Tag zu Tage merkwürdiges zugetragen"). Leipzig Anno 1686.

Oſtſeite gegen die Donau hin. Fortan war des Königs eifrige Sorge dieſem Werke gewidmet. Und ſo entſtand auf der ſtolzen Höhe jener ſchimmernde Prachtbau, der, von Konſtantinopel abgeſehen, im ganzen Oſten Europas nicht ſeinesgleichen fand, der — ein Stolz der Einheimiſchen — die Bewunderung der Ausländer weckte, der da emporragte als eine würdige Wohnſtätte des Herrſchers, als das ſtolze Symbol der Macht und Größe des Reiches, als ein Werk, welches verſchwenderiſchen Luxus mit vornehmen Geſchmack vereinigte, ein Zeugniß der Blüthe der Renaiſſance=Kunſt, die der König ſo ſehr zu lieben ſchien, eine wahre Alhambra von Ungarn. Unter den Schilderungen, welche die Zeitgenoſſen von dieſem Bau entworfen haben, nehmen die erſte Stelle diejenigen ein, welche Anton Bonfin, der ſeit 1486 am Hofe Mathias' lebte, ferner der Florentiner Naldus Naldius in ſeinem ſchwungvollen, die königliche Bibliothek verherrlichenden Liede, und Urſinus Velius, der reich gebildete, vom Kaiſer Maximilian zum Dichter gekrönte deutſche Humaniſt († 1538) in farbenſatten Bildern uns hinter= laſſen haben. Wie preiſt Bonfin das ſtolze Bauwerk ſeines königlichen Herrn [1]). Seine Schilderung des Königsbaues iſt die ausführlichſte, die uns überliefert wurde, aber doch nicht ſo umfaſſend, um ſich des großen Schatzes der bedeutenden künſt= leriſchen Conceptionen klar bewußt zu werden, welche in jenen Bauten und ihren Decorationen zu erkennen ſein mußten, denn ſie haben die Bewunderung des In= und Auslandes erweckt, ſelbſt der Italiener, deren Auge durch den Anblick der archi= tektoniſchen Herrlichkeiten verwöhnt war. Voll bewundernder Theilnahme zählt Bonfin die einzelnen Theile der neuen Königsburg auf, die Mathias im Anſchluſſe an die weſtlich gelegene alte Burg und an den Sigmundspalaſt auf der Oſtſeite, gegen die Donau hin aufrichten ließ; zunächſt die Kapelle, die mit einer Waſſerorgel und zwei Taufbecken, das eine aus Silber, das andere aus Marmor, geſchmückt war [2]), im Anſchluſſe daran eine gemeinſame, höchſt anſehnliche Wohnſtätte für die Prieſter; im oberen Stockwerke die Bibliothek, wunderbar reich an glänzend ausgeſtatteten Werken in lateiniſcher und griechiſcher Sprache, in Verbindung damit, auf der Südſeite, ein halbrundes, gewölbtes Gemach, in dem das Abbild des geſtirnten Himmels zu ſchauen war. Alle Theile des neuen Palaſtes ſeien mit römiſcher Pracht aufgeführt, die Tafelzimmer geräumig, alle Gemächer ſtolz ausgeſtattet, die getäfelten Decken mannigfach in ihrer Art, reich vergoldet und mit den verſchiedenſten Abzeichen geziert, die Thüren mit eingelegter Arbeit verſehen, die Giebel der Kamine durch Viergeſpanne und römiſche Sculpturbilder geſchmückt. Gegen Oſten habe ſich eine Flucht von Tafelzimmern und anderen Wohnräumen ausgedehnt; dort ſei der Senatsſaal und der große Berathungsſaal geweſen [3]). Weiter vorwärts ſchreitend habe man eine lange Reihe von Wohnzimmern getroffen, Winter= und Sommerwohnungen, darunter ſonnen=

---

[1]) Antonii Bonfinii Asculani rerum Hungaricarum decades libris XLV. etc. Editio septima. Rec. et praef. D. Carolus Andreas Bel. (Leipzig 1771). — Decad. IV. liber VII. S. 646 u. f.

[2]) Quippe qui a Danubii parte aediculam statuit, hydraulicisque organis, item sacro fonte duplici, marmoreo et argenteo, decoravit; collegium adjecit honestissimum sacerdotum. S. 646. — Die Ueberſetzung dieſer allerdings ſchwierigen Stelle bei Häuſler (Hiſtoriſch=topographiſche Stizzen von Buda Peſt. 1854): „Vorzüglich ſchmückte er den rückwärtigen Hof, indem er auf der Donauſeite einen Bau aufführte und denſelben mit Waſſermaſchinen und zwei Brunnen, einen marmornen und ſilbernen zierte, zugleich fügte er ein ſehr anſehnliches Prieſtercollegium bei", beruht doch wohl auf einem großen Irrthume.

[3]) Buleuterium hic et diaeta; a. a. O. S. 647.

begläuzte Zimmer, die den Eintritt des Lichtes von allen Seiten gestatteten, außerdem abgeschiedene und verborgene Gemächer mit silbernen Betten und silbernen Lehnstühlen. Die beiden kunstsinnigen Humanisten, Bonfinius und Ursinus Velius, welche den glänzenden Königsbau gesehen und zum Vorwurf ihrer Darstellung genommen haben, rühmen übereinstimmend, daß mit der Baukunst deren Schwesterkünste, die Plastik und Malerei sich verbanden und vereint im Dienste der Pracht= und Kunstliebe des Königs standen. Was sie von Erzbildern und erhobenem Bildwerk in jenen stolzen Räumen erzählen, gibt uns eine lebendige Vorstellung von der Pracht, mit der die Kunst jenen Palast zu schmücken berufen war. Bonfinius erzählt uns, wie reich die Corvinischen Schloßbauten an plastischen Werken waren. Im ersten Hofe begrüßten den Eintretenden von erhöhtem Standpunkte aus drei eherne Statuen in Waffen. In der Mitte erhob sich König Mathias, sinnenden Antlitzes, den Helm auf dem Haupte, die Lanze in der Hand, gestützt auf seinem Schilde, ihm zur Rechten sein Vater, zur Linken der Bruder, voll Trauer im Ausdrucke der Gesichtszüge. Die Mitte des Hofes schmückte ein eherner Brunnen, dessen Säule rings von einem marmornen Bassin umgeben war, dessen Krone die behelmte und gerüstete Pallas Athene zierte. Im äußeren Hofe, der viel größer als der innere war, standen zu beiden Seiten des Einganges eherne Statuen, in nackter Gestalt, mit Schild, Streitaxt und Schwert bewaffnet, in gleichsam drohender Haltung; ihre Piedestale zierten Sculpturwerke, Siegeszeichen darstellend. Die große Doppeltreppe war aus Porphyrstein gebaut und mit ehernen Leuchtern geziert, derselbe Stein zur Thoreinfassung verwendet. Auf den in Erz gegossenen Pforten waren in bewunderungswürdiger Weise die Arbeiten des Herkules dargestellt. Aber mit den drei bewunderten Standbildern der berühmten Mitglieder des Hauses Hunyadi, mit den Colossalstatuen der Wächter am Thoreingange, mit der Pallas=Athene auf der Krone des aus Erz und Marmor hergestellten Brunnens, mit den Reliefbildern der Herkulesarbeiten war die lange Reihe edler Schöpfungen der plastischen Kunst nicht geschlossen. Ein anderer Bewunderer der Königsstadt, der reichgebildete und erfahrene Humanist Ursinus Velius, welchen Buda, nicht nach dessen Größe, wol aber nach dessen Lage und Beschaffenheit an Rom, den Vatikan und Janiculus erinnerte [1]), weiß rühmend zu erzählen, daß in der Mitte des weit aus= gedehnten Platzes (area ingens) vor der Königsburg (d. i. auf dem Georgsplatz) die Statue des Herkules sich erhob, ein Werk, das der edlen Sorge und dem Aufwande des Corvinen sein Dasein dankte, eine Schöpfung — sagt er — die mit jedem antiken Werke den Vergleich aushalten könne. Ebenso bewunderungswürdig erschien ihm eine im Giebelfelde ober den Säulen in Erz ciselirte Arbeit, welche den Kampf der Lapithen mit den Centauren zur Darstellung brachte. Aber nicht die Königsburg allein mit ihrer vielgestaltigen Pracht bildete die Zierde Ofens, nein, wie der letztgenannte Gewährsmann ausdrücklich bemerkt, war die Stadt vor dem durch die Türken erlittenen Brande reich an großen Wohngebäuden des Adels und der Kaufleute, die nach dem Muster und dem Style italischer Paläste erbaut waren [2]). Die zielbewußte

---

[1]) Budae situs, otsi non est pari magnitudine, tamen Romanae regiae et Vaticano cum Janiculo conjuncto haud multum absimilis est. — (Casparis Ursini Velii de bello pannonico libri decem. Studio et opera Adami Francisci Kollarii. Vindobonae 1762. S. 15.)

[2]) Antequam a Turcis accensa conflagraret, cum mercatorum tam optimatum amplisimis aedibus plerisque ad Italicorum aedificiorum symmetriam constructis perinsignis fuit. Ursinus Velius a. a. O. S. 15 u. 16.

Kunstanleitung aus der Schule Italiens hat also überall in Ofen ihre Triumphe gefeiert. Andere Berichterstatter wissen als Augenzeugen von zahlreichen und herrlichen Kirchen zu erzählen, welche die Festungsstadt schmückten. Vor dem Beginne der verhängnißvollen Türkenherrschaft zählte man in der Oberstadt eilf Kirchen und Kapellen, von denen vorzüglich drei, die Marien-Kirche auf dem Marien- oder Marktplatze, dann die Johanneskirche am Nordende der Stadt (heute Garnisonskirche) und die in der Mitte der Stadt gelegene Magdalenen-Kirche theils durch ihr hohes Alter und ihre bis in's 13. Jahrhundert zurückreichenden Anfänge, theils durch die Schönheit ihrer Form, theils durch die Fülle historischer Erinnerungen einen hervorragenden Platz einnehmen [1]). Drei geistliche Orden, die Minderbrüder, die Pauliner und die Predigermönche hatten auf dem engen Raume der oberen Stadt die Stätten ihrer seelsorglichen Thätigkeit, ihre Kirchen und Klöster. Als Königin der Gotteshäuser ragte am bedeutsamsten die Marien-Kirche auf dem Marktplatze hervor; sie ist vielleicht durch Schönheit der Kunstform von anderen Kirchen Ofens überragt worden, aber keine kam ihr gleich an historischer Bedeutung. Das Andenken an große und glänzende Ereignisse, aber auch an schreckliche und erschütternde Vorfälle ist mit ihr verbunden. Welche Wandlungen hat dieser Dom durch= gemacht, und wie spiegeln sich in demselben die Wandlungen der Stadt, des Reiches, der Nation. Hier kehrten die neugewählten Könige ein, wenn sie ihren prachtvollen Einzug in die Hauptstadt vollzogen, um dem Höchsten ihr Dankgebet darzubringen; hier haben die Sieger nach glücklich beendeten Feldzügen die dem Feinde abgerungenen Trophäen niedergelegt; hier erfolgte die Verkündigung der mit auswärtigen Staaten abgeschlossenen Bündnisse; hier hat der große Corvine wieder= holt, triumphvoll als Sieger vom Schlachtfelde heimkehrend, seinen Einzug gehalten, hier hat derselbe König mit Entfaltung morgenländischer Pracht seine zweite Ver= mählung gefeiert. Die kühn emporstrebenden Bogen dieses Gotteshauses wiederhallten vom Jubel und vom Schmerze, an ihnen brach sich der Ton der Hoffnung und der Klage, denn diese Räume sahen die glänzendsten und stolzesten Tage, aber auch die schrecklichsten und erschütterndsten Ereignisse: den Triumph der Könige, die Freude der Sieger, in den eigenartigen Festen den Abglanz der Größe des Reiches; aber ihre Räume sahen auch den Auszug der klagenden christlichen Gemeinde, als der brutale Sieg des Islams die Umgestaltung der Kirche in eine Moschee vornahm, und an dem großen, aber schrecklichen Tage der Vergeltung -- am Tage der Erstürmung Ofens am 2. September -- fiel in diesen Räumen der Kopf des Imam unter dem Schwerte der siegestrunkenen Soldatesca.

Die sinnige Arbeit jener frohen Zeit hat Pracht und Künste, welche ihre reiche Entfaltung in der leuchtenden Königsburg, in den Wohnungen der Großen und in den Kirchen der Stadt fanden, mit der herrlichen Natur, mit den Reizen einer male= rischen Landschaft zu vermählen verstanden. Den Fuß der Höhe, welche die schim= mernden Bauten trug, umringten duftige Gärten. In die Thalsohle, die sich westlich vom Festungsberge ausdehnt, wo heute die Christinenstadt steht, hat des Corvinen Sinn für Lebensverfeinerung eine reizende Parklandschaft hineingebettet. Dort grünten

---

[1]) Buda sacra sub priscis regibus. Authore P. **Xysto Schier**, eremita Augustiniano. Viennae 1774. Ein lehrreiches Buch, welches noch heute auf Werth und Brauchbarkeit Anspruch erheben darf, wenn auch einzelne Behauptungen durch die neuere Forschung widerlegt wurden.

die lieblichen Gartenanlagen, welche der Corvine schuf und denen die Zeitgenossen so viele rühmende Worte leihen, die sich ebensosehr auf die Schilderung der Alleen, der Grotte, der großen aus Drahtnetzen gebildeten Vogelhäuser mit ausländischem und einheimischem Gefieder beziehen, als auf die Beschreibung der ebenso reizenden als prachtvollen Villa, welche sich mitten im grünen Kranze erhob und durch die zier= lichen Säulen und ehernen Leuchter in der Vorhalle, durch die reich dekorirten Zimmer= decken, durch die kunstgeschmückte Eingangspforte die Bewunderung in dem Maße erregte, daß ein Zeitgenosse sagen konnte: es sei dies Lustschloß mit gleichartigen Schöpfungen der antiken Zeit zu vergleichen [1]). Für die verschwenderische Pracht der Ausstattung zeugte der Umstand, daß das Dach des Lustschlosses aus versilberten Ziegeln bestand [2]). Aber die Pracht verband sich überall mit seltenen Annehmlichkeiten. Es konnte nichts reizenderes geben, versichert ein Augenzeuge, als im Speisesaal eines der Gartenthürme ein Mahl einzunehmen, wo durch die weiten Erker die herrliche Ausschau auf die Rebenhügel sich öffnete und das Auge erfreute [3]). Wir begreifen unter solchen Umständen, daß ein anderer Zeitgenosse ausrufen konnte, die Schöpfungen in Ofen glichen mehr einem Zaubergemälde als der Wirklichkeit.

Aber Buda war nicht nur ein glänzender Herrschersitz, es war mehr als dies; es war auch ein vornehmer Sitz der Musen, und die edlere Seite des Regentenlebens von Corvinus bildet das hohe Interesse, welches er der Wissenschaft, der Sammlung literarischer Schätze, den Gebilden der Dichtung und Phantasie entgegentrug. — Jene großartige Kulturerscheinung, welche wir mit dem Namen Huma= nismus umfassen und die durch die Wiederbelebung des klassischen Alterthums die Anschauungen der Geister umzugestalten berufen war, hat eine ihrer schönsten Strahlen auf Ungarn geworfen [4]). Es kann heute kein Zweifel darüber bestehen, daß Ofen

[1]) Extra arcem, in proxima convalle, horti subjacent amoenissimi, marmoreaque villa. Hujus propylaeum columnis tessellatis imbricatisque circumdatum, quae aenea candelabra sustinent. Triumphales sunt villae postes, et triclinium cubiculumque cum laquearibus et fenestris usque adeo spectabile, ut lautissimam antiquitatem propius accederet. Bonfinii rer. hung. decades; IV. lib. VII. S. 647.

[2]) Argentatis villa tegulis contecta. Ebenda S. 648.

[3]) Turres quoque coenaculis ac pergulis obductae, in quibus coenationes cum vitreis specularibus usque adeo jucundae, ut nihil putes amoenius. Bonfinius a. a. O. S. 648.

[4]) Keiner anderen Periode der ungarischen Literatur ist in neuerer Zeit von Seite der unga= rischen Gelehrten eine so sorgfältige und liebevolle Forschung zugewendet worden, wie der des Humanismus im 15. und 16. Jahrhundert. „Die heimgekehrten Bände der Corvina", das Geschenk des Sultans Abdul Hamid, welcher der Universität Budapest im Frühlinge des Jahres 1877 fünf= unddreißig Bände der „Corvina" übersendete, gaben der Forschung in Ungarn neue Impulse, und zahlreiche Schriftsteller wendeten ihre Geistesarbeit der Zeit des Wiedererwachens der classischen Studien in Ungarn neuerdings zu. Eine Reihe trefflicher Arbeiten auf diesem Gebiete bildet die Frucht dieser Forschungen. Den Reigen eröffnete die lehrreiche und fleißige Studie, welche Johann Csontosi in der „Könyv-Szemle" veröffentlichte: „Bibliographische Beschreibung der aus Constantinopel zurückgekehrten Corvina=Codexe". Auf Grund dieser Studie erwuchs der interessante Aufsatz in den „Literarischen Berichten aus Ungarn" (I. Jahrg. S. 321 u. f.): „Die heimgekehrten Bände der Corvina", von Dr. Gustav Heinrich. — Von da an trat eine ungemein rege Bethätigung der Erforschung des Zeitalters der Renaissance in Ungarn in die Erscheinung: „Die Bibliothek des Johann Vitéz". Nach einem akademischen Vortrage Wilhelm Fraknói's (Literarische Berichte aus Ungarn, II. Jahrg. S. 113 u. f.). — „Die classische Philologie in Ungarn" von Dr. Eugen Abel (Lit. Bericht aus Ungarn. II. Jahrg. S. 239 u. f.). — „Die Bibliothek des Königs Mathias Corvinus,

in der zweiten Hälfte des 15. Jahrhunderts ein glänzender Mittelpunkt dieser neuen Kultur gewesen, ja daß außer Italien vielleicht keine andere Stadt in so hohem Grade eine gleich edle Pflegstätte der neuen Geistesrichtung gebildet hat. Die Anfänge des Humanismus in Ungarn fallen noch in die erste Hälfte des 15. Jahrhunderts. Schon der Gubernator Johann Hunyady, der Vater des großen Königs, blieb vom Anhauch des Alterthums nicht unberührt, nahm die Liebe zur humanistischen Richtung freudig in sich auf, und stand mit hervorragenden Humanisten Italiens in Verbindung. Die Briefe des berühmten Secretärs der römischen Kurie, Poggio Bracciolini legen Zeugniß ab für den Eifer, mit dem sich Ungarns Gubernator der modernen Geistes= richtung anschloß. Der erste edle Bannerträger der neuen Ideen in Ungarn war Johannes Vitéz von Zredna, Kanzler Hunyady's, dann Bischof von Großwardein (seit 1447) und später Erzbischof von Gran. Nach seiner Heimkehr aus Italien, wo er in den hohen Schulen die Begeisterung für die neue Richtung in sich auf= genommen, war er es, dem Ungarn die aufkeimende Verehrung der Klassiker zu danken hatte. Er hat die leuchtende Fackel des Alterthums in seinem Vaterlande erhoben, durch die Macht seines Geistes und seiner classischen Bildung den Gubernator Johann Hunyady in die Kreise des Humanismus gezogen und den hohen Zielen desselben dienstbar gemacht; seinem Einflusse war es zu danken, daß in dieser Persön= lichkeit noch am Ende der Heldenlaufbahn ein Zug nach wissenschaftlicher Belehrung und Geistesbildung besonders lebhaft sich ausprägte. Sein Palast zu Gran (seit 1465) ist zu einem edlen Musenhofe erblüht und der vielbekannte Humanist Marzio Galeotto konnte mit Recht von Vitéz rühmen, „er habe die Musen, die damals in der ganzen Welt verbannt waren, zu sich herangelockt und Ungarn zum Wohnort der Musen der Neuzeit gemacht"[1]. Seiner geistigen Einwirkung, seiner freigebigen Hand und seinen Anregungen war es zu danken, daß in der Humanistenwelt ein leuchtendes Gestirn aufstieg, das in Italien ebenso wie in seinem ungarischen Vaterlande unge= theilte Bewunderung erregte. Auf seine Kosten ist sein Neffe Johann Cesinge — unter dem Namen Janus Pannonius fast dem ganzen Abendlande bekannt — nach Italien entsendet und dort in der berühmten Schule des alten Guarino zu Ferrara in die Kreise des neuen wissenschaftlichen Lebens gezogen worden (1447—1454). Da hat derselbe durch die Kenntniß der klassischen Sprachen und durch seine Dichterbegabung so strahlenden Ruhm erlangt, daß der alte Guarino von ihm rühmen konnte, er habe griechisch gesprochen, als wäre er im alten Athen, und lateinisch, als wäre er im

---

von demselben (Lit. Ber. aus Ungarn II. 556). Johannis Vitéz de Zredna, Episcopi Varadiensis in Hungaria Orationes in causa expeditionis contra Turcas habitae, item Aeneae Sylvii epi- stolae ad eundem exaratae. 1453—1457. edidit Dr. Guil. Fraknói. Budapestini 1878. — Analecta ad historiam renascentium in Hungaria litterarum spectantia. Jussu Academiae Scientiarum Hungaricae edidit Eugenius Abel. Lipsiae apud F. A. Brockhaus. 1880. — „Die gelehrte Donaugesellschaft des Conrad Celtes in Ungarn" von Dr. Eugen Abel (Literarische Berichte aus Ungarn, IV. Band, S. 321 u. f.). — „Der Corvin-Codex der königl. Bibliothek zu Parma" von Johann Csontosi (Lit. Berichte aus Ungarn, III. Bd. S. 567). — „Galeotto Marzio" von Dr. Eugen Abel (Ungarische Revue, 1881 S. 29). — „Petrus Garázda, ein ungarischer Humanist des 15. Jahr= hunderts", von Dr. Eugen Abel (Ungarische Revue, 1883. S. 21 u. f.). — „Ungarische Universitäten im Mittelalter" von Dr. Eugen Abel (Ungarische Revue, 1881. S. 496 u. f.). — Sehr beachtens= werth und instructiv ist auch der Aufsatz von Johann Csontosi: „Auswärtige Bewegungen auf dem Gebiete der Corvina-Literatur" (Literarische Berichte aus Ungarn, III. Jahrg. S. 85).

[1] „Die Bibliothek des Johann Vitéz" (Literar. Berichte aus Ungarn, II. S. 115).

alten Rom geboren[1]). Heimgekehrt nach Ungarn ließ Janus seine Geistesbildung und Dichtkunst dem Vaterlande zum Glücke und Ruhme gereichen. Fünfkirchen, wohin er als Bischof ernannt ward, ist durch ihn mehrere Jahre hindurch ein Mittelpunkt neuer Cultur geworden. Den folgenreichsten Einfluß hat aber Johann Vitéz dadurch geübt, daß er als Erzieher des Mathias Corvinus in die Seele dieses Jünglings die Keime der Liebe für Kunst und Wissenschaft und für die neue humanistische Richtung pflanzte. Und diese Saat des Humanismus ist in vollen Aehren emporgeschossen. Ofen ist unter der Regierung des großen Königs eine Stätte des reichsten und fruchtbarsten Waltens der Humanisten, die Königsburg ein Musen= hof der edelsten Art geworden. Hier war der Sammelpunkt zahlreicher Gelehrten, der Schauplatz der Wirksamkeit der berühmtesten Künstler[2]); von hier aus wurde der lebhafteste Verkehr mit italienischen Humanisten ersten Ranges unterhalten, die dem großen Könige ihre Werke dedicirten, seine Schöpfungen priesen, seine Kunstliebe bewunderten und seine freigebige Hand in Anspruch nahmen[3]). Wie viele Italiener sind damals an diesen Musenhof gefesselt worden[4])! Des Königs Geschichtschreiber Bonfinius, der selbst dem glänzenden Kreise der Musenstadt angehörte, konnte mit Recht von seinem Könige sagen, dessen Bemühungen seien darauf gerichtet gewesen, aus Pannonien ein zweites Italien zu schaffen[5]). Die schönste Blume, welche der Geistesfrühling des Humanismus in Ungarn zeitigte, erblühte in der „Corvina", jener großartigen Bibliothek, die durch ihre Pracht und ihren Reichthum den Stolz der Heimath ausmachte und die Bewunderung des Auslandes weckte. Die Vorbilder Italiens gaben auch dieser Schöpfung des großen Königs die erste Anregung, aber das Werk, das er nachahmend gestaltete, übertraf durch imponirende Großartigkeit und stylvolle Vollendung gar bald seine Vorbilder. Bald konnte das= selbe als leuchtendes Muster auch für Italien hingestellt werden. — Schon 1476 hat Marzio Galeotto, ein eifriger Bewunderer der Schöpfungen des Königs, die er durch eigene Anschauungen kannte, in einem seiner Werke den Frederico von Montefeltre, Herzog von Urbino, als Nachahmer der Büchersammlung des ungarischen Königs gepriesen. Wie hat der Florentiner Naldus Naldius in seinem schwung= vollen Liede die Pracht, den Reichthum und den Werth dieser Bibliothek zu verherr= lichen gesucht; wie haben fremde Gelehrte noch in der ersten Zeit des 16. Jahrhunderts, wo die Verstreuung einzelner Bestandtheile dieser herrlichen Sammlung schon begonnen hatte, in überströmender Weise ihrer Bewunderung dieser Schätze Ausdruck gegeben[6]). Es ist hier nicht der Ort und nicht die Aufgabe, Werden, Blühen und Vergehen

---

[1]) Dr. Eugen Abel: „Die klassische Philologie in Ungarn" (Literarische Berichte aus Ungarn, II. S. 242).

[2]) Dr. Eugen Abel; „Die classische Philologie in Ungarn", a. a. O. S. 242 u. 243. — „Galeotto Marzio" von Dr. Abel a. a. O. S. 29—42. Vergl. Ludwig Fischer: König Mathias Corvinus und seine Bibliothek" (Jahresbericht über das k. k. St.-Untergymnasium im II. Bezirke von Wien, 1878 S. 7—9).

[3]) Dr. Eug. Abel: „Die klassische Philologie in Ungarn", a. a. O. S. 242—245.

[4]) „Galeotto Marzio" von Dr. E. Abel (Ungarische Revue, 1881. S. 29—42. — „Petrus Garázda, ein ungarischer Humanist des 15. Jahrhunderts (Ungarische Revue 1883, S. 21—31.

[5]) Pannoniam alteram Italiam reddere conabatur. Bonfinius l. c. D. IV, l. VII. p. 646.

[6]) Ludwig Fischer: „König Mathias Corvinus und seine Bibliothek", Wien 1878; a. a. O. 9—13. — „Die Bibliothek des Königs Mathias Corvinus", von Dr. E. Abel, a. a. O. S. 556—558.

dieser wunderbaren Institution zu schildern, hier, wo nur in zwei Bildern die gewaltigen und klaffenden Gegensätze gezeichnet werden sollen, welche die schicksalsreiche Stadt Ofen in der letzten Zeit des nationalen Königthums und während der culturverderbenden Türkenherrschaft aufweist; doch ist Raum für die Bemerkung, daß man eine lebhafte Vorstellung von der Pracht und dem Reichthume der Bibliothek, dieses leuchtenden Denkmals wissenschaftlichen Geistes und Kunst= geschmacks gewinnt, wenn man sich vergegenwärtigt, daß Mathias Corvinus jährlich 33.000 Ducaten für Vermehrung und Verschönerung seiner Büchersammlung ausgab, daß er für dieselbe in Florenz Abschreiber in so großer Anzahl beschäftigte, daß nach seinem Tode dort die Preise der Handschriften sanken, weil Anbot und Nachfrage im Mißverhältnisse standen und viele Kalligraphen beschäftigungslos wurden[1]. Auch der Umstand darf selbst in einem flüchtigen Bilde, das von der großen Kultur= erscheinung entworfen wird, nicht übersehen werden, daß eine unvergleichlich einende Auffassung wissenschaftliche und künstlerische Bestrebungen zu einem wunderbaren Ineinanderspiel verschmelzen, und die Denkmäler des wissenschaftlichen Geistes zugleich solche des edelsten Kunstgeschmackes werden ließ. Wie viele Bände der Corvina haben eine künstlerische Ausschmückung, eine Form= schönheit von seltener Vollendung erhalten! Die berühmtesten Miniatoren Italiens waren in den Dienst der großen Schöpfung des Königs gestellt; die Florentiner Attavantes und Gherardo, der Mailänder Girolamo, Felix Ragusanus und der Abt Madocsa haben eine Reihe von Bänden mit den prachtvollsten Miniaturmalereien geschmückt.

Die Kunstanleitung aus den Schulen Italiens feierte also in Buda auf allen Seiten ihre Triumphe. Hier fand der nach edler Geistesbildung Strebende die viel= seitigste Nahrung und Anregung. Es paßt ganz in den Kreis der umfassenden und großartigen Bestrebungen des Königs, wenn wir hören, daß er den Plan faßte, auf Grund der am 19. Mai 1465 vom Papste Paul II. erlassenen Bulle, welche die Ermächtigung gab, in Ungarn eine vollständige Universität mit jedweden Facultäten nach dem Muster von Bologna zu errichten, in der Hauptstadt des Reiches eine Hochschule zu gründen, die eine der größten und besten in Europa werden sollte. Bereits ließ er die Pläne des Riesenbaues entwerfen, der sich unterhalb Ofens an der Donau erheben und zu einer großartigen Stätte für Meister und Schüler gestalten sollte. Weil aber naturgemäß die Vollendung dieses stolzen Gedankens selbst bei ungestörter Fortentwickelung des staatlichen und culturellen Lebens seinem Nachfolger vorbehalten blieb, errichtete er zu Ofen einstweilen eine kleinere Universität, ein „universale Gymnasium", wo Philosophie und Theologie gelehrt wurde[2]. Mit der Regsamkeit des literarischen Lebens, das sich in Ofen in so reichem Maße entwickelte, hängt auch die Errichtung der ersten Buchdruckerei, die Ungarn kennt, innig zusammen. Andreas Heß, der vom königlichen Vicekanzler, dem Propste Ladislaus Geréb, aus Venedig nach Ofen berufen wurde, errichtete da im Jahre 1472 die erste Buchdruckerei. War ihre Thätigkeit auch nicht von langer Dauer, so gibt doch auch diese Gründung ein leuchtendes Zeugniß von der mächtigen Kulturbewegung und dem aufstrebenden Gewerbsfleiße.

---

[1] Dr. Eugen Abel: „Die Bibliothek des Königs Mathias Corvinus", a. a. O. S. 557 u. 558.
[2] Dr. Eugen Abel: „Ungarische Universitäten im Mittelalter", (Ungarische Revue, Jahrgang 1881, S. 496 u. f.).

Es wäre eine Täuschung, zu glauben, daß der Geistesfrühling, welcher Buda und Ungarn verschönte, mit dem Tode des großen Königs rasch seinen jähen Abschluß gefunden habe. Auch im ersten Jahrzehnt der Regierung Bladislaus' II. war Buda noch ein Schauplatz der Prachtliebe, der Kunst= und humanistischen Bestrebungen. Zeugniß dafür gibt die von Conrad Celtes gegründete „gelehrte Donaugesellschaft" (1497—1508). Neue Humanistenkreise waren an die Stelle der alten getreten, die aber mit gleichem Eifer und gleicher Liebe den gelehrten Studien zugewendet blieben. Die Prälatur Ungarns hat nach wie vor ihre freigebige Hand zur Unterstützung der humanistischen Bestrebungen geboten. Der König Bladislaus selbst war eifriger Förderer und Freund der Humanisten, und der große Kreis der strebsamen und lebensfrohen Männer, die er in Buda um sich versammelte, gab seinem Throne Glanz und Ansehen. „Noch im Jahre 1508" — sagt ein trefflicher Kenner jener Geistesbewegung — scheint die gelehrte Donaugesellschaft „in vollster Blüthe gestanden zu sein: die goldene Trinkschale, die Augustinus Olomucensis sich selbst und der dankbaren Nachwelt zu Ehren schon im Jahre 1505 verfertigen ließ, damit aus der= selben die heilige Schaar und der mystische Orden der Phöbusdiener den edlen Rebensaft schlürfe, trägt das Datum 1508 und ist ein neuer Beweis des lebens= frohen Geistes, der im Ofener Humanistenkreise herrschte[1]". Der Verkehr mit Italien und dessen Humanisten dauerte noch in regster Weise fort; zahlreiche ungarische Jünglinge suchten noch die stolzen und berühmten Pflegstätten des Humanismus in Italien auf.

Im Angesichte all dieser glänzenden Kulturerscheinungen und der starken Be= wegungen im Geistesleben darf man sagen: Buda war in der zweiten Hälfte des 15. und am Eingange des 16. Jahrhunderts mit seiner schimmernden Königsburg, mit seiner großartigen Bibliothek, mit seinen Gelehrten= und Künstlerkreisen, mit den reichen Denkmälern des Kunstgeschmacks, mit seinen Kirchen, Palästen, Gärten und Bädern die Verkörperung von allem Hohen und Schönen, was im Geiste der Renaissance lag, eine Stadt, die nicht nur politisches Centrum war, sondern der Mittelpunkt eines reichen Kulturlebens und die Stätte der edelsten Kunst= schöpfungen; eine Stadt, die als ein Brennpunkt für alles Große und Edle und ver= lockend wie die Gärten der Hesperiden erschien. Es ist wahrlich keine Uebertreibung, wenn ein ungarischer Geschichtschreiber unserer Zeit von jener Periode sagt: die Denk= mäler derselben verkünden, daß es eine Zeit gab, wo Ungarn „die Kulturhöhe der mächtigsten Reiche Europas theils erreicht theils überflügelt hatte[2]".

Welche Wandlung hat aber diese Stadt durchgemacht, welch' schrecklich rascher Verfall trat ein, seitdem die Osmanen im Jahre 1541 die dauernde Occupation vorgenommen hatten. Man kann sich keine größeren Gegensätze denken! Vielleicht an keinem anderen Beispiele kann man beobachten, wie verderbenbringend für die abendländische Kultur die osmanische Herrschaft sich erwies, wie unter dem ehernen Tritte dieser Barbaren alle Blüthen eines höheren Kultur=

---

[1]) Dr. Eugen Abel: Die gelehrte Donaugesellschaft des Conrad Celtes in Ungarn. (Literarische Berichte aus Ungarn, 4. Jahrg. S. 345). Vergl. auch von demselben Verfasser: „Die classische Philologie in Ungarn" (Literarische Berichte aus Ungarn, 2. Jahrg. S. 239 u. f.).

[2]) Die Bibliothek des Johann Vitéz. Nach einem akademischen Vortrage Wilhelm Fraknói's (Literarische Berichte aus Ungarn, 2. Jahrg. S. 119).

lebens hinwelkten. Und der Verfall, der über diese unglückliche Stadt hereinbrach, hat ganz entsetzlich rapide Fortschritte gemacht. Die ersten Schläge der Barbaren trafen die zahlreichen und herrlichen plastischen Bildwerke, mit welchen Burg und Plätze der Königsstadt geschmückt waren. Es ist dies sehr bezeichnend für die Geistesrichtung der Osmanen. Der Nachbildungshaß des sunnitischen Islams duldete keine plastischen Bildwerke; er hat sie auch in Buda alle in Scherben geschlagen; all' die oben genannten Meisterwerke der Bildhauerkunst und Erzgießerei: die Standbilder der Hunyaden, die Kolossalstatuen der Wächter im Vorhofe des Schlosses, die Pallas-Athene, die den großen Brunnen zierte, die Herkulesstatue auf dem Georgsplatze, die schönen Erzbilder, die den Kampf der Lapithen und Centauren darstellten, all' diese herrlichen Schöpfungen fielen dem sunnitischen Nachbildungshasse zum Opfer, wurden in Trümmer geschlagen und zu Kanonen umgegossen. Reisende, die etwa zwölf Jahre nach dem Beginne der dauernden Occupation der Stadt durch die Türken die ehemals königliche Residenz besucht und beschrieben haben, wissen kein Wort von den plastischen Kunstwerken zu erzählen, es ist, als ob die Erinnerung an deren Dasein verschwunden gewesen wäre. Was sind das für trostlose Bilder, welche die Fremden in der zweiten Hälfte des 16. Jahrhunderts, wenn sie auf ihren Reisen Buda-Pest berühren, von dem Zustande dieser beiden Städte entrollen. In einschneidenden Zügen spiegelt sich da der klägliche und rapide Verfall dieser einst so glänzenden Form menschlichen Daseins. Im Jahre 1553 hat der gelehrte Humanist und Diplomat Ghislen Auger von Busbeck auf seiner Gesandschaftsreise nach Constantinopel in der Stadt Ofen kurzen Aufenthalt genommen und in seinen Briefen [1]) über die Zustände der ehemaligen königlichen Residenz sich ausgesprochen. Es sind nur wenige Sätze, in welche er seine Schilderung zusammenfaßt, aber sie verkünden laut den gewaltigen Rückgang, den diese Stadt gemacht, das rasche Hinsterben der ehemaligen Größe. Und doch waren damals erst 12 Jahre verflossen, seit die Türken dauernd Ofen besetzt hielten und ihre unselige Verwaltung begonnen hatten. Mit einer gewissen Wehmuth ruft der Gesandte aus: „Einst war diese Stadt mit glänzenden Gebäuden der ungarischen Großen geschmückt; jetzt aber sind diese Bauten entweder bereits zusammengebrochen oder sie werden durch Balken gestützt, um den Einsturz zu verhüten. Meist sind es türkische Soldaten, die sie bewohnen, denen aber von dem Solde, der just für ihren Lebensunterhalt hinreicht, nichts übrig bleibt, um so große Gebäude in Dach und Fach zu erhalten. Es kümmert sie wenig, ob der Regen durch die Decke dringt, ob die Wände schadhaft werden; sie sind zufrieden, wenn sie eine trockene Stelle für ihr Pferd und für ihre Lagerstätte finden; was oder ihnen vorgeht, um das glauben sie sich nicht kümmern zu dürfen, daher überlassen sie die oberen Stockwerke den Wieseln und Mäusen als Wohnungen [2])."

---

[1]) Angerii Gislenii Busbequii omnia quae extant. Basileae 1740. Legationis Turcicae epistola prima, p. 15 et 16.

[2]) Ea urbs quondam splendidissimis optimatum Hungariae domibus ornabatur, quae jam partim aut conciderunt, aut crebro tibicine suffultae adversus ruinam muniuntur. Habitantur fere militibus Turcis, quibus cum diurnum stipendium vita sit, nihil suppetit, quod tantis aedibus sarciendis tegendisve impendatur. Igitur num tectum perpluat, num vitium faciat paries, non magnopere laborant; modo sit ubi in sicco equum collocent et sibi lectum sternant: quae supra se, nihil ad se pertinere putant, et quantumvis superiorem aedium partem mustelis et muribus habitandam relinquunt. — Epistola prima, p. 15 et 16.

Dahin hatte sich also die Pracht der Paläste verkehrt, die einst ein stolzer Triumph der Kunstanleitung aus der Schule Italiens waren.

Vierundzwanzig Jahre später hat ein anderer gelehrter Reisender ein viel ergreifenderes Bild von dem Verfalle der Städte Pest und Buda entrollt und seinem Schmerze über die Vergänglichkeit der Größe in tief empfundener Weise Ausdruck gegeben. Salomon Schweiger, der im Jahre 1577 der Legation des Reichshofrathes Joachim von Sintzendorf beigegeben war, hat auf seiner Reise nach Constantinopel im November des erwähnten Jahres sich mehrere Tage in Buda-Pest aufgehalten, alle Theile dieser Städte besichtigt und seine Wahrnehmungen aufgezeichnet und dieselben mit dem Ausdrucke des Schmerzes begleitet[1]). Die Königsburg in Ofen hat noch in ihrem Verfalle und ihrer Verkümmerung mächtige Eindrücke in der Seele des Reisenden geweckt; er bewundert die Reste ehemaliger Pracht: „alle Thürengeschwell und Pfosten fast in allen Gemachen, deßgleichen die Fenster und Ladengestell durchaus seyn von schönen rothen Marmor gehauen, die Läden und Fenster seyn schier alle zugemauert"; hie und da trifft er in Gemächern und Gängen noch „feine Gemäl", die er genau aufzählt, das Wappen des Königs Mathias sieht er „noch an vielen Thüren in Stein gehauen", „in einem Gang die zwölf Zeichen des Himmels in Holz gar schön geschnitzt und verguldt", in einem anderen Gemache „hübsche geschnitzte und vergoldete Rosen"; in andern Räumen findet er die Malerei „doch fast verdunkelt"; im römischen Saale ist die Decke eingestürzt, die Malereien sind mit Staub und Spinnengeweben bedeckt, und erscheinen fast verblichen; in der Bibliothek trifft er die größte Unordnung, viele zerstreute Manuscripte, über deren Zahl, Werth und Aussehen er sich nicht äußert. — Welch' schmerzlichen Eindruck dieser Verfall und dies Werk der Zerstörung bei ihm hervorbringen, geht daraus hervor, daß er — freilich im Predigertone — zu folgendem, wehmuthsvollen Ausrufe hingerissen wird: „und ging uns billich diß zerstörte königlich Haus zu Herzen und gedachten: Ist diß wiederfahren diesem Schloß und Königlicher Residenz, dieser Stadt, Land und Königreich, was möchte unserem Vaterlande mit der Zeit begegnen, dann wir mit unseren Sünden eben solches verdient hätten, wo Gott nach seinem gerechten Zorn und nach unserem verdienen wolt mit uns handeln". Noch düsterer ist das Gemälde, das der Reisende von Pest entwirft: „inwendig hat es schlechte niederträchtige Gebäu und liederliche Häußlein, wie in ganz Türkey, item sehr kotige und wüste Gassen und wohnen auch etliche Christen darin, haben eine eigne Kirchen und ein eigenen Pfarrer, die seyn der Evangelischen Lehr, wie man mich berichtet, zugethan, Sie haben doch kein Glocken noch Uhrenwerk, wie zu Gran und Ova (Ofen), dann daselbst hat es noch Schlaguhren, sonst find man in ganz Türkey kein Glocken noch Uhrenwerk". Und die schmerzliche Erinnerung an den Verfall von Pest und Ofen begleitete den Reisenden auf seiner weiteren Wanderung; an einer bisher nicht beachteten Stelle in der Beschreibung von Belgrad bricht noch einmal das wehmuthsvolle Andenken an das Unglück von Ofen klagend hervor: „wir gingen — schreibt er von Belgrad aus — gleichwol in das Schloß, daselbst haben wir unser Herzenleid,

---

[1]) Neue herausgegebene Reißbeschreibung nach Constantinopel und Jerusalem H. Salomon Schweigers, weyland Predigers bey unser L. Frauen in Nürnberg ... Gedruckt zu Nürnberg 1664, bei Wolf Eberhard Felßecker. S. 21 u. f.

daß wir zu Ofen und anderen Orten geschöpft, wiederum erneuert, ob den Zerfall von Gebäu und Gemäuren".

Welcher Auflösung und Zersetzung die „Corvina" — diese einst so herrliche Schöpfung — im Laufe dieser Jahre preisgegeben war, ist schon oft und erst kürzlich wieder in anschaulichster und umfassendster Weise geschildert, und die Wanderungs= geschichte einzelner Handschriften nach Möglichkeit festgestellt worden[1].

Wenngleich Buda während der Türkenzeit alle Blüthen eines höheren Kultur= lebens hinwelken sah, die Meisterwerke der Plastik in Scherben geschlagen wurden, die Monumentalbauten in Verfall geriethen, die Räume der Königsbibliothek veröbet lagen, die Musen geflohen und die Gönner und Förderer von Kunst und Wissenschaft ausgestorben waren, eine geistige Oede sich über das ganze Gemeinwesen legte: so darf man doch nicht sagen, daß in dieser Zeit des tiefen Niederganges alle Lebens= äußerungen der Gesellschaft dieser Stadt den Verfall getheilt haben, daß neben den tiefen Schatten alle Lichtseiten verbannt waren. Drei Erscheinungen des öffentlichen Lebens erfreuten sich einer merkwürdigen Blüthe: die Moscheen, die heilkräftigen warmen Bäder und — die wohlorganisirten Juden= gemeinden.

Ofen zählte, ganz abgesehen von Pest, zwölf Moscheen, von denen sechs die Festungsstadt schmückten, sechs mit ihren schlanken Minarets in den Vorstädten sich erhoben[2]. Die sechs Moscheen der Festungsstadt waren zum geringsten Theile türkische Neubauten; zumeist hat der rücksichtslose Sieger die schönsten christlichen Kirchen seinen religiösen Zwecken dienstbar gemacht und die Umwandlung in Moscheen vollzogen. Die sechs Tempel der Oberstadt trugen folgende Namen: 1. Die kaiser= liche Palast=Moschee („Sereilik dschamisi"). Es unterliegt keinem Zweifel, daß man in ihr die in der Königsburg gelegene Kapelle, die einst Johannes dem Almosengeber geweiht war und in unmittelbarer Verbindung mit den Prunkgemächern des Corvinischen Palastes stand, zu erblicken hat. — 2. Die Moschee des Pascha (Pascha dschamisi). Sie erhob sich dort, wo heute das k. k. Corpskommando sich befindet, in der Nähe des Stadttheaters; auch sie ist eine den Christen geraubte Kirche, die den Namen Johanniskirche trug. 3. Die neue Moschee (Jeni dschamisi). Ihr Platz läßt sich nicht mit Sicherheit feststellen, auch war sie schwerlich ein völlig neuer Bau; wahrscheinlich lag sie im südlichen Theile der Festungs= stadt, und zwar auf dem Georgsplatze an der Stelle des Tempels des hl. Sigismund. 4. Die Uhren=Moschee (Saat dschamisi); sie hat wohl zweifellos ihren Namen von der Thurmuhr aus christlicher Zeit erhalten, erhob sich wahrscheinlich auf dem heutigen „Paradeplatz", und ist in ihr die ehemalige Magdalenen=Kirche zu erblicken. 5. Die alte Moschee (Eski dschamisi). Dieselbe ist identisch mit der „Kirche

---

[1] Dr. Eugen Abel: „Die Bibliothek des Königs Mathias Corvinus", a. a. O. S. 558—565. — Ludwig Fischer: „König Mathias Corvinus und seine Bibliothek" a. a. O. S. 13—17. — Damit ist zu vergleichen die beachtenswerthe kritische Anzeige der letztgenannten Abhandlung von Johann Csontosi: „Auswärtige Bewegungen auf dem Gebiete der Corvina=Literatur", (III. Zur Literatur der Corvina). Literarische Berichte aus Ungarn, III. Jahrg. S. 99 u. f.

[2] 'Török Mecsetek Budán'. Irta Némethy Lajos. Budapest 1878. (Die türkischen Moscheen in Buda. Von Ludwig Némethy). Mit anerkennenswerthem Fleiße sind in diesem schätzenswerthen Werkchen alle auffindbaren Daten über Ursprung, Lage und Schicksale dieser Moscheen gesammelt und mit Geschick zusammengestellt.

zur Himmelfahrt Mariens", jener berühmten Hauptpfarrkirche auf dem Marktplatze, die so reich an historischen Erinnerungen und ergreifenden Schicksalswechseln ist. 6. Die Sieges=Moschee (Feth dschamisi); sie war ein Theil der am Georgs= platze gelegenen St. Georgskirche, deren eine Hälfte die Türken als Waffenmagazin, deren andere sie als Moschee benützten. Sie mag den Namen der Siegesmoschee deßwegen erhalten haben, weil auf der Zinne der Georgskirche bei der Occupation der Stadt die siegreiche türkische Fahne aufgepflanzt und das Zeichen des Sieges in lautem Rufe verkündet wurde.

Gleich der Festungsstadt waren auch die Vorstädte mit sechs Moscheen geschmückt, die zum Theil ihre Erbauer nannten; denn hier begegnen wir fast durchgehends neuen, von den Türken erbauten Bethäusern.

1. Die Sohlen=Moschee (Moschee am Bergfuße, Taban dschamisi). Der türkische Namen Taban, d. i. Sohle, lebt bis auf den heutigen Tag fort und bezeichnet die Einsenkung zwischen dem Festungs= und Blocksberge, wo heute die Raitzenstadt bis zum Gestade der Donau sich ausbreitet. Die Sohlen=Moschee stand im Vorder= grunde der Bergsohle, ist nicht aus einer früheren christlichen Kirche entstanden, son= dern von den Türken neu erbaut worden, wie aus ihrer Form geschlossen werden kann, die einen Rundbau, starke, von Stützpfeilern umgebene Mauern, halbkugel= förmiges Dach und ein daneben schlank emporragendes Minaret zeigte.

2. Die Umgangs=Moschee (Matafa dschamisi) erhob sich unterhalb des Königssitzes im Thale neben der Donau, genauer gesagt, unterhalb jener Stelle, wo heute das Zeughaus steht, und erschien als freistehende Moschee ohne Hof und ohne Mauerumfassung. Sie ist während der Belagerung im Jahre 1686 völlig der Zer= störung preisgegeben worden und hat vorzüglich durch die furchtbare Explosion des Pulvermagazins am 22. Juli die schwersten Beschädigungen erlitten, muß also dem Explosionsherde sehr nahe gestanden sein[1]).

3. Die Wasser=Moschee (Ssu dschamisi). Sie erhob sich in der Nähe der heutigen Kettenbrücke, und zwar nördlich von derselben an der Stelle, wo gegen= wärtig das Kapuzinerkloster steht und war ein starker, mit halbkugelförmiger Be= dachung, schlankem Minaret und mit Umfassungsmauern umgebener Bau, der die Aufschrift trug: „Es gibt nur einen Gott und Mohamed ist sein Gesandter".

4. Die Falken=Moschee von Toighun=Pascha (Toighun dschamisi). Sie erhielt ihren Namen von Toighun, der in den Jahren 1553 bis 1559 als Pascha von Ofen regierte, und ist wahrscheinlich nach dem am 1. Juni 1559 erfolgten Tode dieses Pascha als seine Begräbnißstätte errichtet worden. Sie erhob sich dort, wo heute die Pfarrkirche der Franciscaner (auf der „Landstraße") sich befindet, denen sie bald nach der Rückeroberung Ofens überlassen wurde und die dann später im Jahre 1731 den vollständigen Umbau und die Einrichtung der christlichen Kirche vornahmen.

5. Die Mustapha=Moschee (Mustafa dschamisi). Sie ist von dem be= rühmten Vezier Sokolli Mustapha (ermordet am 1. October 1578) erbaut worden, dort, wo jetzt die Königsmühle steht, in der Nähe des prächtigen Bades, welches der=

---

[1]) In Bezug auf die Lage dieser Moschee kann ich den Behauptungen nicht beistimmen, welche Némethy in seinem Buche: „Török Mecsetek" a. a. O. S. 48—51 äußert. Vergl. Kapitel XI der vorliegenden Schrift.

selbe Pascha erbaute und dem er seinen Namen gab (heute Königsbad). Sie erhob sich in Mitte eines steinummauerten Hofes mit schlankem Thurme, solid und in treff= lichem Geschmacke erbaut und nahm die Stelle ein, welche vor der Türkenzeit die Kirche der Paulaner=Mönche innehatte.

6. Hadschi Ahmet=Moschee (Hadschi Ahmet dschamisi). Ihre Er= bauung fällt ohne Zweifel in die Zeit, wo Hadschi Ahmet, richtiger Michalibszlii Ahmed, als Pascha in Ofen regierte, von dessen Verwaltung uns die Jahre 1595, 1596 und 1598 Kunde geben. Des Paschas Name bewahrte die Erinnerung an die von ihm vollzogene Gründung des Tempels. Derselbe erhob sich auf der an der Nordfront der Festung sanft abfallenden Bergböschung in der Nähe des Wiener= Thores. Dies Bethaus war allen Gefahren des Sturmes im Jahre 1686 aus= gesetzt und ist ohne Spur verschwunden[1].

Dieselbe eifrige Pflege und dieselbe liebende Sorgfalt wie den Moscheen, deren man, abgesehen von mehreren türkischen Grabkapellen, in Ofen und Pest sechzehn zählte, wendeten die Türken den Bädern in Ofen zu, die unter ihrer Verwaltung zu einer bisher kaum erreichten Blüthe der Entwicklung gelangten. Sinn und Neigung der Orientalen und insbesondere der Türken sind von jeher in hervorragender Weise den Waschungen und dem Baden zugewendet gewesen; ja ein Schriftsteller des 16. Jahrhunderts, der uns die Türkenbäder beschreibt, und die türkischen Anschauungen gewiß genau kannte, behauptet, daß bei den Türken die Erbauung öffentlicher Bäder als vorzügliches Werk der Frömmigkeit gelte, das nicht nur den Lebenden sondern auch den Todten heilsam sei[2]. Für die Entfaltung dieser Neigungen, die aus der Wurzel religiöser Anschauungen neue Nahrung zogen, konnte es keinen günstigeren Schauplatz geben, als Ofen und seine Umgebung. Seit den ersten Anfängen eines höheren Kulturlebens bis auf den heutigen Tag haben die heilkräftigen Thermen Ofens ihre hohe Werthschätzung gefunden und wohleingerichtete Bäder die erlösende Mission für Leidende vollzogen. Aus dem Innern jener Berge, auf deren Rücken die herrliche Traube reift, sprudeln zahlreiche Quellen hervor. An fünf Stellen, wovon drei südlich, zwei nördlich vom Festungsberge liegen, ergießen sich heiße Wasser aus der Berglehne. Man hat daher schon im Mittelalter die unteren und die oberen Bäder unterschieden (aquae calidae inferiores et superiores). Als die Türken ihre Herrschaft in Ofen antraten, fanden sie bereits mehrere wohleingerichtete Badeanstalten, ja an zwei Stellen geradezu prächtige Bauten vor. In der Thalsohle zwischen dem Festungs= und Gerhardsberge erhoben sich die königlichen Bäder (jetzt Raizenbad), die Mathias Corvinus am Anfange der königlichen Gärten prächtig erbaut hat; auf der Nordseite, am äußersten Ende der „Landstraße", wo heute das Kaiserbad sich befindet, haben die dort aufgefangenen Heilquellen, die schon die Römer und das Mittelalter kannten und benützten, von dem genannten Könige neue prächtige Sammelräume erhalten. Auch das heutige Bruck= und Blocksbad am Fuße des Gerhardsberges spendeten schon bei der Ankunft der Türken ihre alle Kranken labenden Wasser. Aber mit Ausnahme

---

[1] Némethy Lajos: Török Mecsetek Budán, S. 75—76.

[2] „De admirandis Hungariae aquis hypomnemation. Ad generosum et vere magnificum D. Sigismundum in Herberstain, Neiperg et Guttenhag Baronem etc." Georgio Wernhero autore .... Viennae Austriae excudebat Egidius Aquila, Ann. Dom. 1551 mense Septembri. 4. Blatt (Die Druckschrift ist nicht nach Seiten, sondern nach Blättern numerirt).

des Königsbades in der Thalsohle (Taban), das, wie es scheint, völlig unverändert in der Türkenzeit fortbestand, haben sie alle Heilquellen in neuen prächtigen Bauten auf= gefangen und einige ganz neue Badeanlagen geschaffen. Gleich in der ersten Zeit nach der dauernden Begründung der türkischen Herrschaft in Ofen ist das, hart am Fuße des Blocksberges gelegene Bad (heute Blocksbad), das damals das „allgemeine" hieß, umgebaut, vergrößert, verschönert und mit einer bleigedeckten Kuppel versehen worden [1]. Auch das in nächster Nähe befindliche Bad (heute Bruckbad) erhielt unter der Verwaltung des Mustapha=Pascha Sokolli (1566 – 1578) neue prächtige Sammel= räume für die heißen Wasser, die aus der Berglehne des Gerhardsberges quellen. Man nannte es das „Bad mit den grünen Säulen". Noch heute haben sich dort Reste dieser orientalischen Herrlichkeit erhalten. Der oben genannte Pascha hat dann am Nordostende der Stadt auch eine ganz neue Gründung vollzogen. In der Nähe der von ihm erbauten Moschee, die seinen Namen verkündete, erhob sich unter seiner Einwirkung und auf seinen Befehl ein neuer Badbau, der von den Türken „Tahatalü" (Tafelbad) genannt wurde (heute das Königs= oder Sprengerbad genannt) [2]. In groß= artiger Weise fanden aber die alten schon längst benützten und geschätzten Badeanlagen am Nordende der Stadt in der Richtung gegen Altofen gleich in den ersten Jahren der Türkenherrschaft, unter der Verwaltung des Statthalters Mohammed (1543—1548), ihre prächtige Ausgestaltung. Dort, wo heute im Kaiserbade (Czászárfürdö) die berühmten Schwefelwasser ihre für viele Kranke erlösende Mission vollziehen, erstand zuerst das Bad Kaplia, ein achteckiger Bau, in dessen Mitte sich die bleigedeckte Kuppel des Baderaumes erhob. Das noch bestehende allgemeine Bad (das große Bassin des Volksbades) ist ein Rest türkischer Bauarbeit. Die schönste Zierde der Anlagen, welche im Bereiche des heutigen Kaiserbades sich erhoben, bildete aber unstreitig das Bad Velibeg's. Ein vielerfahrener Reisender des 17. Jahrhunderts nennt es das „vor= trefflichste" aller Ofener Bäder [3]. Der stolze Bau war von fünf Kuppeln gekrönt. Die mittlere, welche das große Vollbad überwölbte, trugen zwölf Säulen, zwischen acht derselben quollen die heißen Schwefelwasser hervor, zwischen den anderen befanden sich die Räume zum Sitzen und Gehen der Badegäste. Die einzelnen Einrichtungen dieses Bades, die hilfreichen Hände zahlreicher Diener und Barbiere, welche hier der Pflege des Körpers dienstbar gemacht wurden, erinnern an den Comfort und die Lebens= verfeinerung, welche die modernen Dampfbäder bieten. Der prächtige Bau Velibeg's hat die Stürme von 1684 und 1686 nicht überdauert, er ist spurlos verschwunden.

In so grellen Gegensätzen bewegte sich das Leben der Osmanen in Ofen. Während ihre Indolenz oben in der Festungsstadt den wundervollen Bau der Königs= burg zerfallen ließ und die schönen Schöpfungen der Renaissance=Zeit in barbarischer

---

[1] Aliae communes (aquae), quibus saxum ceu nativa fornix impendet, quas Turcae post occupatam Budam latius excavata rupe ampliores reddiderunt, caeterisque praeferre dicuntur (Wernher a. a. O. 2. Blatt).

[2] Némethy Lajos: „Török Mecsetek Budán", p. 63 und Dr. Linzbauer: „Die warmen Heilquellen der Hauptstadt Ofen im Königreiche Ungarn. Geschichtlich und naturhistorisch beschrieben". Pest 1837. S. 111. — Dagegen schreibt Hammer a. a. O. zweite Ausgabe, 6. Bd. S. 762 den Bau dieses Bades dem Mohammed=Pascha, dem 3. osmanischen Statthalter Ofens zu.

[3] Brown Edward: Naauwkeurige en Gedenkwaardige Reisen ꝛc. Amsterdam by Jan ten Hoorn. 1696; p. 106 u. s. f. — Dr. Franz Linzbauer: „Die warmen Heilquellen der Hauptstadt Ofen". S. 50 u. s. f. — Häusler: „Buda=Pest, historisch=topographische Skizzen". Pest, 1854. S. 100 u. s. f.

Weise dem Ruine preisgab, während ihr Nachbildungshaß die edlen Arbeiten der Bildhauerkunst in Stücke schlug, war ihre Baulust und ihr Verschönerungssinn außer den Moscheen in lebhaftester und erfolgreicher Weise den Bädern zugewendet; um dies zu verstehen, muß man sich daran erinnern, daß diese Bestrebungen ihre Impulse aus den religiösen Anschauungen der Osmanen empfingen.

Die dritte Erscheinung des öffentlichen Lebens, welche in Ofen während der Türkenzeit einer gewissen Blüthe sich erfreute, bildeten die wohlorganisirten Judengemeinden, die damals verhältnißmäßig glückliche Zeiten verlebten[1]). Es kann dies nicht überraschen. Diese Erscheinung findet in der Natur der Verhältnisse ihre Begründung. Während der Zeit der Regierung des Königs Ludwig II., wo alle Ordnungen des Staatslebens einer zunehmenden Erschütterung preisgegeben waren, wurde die Lage der Juden in Ofen eine trostlose; die Hand des schwachen Königs vermochte sie nicht gegen Unrecht und Verfolgung zu schützen, hilflos waren sie der Gewaltthat und dem Drucke ausgesetzt. Bald nach der Katastrophe von Mohács kam während der kurzen Zeit der Anwesenheit der Türken eine Zeit der Erholung für sie, aber nach dem Abzuge Soliman's waren die Tage der Duldung und ihrer relativ gesicherten socialen Existenz gezählt. Der Beschluß des ungarischen Landtags in Stuhlweißenburg, „daß die Juden von dem ganzen Territorium, allen Städten und Festungen Ungarns sofort zu vertreiben seien", zwang die Verfolgten, in das Elend zu wandern. Bis zum Jahre 1541 blieben die Juden aus Ofen völlig verschwunden; sie wanderten wol zumeist in die Türkei aus, deren Provinzen eine freudig begrüßte Zufluchtsstätte des Judenthums wurden. Aus den Bedrängnissen der Verfolgung in Deutschland, Oesterreich, Ungarn und anderen Ländern haben sich die Juden massenhaft in diese Asyle geflüchtet, wo sie ein wenig angefochtenes Dasein führen, die ungehinderte Entwicklung der Autonomie ihrer Gemeinde genießen, in dem lebhaften Handel eine Quelle ihres Einkommens erschließen und so nicht selten zu Glück und Wohlstand, ja theilweise auch zu bedeutendem Einflusse gelangen konnten. Kaum hatten die Türken im Jahre 1541 ihre dauernde Occupation von Ofen vollzogen und dort ihre Herrschaft fest begründet, so begann eine stetig wachsende Rückwanderung der Juden theils aus den älteren türkischen Provinzen, theils aus den westlichen und nördlichen Nachbarländern. Bald ist die Judenschaft in Ofen wieder sehr zahlreich, gelangt zur Entwicklung einer blühenden Autonomie und zu einer relativ sehr glücklichen Existenz. Es ist dies erklärlich. Die Religion war nicht das Motiv zur Konstituirung des osmanischen Reiches. Die Türken strebten nach keiner Verfolgung oder Ausrottung einer religiösen Glaubensgenossenschaft. Sie empfanden die gleiche Geringschätzung, die gleiche hochmüthige Verachtung gegen Katholiken, Protestanten, Griechen und Juden, aber sie duldeten alle diese Religionsgenossenschaften und behandelten alle in gleicher Weise. „Es gibt — sagt ein trefflicher Kenner orientalischer Verhältnisse — in der Türkei nur zwei Nationalitäten: die Mahommedaner oder die alle politischen und bürgerlichen Rechte besitzenden Staatsbürger und die Rajah oder die andersgläubigen (also überwiegend christlichen), rechtlosen Einwohner" ... Die Osmanen

---

[1]) Dr. Samuel Kohn: „Die Ofener Juden während der Türkenzeit". Vortrag, gehalten in der am 1. Mai 1879 gehaltenen Sitzung der historischen Gesellschaft in Budapest, abgedruckt in den „Literarischen Berichten aus Ungarn", IV. Jahrg. S. 399—410. Diese schätzenswerthe Abhandlung bildet für unsere Darstellung die Richtschnur.

wurden „bei ihren Eroberungen nicht durch religiösen Fanatismus, sondern durch die Staatsidee geleitet und so fügten sie dem Reiche von Zeit zu Zeit die angegliederten neuen Elemente in den Rahmen der schon bestehenden Institutionen ein, ohne sich um deren Verschiedenheiten in Religion, Sitte und Nationalität zu bekümmern"[1]). Wenn man zu diesen staatlichen Auffassungen der Türken nun in Erwägung zieht, daß die Juden eine außerordentliche Rührigkeit auf dem Gebiete des Handels und Verkehrs an den Tag legten, die lebhafteste Neigung zeigten, dem herrschenden türkischen Volke sich anzuschließen und an dessen Vertheidigungskämpfen theilzunehmen, wenn man ferner erwägt, daß die Juden zu allen Zeiten ungewöhnliche Sprachbegabung bekundeten und die Sprache des dominirenden Stammes sich aneigneten — haben ja die Griechen einstens die Juden als Griechen zweiter Klasse zur Hellenisirung des Orients verwendet — wenn man alle diese Umstände in Betracht zieht, ist es vollkommen erklärlich, daß die in Ofen rasch anwachsende Judenschaft zu einer vorher nie gekannten Blüthe gelangen konnte. Vierzig Jahre nach Beginn der dauernden Türkenherrschaft zeigt Ofen bereits zahlreiche, wohl organisirte und reiche Judengemeinden. Seit 1581 bestanden nämlich in Ofen zwei jüdische Gemeinden, eine deutsche und eine spanische. Die Mitglieder der letzteren waren türkische Einwanderer und Abkömmlinge der aus Spanien vertriebenen und nach den türkischen Provinzen geflüchteten Juden.

Die Gemeinde, welche dem deutschen Ritus folgte, besaß zwei Synagogen, eine kleine und eine große. Die erstere lag nächst dem Wiener-Thore in der nach den Juden benannten Gasse, deren Name auch in den Berichten über den am 2. September erfolgten Hauptsturm ausdrücklich erwähnt wird, denn dort fanden der Festungscommandant und die Kerntruppen der Janitscharen nach letztem verzweifelten Ringen in der Abendstunde des großen Entscheidungstages den Heldentod. Die „große Synagoge" der deutschen Gemeinde erhob sich mit ihren hohen Thürmen auf der gegen die Wasserstadt sanft abfallenden Böschung des Festungsberges. Die Gemeinde der spanischen Juden hatte ihr besonderes Bethaus. Wie reich ausgebildet die Autonomie dieser Gemeinden war, geht daraus hervor, daß ihre Vorsteher einen überraschend großen Wirkungskreis besaßen, sie waren nicht nur Friedensrichter, sondern übten auch im Vereine mit dem Rabbiner die niedere Civil- und Criminaljustiz aus und verhängten Freiheitsstrafen, die in dem der Judengemeinde eigenen Gefängnisse abgebüßt wurden. Diese Vorsteher waren zugleich Finanzbeamte und hoben die von ihnen repartirte türkische Staatssteuer ein[2]). Es gab in Ofen kein Ghetto; zumeist wohnten die Juden wohl in der Wasserstadt, aber in allen Theilen der Festung und der Vorstädte begegnet man ihren Wohnungen und Kaufhäusern. In dem schwunghaften Handel, den sie betrieben, floß eine reiche Quelle ihres Einkommens. Die Natur der Verhältnisse brachte es mit sich, daß der Handel fast wie ein Monopol in ihren Händen lag und daß sie Sieger über jede Concurrenz blieben. Die christliche Gemeinde in Ofen war klein, nach Herkunft und Abstammung, Sprache und Religion verschieden und bildete kein geschlossenes Ganze; der Osmane erschien, wie es Charaktereigenschaft aller türkischen Stämme ist, als schwerfällig, behäbig, von eiskalter Ruhe; so

---

[1]) Benjamin von Kállay: „Geschichte der Serben". Aus dem Ungarischen von Prof. J. Schwider. Budapest, 1878. I. 176 und 177.

[2]) Dr. Samuel Kohn a. a. O. S. 403.

war es erklärlich, daß die Rührigkeit und Geschicklichkeit, die Schlauheit und der Unternehmungsgeist der Juden das Handelsfeld fast ausschließlich behaupteten; ihre Kaufhäuser zeigten die bunteste Mannigfaltigkeit, und ihr Handel erstreckte sich auf die verschiedensten Gegenstände, ebenso auf Luxusgegenstände wie auf die Bedürfnisse des täglichen Lebens. Nicht etwa Ofen allein war ihr Markt; Christen und Türken der verschiedensten Städte Ungarns suchten bei den Ofener Juden ihren Bedarf zu decken; nicht nur die Märkte des Landes besuchten sie, selbst bis nach Belgrad, ja bis Salonichi reichten ihre Handelsverbindungen. Nur auf zwei Seiten erwuchsen ihrem Handel und Verkehr hemmende Schranken und Plagen. Der Handel mit Wein erlitt vielfache Störungen, denn wiederholt ist der Verkauf desselben auf Grund der Vorschriften des Korans strengstens und unter Androhung schwerer Strafe verboten worden; und bei den Darlehen an die Türken bekamen die Juden gar oft die brutale Rücksichtslosigkeit und den Hochmut des Siegers zu verspüren.

Der Flor des Handels brachte aber beiden Judengemeinden Wohlstand, nicht selten Reichthum und in Folge dessen Ansehen, einflußreiche Stellung und ein behäbiges Dasein. Zeugniß dafür gibt zunächst die Bethätigung ihres Wohlthätigkeitssinnes, der in den heimischen Vereinen zum Ausdrucke kam, der aber auch auf die fernsten Gegenden sich erstreckte, sie haben z. B. die Talmudschulen in Jerusalem und Salonichi mit bedeutenden Beträgen unterstützt; Zeugniß für die Blüthe der Gemeinden geben ferner die drei jüdisch-wissenschaftlichen Vereine, die noch im Jahre 1686 in Ofen bestanden; die von den Juden errungene sociale Stellung brachte es mit sich, daß in ihren Häusern selbst höhere türkische Staatsbeamte häufige Gäste waren [1]).

Bei dieser günstigen und glücklichen Lage, welche die Familien zu Wohlstand, die Gemeinden zur Blüthe brachte, war es erklärlich, daß die Juden sich unbedingt den Siegern anschlossen, sich mit ihnen in staatlicher Beziehung identificirten, an ihren Kämpfen theilnahmen und bei der Vertheidigung Ofens — wie in früheren Jahren — auch im Jahre 1686 an der Seite der türkischen Truppen und Einwohner fochten und auf den Wällen mit gleichem Eifer, wie ihre Gebieter, zur Abwehr bereit standen. Als der große, blutige Entscheidungstag des 2. September heranbrach, mußten sie dann folgerichtig auch die verhängnißvollen Consequenzen ihres unbedingten Anschlusses an die Türken und ihrer Kampftheilnahme tragen und das harte Los des Besiegten theilen.

*   *   *

Abgesehen von den drei vorerwähnten Erscheinungen des öffentlichen Lebens, welche als Lichtpunkte gelten dürfen, zeigte Ofen, wie gesagt, ein dunkles Schattenbild, den tiefsten Niedergang und Verfall, der im grellsten Gegensatze zu der Blüthe stand, welche diese Stadt in dem Jahrhunderte vor der Mohácser Katastrophe glücklich errungen hatte. Aber das Maß des Mißgeschickes, des Niederganges und Elends war noch nicht voll. Die unvermeidlichen Folgen des gewaltigen Kampfes im Jahre 1686 haben Ofen zum größeren Theile in eine Trümmerstätte verwandelt; so schmerzlich und schrecklich dies war, die Opfer entsprachen der Größe des Preises, denn nach dem Siege über diese Feinde aller abendländischen Kultur war auf den Ruinen die tröstende Hoffnung auf eine glückliche Wiedergeburt aufgerichtet.

[1]) Dr. Samuel Kohn a. a. O. S. 405.

III

Beginn des Feldzuges von 1686.

1. Operationsplan. Rüstungen. Kriegsrath in Párkány. Aufmarsch des Heeres.

Noch vor Beginn des Frühlings 1686 sprach Kaiser Leopold in sehr bestimmter Weise seinen Willen aus, daß die Kriegsoperationen diesmal früher als in den vorangegangenen Jahren eröffnet werden sollen. In seinem an den Oberst-Inhaber Leopold Fürsten Montecuccoli gerichteten Handschreiben vom 16. März 1686 [1]) richtet er folgende Mahnung an den Regiments-Commandanten: „Da die Zeit des Feldzuges nun wieder naht und Unsere gnädigste Intention dahin geht, solchen für heuer früher als im vorigen Jahr anzustellen, erfordert Unser Dienst, daß Unsere sämmtlichen Regimenter zu Roß und Fuß sammt der Feldartillerie sich in solcher Bereitschaft halten sollen, auf daß sie mit Zurücklassung der Weiber und überflüssigen Bagage, wie es auch in den früheren Jahren befohlen worden, aus ihrem Quartier dergestalt aufbrechen, geraden Wegs fortmarschieren und zu dem ihnen nächstens zu bestimmenden Termin an Ort und Stelle, wohin man ein jedes Regiment bestimmen wird, erscheinen können". Mitte März waren also Zeit und Ort für die Concentration der Truppen noch nicht bestimmt. Erst aus dem kaiserlichen Handschreiben vom 30. April 1686, das an den Feldmarschall Caprara gerichtet war, erfahren wir, daß der oberste Kriegsherr den Befehl gegeben, „die Haupt-Armada" habe bis zum 20. Mai „zu Barakan" (Párkány) ihre Concentration zu vollziehen [2]). Aber die Verhältnisse waren stärker als der Machtspruch des Kaisers; es ist bekannt, daß der Termin für das „Rendezvous" der Truppen nicht eingehalten und der Feldzug erst Mitte Juni eröffnet werden konnte.

Indessen hat der kaiserliche Hof seine eingehendste Fürsorge der bedeutsamsten Frage zugewendet, welche Richtung man den Waffen in diesem Jahre geben solle. In allen Geschichtswerken, welche die Kriegsereignisse des Jahres 1686 zum Vorwurf ihrer Darstellung genommen haben, ist bis auf die jüngste Zeit die unangefochtene Behauptung mit auffallender Uebereinstimmung ausgesprochen worden, Kaiser Leopold

---

[1]) Kaiser Leopold an Leopold Fürsten Montecuccoli. Wien den 16. März 1686, Original im k. k. Kriegsarchiv, Signat. 3./1. 1686.

[2]) Kaiser Leopold an F.M. Caprara. Großh. badisches Hausarchiv. Abschrift im k. k. Kriegsarchive Sig. 4./9. 1686.

habe gleich anfänglich den Angriff auf Ofen vor jenem auf Stuhlweißenburg gewollt, auf den Gemüthern der kaiserlichen Generale sei aber noch allzu schwer der
Druck der im Jahre 1684 vor den Mauern dieser Stadt gemachten bitteren Erfahrung
gelegen, sie hätten daher für einen Angriff auf Stuhlweißenburg gestimmt; der erste,
im kaiserlichen Handschreiben vom 18. Mai zum Ausdrucke gebrachte Operationsplan,
kraft dessen der Kurfürst von Bayern Stuhlweißenburg belagern, der Herzog von
Lothringen die Belagerung decken sollte, sei dem Kaiser nur abgerungen worden;
derselbe habe aber dann wie durch Inspiration den ersten Operationsplan widerrufen
und den Waffen die Richtung gegen Ofen gegeben; es sei also blos auf des Kaisers
Befehl und gegen die Meinung aller Geheimräthe zur Belagerung von Ofen geschritten
worden [1]).

Eine eingehende Würdigung bisher unbeachteter Documente führt zu anderen
Ergebnissen und offenbart einen anderen Zusammenhang der Dinge. Es liegen uns
nämlich drei Denkschriften vor, welche Gutachten über „die Einrichtung der Campagne"
im Jahre 1686 und über die bevorstehenden Kriegsoperationen in Ungarn enthalten.
Der Herzog Karl von Lothringen, Graf Caspar Kapliers und der Hoffkriegsraths-
Präsident Markgraf Hermann von Baden haben auf Befehl des Kaisers ihre Rathschläge in Bezug auf den Feldzug des Jahres 1686 der Krone ertheilt [2]). Faßt
man den Gedankengang dieser Feldzugsgutachten in's Auge, so wird man ermessen
können, wie wenig Berechtigung die hergebrachte Meinung hat, daß die in den üblen
Eindrücken der früheren unglücklichen Belagerung befangenen Minister und Generale die
Belagerung von Ofen perhorrescirt und nur für den Vorstoß gegen Stuhlweißenburg
gestimmt haben.

Nachdem der Herzog von Lothringen im Eingange seines Gutachtens ausgesprochen,
daß er in Vollziehung des kaiserlichen Befehls seine Meinung „wegen künftiger Kriegsoperationen im nächstkommenden Feldzuge zu eröffnen nicht ermangeln wolle", erklärt

---

[1]) Rink: Leben und Thaten Leopolds des Großen (Köln 1713) S. 914. — Röder von Diersburg, a. a. O. S. 173. — Otto Klopp a. a. O. S. 400. — A. Graf Thürheim: Feldmarschall Ernst
R. Graf Starhemberg (Wien 1882) S. 241. — Alfred Arneth: Das Leben des kaiserlichen Feldmarschalls Grafen Guido Starhemberg (Wien 1853) S. 60. — Karl Staudinger: Das königlich
bayerische 2. Infanterie-Regiment „Kronprinz". (München 1882.) S. 122.

[2]) Karl von Lothringen an Kaiser Leopold. Großh. badisches Hausarchiv in Karlsruhe.
Abschrift im k. k. Kriegsarchive Sig. 13/15, 1686. C. G. Capliers an Kaiser Leopold; ebenda, 13/17.
1686. Markgraf Hermann von Baden an Kaiser Leopold; ebenda, 5/7. 1686. Alle drei Documente
sind leider undatirt, enthalten aber unzweifelhaft Operationspläne für das Kriegsjahr 1686; die
Archivverwaltungen haben sie daher den Acten des Jahres 1686 eingereiht; von dem Gutachten
des Markgrafen H. v. Baden läßt sich sogar mit Bestimmtheit sagen, daß es in den ersten Wochen
des Monates Mai 1686 abgefaßt wurde, denn die Stelle: „maßgestalt nemblich Euer Kay. May. dero
Hauptarmata den 20. dieses Monates zu dem rendezvous nach Parkan gnädigst beordern
lassen" spricht überzeugend für die angegebene Zeit der Abfassung; bei dem Documente des Grafen
Capliers kömmt kein Zweifel zur Geltung, die Ausfertigung desselben in die Frühjahrszeit von 1686
zu setzen, dagegen muß das Gutachten des Herzogs v. Lothringen noch im Spätherbste 1685
verfaßt worden sein, denn die von den Archivverwaltungen wahrscheinlich übersehene Stelle:
„im Fall Zolnok eingenommen" gibt den schlagenden Beweis, daß das Gutachten noch vor der Einnahme von Szolnok seine Abfassung erhalten hat; Szolnok ist aber im Spätherbste 1685 erstürmt
worden. Das Gutachten hat also jedenfalls vor Beginn des Jahres 1686 seine Abfassung entweder noch
im Hauptquartier zu Szalta, wohin sich der Oberfeldherr nach Beendigung der Hauptoperationen und
Trennung der Armeen (im Herbste 1685) begeben hatte, oder während seines Aufenthaltes in Wien erhalten.

er auf das bestimmteste, nach seinem Ermessen kämen für die Aufgabe des nächsten
Feldzuges hauptsächlich drei Operationen in Betracht, nämlich die Eroberung von
Ofen, Stuhlweißenburg und Erlau, dabei erachte er die Behauptung der großen
Brücke bei Esseg als ein besonders wichtiges und zur Ausführung einer jeden der drei
genannten Operationen nöthiges Mittel. Die hohe Bedeutung der Eroberung von
Ofen sei, abgesehen von der großen Wichtigkeit des Platzes an und für sich, daraus
zu erkennen, daß als Folge der Einnahme desselben der Fall von Stuhlweißenburg,
Sziget und Kanisa sich ergeben würde und daß zu keiner anderen Kriegsoperation die
nothwendigen Mittel für die Verpflegung, als auch das Material für den Angriff so
leicht herbeigeschafft werden könnten, indem dazu die Wasserstraße der Donau höchst
geeignet sei und alle Plätze und Magazine gleichsam bei der Hand wären. Ingleichen
könnte auch auf keine andere Weise die Brücke bei Esseg besser behauptet werden,
denn, wofern Ofen wieder attaquirt werden sollte, könnte man sich jeder Zeit der
Donau bis nach Esseg zur Herbeischaffung der Lebensmittel bedienen. Zur Ausführung
dieser Unternehmung („impresa") würden aber zwei Armeecorps erforderlich sein, das
eine zur Belagerung, das andere zur Aufstellung bei Esseg. Wofern man sich aber
zum Angriff auf Erlau entschlösse, müßte dieser Platz frühzeitig attaquirt werden und
im Falle Szolnok eingenommen werden sollte, müßte „selbiger Paß", um die Verbin=
dung mit Wardein und Temesvar abzuschneiden, wohl verwahrt werden, ebenso müßte
man auch die Brücke bei Pest zerstören oder daselbst sattsam Mannschaft aufstellen,
um die Besatzung von Ofen im Zaum halten und dadurch die Transporte von der
Donau nach dem Lager desto sicherer durchbringen zu können; zu gleicher Zeit müßte
man auch die Brücke von Esseg „begewaltigen", um nach der vollendeten Eroberung
von Erlau über die Donau setzen und Stuhlweißenburg belagern zu können. Wenn
aber Stuhlweißenburg zum Angriff in Vorschlag kommen würde, solle man allsogleich
schnurstracks dahin rücken, sich der Brücke von Esseg bemächtigen, um den Belagerern
Raum und Luft zu schaffen, und diejenige Armee, die ihren Marsch nach Esseg
richtet, möge Fünfkirchen bezwingen und dadurch die Verbindung mit dem Platze, wo Graf
Leslie die Brücke über die Drau geschlagen, herstellen, um jeder Zeit in der Lage
zu sein, den Bewegungen zwischen der Drau und Save begegnen zu können, daher zu
dieser Operation ebenfalls ein entsprechendes und taugliches Corps nöthig sein würde.
Es sei daher im Hinblick auf alle diese in Vorschlag gebrachten Operationen seine
allerunterthänigste unvorgreifliche Meinung, man möge dahin trachten, die
Mannschaft und alle nöthigen Kampfmittel zur Belagerung von
Ofen bei= und zusammenzubringen, und wenn dafür die Möglichkeit erfunden
würde, solle man diese Unternehmung ohne Verzug ausführen. Würde aber dieses
Werk allzu schwer erscheinen, erachte er die Belagerung und Eroberung von
Stuhlweißenburg als das nützlichste Unternehmen, indem man dadurch eine Grundlage,
Gelegenheit und den Vortheil gewinnen würde, in einem anderen Feldzuge Ofen zu
belagern. Möge Se. Majestät sich nun zu der einen oder zu der anderen von den
genannten Operationen entschließen, so sei schließlich doch zu zweifeln, ob mehr als eine
auf einmal unternommen werden könne, denn in Bezug auf Ofen sei es ja bekannt,
daß alle Kräfte dahin beordert werden müßten; Erlau und Stuhlweißenburg seien
beide von der Donau so entfernt, daß die Zufuhr der Kriegsbedürfnisse nach beiden
Orten zugleich sehr beschwerlich und nur allein auf der Achse erfolgen müßte. Dazu
komme, daß in diesem Falle Ofen in der Mitte der beiden Operationspunkte stehe,

und man gezwungen wäre, ein eigenes Corps aufzustellen, um die Besatzung jener Festung zu beobachten und die Zufuhr nach beiden Seiten hin zu sichern; sowohl dadurch, als durch den Umstand, daß man im Falle der Belagerung von Stuhlweißenburg außer dem Belagerungscorps noch ein anderes an der Esseger Brücke aufstellen müßte, würde die kaiserliche Armee zu sehr getheilt und daher geschwächt werden. Schließlich wünscht der Herzog, daß man den möglichsten Fleiß darauf verwende, „die gehörigen Requisiten" sei es zu der einen oder zur anderen dieser beiden Unternehmungen herbeizuschaffen, damit Se. Majestät beim Beginn des Feldzuges nach Maßgabe der Stärke der Armee und der nothwendigen Vorbereitungen jene Resolution fassen könne, die sie für die ausführbarste und tauglichste erachte.

In ganz ähnlicher Weise äußert sich der Feldmarschall Graf Capliers, der hiermit seinem kaiserlichen Herrn das letzte militärische Gutachten erstattete, denn noch in demselben Kriegsjahre, für welches er seine Rathschläge ertheilte, hat sein kampferfülltes Leben geendet (6. Oktober 1686). Die Erfahrung habe gelehrt — sagt der Marschall — wie schädlich es sei, daß der Türke so nahe an den kaiserlichen Erbländern Festungen besitze, mittelst welcher er gleich zu Anfang des Krieges Stützpunkte des Kampfes bilden könne; so sei es ja in dem noch währenden Kriege geschehen, daß er gleich in Oesterreich einbrach, dasselbe erbärmlich devastirte und die Stadt Wien zu attaquiren sich unterstand, was er, wenn er Ofen und Stuhlweißenburg nicht besessen, auf keine Weise hätte prästiren können. Weil aber, solange der „Paß bei Ofen" nicht eröffnet werde, die Kriegsoperationen dem Donaustrome entlang nicht wohl vorgenommen werden können, da es schwer fallen werde, die Proviantvorräthe und die anderen Kriegsbedürfnisse stromabwärts zu bringen, so scheine es rathsam zu sein, daß vor Allem der Paß an der Donau eröffnet und der Anfang mit der Belagerung von Ofen gemacht werde, in Folge dessen dann die Armee ohne Hindernisse an der Donau agiren und sich des Passes bei Esseg bemächtigen könnte, wodurch dann Stuhlweißenburg und Kanischa ganz abgeschnitten und die Kriegsoperationen in Oberungarn erleichtert würden. . . . . Nachdem nun durch Gottes Gnade die meisten Plätze in Oberungarn in die Gewalt Sr. Majestät gekommen, wäre hauptsächlich dahin zu trachten, Erlau und Wardein aus der Hand der Türken zu bringen, denn es sei dann kein Zweifel, daß in diesem Falle den Rebellen aller Halt benommen und der Fürst von Siebenbürgen, auf dessen Ergebenheit sonst nicht zu bauen sei, zu einer „besseren Correspondenz" vermocht werden könne. Er erinnere sich, daß es die Intention Sr. Majestät gewesen, aus der kaiserlichen und der Armee der Alliirten zwei Corps zu bilden, von denen das eine für den Angriff auf Erlau, das andere für den Angriff auf Stuhlweißenburg bestimmt werden sollte; dabei falle aber das Bedenken ins Gewicht, ob der Feind in diesem Falle nicht das eine oder andere Corps schlagen oder die Aufhebung der Belagerung erzwingen könnte, indem in Folge der Aufgabe beider Theile der Armee und wegen der großen Distanz zwischen Stuhlweißenburg und Erlau ein Theil dem anderen nicht Hülfe bringen könnte; es scheine daher zuträglicher, daß zwar, entsprechend der Intention Sr. Majestät, zwei Corps gebildet werden, daß aber nicht jedes von beiden eine Hauptoperation vorzunehmen habe, denn in diesem Feldzuge, der den Ausschlag des Krieges geben müsse, dürfe nichts hazardirt, auch nichts unternommen werden, was nicht mit der Aussicht auf Erfolg ausgeführt werden könne. Es werde also der Entscheidung Sr. Majestät anheimfallen, ob der Anfang der Kriegsoperation mit Ofen oder mit Erlau zu machen sei.

So haben also die beiden Kriegsmeister, die durch ihre hohe Stellung und reiche Erfahrung mit Recht in erster Linie berufen waren, der Krone ihren Rath in Bezug auf die Richtung der Waffen im nächsten Feldzuge zu geben, übereinstimmend die Unternehmung gegen Ofen als die wichtigste, bedeutendste und empfeh= lenswertheste bezeichnet, wenn sie auch schließlich, wie dies selbstverständlich war, die Entscheidung, ob diese oder eine andere Unternehmung auszuführen sei, in die Hände des Kaisers legten. In ähnlicher Weise, wenn auch nicht mit gleicher Entschiedenheit spricht sich der Hofkriegsraths-Präsident, Markgraf Hermann von Baden, aus. Derselbe ist offenbar von dem leitenden Gedanken getragen, daß zwei Heere ge= bildet werden, denn es war stets eine Lieblingsidee beider Fürsten des badischen Hauses, daß dem Churfürsten von Bayern ein selbstständiges Commando übertragen werde. Es entsprach nur dem Befehle des Kaisers, daß er Rathschläge darüber ertheilt, welche Weisungen dem Herzoge von Lothringen gegeben werden sollen. Er stimmt dafür, daß dem Herzog das Commando über die Hauptarmada abermals anvertraut werden solle, er bezeichnet die Auxiliartruppen, welche mit jener zu vereinigen wären. Der Herzog möge — sagt er — sich ehestens zum Rendezvous bei Párkány begeben und das Commando übernehmen, er möge dann mit seiner Armada dort, wo er es für angemessen findet, über die Donau gehen, auch den möglichsten Fleiß anwenden, dem Feinde zuvorzukommen und demselben die Passirung des Flusses so geschwind und so viel als möglich zu verwehren, was durch eine „Cavalcada" der ihm zuge= wiesenen schweren Reiterei, der Dragoner und Ungarn geschehen könnte; sollte aber der Feind den Strom schon übersetzt haben, dann möge die ganze Macht aufgeboten werden, denselben wieder hinüberzutreiben; und wenn mit Gottes Gnade und Segen diese Operation vollendet, möge sich die Armee wieder zurück nach Ofen wenden, um diesen Ort zu belagern; wenn aber gegen Verhoffen die Zeit dazu nicht ausreichen sollte oder aus anderen erheblichen Gründen diese Belagerung nicht für rathsam befunden würde, möge eine andere Operation unternommen werden, welche für die beste und dienlichste werde gehalten werden, wie es etwa Stuhlweißenburg sein könnte. Dies sei jedoch der Kriegs= erfahrenheit und dem hohen Verstande des Herrn Herzogs anheimzustellen . . . . . . Der Kaiser möge dem Herzoge eröffnen, daß ihm, seinem Begehren entsprechend, unfehlbar noch zur rechten Zeit und vor einer wirklichen Belagerung, „wann beide corpi sich conjungiren sollen" werde bekannt gegeben werden, indem über diese „Par= tikularität" mit dem Kurfürsten, dessen Ankunft täglich erwartet werde, noch Berathung gepflogen werden solle. Ferner möge der Kaiser dem Herzoge die Ueberzeugung aus= sprechen, daß die demselben zugewiesene Armada zu allen geplanten Operationen und zum kräftigen Widerstande gegen den Feind stark genug sein werde, um ohne weitere Verstärkung die ihm zugewiesenen Aufgaben bis zu dem Zeitpunkte lösen zu können, wo man vor Ofen rücken werde, in welchem Falle das kur= bayerische Corps freilich größtentheils zur Mitwirkung („mit em= ploiiret") herangezogen werden müßte . . . . In Bezug auf den Angriff auf Ofen könne „eines und das andere attaco" (d. h. die Wahl der Angriffsfronten) nirgends besser und richtiger bestimmt werden, als am Platze selbst und zwar durch die beiden hohen Commandirenden unter Mitwirkung der Generalität; der Kaiser möge also die Entscheidung dorthin verlegen; müßte aber diese Determinirung hier (d. i. in Wien) erfolgen, so werde dazu noch Zeit genug übrig sein.

So lauten die Urtheile der berufensten Räthe der Krone; aus allen leuchtet die Ueberzeugung hervor, daß der Angriff auf Buda als die wichtigste und bedeutsamste Unternehmung des kommenden Feldzuges, als nächstes Object desselben bezeichnet werden müsse. Nirgends ist eine Spur von jener Befangenheit zu entdecken, die unter der Last der üblen Eindrücke der früheren unglücklichen Belagerung von Ofen hervorgerufen worden sein soll; nirgends ist eine Spur davon vorhanden, daß dieselben in erster Linie für die Belagerung von Stuhlweißenburg gestimmt, diesen Angriff vor dem auf Ofen gewollt hätten. Die Schwankungen, die sich in der Seele des Kaisers zeigten, sind also nicht durch äußere Einflüsse geweckt worden; nach einem Ziele hinwirkend, hatte er nicht widerstrebende Meinungen und Verhältnisse zu überwinden. Seine erste Entscheidung, die er traf, steht vielmehr in einem Gegensatze zu den Anschauungen der maßgebendsten Persönlichkeiten; ohne Zweifel nach langem Schwanken und reifer Ueberlegung ertheilte er den Befehl, daß seinen und seiner Verbündeten Waffen die Richtung auf Stuhlweißenburg in erster Linie gegeben werde. In dem bekannten Handschreiben, das er am 18. Mai 1686 zu Wiener-Neustadt unterzeichnete [1]), traf er die Anordnung, daß zwei Armeen aufgestellt werden sollen, eine unter dem Commando des Kurfürsten von Bayern zur Belagerung von Stuhlweißenburg, die andere unter dem Herzoge von Lothringen zur Deckung der Belagerungsarmee. Außerdem wurde die Formation zweier Nebencorps in Croatien und Oberungarn anbefohlen. Einen Umstand hat man aber bisher übersehen, eine Stelle des vielbesprochenen Handschreibens unbeachtet gelassen, und doch läßt dieselbe die Gedanken des Kaisers über die Aufgabe des nächsten Feldzuges in helles Licht treten; sie zeigt, daß die Belagerung von Buda in der That eine Lieblingsidee des Kaisers bildete, daß er aber dem Vorstoße gegen Stuhlweißenburg die Priorität vor der Unternehmung gegen Buda einzuräumen gesonnen war. Beide Aufgaben sollten womöglich im nächstfolgenden Feldzuge gelöst werden; es sei — sagt der Kaiser — seine lebhafteste Intention dahin gerichtet, daß nach vollzogener Eroberung von Stuhlweißenburg die Belagerung von Ofen vorgenommen werde; falls aber die Zeit dafür zu kurz sein sollte oder diese Action aus anderen erheblichen Gründen nicht für rathsam gehalten würde, möge eine andere Operation, die man für die beste und nützlichste erachte, in die Hand genommen werden, was sodann der Kriegserfahrenheit und hohen Einsicht des Herzogs anheimgestellt bleibe [2]).

Das Schwanken des Kaisers bezog sich also zumeist auf die Prioritätsfrage, ob zuerst der Angriff auf Stuhlweißenburg oder auf Ofen unternommen werden solle, wobei er sich der tröstenden Hoffnung hingab, daß beide Unternehmungen in einem Kriegsjahre ausgeführt werden könnten.

Ehe zwei Wochen verstrichen, wurde, wie bekannt, der am 18. Mai verkündete Operationsplan widerrufen und die Belagerung von Ofen angeordnet. Indem das Staatsoberhaupt sich mit einem größeren Projecte trug, faßte dasselbe einen Entschluß, der ein Ereigniß von weittragender Bedeutung war. So wichtig nach Lage und Beschaffenheit

---

[1]) Manu. Handbrief an Ihre hochfürstl. Durchl. Herzogen von Lothringen. Neustatt den 18. Mai 1686. — (Großherz. bad. Hausarchiv in Karlsruhe. Abschrift im k. k. Kriegsarchive, Sig. 5/8. 1686. Das Befehlschreiben ist abgedruckt im „Archiv für Officiere aller Waffen" von Schmölzl und Höfler. I. Bd. (1848) S. 83.

[2]) . . ." maſſen ich annoch pro primo objecto meiner intention die belägerung von Ofen nach verrichteter impreſa von Stuhlweißenburg halte" u. ſ. w.

der Besitz von Stuhlweißenburg erschien, weil der Platz eine Hauptetape auf der großen, so lange von den Türken eingehaltenen Operationslinie von der Esseger Brücke über Stuhlweißenburg und Raab nach Wien bildete: das Gelingen eines Angriffs auf Ungarns Hauptstadt hatte doch eine ganz andere, weit höhere Wichtigkeit und war von ganz außerordentlichen Folgen begleitet, die später einen Vorwurf unserer Darstellung bilden sollen. Die Begeisterung, die im Abendlande für diesen Kampf herrschte, hat der Kaiser in den Dienst einer großen Sache gestellt. Ob auf den raschen und unerwarteten Wechsel der Befehle des Kaisers die Unterredungen, welche der Kapuziner Marco d'Aviano vor seiner Abreise nach dem Kriegsschauplatze bei seiner Anwesenheit am Hoflager in Wiener-Neustadt pflog, einen bestimmenden Einfluß genommen haben, ist nicht festzustellen, zweifellos ist aber, daß diese beiden Persönlichkeiten, der Kaiser und der Mönch, damals über die Art und Weise berieten und schlüssig wurden, wie die geänderten Entschlüsse des Kaisers zur Geltung gebracht und die Zustimmungen der Heerführer gewonnen werden könnten. Die conciliante Natur des Mönchs wurde ausersehen, die Vermittlung zu übernehmen[1]). Ueber Vorschlag desselben wurde festgesetzt, daß der Kaiser ihm in das Hauptquartier ein Schreiben nachsenden möge, das seinen entschiedenen Wunsch für die Aenderung des Angriffsplanes enthalten und dem Herzoge von Lothringen vorgelegt werden sollte. Inzwischen war aber der Herzog selbst am Hoflager in Wiener-Neustadt erschienen und sprach seine Zustimmung zu der Intention des Kaisers, daß der Angriff in erster Linie gegen Buda gerichtet werden soll, gewiß um so bereitwilliger aus, als dieser Kriegsplan, wie wir aus seinem oben mitgetheilten, bisher ganz unbeachteten Gutachten ersehen haben, vollkommen seiner Auffassung und seinem Gedankenkreise entsprach. Der Herzog stellte aber die Bedingung, daß der Vorschlag im Kriegsrathe nicht von ihm ausgehen dürfe, sondern daß der Kaiser zu diesem Zwecke den österreichischen Hofkanzler Stratmann in das Hauptquartier senden möge. Der Kaiser war damit einverstanden und theilte den Sachverhalt am 4. Juni schriftlich dem Pater Marco d'Aviano mit, dessen Aufgabe sich jetzt darauf beschränkte, durch die Kraft und Wärme seines Wortes die Zustimmung der Kriegshäupter zu erzielen, denn die erfolgte Zusendung des verabredeten Schreibens an den Herzog hatte alle Bedeutung verloren, indem der Abgeordnete des Kaisers, der Hofkanzler Stratmann, im Kriegsrathe die Initiative zu ergreifen und dem Wunsche des Kaisers Ausdruck zu geben berufen war.

Vor seiner Abreise in das Hauptquartier erhielt der Hofkanzler Stratmann vom Kaiser den Auftrag, sich zu dem Präsidenten des Hofkriegsrathes, Markgrafen Hermann von Baden, zu begeben, denselben von dem Wunsche und der „Intention" des Kaisers, den Waffen der verbündeten Heere in erster Linie die Richtung zum Angriffe von Ofen zu geben, in Kenntniß zu setzen und darüber ein schriftliches Gutachten zu verlangen. Mit größter Beschleunigung kam der Markgraf diesem Auftrage nach und überreichte am 5. Juni das gewünschte Gutachten. Es ist von Interesse, die Anschauungen des obersten Leiters des Hofkriegsrathes kennen zu lernen. Se. Majestät — sagt er — habe ihm durch den österreichischen geheimen Hofkanzler seine Gedanken und Intentionen in Bezug auf die demnächst zu beginnenden Kriegsoperationen mit=

---

[1]) Es ist das Verdienst Ono Klopp's, auf Grund der Correspondenz des Kaisers mit Marco d'Aviano die Vorgänge jener Tage (Ende Mai bis 8. Juni) klar gestellt zu haben; Ono Klopp a. a. O. S. 401.

theilen lassen und den Befehl ertheilt, darüber ein Gutachten zu erstatten und sich insbesondere über die Frage zu äußern, ob nicht nach der gegenwärtigen Lage der Dinge der Angriff auf Ofen zunächst und ohne Verzug auszuführen sei, indem an der Eroberung dieses Platzes Sr. Majestät und der ganzen Christenheit am meisten gelegen und die Situation derart beschaffen sei, daß man keinem anderen Platze sowohl die Subsistenz-Mittel der Armee als auch die Belagerungs-Requisiten so leicht zuführen könne. Er dürfe aber nicht unterlassen, wie es schon früher geschehen sei, aufmerksam zu machen, daß diese Belagerung und der Angriff auf Ofen sehr schwer und hart auszuführen sein werde, so lange man dem Feinde nicht die Pässe verlegt, um den Succurs zu verhindern, und ihm die eine oder andere Gelegenheit, uns gefährliche Diversionen zu machen, benommen haben wird; der succurirende Feind werde stets die Belagerungsarmee in ihrem Lager einzuschließen trachten, wodurch ebenso, wie durch den Mangel an Futter und so vieler anderer Bedürfnisse die ganze Armada in die höchste Gefahr gerathen würde und die Intention vereitelt werden könnte. Weil aber nunmehr dies Alles vor der Belagerung von Ofen, welche Se. Majestät auf alle Weise ins Werk zu setzen verlangen, wegen zu kurzer Zeit nicht auszuführen sei, müsse auch er „der allerunterthänigsten Meinung" sein, daß endlich die Belagerung von Ofen im Namen Gottes vorgenommen werde, damit nicht etwa diese Campagne gar ohne Hauptaction vorübergehe; er habe zu dem allmächtigen Gott das feste Vertrauen, daß derselbe Sr. Majestät Waffen, wie es bisher in diesem Kriege geschehen, auch künftig segnen und glorios erhalten werde; es sei übrigens nicht zu leugnen, daß zur glücklichen Ausführung dieses Unternehmens genug Kriegsvolk und alle anderen Kriegsbedürfnisse bei der Hand seien und man die erwünschte Gelegenheit habe, dies Alles mittelst des Donaustromes zuzuführen; es werde aber nöthig sein, sobald einmal dieser Entschluß gefaßt, unverzüglich an das Werk zu schreiten, Hatvan und Pest zu erobern und zu besetzen, dann sofort vor Ofen zu rücken, den Angriff zu beginnen und eine, soviel als möglich enggezogene Circumvallationslinie zu errichten, zwei Brücken über die Donau zu schlagen, die eine oben bei der Margaretheninsel, die andere unten bei der „Raizeninsel" und beide in die Circumvallationslinie einzubeziehen. Es werde ferner nicht allein sehr zweckdienlich, sondern nothwendig sein, daß man im Belagerungs= raume sich mit Fourage so versehe, um einen Vorrath für fünf bis sechs Wochen zu haben; diese Fourage sei auf den beiden genannten Inseln, St. Margarethen= und Raizen=Insel, zu sammeln, und dann mit Sparsamkeit unter die Regimenter zu vertheilen; alle übrigen Pferde, der Troß und die Bagage müßten aus dem Lager entfernt und nach einem anderen sicheren Platze geschickt und nur die Dienstpferde allein zurück= behalten werden. Der gelegenste und sicherste Platz hiefür dürfte nach seiner Meinung die Insel St. Andrä sein, die nicht gar weit von der Hand wäre . . . . . Um die Diversionen des Feindes zu verhüten, werde es sehr gut und nützlich sein, wenn Gran etwas stärker besetzt, bei Raab und Komorn einige Reiterei und Dragoner zurück= gelassen und das Corps des Grafen Schultz durch Reiterei verstärkt werde; übrigens zweifle er nicht, man werde die Belagerung und den „attaco" auf solche Weise mit Geduld und Vorsicht ausführen, daß kein Mangel eintrete, sondern ein glücklicher Succeß und Ausgang erfolgen werde [1].

---

[1] Hermann Markgraf von Baden an Kaiser Leopold, 5. Juni 1686; aus dem großherz. badischen Hausarchive in Karlsruhe; Abschrift im k. k. Kriegsarchive Signat. 6/3. 1686.

Am 7. Juni[1]) traf der Hofkanzler im Hauptquartiere ein und überreichte dem Herzog ein kaiserliches Handschreiben, welches den Wunsch ausdrückte, daß der militärischen Action zunächst die Richtung gegen Buda gegeben und dieser Angriff nochmals in Erwägung gezogen werden möge. Am 9. Juni wurde der entscheidende Kriegsrath abgehalten. Der Herzog ließ durch den Mund des Hofkanzlers dem Grafen Starhemberg, dem Prinzen Ludwig von Baden und dem Grafen Rabatta den Wunsch des Kaisers für die Belagerung von Ofen vortragen und legte das eingeholte schriftliche Gutachten des Grafen Caprara vor; zugleich unterbreitete der Hofkanzler das vom Kaiser gesendete Gutachten des Markgrafen von Baden[2]). Die Urtheile und Anschauungen dieser maßgebenden Persönlichkeiten liefen insgesammt auf die Unternehmung gegen Ofen hinaus. Alle berührten zwar die großen obwaltenden Schwierigkeiten dieser Operation, hielten aber dafür, man könne in Erwägung, daß die Zeit nicht mehr ausreiche, nach Stuhlweißenburg zu rücken und dann noch in diesem Jahre zur Belagerung von Ofen zu schreiten, in Erwägung, daß die Unternehmung gegen Stuhlweißenburg den Erwartungen dieses Feldzuges nicht zu entsprechen scheine, in weiterer Erwägung, daß man 30,000 Mann Infanterie, viel Artillerie und alle nothwendigen Kriegserfordernisse zu besitzen behaupte, füglich an keine andere Unternehmung gehen, als an die Belagerung von Ofen. „Ich habe mich — erzählt der Herzog — dieser Ansicht umsomehr angeschlossen, als man klar sah, daß Se. Majestät eine besondere Vorliebe für diese Action empfinde, und zugleich aus dem Grunde, weil der Herr Kanzler in meiner und in Gegenwart des Kurfürsten und der anderen Generale erklärte, daß Se. Majestät die Schwierigkeiten dieser Belagerung kenne und Niemandem eine Verantwortung auferlegen wolle. Hierauf gingen wir zum Kurfürsten, welcher auch gerne zu dieser Operation seine Zustimmung gab, und so wurde sie beschlossen, an diesem Tage, d. i. am Dreifaltigkeits-Sonntage[3]) und Se. Majestät wurde durch einen besonderen Eilboten von dem Beschlusse verständigt[4])".

Am 10. und 11. Juni wurden die Berathungen des Kriegsrathes in Gegenwart des Hofkanzlers fortgesetzt, um die der neuen Situation entsprechenden Beschlüsse zu fassen. Zunächst kam man überein, daß der Aufbruch der Heere gegen Ofen am 12. Juni erfolgen solle. Ein scharfer Gegensatz der Meinungen tauchte aber über die Frage auf, ob die beiden Armeen, die Hauptarmee unter dem Herzog von Lothringen und die zweite Armee unter dem Kurfürsten Max, vereinigt auf dem rechten Ufer der Donau ihren Aufmarsch gegen Ofen vollziehen oder ob sie getrennt, die eine am rechten, die andere am linken Donauufer marschiren sollten. Es zeigte sich da der

---

[1]) Otto Klopp a. a. O. S. 401 behauptet, daß der Kanzler am 8. bei der Armee eingetroffen sei; im Tagebuche der Belagerung von Ofen (Röder v. Diersburg a. a. O. I. Urkunden S. 49) ist der Tag der Ankunft des Hofkanzlers nicht angegeben, dagegen heißt es nach der eigenhändigen Eintragung des Herzogs zum 7. Juni: Le soir est arrive le Commissaire general, qui m'ast aporte une Lettre de Lempereur, und damit kann wohl nur der Generalkriegscommissär Graf Rabatta gemeint sein; es ist naheliegend, dessen Ankunft und Ueberbringung eines kaiserlichen Handschreibens mit dem Eintreffen des Hofkanzlers in Verbindung zu bringen.

[2]) . . . et ien avoit pris laduis du comte Caprara par escrit. Lempereur ast envoie aussi laduis du prince Hermann de Baden. „Tagebuch der Belagerung von Ofen"; Röder a. a. O. Urkunden, S. 50.

[3]) „Elle ast este conclust ce jour duy Jour de la trinite", — ebenda.

[4]) „Tagebuch der Belagerung von Ofen", Röder a. a. O. Urkunden, S. 50.

erste Gegensatz der Anschauungen und der Willensrichtung des Herzogs und des Kur=
fürsten. Der Herzog verfocht die Meinung, daß es zweckdienlicher sei, wenn beide
Armeen auf dem rechten Ufer, also auf der Ofener Seite vereinigt vorrücken und
wenn in Altofen eine Brücke geschlagen werde, um eine Heeresabtheilung nach Pest
zu werfen. Die Verhandlung über diese Frage wurde im Kriegsrathe am 11. Juni
fortgesetzt. Der Kurfürst, der nur zu lebhaft von dem Verlangen nach einem selbst=
ständigen Kommando sich erfüllt zeigte, war zur Nachgiebigkeit nicht zu bewegen und
so ward nun festgesetzt, daß der Herzog mit der Hauptarmee am rechten Ufer gegen
Ofen vordringen, der Kurfürst mit seinem Korps auf dem linken Ufer der Donau
vorrücken, Pest besetzen und dann den Strom übersetzen sollte, um vereint mit der
Hauptarmee an der Belagerung von Ofen theilzunehmen.

Inzwischen vollzog sich die Concentrirung und der Aufmarsch der Heere mit
jener beklagenswerthen Langsamkeit, die schon im vorausgegangenen Feldzuge Gegen=
stand patriotischen Kummers war [1]). In dem kaiserlichen Handschreiben vom
18. Mai 1686, welches den ersten, später widerrufenen Operationsplan enthielt, ist
genau Ort und Termin für die Concentrirung der Armeen bestimmt worden. „Ich
habe" — sagt Kaiser Leopold — „meine kayserliche Hauptarmata auf den zwainzigsten
dises Monaths May zu dem rendezvous nach Parkan, wohin auch die dazu deputirte
mannschaft in vollem anzug begriffen, beordern lassen". Aber die entgegenstehenden
Hindernisse waren viel stärker als der Wille des Kaisers. Der Termin ist nicht
eingehalten worden. Aus den vom Grafen Ernst R. Starhemberg am 1. Juni ver=
faßten Standeslisten dürfen wir schließen, daß damals erst 18 kaiserliche Regimenter,
und zwar 12 zu Pferd und 6 zu Fuß „in dem kaiserlichen Feldlager unweit Parkan"
sich befanden. Es liegen uns zwei amtliche Berichte vom 5. Juni vor, worin der
Markgraf Ludwig von Baden bitter klagt, daß sich die Concentrirung und der Auf=
marsch der Truppen ungemein verzögern. „Er erachte es für seine Schuldigkeit
— schreibt er — zu berichten, daß von den zum kurbayerischen Corps bestimmten
Truppen nichts als das Steinau'sche und Gallenfels'sche Regiment sammt 1500
bayerischen Rekruten angelangt; heute werde die kurbayerische Cavallerie, morgen
werden die Regimenter Baden, Aspermont und Beck erwartet". — „So unterfange
mich auch" — sagt er am Schlusse mit der ihm eigenen, unverkennbaren Bitterkeit —
„wegen der zu diesem corpo beorderten 800 Raaberischen Husaren einige Erinnerung
zu thun, damit selbigen ferner Ordre, um sich zeitlich dahier einzufinden, ertheilt
werden möchte. Und weylen sich auch dato weder die ahngeordnete Cantzley, Com=
missariat, Doctor und Barbierer, noch die übrigen zu diesem corpo destinirte Stabs=
Persohnen einfinden thuen und sich vielleicht zu Wien oder anderwärtig amüsiren
möchten, als würde meiner ohnmaßgeblichen Meinung nach, höchst nöthig sein, daß
selbige nochmahlen ernstlich dahin beordert werden, sich ohnversäumt anhero zu begeben [2])".

---

[1]) Marco d'Aviano an den Kaiser am 23. August 1685; Ono Klopp a. a. O. S. 396.

[2]) „Im Lager unterhalb Comora den 5. Juny 1686". Aus dem großherz. badischen Haus=
archive in Karlsruhe. Abschrift im k. k. Kriegsarchive, Sig. 6/5. 1686. (Der Bericht ist an den
Hofkriegsrath gerichtet, enthält jedoch keine Unterschrift; es geht aber nach meiner Ueberzeugung
unzweifelhaft aus dem Texte hervor, daß sein Verfasser der Markgraf Ludwig war). Der zweite
Bericht, an den Markgrafen Hermann von Baden, ist vom selben Tage datirt: „Im Lager den
5. Juni 1686" und enthält dieselben Mittheilungen, wie der erstgenannte. Abschrift im k. k. Kriegs=
archive, Sig. 6/6. 1686.

2. Der Aufmarsch der Hilfstruppen.

Unter den Kriegsvölkern, welche das deutsche Reich zu dem bevorstehenden Kampfe gegen die Osmanen entsendete, war das bayerische Auxiliar-Corps auch diesmal das erste, das auf dem „Rendezvous"-Platze unterhalb Komorn erschien, obwohl einzelne Truppentheile desselben viel später herankamen, als man erwartet hatte. Nach Beendigung des Feldzuges im Jahre 1685 waren den bayerischen Infanterie-Regimentern Winterquartiere theils in Nieder- theils in Oberungarn angewiesen worden, während die Cavallerie bald nach der Schlacht von Gran den Marsch in die Heimat angetreten hatte. Da die Reihen der Infanterietruppen stark gelichtet und die Stärkeverhältnisse der Compagnien tief unter den Sollstand gesunken waren, auch die Desertion während des Winters viele Lücken verursacht hatte, widmete die bayerische Heeresverwaltung gleich zu Beginn des Frühlings 1686 ihre eifrige Sorge der Ergänzung der in Ungarn garnisonirenden Fußtruppen zu.

In den ersten Tagen des April wurden vom Generalwachtmeister Steinau aus den bei Straubing zusammengezogenen Mannschaften 2422 Rekruten ausgewählt, am 27. und 29. April eingeschifft und auf der Donaustraße über Wien nach Preßburg transportirt[1]). Die Fahrt muß häufig unterbrochen worden, der Aufenthalt in den Etapen-Stationen ein langer gewesen sein, denn am 5. Juni waren nach dem Berichte des Markgrafen Ludwig von Baden erst 1500 Rekruten im Lager unterhalb Komorn angelangt. Dieses Rekruten-Contingent führte eine reiche Waffenausrüstung und den zur Ergänzung bestimmten Munitionsvorrath mit sich und zwar 2000 Musketen, 300 Piken, 125 Kurzgewehre, 60 Feldspiele, 100 Zentner Lunten, 3200 Musketenkugeln, 20 Zentner Pulver und 600 Patrontaschen. In den ersten Apriltagen brachen auch die sechs Reiterregimenter, und zwar die vier Kürassierregimenter Bielke, J. B. Arco, Latour und Salaburg, die Dragonerregimenter Soyer und Ph. Arco aus ihrer Heimat auf und nahmen den Landweg von Schärding durch Ober- und Niederösterreich nach Ungarn. Am 24. April trat auch die Artillerie von Schärding aus ihren Marsch an. Der Pferdestand bei den Reiterregimentern soll 4214, bei der Artillerie 480 betragen haben[2]). Sie langten im Lager bei Komorn erst am 5. Juni an. Wenn es richtig ist, daß der Kurfürst Max Emanuel am 3. Juni, von Raab kommend, im Vereine mit dem Herzoge von Lothringen im Lager unterhalb Komorn die Truppen seiner Armee inspicirt hat[3]), so war es ein sehr kleines Contingent, das an diesem Tage der Musterung unterzogen werden konnte, denn am 3. Juni waren, wie wir aus dem Berichte des Markgrafen Ludwig erfahren, nicht mehr als zwei Regimenter vom bairischen Auxiliarcorps auf dem „Rendezvous"-Platze, die Sachsen rückten erst am 6. oder 7. Juni ein und von den zum kurfürstlichen Armeecorps bestimmten kaiserlichen Regimentern fehlten ebenfalls noch die meisten[4]). Etwa am 7. Juni mag der Aufmarsch des bayerischen Auxiliarcorps vollzogen gewesen sein; es bestand aus den

---

[1]) Karl Staudinger: „Das königl. bayerische 2. Infanterie-Regiment „Kronprinz" 1682—1882". München 1882. S. 120.

[2]) Staudinger a. a. O. S. 121. Vergl. dagegen die Stärkeangaben S. 60 im nächsten Kapitel.

[3]) Ebenda, S. 122.

[4]) Karl Staudinger a. a. O. irrt also, wenn er sagt, daß bei Komorn „die Bayern, im Mai aus den Winterquartieren aufgebrochen, seit 1. Juni campierten". S. 122.

sechs genannten Regimentern zu Pferd und aus fünf Infanterie-Regimentern (Leib-regiment, Steinau, Rummel, Gallenfels, Seibolsdorf), ferner dem Kreisbataillon und einer Grenadiercompagnie, und zählte im Ganzen etwa 8400 Mann [1]). Dem Ober-kommando, das in der Hand des Kurfürsten selbst lag, war der General der Cavallerie, Markgraf Ludwig von Baden beigegeben. Unter dieser obersten Leitung standen als Kommandanten der bayerischen Truppen: der kaiserliche Feldmarschall-Lieutenant Johann Karl Graf Serényi, der die Erlaubniß erhalten hatte, unter Beibehaltung seines Ranges in kurbayerische Dienste zu treten, ferner die Generale Steinau, Rummel, Bielke und J. B. Arco.

Die Truppen des Kurfürsten von Sachsen hatten bereits am 7. Juni im Lager unterhalb Komorn ihre Concentrirung vollzogen. Den Oberbefehl über dieselben führte Herzog Christian zu Sachsen-Weißenfels. Am 7. Juni morgens unterzog der Herzog von Lothringen das Corps seiner Musterung, es bestand aus zwei Cavallerie-Regimentern, deren jedes sechs Kompagnien zählte, und 6 Infanterie-Bataillons, deren jedes einen Stand von 500 Mann hatte [2]). Kurz früher waren die Bedingungen festgestellt worden, unter welchen es der Kurfürst von Sachsen gestattete, daß seine Truppen dem Kurfürsten von Baiern untergeordnet werden dürfen. Obwohl in dem mit dem kaiserlichen Commissär aufgerichteten Revers die ausdrückliche Bestimmung enthalten war, daß die Auxiliar-Völker des Kurfürsten von Sachsen nur allein dem Commando des Herzogs von Lothringen untergeordnet werden sollen, so gestattete der Kurfürst dennoch, daß seine Truppen unter folgenden fünf Bedingungen zu der bayrischen Armee stoßen und sich mit derselben vereinigen dürfen: 1. „Wofern selbige hiedurch nicht getheilet, sondern völlig, wie sie sind, beysammen behalten werden; 2. auch nicht von den Magazinen, damit an ihrer Versorgung nichts abgehen möge, nicht zu weith entfernt, oder wo raison de guere solches erfordert, ihnen proviant und nöthiger Unterhalt inmittelst aus den churf. bayrischen Magazinen gegen verseßung aus dem ihrigen gereichet werde; 3. und sie gleich denen churbayrischen Völkern wohl conservirt und in acht genommen werden; 4. im übrigen H. Herzogs Christian zu Sachsen-Weißenfels Durchl. als dererselben vorgeseßter General von keinem anderen als des Churfürsten von Bayern Durchl. Commando dependiren, 5. in allen wichtigen Kriegsconsultationen mittgezogen und ohne dero Vorwissen, solange solche mit churfürstl. Durchlaucht zu Bayern Armee stehet und mittgebraucht wird, nichts vorgenommen werde [3])“.

Die Annahme dieser Bedingungen scheint auf keinen Widerspruch gestoßen zu sein, denn es erfolgte ohne weitere Verhandlungen die Einreihung des sächsischen Hilfscorps in die Armee des Kurfürsten von Baiern. Als aber der Aufbruch der Heere aus den Feldlagern zwischen Komorn und Párkány geschah und der Vormarsch auf getrennten Marschlinien zu beiden Seiten der Donau begann, sind nach längeren Unterhandlungen die Sachsen der Armee des Herzogs von Lothringen zu seiner für nothwendig erkannten Verstärkung bis zur Ankunft vor Ofen zugetheilt worden [4]);

[1]) Staudinger a. a. O. S. 122.
[2]) „Tagebuch der Belagerung von Ofen im Jahre 1686“. Röder v. Diersburg; I. Urkunden, S. 49.
[3]) Pro Memoria. Aus dem großh. bad. Hausarchive zu Karlsruhe. Abschrift im k. k. Kriegs-archive, Sig. 6/ad 5 1686.
[4]) Bericht des Markgrafen Ludwig vom 16. Juni 1686, bei Röder a. a. O. I, 177.

doch schon beim Beginne des Angriffs auf Ofen treffen wir die Sachsen im Feldlager des Kurfürsten vor der südlichen Angriffsfront.

Das brandenburgische Hilfscorps, das der Große Kurfürst kraft des oben erwähnten Vertrages mit dem Kaiser zu stellen sich verpflichtet hatte, stand in jenen Tagen, in welchen der Vormarsch gegen Ofen begann, noch weit zurück in den oberen Landen. Man kann nicht sagen, daß die brandenburgische Heeresverwaltung mit der Formirung und Ausrüstung des Corps gezögert hätte. Schon im Dezember des Jahres 1685 waren die erforderlichen Befehle an die verschiedenen Truppentheile in Bezug auf die Auswahl der Mannschaft, Rüstung und Formirung der Bataillone ergangen. Der an die Truppen gerichtete Befehl wegen Stellung der auszuwählenden Leute enthielt die beachtenswerthe Bestimmung: „daß die ausgewählten Mannschaften ohne Tadel, nicht zu alt, noch zu jung und aus Leuten bestehen sollten, so schon im Felde gewesen sein, auch mit gutem Gewehr und mit vollkommener Mondirung, auch die Piqueniers mit guten Pistolen versehen wären"[1].

Schon in den ersten Tagen des Frühlings 1686 setzten sich jene Mannschaften, welche die einzelnen Regimenter zu dem Auxiliarkorps abzugeben berufen waren, gegen Crossen in Bewegung, um dort zu einem Armeecorps zusammengestellt zu werden. Ende April war die Formirung desselben beendet; es zählte 10 Infanterie-Bataillone, und zwar 1. das Grenadier-Bataillon, 2. Leibgarde-Bat., 3. Kurfürstin-Bat., 4. Kurprinz-Bat., 5. Prinz Philipp-Bat., 6. Feldmarschall Derfflinger-Bat., 7. Fürst von Anhalt-Bat., 8. General Dönhof-Bat., 9. General Barfuß-Bat., 10. Herzog von Kurland-Bat., dann zwei Reiterregimenter (Oberst von Strauß und Prinz Heinrich von Sachsen), ein Dragonerregiment und 223 Artilleristen. Der Generalstab wies einen Stand von 59 Officieren aus. Die Infanterie hatte eine Stärke von 5818 Mann, die Cavallerie von 2169. Es setzten sich also im Ganzen 8269 Brandenburger in Marsch nach Ungarn. Den Oberbefehl über diese sorgfältig auserlesene, trefflich, ja theilweise glänzend ausgerüstete Mannschaft, von der ein gleichzeitiger Bericht sagt, sie sei „durchgehends überaus herrlich montirt" gewesen, übertrug der Große Kurfürst dem Generallieutenant Hans Adam von Schöning, der damals in der Vollkraft des Mannesalters stand, kaum 45 Jahre zählte und der jüngste Generallieutenant des kurfürstlichen Heeres war, aber durch ungewöhnliche Kenntnisse und reiche Kriegserfahrenheit weit hervorragte. Er hatte in seiner Jugend eine reiche Bildung, welche ihm die Hochschulen von Wittenberg und Straßburg boten, in sich aufgenommen, dann seinem Geiste durch lange und ausgedehnte Reisen einen weiten Gesichtskreis eröffnet. Im Jahre 1666 trat er, 25 Jahre alt, in den Dienst der brandenburgischen Armee, wo ihm ein ungemein rasches Aufsteigen in der militärischen Hierarchie zu Theil wurde, das durch seine hervorragenden Leistungen vollauf gerechtfertigt war, denn mehr als einmal wehte sein Name auf siegreichen Fahnen den Brandenburgern voran. Unter Schöning's Obercommando befehligten die Generale von Barfuß und von der Marwitz; Oberst und Generaladjutant von Braud fungirte als Chef des Stabes; die Artillerie stand unter dem Befehle des Oberstlieutenant Bertram und zählte 12 Feldgeschütze, 2 Mörser und 2 Haubitzen. In den Reihen

[1] „Des General-Feldmarschalls Hans Adam von Schöning auf Tamsel Leben und Kriegsthaten, namentlich sein Zug mit achttausend Brandenburgern gegen die Türken". Von Kurd Wolffgang von Schöning (Berlin 1837). S. 74 u. f.

der brandenburgischen Officiere begegnen uns so viele Persönlichkeiten, deren Namen mit dem Ruhme der brandenburg-preußischen Waffen eng verflochten sind: der Oberst Alexander Prinz von Kurland, die drei Grafen Karl Emil, Dietrich und Christof aus dem Hause der Dohna, Georg von Arnim, Freiherr von der Heyden, Otto Freiherr von Schlabberndorf, Johann Georg von Belling, Ulrich von Stille, von Ratzmer, von Bismark, von Löschbrandt, von Bornstedt, Johann Christoph von Strauß [1]).

Es war eine glänzende Heerschau, welche der Große Kurfürst, umgeben von seinem ganzen Hofstaate, seinen Räthen und den auswärtigen Gesandten am 27. April 1686 in der Nähe von Crossen unweit der schlesischen Grenze über das trefflich ausgerüstete Armeecorps vornahm.

Nach der Revue hat er dann von seinem Zelte aus an das versammelte Officiers-corps in patriarchalischem Tone jene kernige Ansprache gehalten, die ebenso seine rast-lose Fürsorge für die Truppe, seine Liebe zur Armee, wie seine Menschenfreundlichkeit, die mit aller Strenge jeder Ausschreitung der Soldatesca gegen die Bevölkerung ent-gegentritt, zum lebendigen Ausdrucke bringt. Kurz und markig antwortete der Führer des Hilfscorps, im Namen desselben; sie wären Alle bereit, sprach er, für eine so gerechte Sache und für die Ehre und Reputation ihrer Waffen ihr Blut mit Freude zu vergießen und ihr Leben zu opfern, sie versprächen als redliche Leute zu handeln und sich als tapfere Soldaten eines so mächtigen Potentaten und generösen Herrn zu verhalten [2]). Unmittelbar nach der Heerschau erfolgte der Aufbruch des Corps; am 28. April wurden dann noch Verhandlungen mit den kaiserlichen Commissären gepflogen und „der Marsch durch Schlesien in Richtigkeit gestellt". Am 29. April lagerte das Corps bei Grüneberg, von da zog sich die Marschlinie über Jablunka, Sillein, Neutra und Waizen nach Ofen. Der Zug der Brandenburger von Crossen nach Ofen nahm einen Zeitraum von 67 Tagen in Anspruch; man müßte diese Marschleistung bei einer Entfernung von circa 90 deutschen Meilen eine geringe nennen, wenn man nicht wüßte, daß die entgegenstehenden Hindernisse, welche die Mängel der Verpflegung und insbesondere die schadhaften Straßenkörper boten, schwer zu bewältigen waren. An der schlesisch-ungarischen Grenze ward Schöning veranlaßt, einen zehntägigen Aufenthalt zu nehmen, worüber, so wie über die Nichteinhaltung der Etapen sich Kaiser Leopold in dem Schreiben vom 31. Mai 1686 bitter beklagt hat; aber aus den beiden Berichten, welche Freiherr v. Kornitz am 22. Mai aus Teschen an den Kaiser und an den schlesischen Landeshauptmann erstattete, erfahren wir, daß die von ihm und den bran-denburgischen Officieren: Obristlieutenant v. Schlabberndorf und „Stuckhauptmann" Gerlach vorgenommenen Recognoscirungen der Marschstrassen, insbesondere des Jablunka-Passes, sowie die nothwendigen Reparaturen an Brücken viel Zeit in Anspruch nahmen [3]).

Welch' eifrige Fürsorge die brandenburgische Heeresverwaltung der Sicherstellung der Verpflegsbedürfnisse des Hilfscorps, insbesondere der Wahl der Bezugsquellen widmete, geht aus dem Umstande hervor, daß der Kurfürst schon in den ersten März-tagen des Jahres 1686 einen eigenen Commissär nach Komorn entsendete, der im

---

[1]) Schöning a. a. O. S. 279 u. f.

[2]) Ausführliche Schilderungen der Heerschau und Mittheilung der Reden bringen, (und zwar fast wörtlich gleichlautend): Theatrum Europaeum (Frankfurt 1691) XII. S. 983 u. f. und Boethius: Kriegshelm, II. S. 369; nur ist bei letzterem irrthümlich der 29. April als Tag der Heerschau angegeben.

[3]) K. I. Kriegsarchiv, Sig. 13/33 1686.

Namen seiner Regierung an das österreichische Kriegscommissariat eine Reihe von Fragen zu richten berufen war, die sich auf die Beischaffung der Artikel für die Armeeverpflegung im Operationsgebiete bezogen. Der Bericht, welchen in Beantwortung dieser Fragen der kaiserliche Obercommissär und Proviantverwalter Johann v. Härtelölzfeld an den Kurfürsten erstattete, weckt aus mehr als einem Grunde unser Interesse, denn er liefert nicht nur einen Beitrag zur Geschichte des Verpflegswesens jener Zeit, sondern wirft auch helle Streiflichter auf die wirthschaftlichen und Preisverhältnisse jener Tage [1]); wir greifen daher die wichtigsten Punkte aus diesem Berichte heraus. — In Bezug auf das Brennholz für Backöfen — sagt der kaiserliche Proviantverwalter — werden auf 1000 Centner Mehl wenigstens 65 Klafter erfordert und sei jede Klafter in loco für 1 fl. 30 kr. oder einen Thaler zu bekommen. Was das Backsalz betreffe, seien auf 1000 Centner Mehl 190 „Küffel" [2]) erforderlich, deren jedes um 8 Groschen in loco gekauft werden könne; Vorräthe seien genugsam vorhanden. In Bezug auf die Bäckerei und die ununterbrochene Arbeit derselben, sei vor Allem höchst nothwendig, daß jeder Backofen mit Bedienungsmannschaft doppelt besetzt werde, daß also für jeden Backofen acht Personen bestimmt werden, ohne die „Proviant- und Ofen-Arbeiter", den Bäckermeister und die Bäcker-Jungen mitzurechnen, welche letztere das Mehl „zu stoßen", Holz zu hacken, Wasser zu tragen und andere gemeine Arbeit zu verrichten haben; was die Besoldung anbelange, erhalte der Bäckermeister monatlich 20 fl., jeder Gehilfe 11 bis 12 fl. und jeder Junge 10 bis 11 fl. Auf die rechtzeitige Bestellung und Aufnahme der Bäckerburschen sei auf alle Weise das Augenmerk zu richten und keine Stunde zu versäumen, da dergleichen Leute bei dem gegenwärtigen, lang dauernden Kriege gar schwer zu bekommen seien und im jüngstverflossenen Jahre sogar von Danzig, Stralsund und anderen entlegenen Orten gebracht werden mußten. Was den Bedarf an Bier betreffe, so könne derselbe in genügender Weise gedeckt werden und habe der Eimer in Komorn den Preis von 4 fl. (der Jude Oppenheimer habe nur 3¼ fl. begehrt). Der Bedarf an Branntwein sei gleichermaßen leicht zu decken und koste der Eimer 20 bis 24 fl. (der Jude Oppenheimer habe ihn für 14 fl. geliefert). In Bezug auf den Haber sei zu bemerken, daß zwar gegenwärtig eine größere Menge vorräthig und der niederösterreichische Landmetzen — jetzt, wo noch „keine fremden Völker vorhanden" — um den Preis eines Thalers zu bekommen sei; später werde aber der größte Theil aus den oberen Gegenden zugeführt werden müssen. (Dazu ist die Randbemerkung gefügt, daß Oppenheimer den Metzen für 1 fl. geliefert hat.)

3. Der Vormarsch der beiden Armeen nach Ofen.

Im Sinne des am 10. Juni im Kriegsrathe gefaßten Beschlusses begannen die beiden Armeen aus ihren Feldlagern, welche theils unterhalb Komorr, theils bei

---

[1]) Kriegsarchiv des Großen Generalstabes in Berlin. Abschrift im k. k. Kriegsarchive, Signat. 3/2 1686. Komorn den 9. März 1686. „Beantwortung derjenigen Punkte, so mir von Ih. Churfl. Durchl. zu Brandenburg hierher abgeschickten Herrn Commissario vorgetragen worden".

[2]) Die Kueffen (Kueffe) bedeutet das Gefäß, worin das Salz von den Salinen aus verführt wird. Die Kueffen wiegt mit dem Salze bis an die 148 Pfund und ist verschieden vom Küefflein (Küeffl) deren ungefähr 8 auf die Kueffen gehen, ein „Küffel" enthält also 18½ Pfund.

Párkány die Sammelplätze bildeten, am 12. Juni ihren getrennten Vormarsch, die Hauptarmee des Herzogs von Lothringen am rechten, die Armee des Kurfürsten von Bayern am linken Stromufer. Die Stärke, Eintheilung und Zusammensetzung der einzelnen Contingente sowohl dieser beiden Armeen, als auch des Theiß- und Drau-Corps, also aller vier Heeresabtheilungen, welche in Ungarn gegen die Feinde operirten, waren folgende:

A) Die Hauptarmee unter Führung des Herzogs von Lothringen [1]).

a) Regimenter zu Fuß.

Sollstand

1. Starhemberg (Oberst-Inhaber: Graf Ernst Rüdiger Starhemberg, heute Inf.-Reg. Nr. 54) 1500

2. Kaiserstein; 4 Compagnien (Ob.-Inh.: FZM. Johann Franz Freiherr von Kaiserstein) 600

3. Mansfeld (Ob.-Inh.: Heinrich Graf von Mansfeld, Fürst zu Fondi; heute Inf.-Reg. Nr. 24) 1500

---

[1]) Alle Angaben über Stärke und Eintheilung der Armeen sind mit Ausnahme der ein-geklammerten Stellen dem „Journal-Buch" entnommen, das als Manuscript im k. k. Kriegs-archive, Fasc. 13/3 1686, sich befindet. In demselben „Journal-Buch" (S. 29—134) erscheint auch das vielbesprochene und oft citirte Diarium, welches Röder von Diersburg a. a. O. I. Urkunden S. 48 u. f. unter dem Titel veröffentlicht hat: „Tagebuch der Belagerung von Ofen im Jahre 1686, theilweise nach eigenhändigem Eintrag des kaiserlichen Oberbefehlshabers Herzogs von Lothringen". Man hat sich dann gewöhnt, dieses Tagebuch als das des Herz. v. Lothr. zu bezeichnen. Dies ist aber unrichtig; von der Hand des Herzogs rühren nur die ersten, in französischer Sprache geschriebenen Daten vom 6. Juni bis 10. Juli her. Das k. k. Kriegsarchiv bewahrt unter den Feldacten aus der Zeit der Türkenkriege vom Jahre 1683 bis 1693 in den verschiedenen, nach Jahrgängen geordneten Fascikeln eine ganze Reihe von „Journal-Büchern" (Manuscriptbände in Folio), die nach Form und Anlage einander sehr verwandt sind und meist die gleichen Schriftzüge aufweisen. Die Tradition ist vollkommen beglaubigt, daß diese „Journal Bücher" die man füglich Operations-Journale nennen könnte, vom Freiherrn Heinrich Tobias von Haslingen herrühren. Derselbe ward im Jahre 1649 geboren, trat zu Ende des Jahres 1668 in den Armeedienst und zwar in das Alt Holstein'sche Küraffier Regiment, erhielt 1681 die Würde eines kaiserlichen General-Adjutanten und machte in dieser Eigenschaft an der Seite des Herzogs von Lothringen die Feldzüge gegen die Türken 1683 bis 1687 mit; im Jahre 1689 wurde er zum General-Quartiermeister ernannt und diente als solcher in den Kämpfen „in dem Römischen Reich" 1689 unter dem Commando des Herzogs von Lothringen, 1690 unter dem Kurfürsten von Bayern; in den Jahren 1691 bis 1693 fungirte er wieder als General Quartiermeister bei der Hauptarmee in Ungarn und avancirte im letztgenannten Jahre (1693) zum Generalwachtmeister. Seine leider nur knapp und aphoristisch gehaltene Selbstbiographie ist erst unlängst veröffentlicht worden (Heinrich Tobias Freiherr von Haslingen. Ein Beitrag zur Geschichte der Befreiung Wiens im Jahre 1683, mitgetheilt von O. v. Rechtritz Steinkirch. Breslau 1883). In dieser Selbstbiographie beruft er sich wiederholt auf seine umfassenden, während der Feldzüge vorgenommenen Aufzeichnungen: „wie mein Journal Buch beweißet" (S. 17), „wie hievon meine Handbücher genugsamb aufweißen"; „Lauth Handbuch" (dreimal S. 18). Es ist beachtenswerth, daß auch das vom Kaiser Leopold dem General Feldmarschlllieutenant von Haslingen ertheilte Freiherrn Diplom das rastlose Streben dieses Mannes, alle militärischen Vorfälle aufzu-zeichnen, rühmend hervorhebt; derselbe habe — sagt der Kaiser — „bereits über 30 Jahre hero jederzeit und fordrist aus dem Felde eine gewisse ganz genaue und Uns sehr angenehme Correspondenz gepflogen, daß wir Post Täglich und durch alle andern extra Courier durch Ihme von Allen Kriegs operationen und Vorfallenheiten jedesmahl eine wahrhaftig und ausführliche Relation erhalten, und die mehriste solche gründliche Relationes Unsern Historicis der Nachwelt zum wahrhaften Bericht überantworten lassen". Das Wort des Kaisers ist zur Wahrheit geworden; in Haslingen's Handbüchern ist uns eine reiche Quelle historischer Erkenntniß erschlossen.

Sollstand

4. Croy (Ob.=Inh.: Karl Eugen Herzog von Croy) 1500

5. Salm; 5 Compagnien (Ob.=Inh.: Leopold Fürst zu Salm; heute Inf.=
Reg. Nr. 45) 750

6. Souches (Ob.=Inh.: Karl Ludwig de Souches; heute Nr. 50) . . 1500

7. Dieppenthal (Ob.=Inh.: Johann Baron Dieppenthal) 1500

8. Thüngen (Ob.=Inh.: Hans Karl Freiherr (seit 1708 Graf) von Thüngen) 1500

9. Neuburg (Ob.=Inh.: Anton Pfalzgraf zu Neuburg; heute Nr. 20) . . 1500

10. Prinz Lothringen (Ob.=Inh.: Prinz Leopold der Aeltere von Lothringen;
heute Inf.=Reg. Nr. 18) 1500

Summe 13,350

b) Regimenter zu Pferd.
I. Kürassier-Regimenter.

1. Caprara (Oberst=Inhaber: Graf Aeneas Caprara) 800

2. Dünewald (Ob.=Inh.: Graf Johann Heinrich von Dünewald; heute
7. Dragoner=Regiment) 800

3. Pálffy (Ob.=Inh.: Graf Karl Pálffy von Erdöd) 800

4. Gondola (Ob.=Inh.: Francesco Conte Gondola) 800

5. Taaffe (Ob.=Inh.: Franz Graf Taaffe) 800

6. Mercy (Ob.=Inh.: Freiherr Peter Mercy) . . . : . . 800

7. Neuburg (Ob.=Inh.: Karl Philipp Prinz v. Pfalz=Neuburg . . . 800

8. Hannover (Ob.=Inh.: Prinz Max von Hannover?) 800

9. Fürstenberg; 6 Compagnien (Ob.=Inh.: Emanuel Franz Egon Graf
von Fürstenberg=Heiligenberg?) 480

10. Truchseß (Ob.=Inh.: Johann Eytel Truchseß von Wetzhausen) . . . 800

II. Dragoner.

1. Schultz (Oberst=Inhaber: Graf Johann Valentin Schultz; heute Drag.=
Reg. Nr. 10) 800

2. Styrum (Ob.=Inh.: Otto Hermann Graf von Limburg=Styrum) . . . 800

3. Saurau (Ob.=Inh.: Karl Graf Saurau) 800

4. Lodron (Croaten=Regiment) (Ob.=Inh.: Graf von Lodron) 800

Reiter 10,880

c) Alliirte.

Mann

1. Das kurbrandenburgische Corps[1] 8200

2. Die Schweden[2] 1300

3. Die schwäbischen Kreistruppen[3] 4000

4. Die fränkischen Kreistruppen 1500

d) Ungarische Miliz,

und zwar aus der Raaber und „Budianischen" (d. i. Batthyány'schen) Grenze 3000

Stärke der Hauptarmee[4] 42,230

---

[1] Dasselbe erschien vor Ofen am 3. Juli 1686 und zählte, genauer berechnet, 8259 Streiter,
vergl. S. 55.

[2] Dieselben rückten am 2. September, also am Tage des Hauptsturmes in die Belagerungslinie
ein und zwar nur in der Stärke von 1095 Mann (Expedits-Protokoll, Registratur des
k. k. Reichskriegsministeriums 1686, Z. 372, Seite 261).

[3] Sie erschienen erst am 30. Juni vor Ofens Mauern.

[4] Haßlingen's „Journal-Buch" beziffert die Stärke in Folge eines Additionsfehlers mit 42,530.

Eintheilung der Generale der Hauptarmee.

Obercommandant:

Herzog Karl von Lothringen.

Bei der Infanterie:

Feldmarschall Graf Ernst Rüdiger von Starhemberg.
Feldmarschalllieutenant Karl Ludwig de Souches.
Feldmarschalllieutenant Herzog von Neuburg.
Generalwachtmeister Johann Baron Dieppenthal.
Generalwachtmeister Hans Karl Freiherr von Thüngen.

Bei der Cavallerie:

Feldmarschall Graf Aeneas Caprara.
General der Cavallerie Graf Dünewald.
Feldmarschalllieutenant Graf Karl Pálffy.
Feldmarschalllieutenant Graf Franz Taaffe.
Feldmarschalllieutenant Peter Freiherr von Mercy.
Feldmarschalllieutenant Graf Francesco Gondola.
Generalwachtmeister Graf Otto Hermann Styrum.
Generalwachtmeister Graf Lodron.

Die brandenburgischen Truppen befehligte Generallieutenant Hans Adam von Schöning, die schwäbischen Kreistruppen der Markgraf Karl Gustav von Baden-Durlach, die fränkischen der Generalwachtmeister Freiherr Hans von Thüngen.

B) Die Armee des Kurfürsten Max Emanuel von Bayern.

	Sollstand
1. Kaiserliche Infanterie-Regimenter:	
a) Baden (Oberst-Inhaber: Markgraf Ludwig von Baden; heute Inf.-Reg. Nr. 23)	1500
b) Metternich; 5 Compagnien (Ob.-Inh.: Graf Philipp Emerich Metternich-Winneburg und Beilstein; heute Inf.-Reg. Nr. 11)	750
c) Beck (Ob.-Inh.: Melchior Leopold Freiherr van der Beck; heute Inf.-Reg. Nr. 59)	1500
d) Aspremont (Ob.-Inh.: Graf Ferdinand Gobert von Aspremont)	1500
e) Fürstenberg (Ob.-Inh.: Emanuel Franz Egon Graf von Fürstenberg-Heiligenberg?)	1500
2. Fünf kurbayerische Regimenter zu Fuß	5000
3. Die kursächsische Infanterie	3000
4. Kaiserliche Regimenter zu Pferd:	
a) De Pace (Ob.-Inh.: Karl Freiherr de Pace)	800
b) Savoyen (Ob.-Inh.: Prinz Eugen von Savoyen; heute Drag.-Reg. Nr. 13)	800
5. Kurbayerische Reiterei	3000
6. Kursächsische Reiterei	1700
7. Ungarische Miliz circa	800
Stärke der kurfürstlichen Armee [1]	21.850

[1] Röder v. Diersburg a. a. O. I. S. 171 hat die Repartition der Regimenter nicht richtig angegeben, so sorgfältig auch sonst dieser treffliche Schriftsteller seine Angaben festzustellen suchte.

Eintheilung der Generale.

Feldmarschall Graf Jakob Leslie.

General der Cavallerie Markgraf Ludwig von Baden.

Bei der Infanterie:

Commandant derselben: Graf Johann Karl Serényi.

Feldmarschalllieutenant Marquis de la Verne.

Feldmarschalllieutenant Graf Fontaine.

Generalwachtmeister Freiherr Melchior Leopold van der Beck.

Generalwachtmeister Graf Ferdinand Gobert Aspremont.

Bei der Cavallerie:

Generalwachtmeister Prinz von Savoyen.

C) Das Theiß-Corps.

I. Das Schärffenberg'sche „Detachement".

1. Infanterie.

Sollstand

a) Serényi (Oberst-Inhaber: Johann Karl Graf Serényi; heute Inf.-Reg. Nr. 25) 1500

b) Schärffenberg (Ob.-Inh.: Friedrich Siegmund Graf Schärffenberg; heute Inf.-Reg. Nr. 13) 1500

c) Spinola (Ob.-Inh.: Johann Domenico Marquis de Spinola; heute Inf.-Reg. Nr. 35) 1500

2. Regimenter zu Pferd.

1. Küraffier-Regimenter:

a) Sachsen-Lauenburg (Oberst-Inhaber: Franz Herzog von Sachsen-Lauenburg; heute 9. Dragoner-Regiment) 800

b) Veterani (Ob.-Inh.: Friedrich Graf Veterani) . . . 800

c) Piccolomini (Ob.-Inh.: Aeneas Sylvius Piccolomini Graf d'Aragona; heute 4. Dragoner-Regiment) 800

d) Götz (Ob.-Inh.: Johann Karl Graf Götz) 800

e) St. Croix (Ob.-Inh.: Adam Bernhard Freiherr von St. Croix; heute 8. Dragoner-Regiment) 800

2. Dragoner:

a) Tetuin (Döttwin oder auch Dettwin) (Ob.-Inh.: Johann Kasimir Tetuin) 800

b) Magni (Ob.-Inh.: Karl Graf Magni) 800

II. Das Heißler'sche „Detachement" bei Szolnok.

1. Infanterie-Regiment Verne (Vergne) (Oberst-Inhaber: Marchese de la Verne) 1500

2. Küraffier-Regiment Heißler (Ob.-Inh.: Donat Baron Heißler von Heidersheim) 800

3. Küraffier-Reg. Carafa (Ob.-Inh.: Graf Antonio Carafa) . . . 800

4. Dragoner-Regiment Castell (Ob.-Inh.: Friedrich Graf Castell) . . . 800

III. Ungarische Truppen unter David Petneházy, Barkóczi „und andere derley Miliz bey" 8000

Stärke des Corps 22.000

Eintheilung der Generale.

Feldmarschalllieutenant Graf Antonio Carafa und Feldmarschalllieutenant Graf Friedrich von Schärffenberg.

Generalwachtmeister Baron Wallis.

Bei der Cavallerie:

Die Generalwachtmeister Graf Friedrich Veterani, Graf Aeneas Sylvius Piccolomini und Baron Donat Heißler.

D) Das Drau-Corps.
("corpetto an der Drau").

		Sollstand
1. Infanterie:		
a) Leslie (Oberst-Inhaber: Jakob Graf Leslie; heute Inf.-Reg. Nr. 36)		1500
b) Heister (Ob.-Inh.: Graf Siegbert Heister)		1500
2. Regimenter zu Pferd:		
a) Das Kürassier-Regiment Montecuccoli (Ob.-Inh.: Leopold Friedrich Fürst Montecuccoli)		800
b) Das Dragoner-Regiment Herbeville (Ob.-Inh.: Ludwig Graf Herbeville)		800
3. Oberrheinische Kreistruppen		1500
4. Ungarn von der kroatischen und windischen Grenze. (Keine Zahl angegeben.)		
Stärke des Corps circa		6100

Eintheilung der Generale.

General der Cavallerie Graf Johann Valentin Schulz.

Commandant der Infanterie: Baron (?) Heister.

Commandant der Cavallerie: Feldmarschalllieutenant Graf Philipp von Thurn.

Nach diesen verläßlichen und werthvollen Angaben, welche der kaiserliche General-adjutant in seinem „Journal-Buch" aufgezeichnet hat, betrug also im Jahre 1686 der Sollstand eines kaiserlichen Infanterie-Regimentes gleichmäßig 1500 Köpfe, der Sollstand eines Regimentes zu Pferd bei den Kürassieren und Dragonern gleichmäßig 800 Mann. Diese Angaben stimmen auch vollständig mit den Aeußerungen überein, welche das an den Herzog von Lothringen gerichtete kaiserliche Handschreiben vom 18. Mai 1686 enthält, worin ebenfalls der Sollstand eines Fuß-Regimentes mit 1500, der Sollstand eines Regimentes zu Pferd gleichmäßig mit 800 beziffert wird. Daran knüpft Kaiser Leopold die bezeichnende Bemerkung, die Regimenter seien „für voll angesetzt worden, weillen der Abgang von denen ehestens aus dem Reich ankommenden Recruten ersetzt werden solle". Diese Hoffnungen des Kaisers haben, wie wir hören werden, ihre Erfüllung nicht gefunden.

Fast in allen historischen Arbeiten, welche die Belagerung von Ofen im Jahre 1686 zum Vorwurf ihrer Darstellung genommen haben, ist bis auf die jüngste Zeit die Behauptung ausgesprochen worden, daß sich die Stärke des Belagerungsheeres vor Ofen nach dem Eintreffen der schwäbischen und brandenburgischen Kriegsvölker auf 60.000 Mann belaufen habe [1]). Faßt man die oben erwähnten Stärkeangaben

---

[1]) Franz Wagner: Historia Leopoldi (Augsburg 1719) beziffert (I. 685) die Heeresstärke auf 62,378. Fuere universim ad Budam duo et sexaginta millia, trecenti septuaginta octo.

und die Repartitionen der Regimenter in's Auge, so zählten die beiden Armeen, die zur Einschließung von Ofen berufen waren: 64.080 Mann und zwar entfallen auf die erste Armee unter dem Herzog Karl 42.230, auf die kurfürstliche Armee 21.850 Köpfe, wobei die Artillerie-Soldaten, Mineure, die Genietruppe und die Train-Soldaten nicht in Rechnung gezogen sind. In Wirklichkeit waren aber die Stärke verhältnisse weit geringer. Wenn auch die Behauptung, daß dem kaiserlichen Heere am vollzähligen Stande nicht weniger als 15.000 Mann gefehlt hätten [1]), eine übertreibende und in den realen Verhältnissen nicht begründete ist, so entsprach dennoch dem Sollstande die wirkliche, sogenannte effective Stärke durchaus nicht; dieselbe kann jedoch nur annäherungsweise bestimmt werden. Es sind uns nämlich zwei officielle, vom Marschall Starhemberg „in dem kaiserlichen Feldlager unweit Párkány" am 1. Juni 1686 ausgefertigte Standeslisten erhalten, die uns einen tiefen Einblick in die wirklichen Stärkeverhältnisse gewähren. Dieselben theilen uns den „effectiven Stand" von 12 Reiterregimentern und 6 Infanterieregimentern mit, also über den weitaus größten Theil der kaiserlichen Truppen der ersten Armee, die, abgesehen von den Alliirten und der ungarischen Grenzmiliz, 14 Regimenter zu Pferd und 8 Regimenter und 9 Compagnien zu Fuß in sich schloß. Nach diesen Standeslisten, welche in mehr als einer Beziehung einen lehrreichen Einblick in die Organisation der Truppen= körper eröffnen, betrug die effective Stärke der zwölf Reiterregimenter 8866 Mann, die der 6 Regimenter zu Fuß 6533 Köpfe [2]). Wenn man den Durch= schnitt zieht, so betrug die Stärke eines Fußregimentes statt 1500 nur 1090, die Stärke eines Reiterregimentes statt 800 nur 739 Mann. Schwerlich wird ein Wider= spruch gegen die Annahme erhoben werden können, daß auch bei den übrigen kaiser= lichen Regimentern ganz ähnliche Stärkeverhältnisse zu treffen waren, wie bei jenen,

---

Röder von Diersburg a. a. O. I. 180 gibt 60.000 Mann an, in gleicher Weise: Jsef Némedy: Die Belagerungen der Festung Ofen in den Jahren 1686 und 1849, S. 7. — J. B. Häusler: Buda-Pest, historisch-topographische Skizzen (Pest 1854) gibt (S. 106) 92.500 Mann an. — Alfred Arneth: Das Leben des kaiserlichen Feldmarschalls Guido Starhemberg (Wien 1853) 60.000 Mann. Ono Klopp a. a. O. (S. 402) 60.000 Mann.

[1]) Wagner: Historia Leopoldi, I. 685. Scrupulum moverat, quod ex eo, quem ante con- ceperant, numero, quindecim millia deficerent.

[2]) Aus dem großherz. badischen Archive zu Karlsruhe. Abschrift im k. k. Kriegsarchive, Signat. 6/2 1686. I „Tabella über 12 Regt., welche in dem kais. Feldlager unweit Párkán sich befinden und effective stark sein, den 1. Juni 1686". Küraff.-Reg. Caprara zählte 794 Mann; Dünewald 653; Schultz 791; Pálffi 791; Gondola 643; Mercy 628; Lodron 904; Drag.-Reg. Styrum 582; Küraff.-Reg. Neuburg 793; Drag.-Reg. Saurau 781; Küraff.-Reg. Prinz Hannover 784; Truchseß 722. Summe: 8866. Von diesen waren aber 874 „überberitten" und 698 „zu Fuß"; diese beiden letztgenannten Kategorien vertheilen sich aber in sehr ungleicher Weise auf die einzelnen Regimenter und zeigen sich da die schroffsten Gegensätze; so hatte z. B. das Reg. Saurau nur 6, Hannover nur 19, Truchseß nur 38, dagegen Lodron 164, Dünewald 167, Styrum 168 „Ueberberittene". Die Gesundheits- verhältnisse waren dagegen bei diesen 12 Reiterregimentern sehr günstige zu nennen; man zählte unter 8866 Mann am 1. Juni 1686 nur 35 Kranke; Hannover hatte den stärksten Krankenstand mit 19 von 784 Mann, Truchseß mit 8 von 722 M., 7 Regimenter hatten gar keine Kranken.

II „Tabella über 6 Regimenter zu Fuß, wie stark sich selbige zu Ende May 1686 in dem kaiserlichen Feldlager bei Párkán effective befunden". Reg. Alt-Starhemberg zählte 1230 Mann; Mansfeld 817, Neuburg 692, Dieppenthal 782, Thüngen 1608, Prinz Lothringen 1404; „Summa effective" 6533. Die Standesliste der Infanterie-Regimenter umfaßt neun Rubriken: Prima Plana, Korporale, Spielleute, Fourierschützen, Gefreite, Gemeine, Proviantknechte, Abgang von der Musterung, effective Summe.

über welche uns die Standeslisten vorliegen. Nach dieser Annahme würde die Ge=
sammtstärke des Belagerungsheeres beim Beginne der Action, vor Ankunft
der Brandenburger und Schwaben, also in der Zeit bis Ende Juni 44.200 und
nach dem Eintreffen der genannten Hilfsvölker, d. i. seit 3. Juli, 56.400 Mann
betragen haben; aber während der langen Dauer der Belagerung rückten fort=
während neue Zuzüge in die Belagerungslinie ein; am 27. Juni 2 Compagnien Salz=
burger und Regensburger, am 2. August die erste Abtheilung des Theißcorps unter
Antonio Carafa und Heißler (1 Regiment zu Fuß, 3 zu Pferd und zahlreiche ungarische
Miliz, reichlich 4500 Mann stark), am 29. und 30. August das aus Siebenbürgen gerufene
Corps untern Schärffenberg (7 Regimenter zu Pferd und 3 Regimenter zu Fuß;
außerdem starke Contingente der ungarischen Miliz — Fußvolk und Hußaren — in sich
schließend und im Ganzen 11 bis 12.000 Mann zählend) und endlich am 2. September
das schwedische Contingent, 1095 Mann stark; so daß also nach und nach ein Heer
von 74.000 Mann vor Ofen gekämpft hat.

Abgesehen von dem Umstande, daß in einem Punkte die am 18. Mai ausge=
sprochene Hoffnung des Kaisers sich nicht erfüllte, und durch die erwartete Rekruten=
stellung im deutschen Reiche die Regimenter nicht auf die Höhe des Sollstandes gebracht
werden konnten, war die Ausrüstung eine treffliche, die ganze Organisation des Dienstes
eine vorzügliche, die Zufuhr der Lebensmittel und des Kampfmaterials in umfassender
Weise geregelt; zahlreiche Schiffe vermittelten den Verkehr zwischen dem Lager und den
in den oberen Stromgebieten errrichteten Magazinen, Tausende von Landfuhren wurden
demselben Zwecke dienstbar gemacht; „an einem Tage — schreibt ein Berichterstatter
am 20. Juni aus dem Feldlager bei Pest — kamen 800 Raaber'sche Ochsenwagen
mit Faschinen und Schanzkörben, welche beständig dergleichen werden beiführen müssen [1]".

Wahrhaft staunenswerth ist die gewaltige Masse des Kampfmaterials, welches die
kaiserliche Heeresverwaltung den Streitern vor Ofen zur Verfügung stellte. Es war
so gewaltig, daß ein Zeitgenosse, der uns übrigens das Detail nicht mittheilt, sagen
konnte, es sei ein Rüstzeug in diesem Umfange bisher noch nie aus den Wiener Arse=
nalen hervorgegangen [2]. Die Aufzählung der einzelnen Dinge gibt uns erst eine
lebendige Vorstellung von der Größe der Rüstung und von der umfassenden Fürsorge
der Heeresverwaltung, die sich nicht nur auf die Karthaunen, Feldschlangen und Feuer=
bälle schleudernden Mörser bezog, sondern auch das kleinste Detail des Rüstzeuges in
den Bereich ihrer Aufmerksamkeit rückte. Das folgende Verzeichniß entrollt ein spre=
chendes Bild der vorbereitenden Thätigkeit [3].

1. Ganze Karthaunen	. 12	Stück,
2. Halbe Karthaunen	. 50	„
3. Viertel Karthaunen	. 36	„
4. Falkaunen	. 36	„
5. Regimentsstücke	. 80	„
6. Haubitzen, 16pfündige Steine schießend .	. 12	„

---

[1] Aus dem großh. badischen Hausarchive zu Karlsruhe. Abschr. im k. k. Kriegsarchive, Sig. G/7 1686.
[2] Wagner: Hist. Leopoldi I. S. 688. Bellici instrumenti vis tanta, quanta e Viennae
armamentariis nunquam antehac educta fuit.
[3] Aus dem großh. badischen Hausarchive zu Karlsruhe. Abschr. im k. k. Kriegsarchive, Sig.
13/30 1686. „Specification desjenigen Geschützes, der Munition und Zeugs-Requisiten, so für dieses
Jahr 1686 zu der Operation und kais. Feldartillerie parat stehet, wovon auch das churbrandenburgische
Corps von 7000 Mann bei der bevorstehenden Campagne versehen wird".

7. Mörser, so 400pfündige Bomben werfen . . . 8 Stück,
8. Mörser, so 300pfündige Bomben werfen . . . 8 „
9. Mörser, so 200pfündige Bomben werfen . . . 12 „
10. Mörser, so 150pfündige Bomben werfen . . . 12 [1]) „
11. Stück-, Musketen- und „Pürst"-Pulver . . 12,000 Centner
12. Lunte . . . . 3800 „
13. Gegossenes Blei von unterschiedlichem Caliber . 800 „
14. Ganzes Blei . . . . 4000 „
      Stuckkugeln:
15. Ganze Karthaunen-Kugeln . . . . . 10,000 Stück,
16. Halbe Karthaunen-Kugeln . . . . . 60,000 „
17. Viertel Karthaunen-Kugeln . . . . . 30,000 „
18. Falkannen-Kugeln . . . . . . 36,000 „
19. 3pfündige Kugeln . . . . . . 80,000 „
20. Ketten-Kugeln . . . . . . 4000 „
21. Haubitzen-Granaten . . . . . . 12,000 „
22. Kartätschen . . . . 12,000 „
23. Bomben von 4 Centner . . . . . 3000 „
24. Bomben von 3 Centner . . . . . 3000 „
25. Bomben von 2 Centner . . . . . 4000 „
26. Bomben von 1½ Centner . . . . . 5000 „
27. Carcassen . . . . 2000 „
28. Unterschiedliche Sorten Klebe-Feuer, Mord- und Brand-Kugeln 2000 „
29. Eine ganz neue Art von Granaten . . . 6000 „
30. Hebspiegel zum Steinwerfen aus großen Mörsern . . 6000 „
31. Handgranaten . . . . 84,000 „
32. Allerhand Schanzzeug . . . . . 24,000 „
33. Sandsäcke . . . . 200,000 „
34. Doppelte Pfosten zu den Batterien . . . 2000 „
35. Polster-Holz zu den Batterien . . . . 500 „
36. Batterie-Nägel . . . . . . 30,000 „
37. Palissaden-Nägel . . . . . . 10,000 „
38. Vorräthige Lafetten, Böller-Wände und Sattelwagen . 62 „
39. Vorräthige Geschütz- und Wagenräder . . . 100 „
40. Minirzeug, ein großer Vorrath.
41. Allerhand Werk-Eisen und Stahl . . . . 200 Centner,
42. Hellebarden für die Arbeiter in den Approchen . . 200 Stück,
43. Sturm-Spieße . . . . 500 „
44. Feuer-Lanzen von großem Effect . . . . 500 „
45. Gestielte Sensen . . . . . . 500 „
46. Morgenstern . . . . 500 „
47. Allerhand Brandzeug zum Anzünden . . . 50 Centner,
48. Allerhand Werkzeuge für Schmiede, Schlosser, Büchsenmacher,
      Zimmerleute, Riemer, Sattler u. dgl. ein genügender Vorrath.
49. Brandkugel-Kreuze . . . . . . 2000 Stück.
50. Zwilch . . . . 300 „
51. Leinwand . . . . 100 „
52. Feuerwerks-Lünnen . . . . . . 200 „
53. Pech . . . . 150 Centner,

---

[1]) Genaue Aufschlüsse über die erwähnten Arten der Geschütze überhaupt (Carthaunen, Feldstücke, Falkannen und Kammergeschütze, zu welch' letzteren Haubitzen und Mörser gehörten) sind in dem Werke gegeben: „Feldzüge des Prinzen Eugen von Savoyen", herausgegeben von der Abtheilung für Kriegsgeschichte des k. k. Kriegs-Archivs. I. Bd. (Wien 1876) S. 228 u. f.

54. Wachs	5 Centner,
55. Terpentin	5 "
56. Leim	30 "
57. Leinöl	20 "
58. Hanf	30 "
59. Werch	60 "
60. Mordschläge	20,000 Stücke,
61. Fußangeln	200,000 "
62. Feuer- und Sprengkugel-Platten	4000 "
63. Allerhand große und kleine Brandröhren	150,000 "
64. Minen-Lichter	8 Centner,
65. Allerhand Sorten Kammerspiegel	30,000 Stücke,
66. Bretter- und Latten-Nägel	4 Centner,
67. Saliter	200 "
68. Schwefel	200 "
69. Bindfaden	6 "
70. Draht	2 "

Laborir-Wagen für das Feuerwerks-Laboratorium sind in duplo vorhanden."

So reich ausgestattet waren die Heere, die nun zum Beginne eines großen Kampfes schritten, in welchem die Oberleitung wieder in die Hände jenes Karl V. Herzogs von Lothringen gelegt war, der seit seinem ersten Auftreten als Reiterführer in der Schlacht von St. Gotthard (1664) so viele leuchtende Beweise persönlichen Muthes und strategischer Tüchtigkeit gegeben und in den jüngstverflossenen drei Kriegsjahren sein geschwindes Siegerglück mehr als einmal verkündet und eine halbe Welt mit dem Ruhme seiner Kriegsthaten erfüllt hat. Unter den Generalen, die ihm zur Seite standen, begegnen wir so vielen Persönlichkeiten, die ihre Namen unauslöschlich in die Kriegsgeschichte eingetragen haben. Die kaiserlichen Regimenter — die alten, wie die jungen, welche erst in den Jahren 1682 und 1683 errichtet worden waren — diese Regimenter, welche der Führung des Herzogs jetzt mit unwiderstehlichem Siegerschritte folgten, hatten fast alle damals schon eine glänzende Kriegsgeschichte hinter sich, hatten an der ruhmvollen Befreiung Wiens mitgewirkt, die Siege bei Párkány und Gran erfochten, die Reiterschlacht bei Hamsabég geschlagen, Neuhäusel erstürmt, Szolnok genommen, Arad erobert und den Schrecken ihrer Waffen durch ganz Oberungarn getragen.

Kurz vor dem Aufbruche der Heere aus ihren Feldlagern kam eine unerquickliche und nicht ohne Heftigkeit ausgetragene Meinungsverschiedenheit der beiden Hauptquartiere über die Marschrichtung der zwei Heere zur Geltung; es ist das erste Aufleuchten jener Gegensätze zwischen den Anschauungen und Tendenzen des Herzogs und des Kurfürsten, welche während dieses Feldzuges öfters auf der Bildfläche erscheinen, momentan störend wirken, aber schließlich durch den Hochsinn und die Klugheit des Herzogs stets ihre Ausgleichung finden, noch ehe die große Sache durch den Zwiespalt eine Schädigung erfährt. In dem am 10. und 11. Juni abgehaltenen Kriegsrathe war in Gegenwart des Hofkanzlers Stratmann der Beschluß gefaßt worden, daß der Aufmarsch der Heere getrennt stattfinden, die Armee des Herzogs auf dem rechten Donauufer nach Ofen, die Armee des Kurfürsten auf der linken Seite des Stromes über Waitzen nach Pest marschiren sollte. Der Herzog erzählt uns selbst, er habe im Kriegsrathe die Meinung verfochten, daß beide Heere vereint und gemeinsam ihren Vormarsch auf dem rechten Stromufer vollziehen sollen und daß dann nach der Ankunft bei Altofen eine Brücke geschlagen werde, um ein Heeresabtheilung nach Pest zu werfen; der Kurfürst habe aber von seinem Wunsche, sein Heer auf dem linken Ufer nach Pest zu führen, nicht

abstehen wollen. Es wurde — wie schon erwähnt — der getrennte Vormarsch be=
schlossen. So schien Alles geordnet; aber im letzten Augenblicke, als die Bewegungen
der Heere bereits begonnen hatten, machte der Herzog, der von der Trennung
eine Verzögerung des Beginnes der Belagerung fürchtete, den Versuch, den Kur=
fürsten umzustimmen; dies mißlang, und der Antrag muß mit einer gewissen Härte
zurückgewiesen worden sein, wie dies aus dem Berichte des Markgrafen Ludwig an
seinen Oheim, den Markgrafen Hermann von Baden hervorgeht. Mit der ihm eigenen
Heftigkeit des Ausdruckes beleuchtet der Markgraf Ludwig die grellen Gegensätze [1]).
In Bezug auf die Fortsetzung des Marsches auf beiden Seiten der Donau — schreibt
er — sind, obwol derselbe in Gegenwart des Herrn Hofkanzlers beschlossen wurde,
noch viele neue Schwierigkeiten gemacht worden; es ist dem Herrn Herzog von Lothringen,
dem Rabatta und ihrem ganzen Anhange zu ertragen fast unmöglich gewesen, daß der
Herr Kurfürst aus Bayern allein mit seiner Armee marschiren solle. Der gedachte
Herr Kurfürst hat aber diesmal rechtschaffen Stich gehalten und den Herrn Grafen
Rabatta und Falkenhain, so sich dazu haben gebrauchen lassen, schier ein wenig zu
kurz abgefertigt. Und obwol der Herr Herzog noch zuletzt, vom Lager in Gran aus,
wieder über die Donau zu ihm gekommen, um denselben zum gemeinsamen Marsch
unter dem Vorwande zu persuadiren, daß er allein zu schwach sei, die Stadt zu be=
rennen, hat derselbe endlich auf wiederholtes Ersuchen der herzoglichen Armee unsere
4000 Sachsen zum Mitmarsche bis nach Ofen hergeliehen. Im Uebrigen ist es aber
bei der erstgefaßten Resolution geblieben". Die vom Herzog gehegten Besorgnisse haben
sich diesmal nicht erfüllt und das kurfürstliche Hauptquartier ist mit seinen Behaup=
tungen und der Berechnung der Marschzeit im Rechte geblieben, denn die kurfürstliche
Armee langte einen Tag früher bei Pest an, als die herzogliche bei Altofen. Der zu
Tage getretene Gegensatz hatte keine weiteren Folgen und ließ keine Verstimmung
bei dem Herzog aufkommen. Gleichwie derselbe einstens im Kriegsjahre 1683 in
seinem oft schwierigen Verhältnisse zu dem polnischen Könige Johann stets nur die
ganze Hingebung für die große Sache, der er diente, offenbarte und der Eitelkeit des
Königs gerne Concessionen machte, um die Harmonie der Heerführer zu erhalten, jeden
Zwiespalt zu entfernen und die große, gemeinsame Unternehmung nicht zu schädigen:
so hat er auch jetzt in seinem Verhältnisse zu dem ehrgeizigen Kurfürsten stets nur den
großen Interessen seine Aufmerksamkeit und liebende Sorgfalt zugewendet und jede
persönliche Empfindlichkeit verbannt und gering geachtet. — So wie in diesem Falle,
so war in den folgenden Tagen des großen Kampfes das Bestreben des Herzogs un=
entwegt auf die Milderung der Gegensätze und auf die Wahrung der Eintracht zum
Nutzen der Sache gerichtet; er ist in dieser Thätigkeit durch die conciliante Natur
des Kapuziners Marco d'Aviano getreulich unterstützt worden, wie dies aus der Corre=
spondenz des letzteren mit Kaiser Leopold unwiderleglich hervorgeht; aber auffallend
bleibt es, daß der versöhnenden Thätigkeit dieses Mannes weder in den Feldacten,
noch in der vertraulichen Correspondenz des Markgrafen Ludwig, weder in dem Journal=
buche des General=Adjutanten von Haßlingen, noch in den zwei, hier zuerst benützten
umfassenden Diarien oder in den zahllosen Flugschriften jener Zeit gedacht wird, wäh=
rend die Leistungsfähigkeit des anderen Mönchs, des Pater Raphael — von den Ungarn
„der feurige Gabriel" genannt — der seine artilleristischen Talente dem Befreiungswerke

---

[1]) Der Bericht ist abgedruckt bei Röder a. a. O. I. S. 177.

zum Glücke gereichen ließ, so rühmend wiederholt hervorgehoben wird; — freilich sprang die Thätigkeit dieses Mannes mehr in die Augen.

Am 12. Juni erfolgte der Aufbruch der Heere aus ihren Feldlagern. Früh Morgens rückte der Herzog von Lothringen mit dem kursächsischen Corps von Komorn in der Richtung gegen die, sechs Meilen entfernte Graner Brücke vor. Auf halbem Wege, etwa drei Meilen von Komorn, ließ er die Sachsen zurück und eilte zu den kaiserlichen Truppen, die sich unter dem Commando des Marschalls Grafen v. Starhemberg an diesem Tage bei der Graner Brücke concentrirt hatten [1]. In gleicher Weise brach die kurfürstliche Armee an diesem Tage aus ihrem Lager, das eine Wegstunde unterhalb Komorn stand, auf und setzte den Marsch bis drei Meilen vor Gran fort.

Schon streckte die Armee ihre Fühler weit nach Osten vor. Der kühne Reiterführer Budiani (Johann von Bottyán) [2] unternahm mit den Graner Hußaren einen verwegenen Streifzug bis Altofen, ohne auf feindliche Streitkräfte zu stoßen.

Am 13. Juni zog die kaiserliche Armee bei Gran über die Donaubrücke, die Kroaten und Dragoner bildeten die Vorhut, dann folgte die Cavallerie, ihr schloß sich die kais. Infanterie an und die Sachsen bildeten die Nachhut. Artillerie und Train waren unter die Regimenter vertheilt. Die kurfürstliche Armee bezog das von den Kaiserlichen verlassene Lager am Granflusse. Mit dem ersten Morgengrauen des 14. Juni brach der Herzog mit der gesammten Reiterei und dem Train in der Richtung gegen Visegrád auf, ließ aber die Infanterie und Artillerie, weil das Defilé zwischen Gran und Visegrád große Schwierigkeiten bot, unter dem Commando des Marschalls Starhemberg zurück. „Drei Wegstunden" oberhalb Visegrád, bei Pilis-Maróth, schlug der Herzog sein Lager, das dann erst am nächsten Tage seine Infanterie und Artillerie

---

[1] „Berichte aus dem Feldlager vor Ofen 1686". Aus dem Archive des Grafen Franz Lamberg zu Schloß Ottenstein. Abschrift im k. k. Kriegsarchive, Sig. 13/10 1686. Diese Berichte gehören zu den besten Quellen sowohl für die Kenntniß des Aufmarsches der Armeen als für die Geschichte der Belagerung, und stehen an Werth und Bedeutung dem von Röder (I. 48 u. f.) veröffentlichten Tagebuche gleich.

[2] In den Feldacten, Tagebüchern und Flugschriften jener Zeit begegnet man wiederholt dem Namen des „Rittmeisters Budiani", der als überaus tapferer Haudegen und kühner Reiterführer erscheint. Unter diesem Namen verbirgt sich kein anderer als Johann von Bottyán, Kapitän von Gran, d. h. Commandant der Graner Cavallerie. Das deutsche und italienische Ohr faßte magyarische Namen nicht immer ganz genau auf oder es legte sich der deutsche und italienische Mund dieselben etwas bequemer zurecht, so ist auch aus Bottyán der Name Budiani entstanden. Nach den freundlichen Mittheilungen, die ich einem Briefe des bekannten ungarischen Historikers Koloman von Thaly verdanke, kann über die Identität dieser Personen kein Zweifel mehr obwalten. In einem Feld-Tagebuche aus dem Jahre 1686, das sich im Besitze des Herrn Hofrathes von Dósa befindet und — wie mir Herr von Thaly schreibt — noch in diesem Jahre im Drucke erscheinen wird, ist Budiani ausdrücklich als „Kapitän von Gran" bezeichnet; es ist nun aber aus sehr vielen Urkunden und Correspondenzen zweifellos erwiesen, daß in den Jahren 1684, 1685 und 1686 Johann von Bottyán, Kapitän von Gran, d. h. Commandant der Graner Cavallerie gewesen. Es ist derselbe Bottyán, der dann in den kommenden Feldzügen gegen die Türken als Reiterführer (seit 1693 Hußaren-Oberst) auf so vielen Schlachtfeldern seine Tapferkeit glänzend bewährte. Beim Ausbruche der Rátóczy'schen Revolution schloß er sich derselben an und erschien bald als einer der eifrigsten und tüchtigsten Generale im Revolutionsheere, in dem er bis zu seinem Tode ausharrte, der ihn im Feldlager unweit Gyöngyös am 26. September 1709 ereilte.

Wir werden seinem Namen auf den nächstfolgenden Blättern dieses Buches bei dem kecken Hußarenstreiche begegnen, der in den letzten Junitagen 1686 bei Ercsi, Adony und auf der Insel Csepel ausgeführt wurde.

bezog. Die kurfürstliche Armee überschritt an diesem Tage die Gran und Eipel und gelangte bis Szobb. Am 15. Juni drang die kaiserliche Reiterei bis Bogdany vor, (5 Kilometer von Visegrád, 15 von Maróth entfernt). Starhembergs Hauptquartier war an diesem Tage bei Maróth und die kurfürstliche Armee avancirte bis Maros (Nagy-Maros), legte also zehn Kilometer zurück. Am 16. Juni brach der Herzog mit dem frühesten Morgen von Bogdany auf; die Croaten unter dem Commando des Grafen Lodron bildeten die Vorhut, dann folgten die Dragoner-Regimenter Styrum und Saurau, denen sich die Küraffier-Regimenter anschlossen; das Schulz'sche Dragoner-Regiment bildete hinter dem Train die Nachhut. In dieser Ordnung marschirte die Heeressäule bis St. Andrä (Szt. Endre, 15 Kilometer von Bogdany entfernt). Auf dem Plateau bei St. Andrä vor der „oben Kirche" wurde Lager geschlagen. Die kurfürstliche Armee erreichte am diesem Tage Waißen (17 Kilometer von Maros entfernt). Am 17. Juni hielt die kaiserliche Reiterei mit ihren Vormarsche inne, um die Infanterie, welche seit dem 14. Juni stets um einen Tagmarsch zurückstand, zu erwarten. — Mittags trafen die kaiserlichen Infanterieregimenter und die Sachsen ein und lagerten nun vereinigt mit der Cavallerie, theils auf der Höhe bei der „alten Kirche" theils am Ufer der Donau. Abends langte im Hauptquartiere des Herzogs die Nachricht ein, daß Pest von den türkischen Streitkräften völlig geräumt und verlassen sei Dies war auch in der That der Fall. Als sich an diesem Tage die kurfürstliche Armee, die am frühesten Morgen von Waißen aufgebrochen war, dem Weichbilde der Stadt Pest genähert und Lager geschlagen hatte, wurde in Erfahrung gebracht, daß die türkischen Streitkräfte Pest geräumt und über die Schiffbrücke nach Ofen sich zurückgezogen haben. In der That ließ sich nirgends ein Feind blicken. Ohne Aufschub schritt der Kurfürst noch in den Vormittagsstunden zur Besetzung der Stadt. Ohne Kampf bemächtigte er sich derselben, doch mit einem Verluste von vier Mann, die ohne Zweifel den Geschossen aus Ofen zum Opfer fielen; 500 Dragoner wurden als Besatzung in die Stadt gelegt. Kurz früher hatte der Feind die Pest-Ofener Schiffbrücke, die auf 63 Zillen lag, abgebrochen und versucht, dieselbe stromabwärts zu führen, doch trieb ein heftiger Wind die Schiffe auf die Ofner Seite. Lager und Hauptquartier des Kurfürsten standen etwas oberhalb der Stadt, gegenüber von Altofen [1]).

Am 18. Juni früh Morgens erfolgte der Aufbruch der kaiserlichen Armee aus dem Lager von St. Andrä (14 Kilometer von Altofen entfernt) und der wol geordnete Vormarsch gegen Ofen. Nirgends stieß man auf Widerstand, nirgends ließ sich der Feind erblicken. Die Vorhut führte Oberst Graf von Saurau, dann folgten die Croaten, hierauf die Dragoner, denen sich die zahlreichen Küraffier-Regimenter anschlossen; 2000 Mann von den Fußtruppen wurden auf Wagen der Cavallerie nachgeführt. Der Herzog traf nun folgende Dispositionen. Die 2000 Mann der Infanterie — unter dem Befehle des Generalwachtmeisters Dieppenthal — sowie die drei Reiterregimenter „Gondola", „Dünewald" und „Hannover" unter der Führung des Grafen Gondola nahmen Stellung im Thale von St. Paul, welches sich von dem einst berühmten,

---

[1]) Aus dem Archive des Grafen Franz Lamberg zu Schloß Ottenstein. Abschrift im k. k. Kriegsarchive; (zum 18. Juni). „Die churbayr. Armee ist heundt in ihrem gestrigen Lager unweit Pest, dessen es sich gestern frue mit Verlust 4 Mann bemächtiget und solches mit 500 Dragoner besetzt, stehen geblieben. Der Feundt hat beederseits seine Schiffbruggen abgeschnitten, welche gemach hinabgangen, von dem Windt aber auff die Ofner Seithen getrieben worden".

längst in Trümmer zerfallenen St. Paulskloster gegen die heutige Christinenstadt hin=
zieht [1]). Nicht weit davon wurden unter dem Befehle des Grafen Taaffe die Reiter=
regimenter „Mercy", „Neuburg" und „Truchseß" postirt. Mit den übrigen Theilen
der Reiterei zog der Herzog zum Zwecke der Recognoscirung längs der Hänge jener
sonnigen Höhen, welche den Festungsberg westlich im Halbkreise umkränzen, in der
Richtung gegen den Gerhardsberg, von den Geschossen der Festung nur wenig belästigt.
Das Blockhaus auf dem Gerhardsberge [2]) war noch vom Feinde besetzt, und mit den
türkischen Spahis, die jene Höhe zu vertheidigen hatten, entspann sich ein kurzer Kampf.
Indessen hatte die kaiserliche Infanterie unter der Führung des Marschalls Starhem=
berg ihr Lager in der Nähe von Altofen geschlagen, den linken Flügel an die Donau,
den rechten an die Abhänge der Höhen lehnend. Zu gleicher Zeit begann der Brücken=
schlag von der Pester Seite aus nach Altofen; noch vor Einbruch der Nacht war die
erste Hälfte mit 42 Schiffen fertig gestellt und die Verbindung mit der Margarethen=
Insel hergestellt, die Ueberbrückung des westlichen Stromarms wurde erst am Abend
des nächsten Tages (19. Juni) vollendet und damit die Verbindung der beiden Armeen
hergestellt. Am 19. Juni ist die engere Umschließung Ofens fortgesetzt worden. Mar=
schall Starhemberg rückte mit der kaiserlichen Infanterie näher gegen die Wasserstadt
„in die Gärten rechter Hand", ohne auf einen Widerstand des Feindes zu stoßen. In
der Nacht wurde das Blockhaus auf dem Gerhardsberge verlassen gefunden. Ohne
Hoffnung, diese exponirten Stellungen dauernd behaupten zu können, war die türkische
Kriegsleitung entschlossen, ihre concentrirte Kraft nur allein der Vertheidigung der
Hauptfestung zuzuwenden.

---

[1]) Vgl. den beiliegenden Belagerungsplan von Juvigny Nr. 76.
[2]) Ebenda Nr. 75.

IV.

Beginn der Belagerung Ofens[1].

1. Die Festung, ihre Umgebung, ihre Besatzung und artilleristische Armirung.

Der 20. Juni bezeichnet den Beginn des großen und gewaltigen Waffenganges, eines an erschütternden Zwischenfällen so reichen Kampfes, der fünfundsiebenzig Tage

---

[1] Für die Geschichte der Belagerung sind folgende Hauptquellen benützt worden: a) „Tagebuch der Belagerung von Ofen im Jahre 1686", welches richtiger: „Aus dem Journalbuch des General-adjutanten Heinrich Tobias von Haßlingen" bezeichnet werden sollte (abgedruckt bei Röder I. Urkunden, S. 48 bis 108). b) Die trefflichen „Berichte aus dem Feldlager vor Ofen"; aus dem Archive des Grafen von Lamberg zu Schloß Ottenstein, Abschrift im k. k. Kriegsarchive, Signat. 13/9 und 13/10 1686. c) Das Tagebuch des englischen Ingenieurs Jakob Richards: „A Journal of the siege and takeing of Buda by the Imperiall army, under the conduct of the Duke of Lorraine, and his Electoral Hignesse the Duke of Bavaria. By Mr. Jacob Richards one of his Maties Engineers, (abgedruckt in den Monumenta Hungariae historica, I. Diplomataria, V. Pest, 1859. S. 221 u. f.). Seine Berichte erscheinen nicht immer zuverlässig, weil sie hie und da im Widerspruch mit anderen unanfechtbaren Quellen-Nachrichten stehen, aber seinen Angaben einzelner Ausmaße bei der Minen- und Sappenarbeit werden wir unbedenklich folgen dürfen, weil das geschärfte Auge des kundigen Fachmannes unser Vertrauen zu erwecken geeignet ist. d) Die Briefe des Markgrafen Ludwig an Hermann von Baden (abgedruckt bei Röder I an zahlreichen Stellen). e) Viele noch nicht veröffentlichte Einzelberichte, die das k. k. Kriegsarchiv bewahrt und die an geeigneten Stellen citirt werden. f) Aus der fast endlosen Reihe der Flugschriften, welche in den Jahren 1686 und 1687 erschienen sind und den Kampf um Ofen zum Vorwurf ihrer Darstellung genommen haben, sind für die vorliegende Arbeit vorzüglich d r e i herausgegriffen worden, die nicht nur die ausführlichsten, sondern nach meiner Meinung die besten sind: g) „Journal oder wahrhaftig und ausführliche Erzählung alles dessen, was zu Anfang und Ende der Beläger= biß zu glücklicher Eroberung durch die siegreichen Waffen Ihro Kays. Majestät und dero hohen Alliirten, der Haupt-Vestung und Königl. Stadt Ofen von Tage zu Tage remarquables passiret u. s. w. Gedruckt im Jahre Christi 1686"; 4°. 40 Seiten. h) „Bestürmet und erstürmte Stadt Ofen u. s. w. Nürnberg, zu finden bei Johann Christoph Lochnern 1686, 4° 80 Seiten". i) „Eigentliche Beschreibung, was sich Denkwürdiges bey der dreymal dritten blutigen Belägerung und endlich durch die Siegreiche Kayserl. und hoher Alliirten Kriegswaffen glückliche Eroberung der königlichen hungarischen Residenz-Stadt Ofen von Tag zu Tag zugetragen u. s. w. . . . in Druck gegeben durch Johann Christoph Dittel, Röm. Kays. Majestät Reichs-Cantzlei-Verwandten. Erstlich gedruckt zu Wien in Oesterreich, bei Johann Van Ghelen, Univers.-Buchdruckerei 1686; 4°. 47 Seiten. Nicht wenige der Flugschriften zeigen untereinander eine große Familienähnlichkeit und weisen zahlreiche, oft seitenlange wörtliche Uebereinstimmungen auf, entstammen also augenscheinlich denselben Quellen, nämlich den Diarien und Briefen von Augen-

währte und mit Recht die Aufmerksamkeit des Morgen= und Abendlandes auf sich zog, denn jene schweren, aber zugleich glorreichen Tage und ihre Erfolge berührten nicht nur die Interessen der habsburgischen Monarchie, deren Machtsphäre erweitert wurde, nicht nur die Geschicke Ungarns, dem seine einst so stolze Hauptstadt zurückgegeben wurde: das gewaltige Ereigniß hat noch eine andere, zweifache Bedeutung; einmal eine hohe kriegsgeschichtliche, denn die kaiserlichen Truppen und in gleichem Grade ihre Alliirten haben alle Mittel der damaligen Kriegskunst entfaltet und während des langen furchtbaren Kampfes die beiden höchsten militärischen Tugenden, das kalte, affectlose Ausharren im Feuergefechte und den Elan beim Sturme in bewunderungs= würdiger Weise bewährt; das Ereigniß hat aber auch eine welthistorische Be= deutung, indem es einen Wendepunkt der Osmanenmacht bedeutet, deren Zurück= drängung dem mächtig emporstrebenden Geiste und der befreienden Kraft der abend= ländischen Kultur, welche unter dem ehernen Tritte jener Barbaren eine so furchtbare Einbuße erlitten hatte, in weiten Gebieten des Ostens wieder einen Spielraum erschloß. Diese Bedeutung ist auch damals klar erkannt worden, fast alle Völker des Abendlandes hatten unter den Kämpfern vor Ofen ihre Vertreter und fast das ganze Abendland hat, wie wir hören werden, diese Siege mit seinem Jubel begleitet.

Die Schriftsteller aus der zweiten Hälfte des 17. Jahrhunderts, welche uns eine Beschreibung Ofens überlieferten, melden fast übereinstimmend, daß man sechs ver= schiedene Theile Ofens unterschied und zwar: 1. Das Schloß, 2. die Oberstadt Ofen, welche beide Theile die eigentliche Festung ausmachten. 3. Die lange Vorstadt, von den Türken „Taban" d. i. die Sohle genannt, deren Name bis auf den heutigen Tag als lebendige Erinnerung an die Türkenzeit fortlebt. Sie lag zwischen dem südlichen Abhang des Festungsberges und dem Gerhardsberge und erstreckte sich vom Ufer der Donau durch das Thal weit gegen Westen hin, denn auch die Wohngebäude auf dem Gebiete der heutigen Christinenstadt, wo einst die Pracht der herrlichen Corvinischen Gärten sich entfaltete, wurden zu dieser Vorstadt gezählt. 4. Die Wasserstadt oder Judenstadt am östlichen und nördlichen Fuße des Festungsberges; sie wird fast in allen Beschreibungen der Stadt aus jener Zeit und auf den Stadtplänen des 17. Jahr=

---

zeugen und Mithandelnden. Ein Verzeichniß der wichtigeren Flugschriften, welche über die Be= lagerung und Erstürmung Ofens in den Jahren 1686 und 1687 erschienen sind, hat Dr. Ludwig Némethy veröffentlicht: Magyar Könyv-Szemle; IV.–V. füzet; 1879. Budapest 1879. S. 234–241. Es finden sich da 42 Flugschriften aufgezählt, von welchen 23 in deutscher, 9 in italienischer, 4 in französischer, 2 in englischer und 4 in lateinischer Sprache geschrieben wurden. In dem Verzeichnisse vermisse ich folgende drei Flugschriften: 1. „Journal oder wahrhaftig und ausführliche Erzehlung alles dessen, was zu Anfang und Ende der Beläger= biß zu glücklicher Eroberung durch die sieg= reichen Waffen Ihro Kayß. Majestät und dero hoher Alliirten, der Haupt=Vestung und Königl. Stadt Ofen von Tage zu Tage remarquables passirt u. s. w. — Gedruckt im Jahre Christi 1686". (40 Seiten mit Prospect der Festung). 2. „Richtige Erzehlung der täglichen Kriegs=Operationen in Ungarn bei der ohnlängst angefangenen Campagne dieses 1686 Jahres. — Nürnberg zu finden bey Johann Christoff Lochnern 1686". (Reicht vom 13. Juni bis 1. August; 48 Seiten, mit Prospect; die Schrift stimmt übrigens wörtlich überein mit „Bestürmte und erstürmte Stadt Ofen u. s. w."). 3. „Warhaffte Relation oder eigentliche Beschreibung der königlichen ungarischen Hauptstadt und Festung Ofen u. s. w." — Augspurg. Gedruckt und zu finden bei Joh. Jakob·Schönig 1686 (30 Seiten mit Abbildung).

hunderts übereinstimmend mit diesem Doppelnamen bezeichnet, galt als die größte der Ofener Vorstädte und besaß seit der Statthalterschaft des Pascha Mustapha, also seit dem Ausgange des 16. Jahrhunderts eine Befestigung, welche in einer einzigen, fünf Fuß dicken Mauer[1]) bestand. Dieselbe begann am Stromufer, nicht weit vom heutigen Pálffy Platze, wo sie durch ein starkes Rondell flankirt war, zog dann westlich aufwärts in der Richtung der „Königsberggasse" und „oberen Landstraße", wo theilweise ihre alten Reste heute noch erkenntlich sind, und fand an dem großen Eckrondell (Graner-Rondell) ihren Abschluß. Das heutige Königsbad — von den Türken „Tahataly" („Tachtalo" bei Bizzozeri) genannt — lag noch innerhalb dieser Befestigungsmauer[2]), die an drei Stellen durch Thore durchbrochen war. Dieselben führten bei den Türken folgende Namen: a) Choros Kapu d. i. Hahn-Thor, in der Nähe des Wasserrondells; b) Mézarlik-Kapu, d. i. Friedhof-Thor, weil ihm gegenüber ein türkischer Begräbniß-platz sich ausbreitete, und c) Jeni-Kapu, d. i. Neuthor[3]). 5. Die nördliche Vorstadt, die an der Donau aufwärts lag. 6. Die Stadt Pest, welche durch eine aus 65 Zillen construirte Schiffbrücke mit der Wasserstadt verbunden war.

Die Oberstadt Ofen — die eigentliche Festung — liegt auf dem Rücken eines länglichen, von Norden gegen Süden in schiefer Richtung gegen die Donau frei her-vorragenden Berges, dessen Plateau rund 500 Fuß über den Donauspiegel erhaben ist. Ihre Befestigung bestand damals — allgemein gesagt — in einer durch große und kleine Rondelle flankirten Umfassungsmauer. Es ist unrichtig, daß, wie in den meisten neueren Geschichtswerken mitgetheilt wird, diese Umfassungsmauer mit einem davor liegenden trockenen Graben versehen war[4]). Nur an der südlichen Ver-theidigungsfront, vor dem großen und mächtigen Schloßrondell und vor dem angrenzenden Mauergürtel lag ein trockener Graben, der nach einer sehr glaubwürdigen Mittheilung von den Türken erst kurz vor Beginn der

---

[1]) Nicht drei bis vier Fuß dick, wie Röder (I. 92) sagt; der englische Ingenieur Jakob Richards, dessen Angaben in dieser Beziehung vollkommen vertrauenswürdig sind, bemerkt ausdrücklich (a. a. O. S. 223) „the Wall being abaut 5 foot thick".

[2]) Ausführlich berichtet darüber: „Wahrhaffte Relation oder eigentliche Beschreibung der könig-lichen ungarischen Haupt-Stadt und Festung Ofen u. s. w. Augsburg, Gedruckt und zu finden bey Johann Jakob Schönig, 1686. Der Barnabiten Mönch Simplician Bizzozeri, der in seinem höchst beachtenswerthen Werke (La sagra Lega. Milano 1690) sonst in der Regel sehr zutreffende topographische Mittheilungen gibt, hat die Lage der Befestigungsmauer unrichtig bestimmt und· die Wasserstadt mit der oberen, weiter nordwärts an der Donau gelegenen Vorstadt verwechselt; nach seiner Angabe umschloß der Mauergürtel nicht die Wasserstadt, sondern die nördliche Vorstadt; offenbar durch ihn verleitet, hat dann Joseph v. Hammer in seiner Geschichte der Osmanen (VI. 762) die irrige Behauptung auf-gestellt, daß „die nördliche Vorstadt (heute Landstrasse und Neustift) von Mauern umgeben, eine besondere Stadt" gebildet habe, „welche die untere Stadt hieß, im Gegensatze der anderen und der Wasserstadt".

[3]) Röder a. a. O. I. S. 92 hat ganz unrichtige Namen für diese drei Thore der Wasserstadt angeführt, über die sich Bizzozeri sehr bestimmt und klar äußert: „La Bassa guarda Strigonia con un'antico recinto di muraglie, e con tre porte; una della da' Turchi Horos-Kapsi, cioè Porta del Gallo; l'altra Jegni-Kapsi, cioè Porta nuova; e la terza Mézarlek-Kapsi, cioè porta del Cimitero, perche fuori di quella si seppelliscono gli Turchi (S. 181).

[4]) Diese Behauptung ist zuerst von Röder (I. 91) aufgestellt worden; ihm folgten: Joseph Nemébi: Die Belagerungen der Festung Ofen in den Jahren 1686 und 1849. (Pest 1853) S. 5. — Staubinger: „Das k. bayerische 2. Infant.-Regiment Kronprinz 1682—1882". S. 101.

Belagerung im Jahre 1686 angelegt wurde [1]). Dagegen besaß die ganze nördliche und theilweise auch die westliche Vertheidigungsfront einen doppelten Mauergürtel. Hinter dem Kamme der Rondelle und Kurtinen im Norden und Westen breitete sich ein tiefer Graben aus, der, wie uns ein bestunterrichteter Gewährsmann mittheilt, zwischen dem einen und dem anderen Mauergürtel zu liegen kam [2]). Die folgende Schilderung der Einzelkämpfe wird die Richtigkeit dieser Angabe bezeugen. Gleich der befestigten Wasserstadt hatte auch die Oberstadt drei durch die Wälle gebrochene Hauptthore. Das Wiener-Thor, auch Graner-Thor genannt (vor der Türkenzeit: Sabbath-Thor), lag in der nördlichen Vertheidigungsfront; das Stuhlweissenburger-Thor (früher Judenthor) durchbrach die westliche Front. Gegen Osten, d. i. auf der Donauseite, öffnete sich das Thor von Stambul, auch Wasserthor, vor der Türkenzeit Johannes-Thor genannt; es lag in der nächsten Nähe der Pascha-Moschee und der Pascha-Wohnung [3]).

Unter den zahlreichen Rondellen haben für die Belagerungsgeschichte vorzüglich vier eine hervorragende Bedeutung gewonnen: das kolossale und weitvorspringende Schloßrondell im Süden, und die drei Rondelle in der nördlichen Vertheidigungsfront von dem großen nordwestlichen Eckrondell bis zum Wiener-Thor. Wochenlang währte um diese vier Werke der heißeste und schrecklichste Kampf und die Erde ist da buchstäblich mit dem Blute der Tapfern getränkt worden.

Das Territorium der Königsburg, das mit seinen Gebäuden, seinen Mauergürteln, seinen Höfen und Zwingern den ganzen südlichen Theil des Festungsberges umschloß und durch die Vielgestaltigkeit seiner Vertheidigungswerke den Zeitgenossen wie ein Labyrinth erschien [4]), war vom Georgsplatz, der heute noch diesen Namen trägt, in dessen Mitte einst der kunstsinnige König Mathias die große Herkules-Statue aufrichten ließ, durch einen dreißig Fuß breiten Graben getrennt; eine auf Steinpfeilern ruhende Brücke vermittelte den Zutritt zum Haupteingange des Schlosses [5]). Vom Thore von Stambul aus zog sich ein zu beiden Seiten durch starke Mauern und durch eine, nördlich gelegene „Palanke" geschützter und befestigter Hohlweg zum Stromufer, um die Verbindung der Festung mit der Donau herzustellen und die Wasserversorgung zu sichern [6]).

Die Höhen, welche mit ihren Vorbergen den Festungsberg von drei Seiten umkränzen, haben noch zu jeder Zeit, wo ein Kampf um den Besitz von Ofen tobte, in militärischer

[1]) „Die Breschen seyndt widergemacht und der angefangene Graben zwar feucht umb das Schloß geführt". Nach Berichten von Ueberläufern in den „Berichten aus dem Feldlager vor Ofen". Archiv des Grafen Lamberg. Abschrift im k. k. Kriegsarchive, Sig. 13/10 1686.

[2]) Bizzozeri a. a. O. S. 181. La citta Alta e propriamente la Fortezza in sito eminente, che si allarga verso Strigonia, dalla qual parte há una doppia cinta di mura, con profondo fosso tra l'uno et l'altro Recinto.

[3]) Vergl. den beiliegenden Belagerungsplan. Juvigny benennt Nr. 70, 71 und 72 die Thore folgendermassen: Graner-Thor, Stuhlweissenburger-Thor und Pester-Thor.

[4]) Bizzozeri: La sagra Lega a. a. O. S. 181. Alla punta che fa la Citta Alta verso il Colle di S. Gerardo, sta l'antico Castello, che e quasi un labirinto di fortificationi, assicurato in fronte da grandissima Rondella.

[5]) Casparis Ursini Velii de bello pannonico libri decem a. a. O. S. 16. Inter arcem arcemque fossa ducta est lata pedes triginta, quae committitur ponte.

[6]) Vergl. Juvigny's Belagerungsplan Nr. 73 und 74. „Communications-Lini, das Wasser sicher zu hollen".

und festungskriegsgeschichtlicher Beziehung eine hohe Bedeutung gehabt. Wir müssen daher unsere Aufmerksamkeit jenen Höhen und deren Vorbergen zuwenden, welche in den, die Belagerung betreffenden Kriegsacten jener Zeit so häufig genannt werden.

Gegenüber dem Südende des Festungsberges, etwa 500 Klafter davon entfernt, erhebt sich, hart am Ufer der Donau steil aufsteigend, der Gerhardsberg, von dessen Höhe man eine so bezaubernd schöne Aussicht genießt, dessen Name mit der Erinnerung an den Tod des edlen Bischofs Gerhard von Csanad verknüpft ist, welcher am Fuße jenes Felsen der heidnischen Reaction gegen das Christenthum im Jahre 1046 zum Opfer fiel. Die Türken haben zur Zeit, als Pascha Mustapha Statthalter von Ofen war, auf dem Kamme des Felsens im Jahre 1598 ein Blockhaus errichtet, woher der Berg den Namen Blocksberg erhalten hat, der bis heute fortlebt. Die Türken selbst scheinen diesem Blockhause keine andere Bedeutung beigemessen zu haben, als die eines gesicherten Wacht- und Beobachtungspostens, dem durch die dominirende Ortslage die fernste Aussicht geboten war; sie haben dasselbe jederzeit bei der Annäherung des Gegners und vor Beginn der Einschließung kampflos verlassen; auch haben die Zeitgenossen es nicht unterlassen, ausdrücklich zu bemerken, daß dem Werke jede fortificatorische Bedeutung ermangle[1].

In der Einsattlung zwischen dem Festungsberge und dem Blocksberge dehnte sich der Taban aus (heute die Raitzenstadt), mit jener großen Moschee, die den Namen der Sohle trug, mit den sorgfältig gepflegten, heilkräftigen Thermen, deren Quellen aus dem Schooße des Blocksberges sprangen. Nordwestlich vom Blocksberge erhebt sich als Vorberg desselben der Sonnenberg — der seit 1687 auch den Namen Spießberg trägt. Für beide Höhen scheinen die Türken den Gesammtnamen Kargabairi, d. i. Krähenhügel gebraucht zu haben. Für die Belagerungsgeschichte haben ferner folgende Oertlichkeiten eine Bedeutung erlangt, einmal der, westlich vom Krähenhügel gelegene Königsberg, welcher bald nach dem Ende der Türkenherrschaft den dauernden Namen Adlerberg erhielt, dann die nördlich von dem letzteren gelegenen, vielgenannten Höhen, die einst zu dem ausgedehnten Jagdrevier der Könige, dem Nyéthegy, gehörten und für welche schon während der Belagerung im Jahre 1686 die Bezeichnung „Schwabenberg" auftauchte, ein Name, den in jener Zeit alle Berichte aus dem Feldlager so oft zu nennen wissen und der treu fortlebt im Munde des Volkes bis auf den heutigen Tag.

Nordwärts vom Festungsberge ist jener Vorhügel vor allen bemerkenswerth, den die Türken Minet Tepejchi, d. i. Leidenhügel nannten und dessen unterer Theil später den Namen Rosenhügel, dessen oberer den Namen Calvarienberg erhalten hat. Nordöstlich vom Leidenhügel, an den Hängen des Josephsberges, stand in der ersten Zeit der Belagerung viele Wochen hindurch das Hauptquartier des Herzogs von Lothringen. In der Nähe des Leidenhügels ist die erste „Attake" der Kaiserlichen, die Sappen-Arbeit gegen die Mauer der Wasserstadt eröffnet worden.

Gleichzeitige und spätere Schriftsteller bis auf die neueste Zeit geben übereinstimmend die Stärke der türkischen Besatzung in Ofen auf 10 bis 16.000 Mann an[2].

---

[1] Bizzozeri a. a. O. S. 181.

[2] Bizzozeri a. a. O. S. 181 gibt 12,000 Mann an: „con Presidio 12 m. tra Gianizzeri, e Spahy". Franz Wagner: Historia Leopoldi Magni Caesaris Augusti. (L. 686): 12,000 Mann. Katona: Historia critica regum Hungariae, 35. 225 ebenfalls 12,000 Mann. Feßler: Die Ge-

Diese Behauptung ist unrichtig; in Wirklichkeit waren die Stärkeverhältnisse weit geringer. Es ist aber ungemein schwer, mit Bestimmtheit die Höhe der Ziffer anzugeben, denn es kann eine solche aus keiner türkischen, wie überhaupt aus keiner amtlichen Quelle geschöpft werden. Alle gleichzeitigen Chronisten, alle Tagebücher haben ihre Angaben und Schätzungen nach den Aussagen der Gefangenen und Flüchtlinge gebildet. Dieselben weichen aber, der Natur der Sache nach, sehr von einander ab. Man liebte es aber bisher, immer die höchsten angegebenen Ziffern zur Grundlage der Bestimmung der Stärkeverhältnisse zu wählen, und doch ist die Zahl derjenigen Gefangenen und Flüchtlinge, die eine weit geringere Angabe machen, viel größer. Zwei Quellen haben uns die Mittheilungen der letzteren Art mit wünschenswerthem Detail überliefert [1]). Darauf muß man die Angabe stützen; auch verdienen unstreitig diejenigen Aussagen der Gefangenen und Flüchtlinge mehr Vertrauen, die sich sorgfältig auf die Einzelheiten erstrecken. Dies ist gerade bei denjenigen der Fall, welche geringere Stärkeverhältnisse mittheilen. Von diesem Standpunkte aus werden wir mit annähernder Bestimmtheit die Größe der türkischen Besatzung beziffern können. Sie zählte höchstens 7000 Waffenfähige, und zwar 60 „Ordu" der Janitscharen, deren aber keine mehr als 40 Mann zählte, die also weit von ihrem Sollstande entfernt waren. Die „Ordu", aus deren Namen das Wort „Horde" im deutschen Sprachgebrauch entstanden ist, bildete die taktische Einheit der Janitscharen-Truppe, dieses Kerns der türkischen Infanterie und zählte oft 300, 400 ja 1000 Mann [2]). Die Stärke des Janitscharen-Corps in Ofen betrug also höchstens 2400 Mann, dazu kamen 1000 bis 1500 Spahis, d. i. reguläre türkische Reiter, ferner 1000 Juden, die am Kampfe theilnahmen, so daß mit allen anderen wehrhaften Leuten im Ganzen 6 bis 7000 Streiter zu zählen sind. Mit Frauen und Kindern mag die Einwohnerschaft der Festungsstadt während der Belagerung etwa 10.000 Seelen betragen haben [3]). Die Garnison von

schichten der Ungern und ihrer Landsassen, 9. Band, S. 371 gibt 16,000 Mann an. Hammer: Geschichte des Osmanischen Reiches. Zweite Ausgabe, 18. Lieferung, S. 784: „16,000 geprüfte Krieger". — Röder von Diersburg a. a. O. I. 179: 10,000. — Joseph Némedy: „Die Belagerungen der Festung Ofen in den Jahren 1686 und 1849", S. 6: 10,000. — Graf Mailáth: Geschichte der Magyaren, V. 40: 1600 (was offenbar nur ein Druckfehler ist, denn Mailáth folgt fast ausschließlich der Belagerungs-Schilderung bei Franz Wagner; vergl. Anmerkung 62, V. 164 bei Mailáth). — Arneth: Guido von Starhemberg a. a. O. S. 64: 16,000 Mann (mit der Bemerkung: „Röder sagt nur 10,000 Mann. Wir glauben aber den Angaben Hammer's in dem, was die Türken betrifft, einen Vorzug geben zu sollen". Dabei muß man sich aber gegenwärtig halten, daß Joseph von Hammer in diesem Falle keiner türkischen Quelle folgt, sondern diese Angabe offenbar nur den gleichzeitigen Flugschriften entnommen hat, die in ihrer Mehrzahl die Stärke der Besatzung bald auf 10,000, bald auf 15,000, oder gar auf 16,000 Mann angeben). — Graf Thürheim: Ernst Rüdiger Graf Starhemberg (Wien 1882) S. 243: 10,000 Mann (wie gar häufig, so auch in diesem Falle im engen Anschlusse an Röder's Mittheilungen).

[1]) „Berichte aus dem Feldlager vor Ofen 1686." Aus dem Archive des Grafen Franz Lamberg. Abschrift im k. k. Kriegsarchive. Tagebuch des englischen Ingenieurs Jakob Richards: Journal of the siege and takeing of Buda.

[2]) „Das Kriegsjahr 1683" a. a. O. Beilage 3. S. 332.

[3]) „Berichte aus dem Feldlager vor Ofen". Abschrift im k. k. Kriegsarchive, Sig. 1686 13/10 ad 16. Juni: „Sie (die Flüchtlinge) haben die ordentliche guarnison so zwischen 6 biß 7000 Mann sein möchte (angegeben), in welcher Zahl schier alle Aussagen übereinstommen, und von der Reuterey können yber 1000 Pferdt nicht gezählt werden". — Ad 18. Juni: „Ein Janitschar, so zu Constantinopel gebohren undt seines Handwerks ein Barbierer, is auff einen schiff ybergangen

Ofen stand unter dem Oberbefehle des Pascha Abb ur Rahman, eines Officiers von reicher Kriegserfahrenheit, der troß der 70 Jahre, die er zählte, voll ungebrochener Energie und Kraft, unerschrocken und entschlossen war [1]).

Was die artilleristische Armirung der Festung anbelangt, so kann man sich nur annähernd ein richtiges Bild derselben durch einen Rückschluß gestalten, indem man einen Blick auf die reiche Beute wirft, welche die siegreichen Armeen am 2. September an schwerem Geschütze in dem eroberten Plaße fanden. Jedenfalls ist die Zahl der Stücke, die den Belagerten beim Beginne der Einschließung zu Gebote standen, eine noch viel größere gewesen, weil während des Kampfes viele Geschütze zertrümmert, theils auch vom Gegner erobert worden sind. Nach dem Verzeichnisse der Beutestücke [2]) kann folgende Vertheilung der Geschütze auf die einzelnen Fronten angenommen werden. Unter dem Weissenburger Thor hatte ein schweres, achtzigpfündiges „steir schießendes türkisches Stück" seine Bettung. Auf dem großen Rondell beim Stuhlweissenburger-Thore waren dreizehn Geschütze verschiedenen Calibers aufgepflanzt; an der Kurtine vom großen Graner-Eckrondell in der Richtung gegen das Schloß standen 13 Stücke in Aktion, worunter zwei dreißigpfündige, vier vierzigpfündige Kanonen und ein hundertpfündiger Pöller. Außerhalb des Thores von Stambul an der langen Mauer, die zum Stromufer führte, hatten sechs Geschütze, darunter fünf von kleinerem Caliber und ein vierundzwanzigpfündiges Geschütz ihre Position. Zu beiden Seiten des Thores von Stambul auf der rechten und linken Kurtine standen vier Stücke, worunter ein vierzigpfündiges und ein fünfzigpfündiges. Vom großen Graner Eckrondell gegen das WienerThor zu waren nicht weniger als einunddreißig schwere Geschütze postiert; beim WienerThor feuerten zehn „Stück", zwei Haubißen, fünf Pöller, und zwar ein vierzigpfündiger, drei sechzigpfündige und ein zweihundertpfündiger und außerdem ein „Regimentstückl", also im Ganzen auf dieser Front 18 Geschütze. Außerdem waren auf dem Raume vom Eckrondell bis zum Wiener-Thor hinter dem zweiten Vertheidigungs-Abschnitte noch weiter in Action: 33 Kanonen, zwei Haubißen und vier Pöller, worunter zwei sechzigpfündige. In der nördlichen Hälfte der Festung waren also im Ganzen 132 Feuerschlünde in Thätigkeit und zwar 114 Kanonen, 12 Pöller und sechs Haubißen. An der südlichen Vertheidigungsfront bestand die artilleristische Armirung theils auf dem großen Schloßrondell, theils in den Zwingern der Burg aus vier „Stück" (worunter 2 sechsunddreißigpfündige und ein vierzigpfündiges), fünf Pöllern schweren Calibers,

---

und aussagt, daß die officirische Guarnison in 1000 Pferdt und 60 Oden Janitscharen, deren seine die stärkhite ware, und zu 40 Mann, die andern aber zu 30 undt weniger gezählt werden, bestunde, so mit allen anderen wehrhaften leuthen gegen 7000 Mann, mit Kinder aber undt Weiber gegen 10,000 Seelen sich belauffet". — Ad 19. Juni: „Ein Sachß . . . so in Ofen in den Pachhauß sich hat gebrauchen laffen, fagt ingleichen, daß er die guarnison über 6000 Mann nicht schäzet". . . . . Jakob Richards a. a. O. S. 223: Aussage eines aus Ofen geflohenen Polen: That the Garrison . . . . now not above 7000, Vizt 3000 Janizaries, 1000 Horse, 1000 Jewes, and abaut 2000 inhabitants . . . Ad 3. Juli; Seite 227: Aussage eines Janitscharen, die Besaßung bestehe „of not above 2500 Janizaries, 1000 Spahis, 1000 Jewes, and abaut 3000 Inhabitants men, women, and Children.

[1]) Bizzozeri a. a. O. S. 181. Trovavasi al commando di questa Reggia il Bassa Abdi, vecchio di 70. anni, ma intrepido e risoluto.

[2]) Inventarium derjenigen Stück, Pöller und Haubißen, so nach Eroberung Ofen den 3. September Anno 1686 auf denen Posten gefunden worden". Aus dem großh. bad.-Archive in Karlsruhe. Abschrift im k. k. Kriegsarchive. Wir kommen auf dies Inventar später noch zurück.

einer Haubitze, drei Falkaunen, einer großen Petarde und einem „türkischen Regiments=
Stückel“, im Ganzen also aus 15 Feuerschlünden. Auf dem Platze zwischen der Stadt
und dem Schlosse zählte man 44 Geschütze und „vier Lärmpöller“; im „Zwinger am
Wasser“ eilf Stücke, worunter ein zweihundertpfündiges „steinschießendes schönes Kam=
merstuck“; endlich auf dem Wasser=Rondell vier Geschütze und einen „Lärm=Pöller“.
Es bestand somit die artilleristische Armirung des angegriffenen südlichen Abschnittes
aus 83 schweren Geschützen; im gesammten Rayon der Festung konnten also die Be=
lagerten ungefähr 215 Feuerschlünde gegen den Angriff in Thätigkeit setzen.

2. Gewählte Angriffsfronten. Eröffnung der „Annäherungswege“ (Approchen).

Ueber die Wahl der Angriffsfronten konnte kein Zweifel mehr bestehen,
denn diese Frage hatte augenscheinlich schon im großen Kriegsrathe, bei den entschei=
denden Verhandlungen am 9., 10. und 11. Juni, im Hauptquartier zu Párkány ihre
Lösung gefunden. Offenbar haben die bei der Belagerung im Jahre 1684 gewonnenen
Erfahrungen in Bezug auf die Wahl der Angriffsfronten den Leitstern gebildet. Man
entschied sich für einen Doppelangriff; der eine sollte gegen die Nordfront, die sich
von dem großen Graner=Eckrondell bis zum Wiener=Thor hinzog, geführt werden; der
zweite gegen die Südfront auf der Capitale des großen Schloßrondells vorgehen.
Sowohl die natürliche Beschaffenheit der Lage als auch das fortificatorische System
der Festung haben diese Wahl der Angriffsfronten empfohlen. Vor der östlichen,
auf der Donauseite gelegenen Vertheidigungsfront lag die steil abfallende Berg=
böschung, welche die Annäherung schier unmöglich machte. Die westliche Front — gegen
die ehemaligen Parkanlagen des Corvinus, gegen die heutige Christinenstadt — bildete
eine ungemein lange Defenslinie, durchbrochen von einer langen Reihe von Rondellen und
Thürmen, deren Kreuzfeuer das Vorgehen auf dem Angriffsfelde furchtbar erschwert
hätte. Die gewählte nördliche Angriffsfront galt zu allen Zeiten als die schwächste[1]),
denn die den Rondellen und Kurtinen vorliegende Bergböschung besaß eine sanfte Ab=
dachung und die gegenüber sich erhebenden Vorberge, der Leidenhügel und seine be=
nachbarten Höhen boten in angemessenem Abstande sehr günstige Artillerie=Positionen.
Die zweite gewählte Angriffsfront — im Süden, auf der Kapitale des Schloßrondells —
brachte der „Attake“ unstreitig die größten Schwierigkeiten, denn vor der Front des
Rondells und der angrenzenden Befestigungsmauer lag ein trockener Graben mit ein=
fachem gedeckten Wege an der Contrescarpe (Gegenböschung), dazu kam, daß hinter dem
ersten Befestigungswerke mehrere Vertheidigungsabschnitte sich erhoben und die Er=
stürmung des Schlosses mit seinen vielen Mauern und Zwingern überhaupt die größten
Schwierigkeiten bot; dafür aber konnte diese Front in nahem Abstande vom Blocks=
berge und vom Sonnenberge aus wirksam beschlossen werden, auch scheint das Vorfeld
für Sappenarbeit günstig gewesen zu sein. Die Entscheidung darüber, welches von den
beiden Heeren gegen die eine und die andere Angriffsfront vorzugehen habe, erfolgte erst
am 20. Juni, als die Umklammerung der Stadt bereits begonnen hatte[2]). Man erzählt,

---

[1]) Joseph Némedy: „Die Belagerungen der Festung Ofen u. s. w.“ S. 51.
[2]) Uebereinstimmend mitgetheilt im Journal=Buche (Röder I. Urk. S. 53) und im Tagebuche
des engl. Ing. Richards.

daß der Herzog von Lothringen, — und es entspricht dies vollkommen seinem Charakter und seiner Denkungsart — dem Kurfürsten Maximilian die Wahl zwischen der einen und der anderen Angriffsfront freigestellt und der letztere die „Attake" gegen die Süd= front erkoren habe[1]). In diesem Sinne erfolgten die Dispositionen und Aufmärsche.

Am 20. Juni Nachts hatte der Marschall Starhemberg bereits einen „avanzirenden Posto" gegen die Mauer der Wasserstadt gefaßt und die „Attake", d. i. den förmlichen Angriff gegen die Defenslinie der Wasserstadt eröffnet. In einer Entfernung von 500 Ellen von der Angriffsfront wurde „rechter Hand von der kleinen Kapelle" — und es kann wol keine andere gemeint sein, als die Grabkapelle Gül=Baba's auf dem Leidenhügel — der „Annäherungsweg" eröffnet und der Laufgraben parallel mit der Mauer der Wasserstadt in gerader Linie gegen Westen rastlos fort= gesetzt. Die ganze Nacht und den Tag hindurch wurde die Sappe weiter getrieben. Das unausgesetzte Feuer des Feindes verursachte nur geringen Schaden. Am ersten Tage — erzählt uns ein verläßlicher Augenzeuge — wurden unter der Führung des Generalwachtmeisters Thüngen 800 Mann" in die Approchen commandirt"[2]). Die Parallele muß also schon am ersten Tage eine beträchtliche Länge erreicht haben, um eine so starke Laufgrabenwache zu fassen. Es muß gleich hier bemerkt werden, daß das bei der Belagerung von Ofen beobachtete System der „Attake" nicht ganz dem damals im Abendlande üblichen entsprach[3]). Es war ein Angriff mit Parallelen, indem ein Laufgraben, der parallel mit der Angriffsfront gezogen und mit Redouten an den Flügeln versehen wurde, die Basis des Laufgrabensystems bildete. Während aber nach dem im Abendlande herrschenden Systeme der Attake an beiden Enden der ersten Parallele geradlinige „Schläge" in Zickzackführung ausbrachen und dann in angemessener Entfernung durch eine zweite Parallele verbunden wurden, und dieser Wechsel sich wiederholte, bis fünf Parallelen geschaffen waren, treffen wir bei der Be= lagerung Ofens die Uebung, nur von einem Endpunkte der Parallele den „Schlag" ausbrechen zu lassen und nach kurzer Zickzackführung den zweiten Laufgraben, parallel mit der Angriffsfront herzustellen[4]).

Am 21. Juni zog die vom Kurfürsten commandirte Armee über die Brücke von Altofen und marschirte am Fuße der westlich von der Festung gelegenen Höhen bis hinter dem Blocksberge und schlug dort, wo seit den letzten Tagen der Herzog von Lothringen mit dem Gros der Cavallerie Stellung genommen hatte, das Lager auf. Der Herzog begab sich nun mit einem Theile der Reiterei auf die Nordseite, wo der Marschall Starhemberg mit seinen Truppen das Lager ausgesteckt hatte, welches „von

---

[1]) Wagner: Historia Leopoldi. I. S. 686. Decretum deinde aggressionem duplicem faciendam, alteram ad Viennensem portam, qua parte et mons minus praeruptus et ad opera molienda major esset facultas; alteram ex opposito urbis latere ad Castellum, nempe ut tanto interjecto spatio obsessi mutuo ne sibi auxilio esse possent; Bavaro utram vellet solita modestia ad delectum obtulit Lotharingus.

[2]) „Berichte aus dem Feldlager vor Ofen". Abschrift im k. k. Kriegsarchive, Sig. 1686, 13/10. Vergl. ferner Jakob Richards' Tagebuch a. a. O. S. 222.

[3]) Generalmajor G. Schröder: „Der Kampf um Wien 1683" (Berlin 1883) gibt in einem sehr lehrreichen und klaren Bilde eine Charakteristik des in Europa im 17. Jahrhunderte üblichen förmlichen Angriffs. S. 38 u. f.

[4]) Vergl. den beiliegenden Plan Juvigny's Nr. 30 auf Seite der kaiserlichen, Nr. 37 auf Seite der kurbayerischen Attake.

den nächsten Höhen au der Donau bis gegen das Thal von St. Paul"
sich ausdehnte[1]). Zur Bedeckung der westlichen Flanke des Lagers wurden 2000
Reiter unter der Führung des Generalfeldmarschalllieutenants Grafen Taaffe commandirt.
Im Lager des Kurfürsten — südlich vom Blocksberge — blieben 1500 Küraſſiere
und Dragoner zurück.

Die ganze übrige Maſſe der Cavallerie brach noch an dieſem Tage unter dem
Befehle des Grafen Pálffy auf der Straße vor, die von Ofen nach Stuhlweißenburg
führt. Die Motive dieſer Maßregel waren nach übereinstimmenden Mittheilungen
dreifacher Art; ſie wurde getroffen, einmal um für die große Maſſe der Pferde einen
weiten und fruchtbaren Futterrayon für mehrere Wochen zur Benützung zu gewinnen
und die im eigenen Lager geſammelten Vorräthe zu ſchonen, zweitens um dem feindlichen
Entſatzheere, deſſen Nahen ſignaliſirt war, durch Wegnahme der Heu= und Fruchternte
die Mittel zum Unterhalte zu verkürzen, und drittens um mit allem Fleiße über die
Annäherung des Feindes Erkundigungen einzuziehen; dem Grafen Pálffy wurde — wie
der Herzog ſelbſt uns mittheilt — eingeſchärft, „vor Allem wol in Acht zu nehmen,
daß der Feind zwiſchen ihm und uns nicht durchkäme[2])".

Das Hauptquartier des Kurfürſten von Bayern ſtand am ſüdlichen Fuße des
Blocksberges, nicht weit vom Stromufer entfernt; rings um das Gezelt des Heerführers
erhoben ſich die Zelte des Markgrafen Ludwig von Baden, des Prinzen Eugen von
Savoyen, des Generals Bielke und des Oberſten Seibolsdorf[3]). Das Hauptquartier
des Höchſtkommandirenden, des Herzogs von Lothringen, wurde zunächſt nicht, wie
bisher immer behauptet worden iſt, auf dem Schwabenberge aufgeſchlagen. Dies iſt
erſt ſpäter geſchehen; der Herzog wählte hiefür zunächſt die Plätze unterhalb Altofen,
nördlich vom Kaiſerbade. An die Lagerſtätte des Herzogs reihten ſich die Zelte der
Marſchälle Starhemberg und Caprara, des Herzogs von Neuburg, der Generale Souches
und Rabatta[4]).

---

[1]) „Berichte aus dem Feldlager vor Ofen u. ſ. w." Kriegsarchiv, Sig. 1686 13/10. Dieſe
Angabe ſtimmt vollkommen mit den Aufzeichnungen Juvigny's in ſeinem Belagerungsplane: „Das
alte Lager der Infanterie". — „Das alte Hauptquartier".

[2]) Tagebuch bei Röder I. Urkunden, S. 53.

[3]) Vergl. den Belagerungsplan Juvigny's.

[4]) Vergl. Juvigny's Plan. „Das alte Hauptquartier".

V.

Die Erstürmung der Wasserstadt.

In der Nacht vom 22. auf den 23. Juni wurde die Sappen-Arbeit gegen die Mauer der Wasserstadt rüstig fortgesetzt. Bei Tagesanbruch war die Errichtung der Batterie beendigt, welche sich an die, vom westlichen Ende der ersten Parallele aus-gehenden „Schläge" anschloß [1]; die Batterie wurde mit sechs halben Carthaunen armirt, die noch an diesem Tage die Beschießung begannen; gleichzeitig wurde, von den „Schlägen" ausgehend, eine zweite Parallele zunächst bis an das Ende der türkischen Begräbnißstätte gezogen. Der Raum für die Lagerung der Laufgrabenwache war an diesem Tage bereits so groß, daß 2000 Mann, unter der Führung des G.-F.-L. Souches, „in die Approchen commandirt" werden konnten [2]. Die Batterie feuerte mit solchem Erfolge, daß schon an diesem Tage eine Bresche von 15 Schritt Breite in die Mauer gelegt wurde [3].

In der Nacht vom 23. auf den 24. Juni hatte auch die kurfürstliche Armee ihre Laufgräben gegen das Schloß eröffnet. In der Einsenkung zwischen dem Blocks- und Festungsberg, „längs dem Wasser unter dem Gerhardsberg unweit des Bades [4]" (und es kann wol nur das ehemals königliche, jetzt Raitzenbad gemeint sein) haben die Musquetiere zunächst mit Hilfe von Faschinen und Schanzkörben ein „Retranchement" errichtet und von dort aus den Laufgraben parallel mit der Angriffsfront des Schloßrondells eröffnet. Also auch hier bildet, wie auf der Nordseite, ein Laufgraben mit Redonten an den Flügeln die Basis des Laufgrabensystems.

Die Sappen-Arbeit an der Nordseite nahm am 24. Juni ungehinderten Fortgang; zunächst wurde der Laufgraben vom türkischen Friedhof, wo man eine Redoute an-gelegt hatte [5], bis zum Fuße des Leidenhügels fortgesetzt, zugleich brach man mit den „Schlägen" etwas unterhalb der Batterie in der Richtung gegen die Bresche vor. Kaiserliche Grenadiere erhielten die schwierige Aufgabe, sich in die Nähe der Bresche zu schleichen, den Aufstieg vorzunehmen und zu untersuchen, ob sie zugänglich sei; und

---

[1] Vergl. Juvigny's Belagerungsplan Nr. 12.

[2] „Berichte aus dem Feldlager vor Ofen". Abschrift im k. k. Kriegsarchive, Sig. 1686 13/10.

[3] Richards: The Battery affore said consisting of six peices of canon was soe well ply'd as to make a Breach in the wall of the lower Towne abaut 15 Paces broad. Vergl. Juvigny's Belagerungsplan Nr. 29.

[4] „Berichte aus dem Feldlager vor Ofen". Kriegsarchiv a. a. O.

[5] Dieselbe ist auf Juvigny's Plane markirt, und zwar am östlichen Ende des türkischen Friedhofes.

sie fanden, daß der Sturm gewagt werden könne. Nun traf man alle Vorbereitungen, um Abends die Bresche zu ersteigen und in die Wasserstadt einzudringen. Ehe der Abend anbrach, hatte man zwei schmerzliche Verluste zu beklagen. Der Ingenieur Graf Marsigli erhielt einen Schuß in den Arm und einem zweiten Ingenieur drang eine feindliche Kugel durch die Achsel. Die Dispositionen für den Sturm gegen die Bresche wurden in folgender Art getroffen. Den ersten Anlauf hatten fünfzig, von einem Hauptmanne befehligte Grenadiere auszuführen, um die Brustwehren zu nehmen, durch welche der Feind die Seiten der Bresche flankirt hatte. Den Grenadieren folgten unter der Führung eines Lieutenants fünfzig Musquetiere zur Unterstützung der Grenadiere; ihnen schloß sich ein Ingenieur mit 100 Pionieren an, um innerhalb der Mauer rasch die Logirung vorzunehmen. - Den Pionieren folgten wieder 100 Musquetiere, um die Pionier-Arbeit zu schützen. Als Arriére=Garde erschien eine aus 300 Mann bestehende Abtheilung unter dem Commando eines Majors, um eventuell einem Ausfalle entgegenzutreten. Außerdem lagerte die gewöhnliche Laufgrabenwache in der Stärke von 2000 Mann in den „Approchen" (Annäherungswegen). Um 10 Uhr Nachts wurde der Sturm gegen die Bresche unternommen; Feldmarschalllieutenant Graf Souches leitete den Angriff. Im ersten Anlaufe überstiegen die stürmenden Truppen die Bresche. Der Widerstand der Türken war so gering, daß die Kaiserlichen nur den Verlust von 2 Todten und 30 Verwundeten zu beklagen hatten. Nachdem der Feind sich in die Oberstadt zurückgezogen, errichteten die Pioniere noch in der Nacht auf dem eroberten Terrain der Wasserstadt mit Faschinen und Schanzkörben ein Retrachement und „verbauten" sich gleichzeitig längs des Weges, der rechter Hand an der Mauer der Unterstadt sich hinzog. Um die neue Logirung zu sichern, wurden „etliche Regimentsstück" hinter den aufgeworfenen Schanzen aufgepflanzt und der Befehl gegeben, durch eine Communicationslinie die Verbindung mit den „Approchen" herzustellen [1]). Die Nachtarbeit der Pioniere wurde durch keinen Ausfall des Feindes gestört; wol schoß derselbe die ganze Nacht hindurch aus den Geschützen auf den Rondellen und Kurtinen, aber „mit geringem, fast gar keinem Erfolge". Während dies auf der Nordseite vorging, war auf der Donauseite ein zweiter Angriff gegen die Befestigung der Wasserstadt unternommen worden. Dort leiteten der Herzog von Neuburg und General Dieppenthal die Ausführung des Unternehmens. Der Versuch, das Hahnthor durch eine Petarde zu sprengen, glückte nur theilweise; die gewonnene Oeffnung war nicht hinreichend, um da eindringen zu können; da erhielt Hauptmann Burger, dem zwei „Tschaiken" mit Bewaffneten zur Verfügung gestellt wurden, den Befehl, linker Hand vom „Wasserthurm" (Wasser=Eckrondell) das Eindringen in die Vorstadt zu versuchen. Mit Glück und Geschick entledigte sich Burger seiner Aufgabe; er überschritt mit seinen Leuten den links vom Wasserthurm gelegenen Graben, ließ die auf der Brustwehr errichteten Palissaden herausreißen, drang in die Vorstadt ein, öffnete das Hahnthor und ermöglichte so den anderen Truppenabtheilungen das rasche Vorrücken. Dies Alles wurde mit

---

[1]) „Berichte aus dem Feldlager vor Ofen u. s. w."; ergänzt durch die Mittheilungen des englischen Ingenieurs Richards (S. 224). Wir können nicht entscheiden, ob die herbe Kritik, mit der Richards die Erzählung begleitet, gerechtfertigt erscheint; er meint, es sei der Sturm in solcher Verwirrung ausgeführt worden, daß die Türken, wenn sie ihre Standpunkte tapfer behauptet hätten, die Stürmer sammt und sonders abgeschnitten haben würden; aber der Feind hätte sich rasch in die Stadt zurückgezogen, auch gar nicht daran gedacht, einen Ausfall zu machen.

großer Schnelligkeit und mit dem geringen Verluste eines Todten und zweier Verwundeten durchgeführt. „So wenig Widerstand" — ruft unser Berichterstatter aus — „zeigten sie in der Behauptung der unteren Stadt, obwol sie bei Tag mit etlichen Hundert Mann herunter gekommen waren [1])". Das überraschend schnelle Zurückweichen der Türken an dieser Stelle, das fast kampflose Aufgeben des Wasserrondells läßt sich wol nur daraus erklären, daß um diese Zeit, nach der Erstürmung der Bresche an der Nordfront, der Rückzug des Feindes in die Oberstadt bereits begonnen hatte und der Vertheidigungs-Posten am Stromufer folgerichtig für verloren erkannt werden mußte [2]).

Ehe wir die weitere Entwicklung der Belagerungsarbeiten verfolgen, müssen wir unsere Aufmerksamkeit einem jener denkwürdigen Zwischenfälle zuwenden, an denen die Geschichte dieser Belagerung so überreich ist. Am 23. Juni [3]) ist nämlich ein kühner und erfolgreicher Hußarenstreich unter der Leitung des Rittmeisters Budiani (Johann von Bottyán, Capitäns der Graner-Hußaren) [4]) ausgeführt worden [5]). Man hatte im Haupt-

---

[1]) „Berichte aus dem Feldlager vor Ofen u. s. w.", die einzige Quelle, die über die Affaire am Stromufer mit größerer Ausführlichkeit Mittheilungen macht. Richards berichtet darüber gar nichts, dagegen sehr eingehend über den Angriff gegen die Nordfront, bei dem er wahrscheinlich Augenzeuge und Mithandelnder war.

[2]) Feßler (Geschichte der Ungarn und ihrer Landsassen IX. 373) äußert sich über die Erstürmung der Wasserstadt folgendermaßen: „Am Johannisfeste (24. Juni) führte Graf Karl von Souches einige Tausend zum Ueberfalle. Jeden Fuß breit Erde mußten sie erkämpfen und sie hätten der gewaltigen Gegenwehr erliegen müssen, wäre ihnen nicht der Hoch- und Deutschmeister Ludwig Anton von Pfalz-Neuburg zu Hülfe gekommen. Ihn erblickend ließen die Türken Muth und Widerstand fahren und flüchteten in die obere Stadt". Dies ist ein reines Phantasie-Gebilde; ich kenne keinen einzigen gleichzeitigen Bericht, auch keine Flugschrift, worin sich irgend ein Anhaltspunkt für eine solche Darstellung finden würde.

[3]) Ich nehme den 23. und nicht den 24. Juni als den Tag dieses Ereignisses an, weil sowohl „die Berichte aus dem Feldlager vor Ofen" (Manuskript im k. k. Kriegsarchive) als auch, so weit ich sehen kann, der größere Theil der Flugschriften des Jahres 1686 diesen Tag bezeichnen; einige Flugschriften und das Tagebuch des Engländers Richards geben den 24. Juni an.

[4]) Vergl. oben S. 68.

[5]) Es ist bekannt, daß in Bezug auf den Namen des Führers dieses Streifzuges fast in allen Geschichtswerken bis auf die neueste Zeit ein arges Mißverständniß obwaltete. Als Commandant der Graner Reiter, welche das tecke Hußarenstück ausführten, wurde Graf Adam Batthyáni bezeichnet. (Graf Mailáth: Geschichte der Magyaren, V. S. 42; Joseph Némethy: a. a. O. S. 4; Arneth: Guido von Starhemberg, S. 64). Franz Wagner: a. a. O. I. S. 689 nennt ihn: Budianius, Ungarorum ductor; — aber schon Katona Hist. critica B. 35 S. 230 korrigirt förmlich die Angabe Wagner's, indem er sagt: Budianius (Batthyanius, card. et Hung. primatis avus) eorundem Hungarorum ductor. — Feßler (9. Band, S. 372) hat dann, wie alle folgenden Geschichtschreiber, als ob es keinen Zweifel gäbe, den Grafen Adam Batthyáni als Helden dieser Expedition bezeichnet. Vergl. die interessante Notiz in der „Ungarischen Revue", vierter Jahrgang, 1884, S. 502. „Zur Erstürmung Ofens 1686".

Man kann die Entstehung der irrigen Angabe weit zurückverfolgen. Der Irrthum hat sich schon sehr früh in Druckwerke eingeschlichen. In dem vielfach trefflichen Buche von Bizzozeri (La sagra Lega), das drei Jahre nach der Erstürmung Ofens erschien, ist als Kommandant ausdrücklich: il conte Batthyany genannt. Ja auch schon in einem handschriftlichen Berichte, der von einem Mithandelnden im Lager vor Ofen verfaßt wurde und im k. k. Kriegsarchive (Sig. 13/2 1686) aufbewahrt wird, ist der kühne Hußarenführer „Rittmeister Batheanii" genannt. Die Flugschriften jener Zeit, so weit ich sie einsehen konnte, bringen den Namen des Reiterführers entweder gar nicht, oder sie nennen ihn, wie es später Franz Wagner in seiner Geschichte Leopold's gethan hat: „Rittmeister Budiani". Die Kriegsacten weisen ebenfalls diese Benennung auf.

quartier bereits am 19. Juni Kenntniß erhalten, daß 14 Tschaiken[1]) (schnelle, mit Segeln und Rudern versehene, leicht bewegliche Schiffe), erfüllt mit den Frauen des Ofener Festungscommandanten sowie anderer türkischer Großen, und beladen mit reichen Schätzen und Kostbarkeiten, seidenen Gewändern und Geschmeide aus Gold und Silber unter starker militärischer Bedeckung von Ofen aus stromabwärts gesegelt seien, um die Frauen und Schätze nach Belgrad zu bringen. Es wurde beschlossen, auf diese vornehme Ladung Jagd zu machen. Theils zu Land, theils zu Wasser ist diese Expedition ausgeführt worden. Der Capitän Johann von Bottyán eilte rasch mit vier= hundert leichten Reitern[2]) den Flüchtlingen nach, schlug bei Ercsi und Adony einige türkische Schwadronen und näherte sich dann mit seinen Hußaren und jenen Haiducken, die in Barken die Jagd unternommen hatten, der Insel Csepel. Am Strande dieses einst reizenden Eilands, das vor Beginn der zersetzenden Türkenherrschaft ebenso eine Perle der Donau war, wie heute die Margarethen=Insel, erreichte der kühne Reiterführer die Schiffe mit der kostbaren Ladung. Am 23. Juni Morgens wurden die Fahrzeuge des Feindes in dem Augenblicke überrascht und angegriffen, als sie eben im Begriffe standen, nach Belgrad abzusegeln. Man hieb die türkische Bedeckungsmannschaft größtentheils zusammen, tödtete fast alle, die mit den Waffen in der Hand auf der Insel getroffen wurden, schleppte die vornehmen Frauen, wohl über hundert an der Zahl[3]), als Gefangene fort, plünderte die Barken und erzielte die reichste Beute an Gold und Silber, an Kleidern und kostbarem Geräthe. Gemünztes Edelmetall war in solcher Menge vorhanden, daß die Soldaten die Ducaten und andere Geldstücke in Hauben und Mützen zusammentrugen. Man hat den Werth dieser Beute auf 200.000 Gulden geschätzt[4]). Siegreich zogen dann die Hußaren und Haiducken in das Lager zurück und am 24. Juni erstattete der kühne Reiterführer dem Herzog von Lothringen die Meldung über den mit Glück und großem Erfolge ausgeführten Beutezug; und es war im Lager ein Gegenstand des Gelächters und Jubels, als man die Hußaren und Haiducken in türkischen Gewän= dern, mit den kostbaren seidenen und goldgestickten Kleidern einherschreiten sah[5]).

Wie Flüchtlinge aus Ofen in den nächsten Tagen meldeten[6]), soll die Nachricht von diesem Ereignisse den Abdur Rahmam Pascha und die türkischen Großen in die tiefste Bestürzung versetzt haben. Mit dem Verluste der geliebten Frauen beklagten sie den des allgeschätzten Goldes, und den erschütternden Wechsel der Dinge mochten sie wie eine Vorahnung des kommenden Falles und Unterganges empfinden.

---

[1]) Diese Zahl der Schiffe ist in einer Reihe von Flugschriften aus dem Jahre 1686 angegeben; dagegen beziffert Wagner (I. 689) die Zahl derselben auf 12, und ihm folgten unbedingt, wie in den meisten anderen Punkten: Katona (35. 230) und Feßler (9. 372). Bizzozeri a. a. O. S. 182 spricht von 20 Barken (20 barconi).

[2]) Die Stärke der Reiterschaar gibt der Engländer Richards an, a. a. O. S. 223.

[3]) Bizzozeri sagt a. a. O. S. 182: traendo seco 200 donne e fanciulli in ischiavitu. Die in der ungarischen Revue (4. Jahrg. 1884) veröffentlichte Notiz aus einer handschriftlichen „Beschreibung, was bei der Belagerung Ofen Anno 1686 passirt hat" gibt die Zahl der gefangenen Frauen auf 100 an.

[4]) Wagner: I. S. 689. Praeda 200 minimum florenûm millibus aestimata est. Richards gibt den Werth mit 100,000 fl .an. (The Booty amounted to 100,000, besides what the Women and Children will sell for.) S. 223.

[5]) Bizzozeri: e fu nel Campo cosa degna di riso e di allegrezza vedere gli Ussari vestiti alla Turchesca, con abiti preziosi di seta et oro" (S. 182). Damit übereinstimmend die Notiz in der „Ungarischen Revue", 4. Jahrg. a. a. O.

[6]) „Bestürmte und erstürmte Stadt Ofen". Nürnberg 1686; S. 13.

VI

Ereignisse vor Ofen vom 25. bis 30. Juni.

Der eroberte Boden der Wasserstadt wurde nun das Angriffsfeld, von wo aus die Kaiserlichen die Sappen-Arbeit rastlos gegen die Rondelle und Kurtinen der nörd= lichen Vertheidigungsfront vorwärts trieben. Der Angriff war augenscheinlich klar disponirt und richtete seine Tendenz gegen das Grauer=Eckrondell, gegen das demselben zunächst liegende kleine Rondell und die dazwischenliegende Kurtine. Am 25. Juni Abends wurde der Befehl gegeben, bei dem mittleren Thore der Wasserstadt, d. i. dem Friedhofsthore „Posto zu fassen", über den Weg eine Traverslinie zu graben und dieselbe mit „Regimentsstücklein", d. i. Feldgeschützen zu armiren. Diese Arbeit wurde in der Nacht vom 25. auf den 26. ausgeführt; zunächst wurde die Mauer an der Stelle, wo die Bresche gelegt war, völlig durchbrochen und die Verbindung mit dem Laufgraben vor der Bresche hergestellt, hierauf das stark verbarrikadirte Kirchhofsthor frei gemacht und dahin ein „Kessel gelegt", d. h. eine Mörserbatterie errichtet. „Die Nacht wurde gar ruhig zugebracht" — sagt unser Berichterstatter; die Arbeit erlitt also keine Störung von Seite des Feindes. Aber am nächsten Tage, gegen Mittag, machten die Türken einen Ausfall und griffen die Wache, welche jene Höhe besetzt hielt, auf der sich die gegen die Vorstadt=Mauer gerichtete Batterie befunden hatte, so heftig an, daß dieselbe zum Rückzuge gezwungen wurde, der jedoch „in bester Ordnung ganz gemacht und unter continuirlichem Feuergeben" sich vollzog. Der Feind hat diesen Vortheil nicht weiter auszubeuten versucht. Nachmittag konnte die Ablösung der Lauf= grabenwache, die in der gewöhnlichen Stärke von 2000 Mann unter dem Befehle des Herzogs von Neuburg einrückte, ohne die geringste Störung vorgenommen werden. Aber bald nach der Ablösung unternahmen die Türken neuerdings einen starken Ausfall gegen das Hahnthor am Stromufer, trafen aber auf den kräftigsten Widerstand, den ihnen der Hauptmann vom Starhemberg'schen Regimente, Chevalier de Rohme, mit der dort postirten Infanterieabtheilung entgegenstellte. Fünfmal griff der Türke an, fünfmal wurde er zurückgeschlagen und schließlich durch die Gärten gegen die obere Stadt mit nicht geringem Verluste zurückgedrängt. Die Kaiserlichen zählten sechs Todte und mehrere Verwundete, unter den letzteren befand sich Hauptmann Burger, der vor zwei Tagen bei der Einnahme der Unterstadt hervorragende Dienste geleistet hatte. Um sich besser gegen die Ausfälle zu sichern und eine zahlreiche, kampfbereite Mannschaft außer der Laufgrabenwache bei der Hand zu haben, wurde die Anordnung getroffen, daß von nun an stets 6 Bataillone hart außerhalb der Mauer der Wasserstadt als

Reserve Stellung zu nehmen haben. Zugleich wurde der Befehl gegeben, auch bei dem oberen Thore, d. i. dem Neuthor „Posto zu fassen". In der Nacht vom 26. auf den 27. schritt man an die Ausführung dieser Anordnung. Weil man aber die Besorgniß hegte, daß durch die Oeffnung dieses ebenfalls sehr stark verbarrikabirten Thores der nicht weit davon stehenden neuen Batterie ein Schaden zugefügt werden könnte, ließ man dasselbe geschlossen, errichtete aber eine Redoute, in die 200 Mann gelegt wurden, und durchbrach weiter unten an zwei Stellen die Stadtmauer, an zwei Stellen, die weniger den Geschützen des Feindes unterworfen waren, dem Zwecke einer Herstellung der Verbindung mit der anderen Seite vollkommen entsprachen und die Eröffnung des Neuthores entbehrlich machten. Mittags unternahm der wachsame Feind abermals einen Ausfall, um die Arbeit beim Neuthor und Kirchhofthor zu stören, wurde aber mit großem Verluste zurückgeschlagen und längere Zeit durch Fußtruppen und Reiter verfolgt. In größter Ordnung und ohne die geringste Störung erfolgte Nachmittags die Ablösung der Laufgrabenwache, die in der bekannten Stärke unter dem Commando des F.-M.-L. Grafen Souches in die Laufgräben zog. Abends erhielt derselbe eine schriftliche Ordre, die Nachtarbeit betreffend; ihr entsprechend wurde nun in der Nacht zunächst ein Laufgraben vom Kirchhofthor bis zum Neuthor eröffnet, zugleich mit dem Bau einer Batterie begonnen und vor derselben ein Deckungsgraben angebracht. Der Feind unterhielt die ganze Nacht ein heftiges Feuer aus seinen Carthaunen, ohne sonderlichen Schaden anzurichten, weil die Sappeure gedeckt im Graben standen und von da aus, der Einsicht und Beschießung entzogen, die Erde ungestört in die Schieß= scharten warfen. Größeren Schaden als die Carthaunen verursachten die Steine, welche von den zwei Mörsern auf der Kurtine neben dem großen Rondell geworfen wurden.

In der nächst folgenden Nacht (28.—29.) wurde die Fortführung der begonnenen Arbeiten rastlos und mit bestem Erfolge betrieben. Einmal ist der Annäherungsweg vom mittleren zum oberen Thor erweitert und mit doppelter Brustwehr versehen worden, dann wurde zwischen den beiden Thoren die Mauer nochmals an einer Stelle durchbrochen, die am geeignetsten schien, die Verbindung der neu angelegten Werke mit der Reserve und der Cavallerie=Bereitschaft herzustellen, die hart außerhalb der Mauer aufgestellt waren. Zugleich wurde in einer Entfernung von 50 Schritten von der unteren Stadtmauer, welche an das obere große Eckrondell sich anschloß, am Ende des erwähnten Laufgrabens die Oeffnung einer Mauer durch die Mineure her= gestellt, der Laufgraben in dieser Richtung verlängert und mit dem Graben vor der Batterie in Verbindung gesetzt; unweit davon erbaute man einen „Kessel" für vier Mörser und führte die Feuerschlünde ein, so, daß sie bereits am Abend des 29. Juni Bomben und Carcassen in die Festung werfen konnten und der Arbeit der Sappeure einige Ruhe schafften. In derselben Nacht wurde auch ein neuer Laufgraben eröffnet, der gerad= linig rechts von den Approchen ausbrach und gegen eine Terraineinsenkung sich zog, wo, wie der Berichterstatter sagt, ziemlich viel Mannschaft in gedeckter Stellung sich postiren konnte; es war also ein in die Erde gegrabener, die Parallele flankirender Waffenplatz. In der Nacht zum 30. Juni suchte man nun der Angriffsfront etwas näher zu kommen und ließ von der Parallele einen neuen Laufgraben ausbrechen, der, etwa 30 Schritte lang, bis an die Häuser reichte, welche in nächster Nähe der von der oberen Stadt sich herabziehenden Mauer der Wasserstadt lagen. Gleichzeitig wurde an der erwähnten großen Batterie fortgearbeitet, welche seitwärts außerhalb der Mauer hergestellt wurde[1]). Am 30. Juni waren die „Annäherungswege" bis zur Hälfte der Strecke zwischen der Mauer der Unterstadt und der Angriffsfront der eigentlichen Festung vorgerückt[2])".

Indessen hatte auch die „Attake" gegen die südliche Angriffsfront, das Vorgehen auf der Kapitale (Mittellinie) des Schloßrondells, große Fortschritte gemacht. Die Parallele bildete auch hier die Basis des Laufgrabensystems. In der Einsenkung zwischen dem Schloß- und Blocksberg begegnet uns ein ganzes Netz von Laufgräben, die nach der Anleitung des Markgrafen Ludwig von Baden gezogen und ausgeführt wurden. Wir sehen die Linien der Laufgräben nach drei Seiten ausbrechen; einmal gegen den Platz zu, d. h. als Annäherungswege in der Kapitale des Schloßrondells, dann drei in der Richtung gegen das Donauufer, die als Parallelen erscheinen, wovon zwei sich spalteten und ebenso als Waffenplätze als auch als Randsicherung dienten, um gegen einen feindlichen Ueberfall auf der Wasserseite geschützt zu sein. Dann mußte aber auch ein langer Laufgraben aus der Thaleinsenkung bis auf das Plateau des Sonnenberges (Krähenhügels) gezogen werden, um die sichere und gedeckte Verbindung mit den Werken herzustellen, die auf dem erwähnten Sonnenberge errichtet wurden. In Bezug auf den Erfolg der dort aufgestellten Batterien hat sich der Markgraf Ludwig — wie wir hören werden — freilich einer großen Täuschung hingegeben[3]). Am 30. Juni waren die Werke auf der genannten Anhöhe, ebenso wie die Laufgräben, welche die Communication mit derselben herstellten, schon vollendet. Auf dem Sonnenberge erhoben sich eine große palissadirte Redoute von 30 Klafter Länge, zugleich eine Batterie, die mit 10 schweren Stücken armirt war[4]) und außerdem eine kleine Batterie von drei Feldschlangen[5]). In diesen und den nächst folgenden Tagen gingen dann auf dieser Angriffsfront noch folgende Batterien ihrer Vollendung entgegen und geben den Beweis, wie weit ausgedehnt das Angriffsfeld der kurfürstlichen Armee war; wir treffen zunächst eine große Batterie von sieben halben Carthaunen und eine kleine für drei Feldstücke auf den nördlichen Hängen des Blocksberges (Gerhardsberges)[6]); dann zwei große Batterien, die eine für 12 halbe Carthaunen, die andere für sechs Stücke zwischen dem Blocks- und Sonnenberge[7]), die erstere dieser beiden scheint erst errichtet worden zu sein, nachdem der Kurfürst gezwungen war, die Batterie auf dem Sonnenberge aufzugeben; und endlich erhebt

---

[1]) „Berichte aus dem Feldlager vor Ofen". Aus dem Archive des Grafen Franz Lamberg. Abschrift im k. k. Kriegsarchive. Sie schildern den Gang der „Approchen" und „Parallelen" so ausführlich, wie keine andere Quelle.

[2]) Tagebuch des englischen Ingenieurs Richards a. a. O. S. 226.

[3]) Hauptquelle für die Belagerungsarbeit an der südlichen Angriffsfront sind die Briefe des Markgrafen Ludwig von Baden an seinen Oheim, den Hofkriegsrathspräsidenten Hermann von Baden; abgedruckt bei Röder v. Diersburg a. a. O. I. S. 184 u. f. Die „Berichte aus dem Feldlager vor Ofen" geben über die Vorgänge an der Südfront nur kurze Nachrichten, ganz ungleich den ausführlichen und präcisen Schilderungen über die Vorfälle an der Nordfront, wo der Berichterstatter als Augenzeuge und Mithandelnder weilte.

[4]) Schreiben des Markgrafen Ludwig vom 30. Juni; Röder I. 184. Vergl. Nr. 44 des beiliegenden Belagerungsplanes von Juvigny.

[5]) Nr. 45 des genannten Planes.

[6]) Nr. 39 und 46 ebenda.

[7]) Vergl. Juvigny's Plan Nr. 38 und 40.

sich eine Batterie von vier halben Carthaunen in der Thalsohle hart am Donau-strande [1]).

Die erste empfindliche Störung erlitt die „Attake" auf dieser Front durch den am 29. Juni Nachmittags [2]) erfolgten Ausfall des Feindes. Ungefähr 400 Spahis und 6 bis 700 Janitscharen brachen um die genannte Zeit aus dem Stuhlweißen-burger Thore hervor, umgingen mit großer Geschwindigkeit den Sonnenberg und warfen sich hinter demselben auf die kurbayerische Reserve, die aus 2 bis 300 Mann zu Fuß und etwa 300 Reitern bestand. Daß die Ausfalltruppen unangefochten bis hinter den Sonnenberg gelangen konnten, ist ein Beweis, wie wenig die Umklammerung der Festung im Westen damals noch geschlossen war, und wie weit die Lücke zwischen den beiden Attaken noch klaffte. Nur Reiterwachen hatte die herzogliche Armee dort vorgeschoben; von diesen mag auch die erste Alarmirung ausgegangen sein, auch eilten diese Wachabtheilungen, wie uns ausdrücklich erzählt wird, der bedrängten Reserve zu Hilfe [3]). Diese ging dem Feinde mit größter Sicherheit und Bravour entgegen und es entspann sich ein kurzer, aber blutiger Kampf. Der Markgraf Ludwig und Prinz Eugen von Savoyen, welcher die im Lager zurückgebliebene Cavallerie auf kurfürstlicher Seite kommandirte, waren die ersten, welche in Folge des Alarms aus dem Lager zum Kampfplatze gesprengt kamen. Der Markgraf gab den Befehl, daß der Prinz mit zwei Schwadronen die Spahis attakire. Bald wendete sich der Feind zur Flucht, und sowohl die kurbayerischen Abtheilungen als auch die kaiserlichen Wachen hängten sich an die Fersen des Feindes, der über den Friedhof und über die kleine Brücke am Fuße des Festungsberges bis hinauf zum Stuhlweißenburger Thor mit großer Unerschrockenheit verfolgt wurde, trotzdem von den Geschützen auf dem Walle und von den vor dem Thore aufgestellten Janitscharen das heftigste Feuer unterhalten wurde. Dem Prinzen Eugen wurde ein Pferd unter dem Leibe erschossen und der Prinz von Commercy, der sich bei den kaiserlichen Wachabtheilungen befand, war so hart hinter dem fliehenden Feinde, daß er einem Janitscharen den Degen in den Leib stieß. Der Angriff war abgewiesen, die Gefahr beseitigt, die deßhalb so groß erschien, weil der Feind leicht von rückwärts hätte in die Laufgräben eindringen können. Die Werke auf kurbayerischer Seite haben durch den Ausfall nicht den geringsten Schaden erlitten, aber man hatte den Verlust von 70 bis 80 Todten und Ver-wundeten zu beklagen [4]). Auch der junge Kurfürst, der auf dem Gefechtsfelde erschienen war, hatte eine Probe seiner kalten Ausdauer im Feuergefechte gegeben; er hat „etliche gute Stückschuß ausgehalten" — sagt der Markgraf Ludwig — „ich befleißige mich zwar, soviel möglich, ihn von denen hazarden zu hindern, läßt sich aber nicht leicht davon abhalten und will bey allen sein und von allem wissenschaft haben".

---

[1]) Nr. 47 ebenda.
[2]) Die Zeit ist genau angegeben in den „Berichten aus dem Feldlager vor Ofen".
[3]) „Berichte aus dem Feldlager vor Ofen". Markgraf Ludwig erwähnt in seinem Briefe vom 30. Juni nichts davon (Röder I. 185).
[4]) Die Verlustziffer ist weder in dem Briefe des Markgrafen noch in den „Berichten aus dem Feldlager angegeben"; ich entnehme sie der Flugschrift: „Journal oder wahrhaftige und ausführliche Erzählung u. s. w. 1686". Nach den Angaben derselben befand sich unter den Todten: v. Zwitter-thal, Oberstlieutenant im bayerischen Regimente Steinau. — Auch behauptet diese Schrift, es sei bei diesem Kampfe die Confusion ziemlich groß gewesen.

VII

Die Ankunft der „Schwaben" und Brandenburger. — Fortschritte der Belagerungsarbeit.

Am 30. Juni und 3. Juli langten endlich die so sehnlichst erwarteten Verstär=
kungen an: die schwäbischen Kreistruppen und das trefflich ausgerüstete branden=
burgische Korps.

Die „Schwaben", etwa 4000 Mann stark, unter dem Befehle des Markgrafen
Karl Gustav von Baden=Durlach, rückten am 30. Juni Vormittags im Lager ein und
erhielten als Campirungsplatz jene Höhe angewiesen, die sich „jenseits des Thales von
St. Paul" erhebt, bisher im kaiserlichen Lager „Caraffischer Berg" genannt, von jetzt
an aber als „Schwabenberg" bezeichnet wurde[1]). Der Kommandant des branden=
burgischen Korps, Generallieutenant Hans von Schöning, der seinen am linken Donau=
ufer auf der Waitznerstraße der Stadt Pest sich nähernden Truppen vorausgeeilt war,
traf am 30. Juni Abends im Hauptquartiere des Herzogs von Lothringen ein und
begab sich am nächstfolgenden Tage mit dem Marschall Starhemberg in die „An=
näherungswege", wo ihm genau die Plätze für den förmlichen Angriff der Branden=
burger gewiesen und die Ausgangspunkte für das Vorgehen auf der Kapitale bezeichnet
wurden. Die „Attake" der Brandenburger hatte sich unmittelbar an die linke Flanke
der Belagerungsarbeiten der herzoglichen Armee anzuschließen und gegen das dritte
Rondell und die damit verbundene Kurtine der nördlichen Angriffsfront zu richten.

Indessen ist die Sappen=Arbeit der herzoglichen Armee rastlos fortgesetzt worden;
auch wurde der Bau der großen Batterie so weit fertig, daß man das Feuer aus fünf
Carthaunen eröffnen konnte. Die Geschosse derselben und die von den Mörsern ge=
worfenen Bomben erzielten die Wirkung, daß das Feuer des Feindes schwächer wurde;
aber immerhin richteten, wie übereinstimmend mitgetheilt wird, nicht so sehr die Pro=
jektile der Kanonen, als die aus fünf Mörsern geworfenen Steine erheblichen Schaden
an. Bereits nahmen die „schwäbischen Regimenter" werkthätigen Antheil an der
Kampfarbeit. Als am 1. Juli die regelmäßig aus 2000 Mann bestehende Lauf=

---

[1]) Die Bezeichnung „Caraffischer Berg" bringen die „Berichte aus dem Feldlager vor Ofen";
es war offenbar nur eine aus dem Lagerleben hervorgegangene Benennung, die sonst nirgends weder
vor, noch nach der Belagerung irgendwo auftaucht. Auf dem Plane Juvigny's trägt die
Höhe bereits den Namen „Schwabenberg" (Nr. 8).

grabenwache abgelöst wurde, zogen auch 600 Schwaben als das zur Wache bestimmte Kontingent in die „Parallelen" ein. Die in der Nacht vom 1. auf den 2. Juli in die Stadt geworfenen Bomben und Carcassen verursachten in der nächsten Nähe der christlichen Kirche (Johanniskirche, heute Garnisonskirche) einen großen Brand, der erst nach langem Wüthen gedämpft wurde.

In derselben Nacht vollendeten die Kaiserlichen den Bau ihrer großen Batterie und schossen mit Anbruch des Tages aus 12 Carthaunen gegen das Eckrondell und die Kurtine, und aus dem „Mörser-Kessel" warfen acht Mörser ihre Geschosse mit solcher Heftigkeit und Präcision in die Stadt, daß nach der Aussage der Ueber=läufer großer Schaden angerichtet, Furcht und Schrecken in allen Kreisen verbreitet wurden. Mit gleicher Vehemenz wurde die Beschießung am 3. Juli fortgesetzt und die erste Bresche sowohl in das Eckrondell, als auch in die Kurtine und in den Kehlpunkt des daranstoßenden kleinen Rondells gelegt[1]. An diesem Tage haben auch die schwäbischen Kriegsvölker auf der Höhe, die heute noch ihren Namen trägt, eine aus sechs Geschützen bestehende Batterie errichtet und dadurch die Möglichkeit geboten, die Hauptobjekte der nördlichen Angriffsfront im Rücken und in der Flanke zu treffen. Aber der 3. Juli ist in der Belagerungsgeschichte noch durch ein anderes Ereigniß denkwürdig geworden. „Man sieht die brandenburgischen Truppen — ruft ein Mitkämpfer erfreut aus — jenseits des Stromes ankommen, welche heute nahe an der Brücke kampiren und morgen dießseits zu uns stoßen werden"[2]. In der That schlug das brandenburgische Korps am 3. Juli hart an der Schiffbrücke, welche die Margarethen=Insel mit beiden Stromufern verband, das Lager; aber der Uebergang über die Brücke und die Ver=einigung mit der Hauptarmada ist am 4. Juli nur von einem Theile des Korps vorgenommen worden. Starkes Regenwetter, das am genannten Tage Vormittags eingetreten war, hinderte eine größere Aktion. Nachmittags erschien der Herzog von Lothringen im Lager der Brandenburger, um Heerschau über dieselben zu halten. Drei Gewehr= und Geschütz=Salven begrüßten den Höchstkommandirenden[3]. Nach Beendigung der Heerschau wurde der Befehl gegeben, daß noch an diesem Tage 1500 Mann vom Brandenburger Korps die Brücke passiren und in die Approchen sich begeben sollen. Unter dem Befehle des Generalmajors von Marwitz zog diese Abtheilung in die Belagerungslinie ein, nahm an der linken Flanke der Kaiserlichen Stellung und begann ihre Sappen=Arbeit noch in derselben Nacht[4]. Sie haben dieselbe am 5. Juli mit großer Rührigkeit fortgesetzt; beim Vorgehen auf der Kapitale des dritten Rondells haben sie einen „zu einem großen Place d'armes sehr tauglichen

---

[1] Nach den Mittheilungen des englischen Ingenieurs Jakob Richards soll die erste Bresche bereits am 1. Juli in das große Rondell gelegt und ein Wallbruch von 6 Schritt Länge erzielt worden sein. Am 2. und 3. Juli sei die Bresche beträchtlich erweitert worden. (Richards Tagebuch a. a. O. S. 226 u. f.) 1. Juli . . . . our Canon dismantled the Wall for abaut 6 Paces. — Ad 3. Juli: Our Canon have now made a considerable Breache.

[2] „Bestürmet und erstürmte Stadt Ofen". Nürnberg 1686. S. 18.

[3] „They received his Highness with 3 Salutes of Ordnance, small Armes and severall Bombs and Carcasses. (Jakob Richards a. a. O. S. 228.)

[4] „Berichte aus dem Feldlager vor Ofen". — Die Angabe, daß die Brandenburger beim Uebergange über die Brücke und beim Aufmarsche einige Todte und Verwundete verloren, (Hans von Schöning's Leben und Kriegsthaten von Kurd Wolf. von Schöning. Berlin 1837. S. 100), finde ich in anderen Quellen nicht bestätigt.

Grund gefunden", gruben zur Deckung zwei Linien vor demselben und faßten in den nächst daran gelegenen Häusern festen Fuß. Im Laufe des Vormittags fiel eine feindliche Abtheilung, die aus dem Wiener Thore unbemerkt ausbrach und unter dem Schutze zahlreicher großer Hecken sich vorwärts schlich, in die Flanke der Branden= burger. Es entspann sich ein kurzer Kampf, der den Brandenburgern manch' schweres Opfer kostete, denn es fielen bei dieser Gelegenheit mehrere Officiere und der als Freiwilliger dienende Sohn des Feldmarschalls Derfflinger. Nach der Zurückdrängung des Feindes wurden unverzüglich die Hecken, welche die Annäherung des Feindes verschleiert hatten, durch einige ausgesendete Grenadiere niedergebrannt. In der Nacht während der Sappen=Arbeit verloren die Branden= burger einen ihrer besten Ingenieure. Die Batterien der Kaiserlichen haben den ganzen Tag das heftigste Feuer gegen die Festung gerichtet; die schweren Positionsgeschütze vergrößerten den Wallbruch, die aus den Mörsern geschleuderten glühenden Kugeln und Bomben verursachten abermals einen großen Brand in der Stadt, indem sie die der Angriffsfront nahe gelegenen Häuser und die St. Johanniskirche in Flammen setzten.

Im Laufe des Tages (5. Juli) war das Gros des brandenburgischen Heeres über die Brücke gezogen und hatte unweit Altofen auf einer Höhe, wo früher ein Theil der kaiserlichen Infanterie gestanden, das Lager bezogen[1]). Von da aus wurden die täglich sich ablösenden Abtheilungen des brandenburgischen Heeres zur Laufgraben= wache und zur Sappenarbeit gegen die Angriffsfront entsendet. Schon am 6. Juli waren nicht nur ihre „Annäherungswege" rasch vorwärts gegen den Platz getrieben, sie hatten auch bereits zwei Parallelen vollendet, welche die Verbindung mit der linken Flanke des Angriffswerkes der Kaiserlichen herstellten. Zugleich haben sie sich „zwischen den Häusern eingearbeitet", welche sich dort an den Hängen befanden, und begannen hart an der Linie der Kaiserlichen den Bau einer Batterie. Am 6. Juli Nachmittags traf die große, aus 12 vierundzwanzigpfündigen Carthaunen bestehende Batterie der herzoglichen Armee ein schweres Unglück. Eine feindliche Bombe fiel in ein Pulverfaß und verursachte eine heftige Explosion, welche großen Schaden anrichtete und mehreren Arbeitern und Artilleristen das Leben kostete[2]).

In der Nacht vom 7. auf den 8. Juli hatten sich die „Annäherungswege" sowohl auf der kaiserlichen als kurbrandenburgischen Seite den Mauern der Angriffsfront so weit genähert, daß man nur 30 Schritte vom Fuße derselben entfernt war. Je näher man dem Feuer des Platzes kam, desto schwerer wurden die Verluste der Angreifenden. In der Nacht vom 7. zum 8. Juli sind in den Laufgräben vierzig Mann theils erschossen, theils verwundet worden; unter den Verwundeten befanden sich drei höhere Officiere: General Thüngen, Oberstwachtmeister Bischoffshausen und ein Hauptmann vom Starhemberg'schen Regimente. Man konnte von den Laufgräben aus deutlich wahrnehmen, daß der Feind die Breschen ebenso an der Kurtine wie an dem Kehl=

---

[1]) Eine Reihe verläßlicher Quellen bezeugt diese Thatsache. Wenn Röder (I. 188) sagt, daß die Brandenburger nach Passirung der Donau ein Lager am nördlichen Fuße des Schwabenberges bezogen, so beruht dies auf einer Verwechslung. Erst in der letzten Zeit der Belagerung, wo das Hauptquartier des Herzogs von Lothringen auf den (sogenannten großen) Schwabenberg verlegt wurde, haben die Brandenburger ihr Lager dort aufgeschlagen.

[2]) Die „Berichte aus dem Feldlager" melden nur von „zwei Blessirten", aber Richards sagt (S. 229): Kill'd two Gunners and 4 Matrosses.

punkte und auf der Mittellinie („Gorge und Capital=Linie") des großen Rondells mit Schanzkörben und Palissaden verbaut hatte.

Mit Beginn der Nacht am 8. Juli setzten die kaiserlichen Mineure an, und begannen am Ende des Laufgrabens den Minen=Schacht zu graben und gegen das mittlere Rondell den Minengang zu eröffnen. Gleichzeitig fand man für noth=wendig, die Geschütze, welche die schwäbischen Kreistruppen auf dem Schwabenberge aufgepflanzt hatten, auszutauschen. Die Wirkung derselben hatte der Erwartung nicht entsprochen; die Distanz erwies sich für die Tragfähigkeit der aufgestellten Geschütze zu groß; man ersetzte daher dieselben durch fünf schwere Stücke, die nach der neuen Erfindung des spanischen Geschützmeisters konstruirt waren [1]).

In der Nacht vom 8. auf den 9. Juli begannen die Kaiserlichen die Anlegung einer neuen Batterie für sechs Geschütze und eines „Kessels" für vier Mörser. Besondere Umstände brachten dieser Nachtarbeit bedeutende Störungen. „Der Feind — erzählt einer der zuverlässigsten Berichterstatter — hat den neuangesetzten Mineur wahrgenommen und deßwegen eine Masse von Steinen und Granaten geworfen und die ganze Nacht hindurch ein großes Feuer unterhalten [2])".

Man weiß, wie die Türken in dem Mineurwesen ihren Gegnern zumeist überlegen waren; sie besaßen als Theil ihrer Artillerie ein sehr gut ausgebildetes und geschultes Mineur=Personal. Bei dem Angriffe auf Wien haben sie in diesem Punkte ihren Gegner weit überflügelt. Der Vertheidiger litt dort empfindlichen Mangel an berufs=mäßig geschulten Mineuren. Bei der Vertheidigung von Ofen — wie der Verlauf unserer Darstellung zeigen wird — stand den Türken aber durchaus nicht ein so brauch=bares und kundiges Arbeiter=Personal zur Verfügung, wie beim Angriffe auf Wien. Da übereinstimmend gemeldet wird, daß der Angriff auf Ofen den Türken ganz un=erwartet kam, die Offensive der christlichen Heere gegen Stuhlweißenburg, wie dies ja auch ursprünglich im Plane des Kaisers gelegen war, mit Sicherheit erwartet wurde, so mag die Ueberraschung das Hinderniß gewesen sein, diese Organe der Vertheidigung in wünschenswerther Zahl und Beschaffenheit beizustellen; aber trotzdem war der Contremineur in Ofen seinem Gegner überlegen. So war es auch bei der ersten Begegnung in dem unheimlichen unterirdischen Kampfe. Der Mineur, der die Breschmine an dem mittleren Rondelle ansetzen sollte, ist entdeckt worden, sei es, daß man schon die Schachtgrabung beobachtet, sei es, was wahrscheinlicher ist, daß der Contremineur die Arbeit durch den Horchdienst, der bei den Türken sehr ausgebildet war, entdeckt hat.

Mit dem 9. Juli brach ein für den Angreifer schwerer, blutiger und mit schmerzlichen Verlusten verbundener Tag an. Mit dem ersten Morgengrauen wurde es plötzlich sehr stille, das Geschützfeuer verstummte völlig. Es war gegen 4 Uhr Morgens, als ein furchtbarer Knall die kurze Stille unterbrach. Der Feind ließ zwischen den beiden Rondellen eine Mine springen, welche den Minengang der Kaiserlichen, in welchem sich 7 Mineure befanden, verschüttete. Kaum war die Mine aufgeflogen, fielen 400 Türken aus der Festung aus, durchbrachen die Linie der Brandenburger und stürzten sich unter furchtbarem Geschrei, gleich dem der Schakale ihrer Heimath, in die

---

[1]) Jakob Richards (S. 229): . . . upon which it was order'd, that 5 Guns of the Spanish Fire-Masters Invention should be placed on the same Hill, and the others taken away, which accordingly was done.

[2]) „Berichte aus dem Lager vor Ofen". Kriegsarchiv.

linke Flanke des kaiserlichen Angriffs, griffen die Arbeiter in den Laufgräben an und warfen dieselben in die nächste Linie. Dieser ungeordnete Rückzug, das Geschrei und der Schrecken über das Auffliegen der Mine verursachten im ersten Augenblicke Verwirrung und Consternation, aber ein Oberstwachtmeister vom Starhemberg'schen Regimente sammelte mit großer Ruhe und Fassung die Leute der nächststehenden Laufgrabenwache, führte sie vor und warf den Feind zurück, welcher durch die Linie der Brandenburger bei der, an der sanften Bergböschung sich erhebenden Moschee den schleunigen Rückzug in die Stadt antrat. Durch das Geschützfeuer in der Nacht und die Abwehr des Ausfalles erlitten die Kaiserlichen und die Brandenburger einen Verlust von 31 Todten und 119 Verwundeten; unter den ersteren befand sich der durlach'sche Oberstlieutenant von Wachenheim. Die Belagerungswerke haben durch den Ausfall nicht den geringsten Schaden erlitten und alle Parallelen und Annäherungswege wurden durch die Laufgrabenwache sogleich wieder besetzt.

Das gräuliche Unwetter, das am 10. Juli Abends ausbrach und zwei Nächte und einen Tag hindurch andauerte, schädigte den Fortgang der Belagerungsarbeit in hohem Grade. Sturmwind und Regengüsse wütheten so, „daß man kaum gehen, viel weniger arbeiten, geschweige die Geschütze auf den durchweichten Wegen der Approchen in die Batterie führen konnte" [1]. Wohl hatte man bereits die nothwendige Oeffnung in den Approchen hergestellt und die Rampe angebracht; es war aber in den ersten der beiden stürmischen Nächte nicht möglich, die Geschütze in die neue Batterie einzuführen; man mußte daher bei Tag diese Grabenöffnungen durch Blendungen gegen Einsicht und Gewehrfeuer schützen.

Der Mineur setzte, ungeschreckt durch das erste Mißlingen, in der Nacht vom 10. auf den 11. Juli wieder die Breschmine an der Mauer des mittleren Rondells an.

Trotz des fortdauernden Sturms und Regenwetters gelang es in der nächstfolgenden Nacht dennoch der unsäglichen Anstrengung der Arbeiter, fünf Carthaunen und zwei Mörser in die Batterien zu führen. Das Geräusch, welches bei der Durchführung dieser Arbeit nicht zu vermeiden war, lenkte die Aufmerksamkeit des Feindes auf diese Stellen, und das Feuer aus der Festung wurde trotz der sturmerfüllten Nacht wieder heftiger.

Im Hauptquartier war die Kunde angelangt, daß von Szegedin gegen Pest ein Pascha mit einem großen Haufen tartarischer Reiter im Anzuge sei. Der Herzog gab daher dem Feldmarschalllieutenant Baron Mercy den Befehl, 500 Reiter, vier kaiserliche und zwei brandenburgische Bataillone über die Brücke nach Pest zu führen, dort Verschanzungen anzulegen, den Brückenkopf zu befestigen und zur Abwehr eines Succursversuches sich bereit zu halten. Noch an demselben Tage ist dieser Auftrag in Vollzug gesetzt worden [2].

---

[1] „Berichte aus dem Feldlager vor Ofen u. f. w." (ad 10. Juli). Kriegsarchiv a. a. O.

[2] Die Stärke des nach Pest entsendeten Detachements wird sehr verschieden angegeben; die „Berichte aus dem Feldlager vor Ofen", die sonst einen unserer treuesten Führer für die Darstellung bilden, geben nach meinem Dafürhalten die Zahl der Reiter (3000) viel zu hoch an, da nur ein kleiner Theil der Reiterei in den Lagern vor Ofen stand, die große Reitermasse, die Graf Pálffy führte, von ihrer Sendung und ihrem Aufklärungsdienste noch nicht zurückgekehrt war. Ich folge im Texte der Angabe des englischen Ingenieurs Richards (a. a. O. S. 230). Es darf aber nicht verschwiegen werden, daß die „Berichte aus dem Feldlager vor Ofen" in diesem Falle genau mit den Angaben des von Röder veröffentlichten Tagebuches der Belagerung von Ofen übereinstimmen

Am 12. Juli wurde die neue große Batterie der Kaiserlichen vollendet, indem noch ein Geschütz, das in der vorausgegangenen Nacht des 11. Juli wegen des Unwetters nicht aufgestellt werden konnte, eingeführt wurde. Auch die brandenburgischen Batterien waren fertig gestellt und mit dem ersten Morgengrauen begannen ihre 22 kleineren Geschütze in der ersten und die Haubitzen der zweiten Batterie ihr Feuer. Die Geschosse der Kaiserlichen richteten sich gegen die Bresche an dem großen Eckrondell, die der Brandenburger gegen das zweite Rondell. Beiderseits faßte man die Breschen etwas tiefer, an ihren unteren Enden, beiderseits mit sehr gutem Erfolge. Der spanische Geschützmeister — und es kann wohl kein anderer gemeint sein, als der berühmte, später oft genannte Anton Gonzales — warf die Bomben aus den von ihm konstruirten Mörsern. Man bemerkte aber, sagt ein Augenzeuge, daß die aus seinen Mörsern fliegenden Bomben eine sehr hohe Wurflinie zogen, außerordentlich hoch getragen wurden, aber sehr selten rechtzeitig platzten, was der Dicke ihrer Schale zuzuschreiben war; sie sanken in die Erde und erstickten[1]. „Wir sind jetzt mit unseren Laufgräben fertig — sagt derselbe Gewährsmann — und unsere Minen rücken vor[2]". Die Mineure hatten an der Mauer des mittleren Rondells angesetzt; der eine drang glücklich vorwärts und hatte seinen Minengang bereits in einer Länge von acht Fuß unter die Mauer des Mittelthurmes getrieben; man glaubte, daß diese Mine binnen weiterer 24 Stunden fertig sein werde, um die Ladung vorzunehmen; der zweite Mineur arbeitete zwar rüstig unter der Erde fort, hatte aber offenbar die sichere Direction verloren und war „wegen gemachter Umschweife" mit seinem doppelten Vorschlag (bouchon) noch nicht an die Mauer gekommen[3].

In derselben Nacht erhielten drei Grenadiere die schwierige Sendung, sich an die Breschen zu schleichen und Recognoscirungen vorzunehmen; der eine nahm seinen Schleichweg zur Bresche an der Kurtine, jeder der beiden anderen zu den zwei Rondellen (b. i. dem großen Grauer Eckrondell und dem benachbarten, durch den Mittelwall verbundenen kleineren Rondell). Ihre Untersuchung scheint ohne jedes Hinderniß vollbracht worden zu sein. Aus ihren Aussagen ergab sich, daß für den Act des gewaltsamen Angriffs der Aufstieg auf die Bresche des Eckrondells der geeignetste sein dürfte. Alle kamen aber darin überein, daß man nach Ueberschreitung der Mauertrümmer, auf dem oberen Theile der Bresche, keinen standfesten Boden gewinnen könne, die Erde in einem Grade locker sei, daß der Fuß sich nicht halten könne und bei jedem Schritte weit zurück rutsche. Alle drei sagten aus — und dies bezeugt ihre Kühnheit und Unerschrockenheit — daß sie bis in die nächste Nähe der Palissaden vordrangen. Diese Mittheilungen waren sicher nicht geeignet, jetzt schon den Entschluß reifen zu lassen, einen gewaltsamen Angriff zu wagen.

Am nächsten Tage traten andere Umstände, andere Ereignisse ein, die in dem Höchstkommandirenden die trügerische Hoffnung weckten, daß jetzt schon ein Sturm auf

(Röder, I. Urkunden, S. 56). Nach der Flugschrift: „Journal oder wahrhaftig= und ausführliche Erzählung u. f. w." sollen nur 400 Mann zu Fuß nach Pest entsendet worden sein.

[1] Richards a. a. O. S. 230.

[2] Ebenda S. 230 (11. Juli).

[3] „Berichte aus dem Feldlager vor Ofen" (ad 12. Juli), damit stimmt wörtlich überein das Tagebuch bei Röder, I. Urkunden, S. 56. — Maß= und Zeitangabe nach Richards' Tagebuch a. a. O. S. 230.

die erschütterte Position des Feindes vom Erfolge gekrönt sein werde, und diese täu=
schende Hoffnung ließ den verhängnißvollen Entschluß reifen.

Ehe wir die erschütternden Ereignisse des 13. Juli schildern, müssen wir unsere
Aufmerksamkeit dem Fortschritte des Angriffs an der südlichen Front zuwenden. Die
Bedingungen des Angriffs auf dieser Seite waren wesentlich andere, als auf der
Nordseite. Vor dem großen Schloßrondell und den dasselbe begrenzenden Festungs=
mauern lag ein breiter, tiefer Graben, und die Contrescarpe (d. i. Gegenböschung) war
durch Palissadenlinien geschützt und geschirmt. Der Erstürmung des großen Rondells,
das bereits durch die Breschebatterien mächtig erschüttert war, mußte die Einnahme
der befestigten Contrescarpe, die Festsetzung, Logirung und Behauptung auf der Graben=
sohle vorausgehen. Die Annäherungswege wurden auch auf dieser Seite so rasch vor=
wärts getrieben, daß der Markgraf Ludwig von Baden bereits am 9. Juli melden
konnte, die „turbanerische Attake“ sei so „avanzirt worden“, daß man nur etwa
12 oder 15 Schritte von den Palissaden der Contrescarpe entfernt sei und daß der
Feind seit zwei Tagen mit Handgranaten und Wurfsteinen die Angriffsarbeit belästige. —
Die vorgeschobensten Parallelen waren bestens geschützt, ganz mit „Spanischen Reitern“
umgeben [1]). Alle Vorbereitungen waren getroffen, um schon am 7. Juli ʻich an der
Escrape festzusetzen und zu behaupten; da erhielt man sichere Nachricht, daß der Feind
auf dem Glacis vor dem durch Palissaden geschützten Graben zwei oder mehr Minen=
gänge angelegt habe; es wurde deßhalb der Befehl gegeben, daß der Contremineur
in Thätigkeit trete. Von den zwei äußersten Spitzen der vordersten Parallele ging der
Contremineur aus, um durch seine Minen des Feindes Palissaden in den Graben zu
werfen und zugleich die feindlichen Minen zu zerstören. Inzwischen richtete eine Bresch=
batterie von 15 Stücken ihr Feuer gegen das große Schloßrondell. Der Markgraf
sprach die Hoffnung aus, daß man sich, wenn der Wallbruch groß genug sein werde
und die beiden Flatterminen (fougaden) entladen werden können, auf dem Rondell
selbst werde festsetzen können. Sollte aber gegen alles Erwarten die Bresche nicht
so beschaffen sein, um die Festsetzung auf dem Rondell zu wagen, so werde doch sicher
an der Contrescarpe Posto gefaßt und dann nach der Logirung und Behauptung auf
der Grabensohle durch den Mineur Bresche zu legen versucht werden.

Die Batterien auf dem Sonnenberge mußten aufgegeben werden;
sie waren allzu sehr den feindlichen Geschossen, die aus zwanzig schweren Feuerschlünden
gegen sie geschleudert wurden, ausgesetzt und hatten offenbar bereits schweren Schaden
gelitten, den der Markgraf übrigens in seinem Briefe vom 9. Juli verschweigt [2]).

---

[1]) Der „spanische Reiter“, auch friesischer Reiter genannt (le cheval de frise), wird als trag=
bares Annäherungshinderniß verwendet, bildet eine eigene Art von Palissaden und besteht aus einem
starken hölzernen, 12 bis 20 Fuß langen Balken; in die vier flachen Seiten dieses Balkens werden
andere, etwa 6 Fuß lange, oben mit Eisen beschlagene Hölzer eingezapft.

[2]) Schreiben des Markgrafen Ludwig von Baden an seinen Oheim den Markgrafen Hermann.
Röder, I. S. 189 bis 192.

VIII.

Der Sturm am 13. Juli gegen die Nordfront.

Der blutige Tag des 13. Juli erscheint als einer der denkwürdigsten in der an todverachtenden Kämpfen und erschütternden Vorfällen so reichen Belagerungsgeschichte. Kein Sieg krönte an diesem Tage die hingebenden Anstrengungen und die selbstverleugnende Pflichterfüllung, ja ein schwerer Mißerfolg und große, schmerzliche Verluste trafen die kaiserlichen Waffen; aber der Tag ist denkwürdig geworden durch die leuchtenden Beispiele der Tapferkeit, durch die bewunderungswürdige Opferwilligkeit und Hingebung der stürmenden Truppen, welche das eiserne Pflichtgefühl auch dann aufrechthielt, als das Glück ihre Waffen verließ und die Begeisterung zu ersticken schien. So gewaltig war der Eindruck, daß der Verfasser des im Hauptquartiere geführten Journalbuches, der sonst stets mit der größten Trockenheit die Daten aufzählt, seiner Bewunderung in sonst nicht geübter Weise Ausdruck gibt; es ist die einzige Stelle des Journals, wo das wärmste Gefühl die Darstellung momentan durchglüht und die Trockenheit durchbricht.

Nicht die Wallbrüche, die durch die Geschosse an der Kurtine und den beiden Rondellen bisher erzielt wurden, schwerlich Recognoscirungsergebnisse, die im Grunde wenig Zuversicht zu erwecken geeignet waren, sondern plötzlich eingetretene Umstände haben den Höchstkommandirenden bewogen, an diesem Tage einen Hauptsturm zu wagen. Beim ersten Morgengrauen des 13. Juli schoß der türkische Contremineur, der dem Minengange der kaiserlichen Mineure beim mittleren Rondell entgegen gegangen war. Aber die Leistung des türkischen Mineurs entsprach nicht dem Rufe jener Schulung, welche diese Waffengattung der Türken genoß. Der Contremineur traf zwar den Minengang seines Gegners und verschüttete denselben, aber das Auffliegen der Mine hatte eine für die Belagerten verhängnißvolle Wirkung und zwar gerade dieselbe, die dem kaiserlichen Mineure zum Ziele gesetzt war; sie riß einen Theil der Mauer des mittleren Rondells nieder und erschütterte den Rundthurm so, daß etliche schwere Carthaunenschüsse hinreichten, die Mauer größtentheils zu Boden zu werfen. Der dadurch hervorgerufene Schrecken der Belagerten gab sich augenblicklich zu erkennen, indem die Truppenabtheilungen, die sich zu einem Ausfalle beim Wiener Thore bereits entwickelt hatten, rasch zurückgezogen wurden. Unter dem Einflusse dieser Ereignisse faßte man im Hauptquartiere den Entschluß, noch an diesem Tage einen Sturmlauf zu unternehmen und auf den Breschen sich zu logiren und zu behaupten. Es wurde ein dreifacher Angriff beschlossen; den Sturmlauf gegen die Bresche des Grauer Eckrondells sollte Oberstlieutenant Graf Guido von Starhemberg, den gegen das kleine Rondell Oberstlieutenant Graf Auersperg, den gegen die dazwischen liegende Kurtine Oberstwachtmeister Graf von Herberstein führen; das Commando über die 500 Mann starke Reserve wurde dem Obersten Grafen von Oettingen und Oberstwachtmeister Hompesch übergeben. Jedem der Führer wurden schriftliche Befehle ertheilt, wie er sich zu verhalten habe.

An diesem blutigen Kampfe haben die zahlreichen Freiwilligen, die im Lager vor Ofen die Waffen führten, in hervorragender Weise theilgenommen. Seit dem Wiederausbruche des Türkenkrieges haben in keinem Feldzuge so viele Freiwillige sich im Lager der christlichen Heere eingefunden, wie jetzt beim Angriffe auf die ehemalige Hauptstadt Ungarns. Aus allen Theilen des Abendlandes kamen sie hergeströmt; aus dem brittischen Inselreiche, aus Deutschland, Frankreich, Spanien und Italien. Verschiedene Beweggründe haben die Willensrichtung dieser Männer bestimmt. Theils Kampflust und ritterliche Liebe zum Waffenhandwerk, theils ideale Begeisterung für religiöse Interessen, theils edle Ruhmbegierde bildeten die Leitsterne für die Theilnahme an dem großen Unternehmen. Alle aber haben durch ihre glänzende Tapferkeit, ihren jugendlichen Elan beim Angriff und ihre Entsagungsfreudigkeit die Bewunderung, durch die furchtbaren Opfer, die der Tod von ihnen gefordert hatte, die schmerzliche Theilnahme der Mit= und Nachwelt erweckt, denn so viele von ihnen haben daheim einer glänzenden socialen Stellung, großem Reichthume und feinen Lebensgenüssen entsagt, um unter den Mauern von Ofen für eine große Sache ihr Blut zu opfern. Die Zahl dieser Freiwilligen zu bestimmen, wäre gewagt; wenn ihre Stärke auf 7000 Mann angegeben wird, so ist dies sicher eine arge Uebertreibung[1]); eine solche Angabe entbehrt der Bestätigung durch eine officielle Mittheilung oder durch die Berichterstatter, welche Augenzeugen und Mithandelnde waren; wir sind bei weitem nicht über alle Gruppen dieser freiwilligen Streiter so gut unterrichtet, wie über jene der 60 Bürger, welche die Begeisterung für den Kampf gegen den Islam aus dem fernen Barcelona nach Ungarn geführt hatte. Das scheint sicher zu sein, daß der größere Theil der Freiwilligen der Gesellschaftsklasse des Adels angehörte. Aus Frankreich und England, aus Spanien und Italien waren Männer erschienen, die den edelsten Geschlechtern ihrer Heimat angehörten. Spanien mag am stärksten vertreten gewesen sein. Unter den spanischen Edelleuten ragte durch Herkunft, Reichthum und glänzende Lebensstellung der Herzog de la Veja am meisten hervor. Seit früher Jugend war sein Geist den mathematischen Studien und der Kriegswissenschaft zugewendet; er diente längere Zeit als Oberst eines spanischen Regiments in Flandern, kehrte dann in die Heimat zurück, opferte aber die glänzendsten Hoffnungen, Reichthümer, alle Genüsse und das Behagen des Daseins, um sich dem heiligen Kampfe zu weihen[2]). Neben ihm werden noch dreizehn Edelleute genannt, die zumeist Träger glänzender spanischer Namen sind, wie der Herzog von Escalona, der Marchese Valero, Gaspar Zuniga. Die bereits erwähnten 60 Catalonier waren meist Handwerker und dem niedrigen

---

[1]) Ono Klopp a. a. O. S. 402 nach der Angabe Contarini's t. I. p. 492.

[2]) Wagner: Historia Leopoldi I., I. S. 696. A prima juventute bellicis ac mathematicis artibus animum addixerat, in Flandria legionis Hispanicae Tribunus, in Hispaniam reversus, spes amplissimas, opes, delicias, otium sacrae militiae posthabuit, dignus, qui inter priscos illos Hispaniae Heroas in perpetua annalium memoria vivat.

Stande angehörig. Sie hatten sich daheim das Versprechen gegeben, dem heiligen Kriege sich zu weihen, traten dann getrennt von Barcelona aus theils zu Wasser, theils zu Land die mit vielen Leiden verbundene Reise nach Wien an, wo sie sich dem spanischen Gesandten Borgomaniero vorstellten. Der Kaiser theilte diese vom Heldengeiste beseelten Männer dem Regimente „Starhemberg" zu und bestellte als ihren Abtheilungscommandanten den Andalusier Franz Astorga, einen erprobten Soldaten. Sie waren voll Eifer beim Vollzuge der ihnen übertragenen Arbeit, von Trauer erfüllt, wenn sie gefährlichen Unternehmungen entzogen blieben[1].

Die aus Britannien gekommenen Freiwilligen wurden größtentheils dem Regimente des Grafen Taaffe zugewiesen; die meisten derselben gehörten englischen und schottischen Adelsgeschlechtern oder dem brittischen Officierskorps an. Unter ihnen ragten hervor: der Herzog von Berwick, ein natürlicher Sohn Jakob II., Mylord Savile und Oberst Forbes, der schottische Edelmann Mr. Kerr, Mylord Montjoy, die Kapitäne Rupert, Dalbott, St. George und Belassize, endlich der Ingenieur Jakob Richards, in dessen Tagebuche uns eine lehrreiche Quelle für die Geschichte der Belagerung Ofens fließt[2]. Unter den französischen Freiwilligen begegnen uns der Marquis Franz Joseph von Crequi, die Prinzen Commercy und Vaudemont.

Nachdem am 13. Juli den ganzen Tag hindurch das heftigste Feuer aus allen Carthaunen und Mörsern gegen die Breschen der nördlichen Angriffsfront gerichtet worden war, gaben um 7 Uhr Abends einige rasch nach einander abgefeuerte Kanonenschüsse das verabredete Signal zum Angriffe[3]. Auf jeder der drei Sturmlinien gingen die Truppen in folgender Ordnung vor: je ein Hauptmann mit 50 Grenadieren, welche den ersten Anprall auszuführen hatten, ihnen folgten je ein Hauptmann mit 50 Füsilieren, dann je zwei Ingenieure und Unteringenieure mit 100 Pionieren, welche die Aufgabe hatten, die Logierung auszuführen, dann standen 500 Mann unter dem Befehle zweier Stabsofficiere als erste Reserve und ebenso viele Streiter waren in zweiter Linie unter Waffen und bereit, die Stürmenden zu unterstützen. Kaum war der Signaldonner verrollt, so brachen die stürmenden Abtheilungen aus den Parallelen hervor. Gleich beim Austritte aus denselben fiel als erstes Opfer dieses blutigen Tages der Commandant der mittleren Sturmcolonne: Oberstwachtmeister Graf von Herberstein. Mit so großer Bravour gingen Officiere und Gemeine vor, daß man — wie ein Augenzeuge sagt — alles Gute hoffen durfte. Der Aufstieg über die Bresche des Mittelwalles (Kurtine) war der gangbarste, daher drangen die Stürmenden trotz des heftigsten Feuers, trotz der Granatenwürfe und

---

[1] Wagner a. a. O. I. S. 694. Erant assidui in opere, magna affecti tristitia, si a periculis arcerentur.

[2] Jakob Richards a. a. O. S. 232, 233, 239.

[3] Hauptquellen für die Darstellung dieses unglücklichen Sturmlaufes sind: „Tagebuch der Belagerung von Ofen im Jahre 1686 (bei Röder S. 57—60); das Tagebuch des Ingenieurs Jakob Richards a. a. O. S. 231 und 232; das Schreiben des Markgrafen Ludwig an Hermann von Baden (bei Röder I. S. 193 u. f., der eine Stelle, auf die wir später zurückkommen werden, hinweggelassen hat), endlich die drei obengenannten Flugschriften, deren Detail aber mit Vorsicht aufzunehmen ist. Die trefflichen „Berichte aus dem Feldlager vor Ofen", welche das Archiv des Grafen Franz Lamberg bewahrt und deren Abschrift im k. k. Kriegsarchive liegt, weisen hier leider eine Lücke auf. Sie zerfallen nämlich in zwei Serien, deren erste die Zeit vom 12. Juni bis 12. Juli umfaßt und deren zweite vom 15. Juli bis 12. September 1686 reicht.

des Steinregens rasch bis zu den Palissaden vor, faßten Stand und hielten mit bewunderungswürdiger Ausdauer nahezu eine Stunde diesen Posten. Die Grenadiere, die unter der Leitung des Grafen Guido von Starhemberg die Bresche des Eckrondells zu ersteigen hatten, stießen auf die größten Schwierigkeiten; einige kamen wohl mit unsäglicher Mühe und Todesverachtung hinauf, begegneten aber einem so mörderischen Feuer und einer solchen Masse von Steinwürfen, daß sie den Rückzug antreten mußten; in diesem verhängnißvollen Augenblicke flog eine feindliche Mine rechts vom Eckrondell auf, warf die Mauer nieder, die vom Rondell sich zur unteren Stadt zog und begrub durch die emporgeschleuderten Erdmassen viele Füsiliere der rechten Sturmcolonne; einen Theil dieser verschütteten Unglücklichen hat man rasch herausgegraben, aber der Plan, auf dieser Seite bis zu den Palissaden vorzudringen, mußte aufgegeben werden, theils wegen des jähen Abfalls der Bresche, theils weil die Mine einen Theil der Colonne nach links gedrängt hatte. Ungebrochenen Muthes suchte man einen neuen Weg zum Ziele. Starhemberg gab den Befehl, die Bresche des Mittelwalles zu ersteigen und oben längs der Palissaden zur Höhe des Eckrondells vorzudringen. Das ist trotz aller Schwierigkeiten ausgeführt worden; man gelangte zu den Palissaden und hängte sich an dieselben; aber es war mit unsäglichen Anstrengungen verbunden, sich da zu halten, denn die Erde war locker und wich jedem Fußtritte. Den Helden der Sage gleich mühten sich da die Streiter in höchst ungleichem Kampfe unter furchtbaren Opfern drei Viertel Stunden lang ab, um sich zu behaupten und einzudringen; aber es gelang nicht, die festgerammten Palissaden herauszureißen, denn dieselben waren in doppelter Reihe angebracht und die Zwischenräume mit Sandsäcken und Steinen ausgefüllt. Starhemberg hatte das Unglück, dreimal verwundet zu werden; ein Pfeil traf seine linke Schulter, die Kugel eines Janitscharen-Rohres den Fuß und ein Steinwurf zog ihm die dritte Verletzung zu. Aber nichts vermochte das eiserne Pflichtgefühl und den unvergleichlichen Heroismus dieses Führers zu erschüttern. So lang als möglich harrte er ohne Verband seiner Wunden aus, gab Befehle und munterte seine Leute unablässig an. Ganz ähnliche Schicksale, wie die rechte, hatte die linke Sturmcolonne, welche die Bresche des kleinen Rondells zu ersteigen hatte. Mühsam erklommen die Grenadiere die Höhe, wurden aber durch einen Hagel von Geschossen und durch Steinwürfe zurückgeworfen; ungescheut erneuerten sie den Sturm, machten von ihren Handgranaten reichlichen Gebrauch, vermochten aber nicht, sich auf der Höhe zu behaupten.

Mit jugendlichem Elan und voll Begeisterung nahmen jetzt die Freiwilligen an dem Sturme gegen dieses Rondell theil. Sie mochten hoffen, hier die ersten Kränze blutigen Ruhmes zu erringen. Die englischen Freiwilligen stürmten voran, die Spanier und Franzosen folgten. Kaum hatten sie die Höhe erreicht, so flog eine Mine auf, die sie so empfindlich schädigte, daß nach kurzem Kampfe ihr Rückzug angetreten werden mußte[1]).

Als es allen Anstrengungen versagt blieb, die Palissaden zu erreichen, ließ Graf Auersperg den Rückzug antreten und führte seine Schaaren, wie dies kurz vorher

---

[1]) Jakob Richards a. a. O., während das von Röder (I. Urkunden, S. 58) mitgetheilte Tage-buch sagt, daß diese Mine „keinen Schaden verursachte". — Bei der lebhaften Theilnahme, welche der englische Ingenieur für seine an diesem Kampfe betheiligten Landsleute empfindet, erscheint er hier wohl als der verläßlichere Gewährsmann.

Starhemberg mit seinen Leuten ausgeführt hatte, über die Bresche des Mittelwalles mit dem Vorhaben, sich dann links gegen die Palissaden auf dem kleinen Rondell zu wenden. Dies ist auch durchgeführt worden, aber sie stießen auf dieselben unüberwindlichen Schwierigkeiten und Hindernisse, wie der rechte Flügel auf dem Eckrondell. Auch hier gab der Führer, Graf Auersperg, ein leuchtendes Beispiel der Tapferkeit, und war unermüdlich in der Aufmunterung seiner Leute. Durch einen Flintenschuß in den Fuß und durch Steinwürfe mehrfach schwer verwundet, mußte er vom Kampfplatze fortgetragen werden. Auch hier dauerte das schreckliche, blutige und vergebliche Ringen eine Stunde lang. Umsonst war alles Bemühen, die doppelt gesetzten Palissaden herauszureißen und eine Gasse zu öffnen, umsonst waren die Anstrengungen, die dahinter stehenden Feinde durch Handgranaten, Gewehrschüsse und Steinwürfe zurückzudrängen. Aber keinen Augenblick entsank diesen Helden der Muth, obwohl sie durch das sichere Janitscharen=Rohr, durch die Würfe der Granaten und Steine schrecklich litten. Der Anblick dieser beharrlichen Pflichttreue und entsagungsvollen Anstrengung, dieses kalten Ausharrens in der Gefahr muß etwas Hinreißendes an sich gehabt haben. Mit tiefer Ergriffenheit wird man stets die Stelle lesen, welche der Generaladjutant von Haßlingen an diesem Tage bei der Schilderung des Sturmes in das Operations=Journal schrieb: „Sie thaten Alles, was man möglicher Weise von dem ersten Fußvolk in der Welt hat begehren können, aber vergebens". Statt aber diese Vergeblichkeit einzugestehen, machte man einen neuen Versuch, der neue, schreckliche Opfer forderte und keinen Erfolg erzielte. Die zwei Bataillone, welche die zweite Reserve bildeten, erhielten den Befehl vorzugehen und die Stürmer zu unterstützen. Mit fliegenden Fahnen und klingendem Spiele avancirten dieselben voll größter Unerschrockenheit, aber sie vermochten das Schicksal dieses verhängnißvollen Tages nicht zu wenden. — „Nachdem man gesehen — erzählt ein Augenzeuge — daß durchgehends alle unsere Leute, sowohl Gemeine als Officiere, wie die dazu gestoßene Menge der Volontärs das Aeußerste gethan, wurde für gut befunden, solche wieder zurückzuziehen und die Posten in den Tranchéen zu besetzen".

Beim Rückzuge, der in großer Verwirrung angetreten wurde, drohte eine neue Gefahr. Der Feind brach aus dem Wiener Thore hervor, um den Fliehenden in die linke Flanke zu fallen. Da haben sich die Brandenburger, die zur Theilnahme an dem Sturme nicht berufen waren, ein großes Verdienst um die Flankensicherung erworben. Ohne einen Augenblick zu verlieren brach ihre starke Laufgrabenwache aus den Parallelen hervor und griff unter der Führung des Generals von Marwitz und des Prinzen von Kurland, welche in den Approchen commandirten, so beherzt und mit solcher Bravour die Ausfalltruppe an, daß dieselbe nach kurzem Kampfe mit empfindlichem Verluste zurückgejagt wurde. Beim Anbruch der Nacht waren alle Tranchéen wieder ordnungsgemäß besetzt und gesichert. — „Der Feind war die Nacht hindurch ganz still "— sagt ein treuer Berichterstatter —" ausgenommen, daß er von Zeit zu Zeit aus seinen Mörsern Steine warf". Aber wie mag die Stille dieser düsteren Nacht durchbrochen worden sein durch das Stöhnen der Sterbenden und das Wimmern der Verwundeten. Wie viel Schmerz und Jammer, wie viel Wehklage und Elend haben die Schatten dieser Julinacht bedeckt! Der Menschenverlust war schrecklich. Fast alle beim Sturme betheiligten Officiere waren kampfunfähig gemacht, von den drei Führern der Sturmcolonnen war einer todt und zwei schwer verwundet. An Todten und Verwundeten zählte man im Ganzen etwa 38 Officiere, 1000 Gemeine und

Unterofficiere und 50 Freiwillige [1]); die letzteren gehörten fast durchgehends hohen Abelsgeschlechtern der romanischen und germanischen Länder an.

Die Spanier hatten insbesondere viele schmerzliche Verluste zu beklagen; eine innige Theilnahme der Mitwelt begleitete vor Allen den Tod des Herzogs de la Veja; er wurde beim Sturme tödtlich getroffen und erlag drei Tage später — am 16. Juli — seinen Wunden. Der grelle Wechsel menschlicher Dinge und eine hohe Opferwilligkeit üben stets einen mächtigen Eindruck auf die Seelen der Menschen. Es gibt vielleicht keinen einzigen gleichzeitigen Bericht über die Ereignisse jener Tage, der seinen Namen nicht nennen würde. Man wußte sich damals viel zu erzählen von dem fabelhaften Reichthume und der glänzenden Lebensstellung, die dieser Grand von Spanien in Flandern und daheim eingenommen. Entsagungsfreudig hat dieser Mann sich von der Fülle des Glücks, von allem Reichthume und allem Glanze getrennt, um für eine Idee in den Kampf zu gehen, der ihm ein schmerzerfülltes Ende bereitete. Im Feldlager hat man das Andenken an den edlen Todten in ungewöhnlicher Weise gefeiert. Ein düsteres Trauergepränge wurde entfaltet; vor dem Zelte des Herzogs von Lothringen erhob sich ein hoher Katafalk, der im Sarge liegende, wundenbedeckte Leichnam des Helden war in prächtige Gewänder gehüllt, die Brust mit dem Orden des goldenen Vließes geziert. Lodernde Fackeln umgaben im Kranze die Todtenbahre [2]).

Noch viele andere durch hohe Geburt und sociale Stellung hervorragende Freiwillige zählten zu den Opfern dieses unglücklichen Sturmlaufes; der Fürst Piccolomini fand den Heldentod, der Herzog von Escalona, fünf spanische Edelleute, der junge Marquis von Crequi wurden schwer verwundet. Die englischen Freiwilligen hatten relativ die schwersten Verluste erlitten; es waren nur zwei unversehrt geblieben; sie zählten vier Todte und vier Schwerverwundete, mehrere andere hatten durch Steinwürfe leichtere Verletzungen erhalten [3]).

Der kurze Kampf, den die Brandenburger zur Flankensicherung gegen den kecken Ausfall führten, heischte ebenfalls empfindliche Opfer; sie verloren drei Hauptleute, einen Lieutenant, einen Fähnrich und 40 Gemeine; das schwerste Opfer aber, das die Brandenburger an diesem Tage zu beklagen hatten, war der Tod des Grafen Karl

---

[1]) Die Verlustangaben der Quellen weichen von einander ab. Markgraf Ludwig von Baden sagt in seinem Schreiben an Hermann von Baden: es seien „über die achthundert bleßirt worden", den Verlust der Freiwilligen beziffert er auf 50 oder 60 (Röder, I. 194). — Das Tagebuch der Belagerung von Ofen (Röder, I. Urkunden, S. 59) bringt folgende Verlustangaben: 3 Officiere todt, 35 verwundet, 70 Gemeine todt und 500 verwundet. „Von den Volontairen kann man keine anzahl wissen". — Jakob Richards a. a. O. S. 232 gibt den Verlust von 1000 Gemeinen an, ohne die Zahl der gefallenen Officiere zu nennen: der Verlust, den die Freiwilligen erlitten, ist auch von ihm mit 50 beziffert worden (50 Voluntiers, most of which are Noble-Men). Die Flugschriften jener Zeit bringen meist viel höhere Verlustziffern, die aber keinen Anspruch auf Glaubwürdigkeit erheben können. Wahrscheinlich auf diese Angaben gestützt, hat Franz Wagner (Historia Leopoldi I. 696) 1400 Todte und Verwundete annehmen zu müssen geglaubt; dieser Behauptung leisteten dann unbedingt Folge: Röder I. 193 und die älteren ungarischen Historiker Katona (35. 248), Feßler (9. 375), Graf Johann Mailath (5. 43).

[2]) Aus der Berliner Zeitung: „Der Postillon 1686". Vergl. Schöning a. a. O. S. 102.

[3]) Der englische Ingenieur Richards nennt die Opfer in den Reihen seiner Landsleute meist mit ihren vollen Namen (a. a. O. S. 232); getödtet wurden: Kapitän Rupert, Mr. Wiseman, Mr. Moore und Kapitän Dalbott; verwundet: Oberst Forbes, Kapitän St. George, Kapitän Belassize und Mylord Savile; „besides severall others hurt by stones".

Emil von Dohna, Oberſten des Anhalt'ſchen Regiments, der gleich beim Austritte aus den Parallelen den töbtlichen Schuß erhielt. Sein Leichnam wurde in die Heimath geführt und in der Dohna'ſchen Familiengruft in der Pfarrkirche zu Küſtrin feierlich beigeſetzt.

Man weiß, mit welcher Schärfe und rückſichtsloſen Härte Markgraf Ludwig von Baden in dem vertraulichen Briefe an ſeinen Oheim das militäriſche Unternehmen dieſes Tages verurtheilt hat[1]). Es ſei ein tolles und wunderliches Stürmen geweſen — ſagt er — das unmöglich anders als unglückſelig hat ablaufen können; man habe ſelbſt auf der Kurtine vor des Feindes Paliſſaden nicht ſo viel Erde gefunden, um einen feſten Fuß faſſen, geſchweige ſich an den Paliſſaden logiren zu können; Starhemberg habe auch ziemlich bald die an den Paliſſaden ganz unnütz ſtehenden Leute zurückziehen und es bei einem bloßen Verſuche beruhen laſſen wollen; ohne ſein Vorwiſſen ſeien aber dann noch einige Bataillone mit fliegenden Fahnen zur Unterſtützung beordert worden und ſo ſei aus einer unmöglichen Logirung ein formaler und unſinniger Sturm geworden; man könne mit Recht ſagen, daß die Leute zur Schlachtbank geführt wurden, denn die meiſten ſeien, ohne einen Türken zu ſehen, geblieben.

Der Tapferkeit der ſtürmenden Truppen zollt auch der Markgraf ſeine volle Bewunderung: ſie ſeien — ſagt er — ſo entſchloſſen gegen die Paliſſaden gelaufen, wie er es niemals ſah. Aber die Schärfe ſeiner ätzenden Kritik richtet ſich offenbar gegen das herzogliche Hauptquartier, und da reißen ihn der Widerſtreit der Meinungen und die Rivalität in einer — bisher unbekannten — Stelle ſeines Briefes zu geradezu unbilligen, liebloſen, ja unwürdigen Aeußerungen hin[2]). Bei dieſem Gegenſatze der Meinungen, bei dieſer tiefen Gereiztheit der Stimmungen begreifen wir die Beklommenheit, welche die Seele des edlen Kapuziners Marco d'Aviano erfüllte, deſſen Aufgabe, verſöhnend und ausgleichend auf die Kriegshäupter zu wirken, nicht immer mit Erfolg gelöſt wurde. Im Lichte dieſer Erſcheinungen verſtehen wir beſſer die düſteren Empfindungen, die der Mönch wenige Tage nach dieſer unglücklichen Waffenthat in dem Briefe an Kaiſer Leopold zum Ausdrucke bringt. „Wenn Gott nicht ein Wunder für uns thut — ſchreibt er in kummervoller Entrüstung — ſo werden wir Buda nicht nehmen. Mündlich könnte ich Ew. Majeſtät Vieles ſagen, aber ich wage nicht, es dem Papiere anzuvertrauen"[3]).

Es mag ſein, daß der Vorwurf der Uebereilung, der gegen das Hauptquartier in Bezug auf dieſen Sturm erhoben wird, gerechtfertigt erſcheint; die weſentlichen Gründe des Mißlingens dieſes gewaltigen und außerordentlichen Kampfes werden wohl darin zu finden ſein, daß man nicht früher das ſchwere Geſchütz oder den Mineur

---

[1]) Röder a. a. O. S. 193 u. f.

[2]) Dieſe Stelle, welche Röder aus Gründen, die man wol vermuthen kann, in dem ſonſt faſt wörtlich mitgetheilten Briefe fortgelaſſen hat, lautet: „Nunmehro iſt die ſache ſo weit khommen, daß er recht chachmatt und nit ein Zucg mehr thuen khan. Wann mir deß Kayſers Intereſſes möglich gleichgültig ſein khunten, ſo khonte ichß ohne lachen nit betrachten, den wann ich einmahl Ewer Gbn dieſe Comedie in Kleydern werde repräſentiren thönnen, werden dieſelbe gewiß einen Spaß haben. Ich fürchte aber Starkh, es werde die Verzweiflung in daß Spiehl khommen und endlich wohl bald wiederumb auff ein Sturm logghehen, indeme ich würklich ſchon zum öfteren gehöret, daß man dermahlen nichts anderen mehr zue thuen wiſſe; Gott gebe, daß Alles zue deß Kayſers beſten ablauffe und nit, wie ich beſorge". — Abſchrift im k. k. Kriegsarchive, Faſc. 7. 1686.

[3]) Ono Klopp a. a. O. S. 403.

durch die, einer Mauer gleiche Palissadenwand, durch welche die Bresche verbaut war, eine Gasse bahnen ließ, und zweitens, daß der Sturm nicht von mehreren Seiten zugleich unternommen wurde, um die Kraft des Feindes zu theilen und die Verwirrung in die bedrängte Stadt zu tragen. Aber Tadel und Klage sollten verdrängt werden durch das Bild der bewunderungswürdigen Haltung der Truppen, deren Kampfbegeisterung an diesem Tage die Feuerprobe bestanden hat. Die Kaiserlichen sowohl, als die Freiwilligen und die Brandenburger haben ein leuchtendes Beispiel gegeben, daß sie opferwillig bereit seien, eher Alles zu thun, Alles zu ertragen, als nur einen Augenblick in der Erfüllung der höchsten Anforderungen an die militärische Pflichttreue zu wanken. Es sollte aber jederzeit unvergessen bleiben, daß die schwere Kampfarbeit dieses Tages wesentlich in der Hand der kaiserlichen Regimenter lag. War auch das Glück des Sieges diesem Ringen nicht beschieden, so wird dieser Tag doch stets ein leuchtender Ehrentag der österreichischen Regimenter bleiben, die in opfervollem, heroischem Kampfe eine innige Hingebung und unvergleichliche Ausdauer bewiesen und dadurch ein strahlendes Vorbild erprobten Kriegermuthes aufgerichtet haben.

Es ist schwer, die Größe des Verlustes, den der Feind an diesem blutigen Tage erlitten, genau zu bestimmen; man ist auch hier wieder nur auf die Angaben der Flüchtlinge und Ueberläufer angewiesen; die meisten derselben beziffern den Verlust auf 200 Todte und 600 Verwundete [1]).

---

[1]) „Den 17. Juli. Die Ueberläufer berichten, daß bei jüngster Aktion 200 vom Feinde geblieben und 600 blessirt worden". „Berichte aus dem Feldlager vor Ofen". Kopie aus dem Archive des Grafen Franz Lamberg, Abschrift im k. k. Kriegsarchive, Signat. 13/9 1686. Damit stimmt die Angabe der Flugschrift: „Bestürmt und erstürmte Stadt Ofen" wörtlich überein. S. 35.

Die Feftfetzung der Bayern an der Contrefcarpe und auf der Grabenfohle des Schloßrondells.

Auf dem Angriffsfelde der herzoglichen Armee war man am Tage nach dem verhängnißvollen Sturme zunächst damit beschäftigt, die „Annäherungswege" und „Waffenplätze" nächst der Brefche zu erweitern, denn fie haben fich beim Angriff als zu eng erwiefen und man erblickte in diefem Umftande eine „Haupturfache der großen Verwirrung"[1]), die fich nach der Action am 13. Juli beim Rückzuge gezeigt hatte. Der Reft des Tages war der Beftattung der Todten gewidmet. Das Wurffeuer dauerte übrigens ununterbrochen fort; über die Wirkung der „fpitzigen Bomben", welche der fpanifche Feuerwerker Anton Gonzales in die bedrängte Stadt warf, gelangte man jetzt zu einem günftigeren Urtheile, als dies bei den erften Verfuchen der Fall war. Die zahlreichen Ueberläufer, die aus der Stadt kamen, berichteten übereinftimmend, daß diefe Gefchoffe, die einen ungewöhnlich hohen Flug nehmen, mit folcher Gewalt in die Objekte fchlagen, daß die Stärke der Gewölbe ihnen nicht zu widerftehen vermöge, und daß der angerichtete Schaden ungemein groß fei[2]). Die Mineure, die an der Mauer des Eckrondells angefetzt hatten, arbeiteten rüftig fort.

Am 16. Juli wurde der Befehl gegeben, eine Kommunikationslinie nach Nordweft zu ziehen, um die Verbindung der „Annäherungswege" mit den im St. Paulsthale errichteten Redouten herzuftellen[3]). An diefem Tage kehrte auch jene Reitermaffe ins Lager zurück, die unter Führung des Grafen Pálffy gegen Stuhlweißenburg ausgefendet worden war, um den Aufklärungsdienft zu verfehen. Sie brachte die Meldung, daß fie nirgends auf einen Feind geftoßen, auch nichts von einer Annäherung des Succurfes in Erfahrung gebracht habe. „Gebe Gott — ruft ein Berichterftatter aus — daß diefer noch länger ausbleibe"[4]).

Während die Belagerungsarbeit auf der Nordfeite ihren regelmäßigen aber langfamen Fortgang nahm, eine momentane Abfpannung nach der gewaltigen Action naturgemäß eintrat und eine Sammlung der Kräfte nothwendig fchien; während der Sappeur feine Ergänzungsarbeiten vornahm, der Mineur an der Löfung feines Problems zwar

---

[1]) Richards a. a. O. S. 232.
[2]) „Berichte aus dem Feldlager vor Ofen" ad 15. Juli.
[3]) Tagebuch der Belagerung von Ofen (Röber, I. Urkunden, S. 60 u. 61).
[4]) „Beftürmte und erftürmte Stadt Ofen", S. 35.

mit unzulänglicher Kraft arbeitete, aber durch das Gefühl von der Ueberlegenheit des Contremineurs durchaus nicht entmuthigt wurde: ist auf der südlichen Angriffsfront ein kühner, entscheidender Vorstoß gewagt und mit großer Präzision, vom Glücke wunderbar begünstigt, ausgeführt worden. Es gelang den kurfürstlichen Truppen, den gedeckten Weg einzunehmen, sich an der Contrescarpe und auf der Grabensohle vor dem Schloßrondell festzusetzen, zu logiren und zu behaupten. Der Angriff war klar disponirt und der Plan bis in das kleinste Detail ausgearbeitet, wie der schriftliche Befehl augenscheinlich beweist, der vom Hauptquartier an die berufenen Truppenabtheilungen gerichtet wurde [1]).

Nach der Disposition hatte die Attake eine doppelte Aufgabe zu vollziehen, einmal die Verschanzung zu erobern, die der Feind rechts vom Schloßrondell bei dem kleinen Thor errichtet hatte, zweitens sich an der Contrescarpe festzusetzen und den Feind aus dem Graben zu vertreiben. Um 5 Uhr Morgens am 16. Juli gab der Kurfürst den Befehl, die beiden Minen auffliegen zu lassen, deren Gänge in der Richtung gegen die Palisaden der Contrescarpe gezogen waren und die Bestimmung hatten, die Erde und die Palisaden in des Feindes Graben zu werfen. Die Mineure schossen „mit gewöhnlicher Ungeschicklichkeit", erzielten nicht den beabsichtigten Zweck, ja richteten in den eigenen Werken verderblichen Schaden an; die gesprengten Erdmassen fielen rückwärts in die eigenen „Annäherungswege" und tödteten und verwundeten mehrere Soldaten der kurbayerischen Laufgrabenwache; „gleichwol — sagt der Kurfürst in seinem Berichte an den Kaiser — ist dadurch dieser gute Effect erfolgt, daß man von den feindlichen Minen bis an den Graben nichts mehr zu besorgen hat, demnach habe ich sodann für gut befunden, mich an gedachtem Graben und des Feindes Palisaden zu logiren".

Um 10 Uhr Nachts begann die Ausführung der beiden Angriffe. Die Leitung der Attake gegen das Retranchement vor dem kleinen Thor wurde dem Baron Codelinzky übertragen. Unter seiner Führung standen folgende Abtheilungen: ein Sergeant mit 10 Grenadieren, ihm folgte ein Lieutenant mit 40 Füsilieren, denen sich als Unterstützung ein Hauptmann mit 100 Füsilieren anschloß; das Ende der Colonne bildeten 50 Arbeiter mit Schanzzeug ohne Gewehr. Unter dem Schutze der Nacht schlichen sich diese Abtheilungen lautlos und mit bewunderungswürdiger Vorsicht gegen das Retranchement, näherten sich demselben bis auf eine Entfernung von vier Schritten, ohne von dem Feinde bemerkt zu werden, überrumpelten dasselbe, sprangen im nächsten Augenblick in das Schanzwerk und tödteten oder verjagten die feindliche Wachabtheilung. „In einer Viertelstunde habe ich — berichtet der Kurfürst an den Kaiser — ohne eine einzige Confusion und ohne Geschrei den Feind mit Verlust etlicher der Seinigen völlig aus dem genannten Graben und Retranchement verjagt, worauf, nachdem es wieder ein wenig still geworden und die zu dieser Attake gebrauchten Truppen sich vor dem Thore, um unsere Arbeiter zu bedecken, postirt hatten, die Logierung auf dem Graben angefangen wurde".

---

[1]) „Disposition für den 15. (?) Juli 1686 zur Postofassung an dem Graben bei der Festung Ofen". Aus dem großh. bad. Hausarchive zu Carlsruhe. Abschrift im k. k. Kriegsarchive, Sig. 7/6 1686. Ferner sind Hauptquellen für dieses Ereigniß: 1. Der Bericht des Kurfürsten Max Emanuel von Bayern an Kaiser Leopold: „Außm Feldlager vor Ofen den 17. July anno 1686". K. k. Kriegsarchiv, Sig. 7/8 1686. 2. Bericht des Markgrafen Ludwig an Hermann von Baden: „Feldlager vor Ofen den 17. July 1686" (abgedruckt bei Röder, I. 195 u. f.). Die Tagebücher und die Flugschriften bringen nur spärliche Nachrichten über das Ereigniß.

Im Sinne der „Disposition" hatten folgende Colonnen in genau angegebener Reihenfolge sich „in der Stille" an die Palissaden des Grabens zu schleichen, Stand zu fassen, die Arbeiter zu bedecken und den Feind aus dem Graben zu verjagen: 1. ein Lieutenant mit 50 Füsilieren, 2. ein Hauptmann mit 40 Grenadieren, diesen folgten ein Ingenieur, 2 Officiere und 100 Mann mit eisenbeschlagenen Manteletten, um das „Logement" zu machen. Diesen Abtheilungen schlossen sich 400 Arbeiter mit Schanzzeug ohne Gewehr an. Als Reserve und Bedeckung standen ferner drei starke Truppenabtheilungen bereit, darunter ein bayerisches und ein sächsisches Bataillon. Mit derselben Schnelligkeit und Bravour und mit demselben Glücke, wie die Eroberung des Retranchements am Thore, gelang nach kurzem Kampfe die Festsetzung, Logirung und Behauptung an dem Graben. „Bei obgedachter Logierung an den Palissaden des Grabens — schreibt der Kurfürst — haben Euer Majestät dero General=Feldmarschalllieutenant Grafen von Fontaine verloren, welchen ich sehr bedauere, zumal er ein braver und emsiger Officier gewesen, den Euer Majestät in allen Begebenheiten hätten gebrauchen können. So ist auch der Graf Aspermont, der sich bei diesem Logement sehr exponirt und emsig erzeigt hat, ein wenig von einer Kugel gestreift, jedoch dadurch nicht außer Stand gesetzt worden, Euer kais. Majestät täglich zu dienen. Von anderen ist bei der Depostirung des Feindes der Baron Codelinzky, der Hauptmann Vaubonne vom Beck'schen Regimente, ein Hauptmann von Badner Grenadieren (an zwei Stellen), ein Lieutenant von meinen Grenadieren und ein Lieutenant von den Sachsen blessiert worden, auch ein Lieutenant vom Baden'schen Regimente todt geblieben; die völlige Anzahl aber der Todten und Verwundeten möchte sich auf etlich und 50 erstrecken. Obgemeldete Officiere haben nicht allein meine Ordres in Allem punktual exequirt, sondern sind auch mit solcher Bravour zu dem Feind in den Graben und in das Retranchement gesprungen, daß ich billige Ursache habe, Euer Majestät selbe zu rühmen und zu recommandiren"[1].

Dieses kühne nächtliche Unternehmen, zu dessen glücklichem Vollbringen kaiserliche, bayerische und sächsische Truppenabtheilungen in gleicher Weise und mit gleicher Unerschrockenheit beitrugen, brachte die Attake auf der Südseite um ein Bedeutendes ihrem Ziele näher. Schon in der folgenden Nacht (17.—18. Juli) wurde die Eroberung bestens gesichert und zum Ausgangspunkte neuer Angriffe gemacht. Hart am Graben begann man den Bau einer Batterie für fünf schwere Geschütze, gleichzeitig wurden zwei „Kavaliere" aufgeworfen[2]. Mit so hoher Zuversicht sah man im kurfürstlichen Hauptquartiere den Wirkungen der Geschosse, die nun der Angriffsfront bedeutend näher gerückt waren, entgegen, daß der Kurfürst in dem Berichte an den Kaiser sagen durfte, er habe die Hoffnung, „unter Favor dieses Feuers ohne sonderbares Unglück durch Logement in etlich wenigen Tagen auf das Rondell des Schlosses zu kommen".

So leicht aber, als der Kurfürst dies sich dachte, war dieser Preis nicht zu erringen; zehn Tage später ist das Rondell erstürmt worden, aber es bedurfte eines gewaltigen Kampfes und furchtbarer Opfer; unter einem Strom von Blut ist dies Ziel erstritten worden.

---

[1] Max Emanuel an Kaiser Leopold. K. k. Kriegsarchiv, Fasc. 7/8 1686.

[2] Diese Kavaliere, auch Reiter oder Katzen genannt, bezeichnen erhöhte Erdwerke, welche oben abgeplattet und mit einer Brustwehr versehen waren.

X.

Ereignisse vor Ofen vom 17. bis 21. Juli.

Obwohl das eifrigste Streben des Kurfürsten dahin zielte, die Batterie am Schloßgraben so rasch als möglich fertig zu stellen, ging der Bau derselben doch nur langsam vor sich. Weil man die Arbeiter nicht unbedeckt dem so nahen Feuer des Feindes aussetzen durfte, mußten „Blendungen" hergestellt werden. Vier Tage hat diese Arbeit in Anspruch genommen. „Heute Abends" — schreibt der Kurfürst am 21. Juli — „wird die Batterie fertig werden, auch wird man aus selber morgen mit 4 Stücken zu schießen anfangen und indem sie ganz nahe an der Mauer bei Tag und Nacht damit kontinuiren können, verhoffe dergestalt hievon in Bälde eine gute Bresche zu haben und alsdann auf dem Rondell Posto fassen zu können [1]". Aber diese Hoffnung erlitt eine schwere Täuschung. Gerade in jener Morgenstunde, in der diese Feuerschlünde am Schloßgraben sich hätten öffnen sollen, erfuhr die Fortentwickelung der Belagerungsarbeit auf bayerischer Seite eine verhängnißvolle Störung, die, wie wir hören werden, mit schmerzlichen Verlusten verknüpft war.

Indessen trafen immer bestimmtere Nachrichten ein, daß der Großvezier Suleiman mit einem starken Heere zum Entsatze von Ofen im Anzuge sei und sich der Draubrücke bei Esseg nähere. Da die Entfernung derselben von Ofen 29 Meilen betrug, konnte der Feind in 10 bis 12 Tagen vor Ofen erscheinen. Die Gerüchte, die dem türkischen Heere voraueilten, gaben die Stärke desselben sehr verschieden an. Nach der einen Kundschaft sollte die feindliche Armee 40.000, nach der anderen 70.000 Mann zählen. Es schien zweifellos, daß dem christlichen Heere die schwere Probe eines gewaltigen Doppelkampfes werde auferlegt werden. Tod und Verwundung hatten in die Reihen der Infanterie bereits furchtbare Lücken gerissen; dreißig Tage hatten die Kämpfe um Ofen bereits gewährt, die Sturmläufe, die feindlichen Ausfälle, der aufreibende Dienst in den „Annäherungswegen" und „Parallelen" hatten ungeheuer viele Opfer gefordert; auf die Ergänzung und Verstärkung durch das Theiß-Corps und die aus Siebenbürgen gerufenen Scharffenberg'schen Truppen war in den nächsten Wochen nicht zu rechnen. Die aufrichtende Hoffnung war da auf die stolzen und mächtigen Reitermassen gerichtet, vorzüglich auf die trefflichen Kürassier-Regimenter, die den Ruhm der Cavallerie in erster Linie ausmachten. Und

---

[1] Schreiben des Kurfürsten an den Kaiser, 21. Juli 1686 (Röder, I. 199).

diese Cavallerie war damals fast intakt; „sie steht noch in einem hauptguten Zustand" —
sagt ein sehr kundiger Berichterstatter — „und fast in dem Stand, wie sie aus dem
Quartier marschirt"[1]).

Die vorsorgliche Thätigkeit des Hauptquartiers bewegte sich nun naturgemäß nach
zwei Richtungen. Einmal galt es, die Belagerungsarbeiten möglichst zu beschleunigen
und alle Vorbereitungen zu treffen, um neuerdings einen Sturmlauf wagen und die
Unterwerfung der Festung vor der Ankunft des nahenden feindlichen Heeres versuchen
zu können, zweitens aber auch für den Fall sich zu rüsten, daß der Doppelkampf aufgenommen, die Belagerung fortgesetzt und zugleich dem Entsatzheere die Stirne geboten
werden mußte. Am 20. Juli hielt „die kaiserliche Generalität" großen Kriegsrath,
dem auch Generallieutenant von Schöning beigezogen wurde[2]). Am selben Tage unternahmen der Herzog von Lothringen und Generallieutenant Schöning einen Recognos-
cirungsritt durch das Ofener Gebirge, um Höhen und Thäler in Augenschein zu nehmen,
das Terrain zu prüfen und die geeigneten Vertheidigungspunkte gegen das nahende
Entsatzheer zu wählen[3]). General Graf Pálffy wurde mit einem großen Reitercorps über Hamsabég gegen Ertsi entsendet[4]). Mag bei der Anordnung dieses Streifzuges auch der Gedanke maßgebend gewesen sein, den Futterrayon zu erweitern, die
Vorräthe im Lager zu schonen: der Hauptzweck der Sendung lag sicher in dem Aufklärungsdienste, den diese Reitermassen zu leisten hatten, denn es durfte als ausgemacht
gelten, daß das türkische Entsatzheer seinen Vormarsch von der Esseger Brücke auf dem
rechten Stromufer über Adony, Ertsi und Hamsabég nach Ofen bewerkstelligen werde.

Am 21. Juli pflog der Herzog abermals eine lange Unterredung mit dem General
Schöning, bei welcher die Nothwendigkeit erörtert wurde, einen Sturm gegen die Festung
vor Ankunft des türkischen Heeres zu wagen. Die wachsenden Bedrängnisse der Belagerten schienen dazu zu ermuthigen. Fast täglich erschienen Flüchtlinge und Ueberläufer aus der Stadt im Lager. So abweichend vielfach ihre Aussagen über die
Verluste und über die Stärke der noch vorhandenen Garnison auch waren, darin
stimmten alle ohne Ausnahme überein, daß der Schrecken die Gemüther der Bewohner
mehr und mehr ergreife, der Menschenverlust ein großer sei, daß die Bomben un-
glaublichen Schaden anrichten und selbst die stärksten Gewölbe durchbrechen, daß unlängst
eine einzige Bombe in einem Gewölbe mehr als 100 Menschen erschlagen habe, daß
die Zahl der Kämpfer sehr zusammengeschmolzen sei, daß Plätze fehlen, die Cadaver
der gefallenen Menschen und Thiere zu beerdigen, ein furchtbarer Gestank der Leich-
name die Luft erfülle. Diese letztere Angabe findet auch von anderer Seite ihre
Erklärung und Ergänzung, und zwar durch eine grauenvolle Schilderung, die ein verläßlicher Berichterstatter uns bietet.

Es war ein gräßliches Schauspiel, das die Laufgrabenwachen der Kaiserlichen und Brandenburger von ihren Approchen aus wahrzunehmen Gelegenheit hatten.
Seit dem mörderischen Sturme am 13. Juli lagen noch immer theils im Gerölle
der Bresche, theils im Sande nahe bei den Palissaden viele Leichen. Die Kaiserlichen

---

[1]) „Berichte aus dem Feldlager vor Ofen" (Lamberg'sches Archiv).
[2]) Tagebuch der Belagerung von Ofen (Röder, I. Urk. S. 63). Schöning a. a. O. S. 104
gibt den 9. Juli alt. St. d. i. 19. Juli als Tag des Kriegsrathes an.
[3]) Schöning a. a. O. S. 104.
[4]) Tagebuch der Belagerung von Ofen (Röder, I. Urk. 63).

konnten diese Körper ihrer gefallenen Kampfgenossen ohne den empfindlichsten Verlust nicht wegnehmen und beerdigen. Der barbarische Feind zog nun so viele Leichen, als er erreichen konnte, an sich, steckte sie zwischen seine Palissaden, die in Doppelreihen errichtet waren, „und bediente sich derselben statt der Schanzkörbe"[1]).

Alle Aussagen der Flüchtlinge und Ueberläufer kamen auch darin überein, daß die türkischen Truppen durch die Hoffnung auf Succurs, von dem sie Kunde haben, aufrechterhalten werden und daß dieselben entschlossen seien, das Aeußerste zu erwarten.

---

[1]) „Berichte aus dem Feldlager vor Ofen". Abschrift im k. k. Kriegsarchive.

Der unterirdische Kampf. — Mineur und Contremineur.

Das Belagerungsheer war unermüdlich in allen Thätigkeitsäußerungen, welche die Vorbedingungen des Sturmes bilden müssen. Das Geschützfeuer dauerte ununterbrochen fort; einerseits flog ein Hagel von Bomben und Steinen in die Stadt, um Schrecken und Schaden zu mehren, andererseits suchten die Batterien die Breschen zu erweitern. Aber die Hauptthätigkeit sollte der Mineur entwickeln, dem aber leider Schulung und Erfahrung fehlten.

Während auf dem Angriffsfelde die Artillerie wirkte, rückte unter dem Angriffsfelde der Mineur als zweites Organ des Angriffs vor. Es ist in der Zeit vom 19. bis 23. Juli auf der Nordseite ein sehr merkwürdiger unterirdischer Kampf geführt worden. Fassen wir alle zerstreuten Nachrichten zusammen, so gewinnen wir ein genaues Bild des unheimlichen unterirdischen Vorgehens. Wie auf dem Angriffsfelde die Approchen, so wurden diese unterirdischen Annäherungswege gegen die Hauptbollwerke getrieben. Der Angriff war klar disponirt. An vier Punkten setzten die Mineure an; alle arbeiteten mit unleugbarer Todesverachtung und unerschütterlicher Ausdauer, aber leider mit geringem Erfolge. Der erste Minengang richtete sich gegen das Graner Eckrondell, der zweite gegen die Kurtine zwischen dem Eckrondell und dem mittleren Rondell, der dritte gegen das genannte Rondell, der vierte gegen die Kurtine zwischen dem zweiten und dritten Rondell. Schon am 19. Juli traf die Mineure im vierten Minengange eine furchtbare Katastrophe. Der türkische Contremineur hatte da seine Ueberlegenheit in der Geschicklichkeit des Horchdienstes gezeigt; er entdeckte die feindliche Arbeit und suchte ihr zu begegnen, ohne von den kaiserlichen Mineuren bemerkt zu werden. Bald nach 11 Uhr Nachts schoß der Contremineur, verschüttete die Mine der Kaiserlichen und begrub den Mineur-Hauptmann Liberius (Liberio, auch Liebert genannt) nebst seinen zwei Hilfsarbeitern; die letzteren sind durch die rasch erfolgten Nachgrabungen gerettet worden, der Leichnam des Hauptmanns konnte nicht aufgefunden werden. Ungeschreckt durch diesen traurigen Ausgang setzte der kaiserliche Mineur schon am nächsten Tage wieder an, um gegen die Kurtine einen neuen Minengang zu treiben, der nur langsam fortschritt, weil die vom Feinde gesprengte Mine umgangen werden mußte. Tag und Nacht wurde die Arbeit fortgesetzt. Am 21. Juli meldete der Mineur-Hauptmann, daß der Minengang noch heute ganz nahe an die Kurtinenmauer kommen werde. Am Abend desselben Tages trafen die Mineure die Minenkammer des verunglückten Hauptmannes Liberius, ohne den Leichnam des Verschütteten zu finden. In der Nacht wurde die Kammer vollendet. Das schreckliche Unglück, das diese, wie so manche andere

Mine treffen sollte, hatte in der Unzulänglichkeit der technischen Kräfte und im Mangel an Schulung seinen Grund. Am frühen Morgen des 22. Juli flog die Mine auf, aber früher als es beabsichtigt war und ehe sich die Mineure in Sicherheit bringen konnten. Es ist nicht ganz aufgeklärt, wie das Unglück entstand. Die Uebereilung, die in der Furcht vor dem Contremineur ihre Wurzel hatte, verschuldete eine Reihe von Unvorsichtigkeiten. Die Zündwurst entzündete sich zu früh und die auffliegende Mine fügte dem Hauptmann schwere Brandwunden zu und schleuderte den verbrannten Leich= nam des Lieutenants bis zur kurbrandenburgischen Batterie zurück. Die Wirkung, welche die Mine an der Kurtine erzielte, war bedeutungslos, nur am Fuße derselben erfolgte ein Wallbruch von geringer Dimension.

Ein Verhängniß anderer Art vernichtete die anstrengende Arbeit in dem Minen= gange, der gegen das große Eckrondell geführt wurde. Anfangs nahm dieses Werk einen glücklichen Fortgang; schon am 20. Juli glaubte der Mineur mit Be= stimmtheit sagen zu dürfen, daß er am nächsten Tage bereits in die Mauer des Eck= rondells einbrechen werde, und er hat sich nicht getäuscht, obwohl sich ihm manches Hinderniß, das umgangen werden mußte, entgegenstellte. So traf er einen Minengang, der von der Belagerung des Jahres 1684 herrührte und mit Wasser gefüllt war. Aber seiner rastlosen Thätigkeit gelang es, schon am 21. Juli in die Fundamente der Rondellmauer einzudringen. Schon begann er in der Nacht vom 21. zum 22. Juli die Kammer (Minenofen) anzulegen. Da traf er auf den gefährlichen Feind des unterirdischen Kampfes; der türkische Contremineur hat auch hier seine Ueberlegenheit im Horchdienst bewiesen, arbeitete hastig entgegen, wurde aber glücklicher Weise rechtzeitig entdeckt, um dem kaiserlichen Mineur den ungefährdeten Rückzug zu ermöglichen. Die Mine mußte eilig verlassen werden und ist noch am selben Tage verschüttet worden.

Die größten Hoffnungen wurden auf die Mine gesetzt, welche gegen das mittlere Rondell gerichtet wurde. Die Leitung dieser Arbeit führte der Ingenieur Borgsdorf, auf dessen Erfahrenheit und Geschicklichkeit man große Hoffnungen setzte. Diese steigerten sich noch, als er mit großer Zuversicht den günstigsten Erfolg seiner Minenarbeit in Aussicht stellte. „Die Mine soll Meisters Meinung nach, — sagt unser Berichterstatter — die vom Feinde an der Bresche gesetzten Palissaden alle ein= wärts und die zerschossenen Steine und den Gries auswärts werfen. Im Fall sie dieses thut, hat der Feldmarschall Starhemberg dem Minirmeister 100 Reichsthaler zu schenken versprochen"[1]). Anfangs schritt auch diese Arbeit glücklich vorwärts, ohne von dem Contremineur entdeckt zu werden. Am 22. Juli setzte Borgsdorff bereits an der Mauer des mittleren Rondells an und führte seine Bohrarbeit mit Erfolg fort, so daß man voll sanguinischer Hoffnung mit dem Effekt dieser Mine den Plan zum nächsten großen Sturmlaufe verband. Aber alle Erwartungen sind in grauenvoller Weise getäuscht worden. Ehe wir die Vollendung des Baues dieser Mine und ihr Auf= fliegen erzählen, müssen wir uns die gewaltigen Ereignisse vergegenwärtigen, welche den 22. Juli zu einem denkwürdigen Tage in der Geschichte dieser Waffenthaten machten.

---

[1]) „Berichte aus dem Feldlager vor Ofen", a. a. O. Für den unterirdischen Kampf in der Zeit vom 19. bis 24. Juli müssen folgende vier Quellen, deren Angaben sich gegenseitig ergänzen, in Betracht gezogen und verglichen werden; außer den eben erwähnten „Berichten" das Tagebuch bei Röder (a. a. O. S. 62—67) und die beiden Flugschriften: „Bestürmet und erstürmte Stadt Ofen" u. s. w., Nürnberg 1686; und „Eigentliche Beschreibung" u. s. w. Wien bei Johann Van Ghelen 1686.

Ausfall der Türken auf die Angriffswerke der Südarmee. Explosion des großen Pulver-Magazins in der Festung.

Beim erſten Morgengrauen am 22. Juli, etwa um 4 Uhr Früh, faſt zur ſelben Stunde, als auf der Nordfront ein ſchweres Verhängniß im unterirdiſchen Kampfe zwei Minenarbeiten traf, unternahm der Feind einen ungemein heftigen Ausfall auf die jüngſt eroberte Poſition des kurfürſtlichen Heeres am Schloßgraben. Sächſiſche Heeresabtheilungen waren es, welche in dieſer Nacht die Laufgrabenwache hielten und die Hut der neuerrichteten Batterien bilden ſollten. Es waren zumeiſt junge, uner= fahrene Rekruten („Neue Leüth"), die mit der Kampfart des Gegners nicht vertraut waren, durch den wilden Anprall des Feindes und das wüſte Geſchrei deſſelben er= ſchreckt wurden und nicht die Kraft und kalte Ausdauer im Feuergefecht bewährten, den Stoß auszuhalten. Sie wichen aus den Trancheen, obwohl der ſächſiſche Oberſt Löwen, der dabei ſo viele Proben der höchſten Tapferkeit und Unerſchrockenheit gab, mit aller Kraft den Rückzug aufzuhalten ſuchte. Der Feind drang nach, richtete ein großes Blutbad an und vernagelte 3 halbe Carthaunen und einen Mörſer. Aber die Reſerve war raſch bei der Hand, hinderte den Feind am weiteren Vordringen und an der Fortſetzung ſeines Zerſtörungswerkes. Abtheilungen der kaiſerlichen Regimenter „Baden" und „Beck" waren es, die ſich dem Feinde entgegenwarfen und ihn aus den Trancheen hinaustrieben, ſo raſch und ſo nachdrucksvoll, daß die Vernaglung der Geſchütze in ſehr ungenügender Weiſe vorgenommen werden konnte. Während der Feind in das Schloß zurückgetrieben wurde, nahm der Marquis de la Vergne mit friſchen Truppen die momentan ver= lorene Poſition wieder ein, beſetzte die Trancheen und die Batterie. Der Ausfall hat ſchwere Opfer verurſacht, vorzüglich die Sachſen haben große und ſchmerzliche Verluſte erlitten, ſie zählten mehr als 100 Todte und Verwundete. Der Heldentod des Oberſten Löwen gibt Zeugniß für ſeine hingebendes und aufopferndes Beſtreben, ſeine jungen Rekruten zum Stehen zu bringen.

Man weiß, wie hart im Urtheile, wie ſpöttiſch im Tadel ſich Markgraf Ludwig von Baden häufig zu zeigen pflegte. In dem am 24. Juli an ſeinen Oheim gerichteten Schreiben begegnet die Haltung der Sachſen ſeiner wegwerfenden Beurtheilung; „un= geachtet ſie (die Sachſen) feſt genug geſtanden", — ſagt er — „haben ſie ſich von dem Geſchrei erſchrecken laſſen und ohne einige Reſiſtenz oder Schuß zu thun, den

Kopf hingereckt"[1]). Diese harte Anklage findet in anderen Quellen keineswegs eine Bestätigung. Dieselben theilen zwar übereinstimmend mit, daß die Sachsen eine blutige Niederlage erlitten, zurückgedrängt wurden, in Verwirrung geriethen und die Trancheen verlassen mußten, von einer muthlosen Flucht bringen sie jedoch keine Meldung; viele von ihnen zollen ausdrücklich dem unglücklichen Führer der sächsischen Wache, dem Obersten Löwen, die Anerkennung tapferster Gegenwehr[2]).

So rasch wurde — wie gesagt — der Feind aus den Approchen hinausgeworfen daß ihm nicht Zeit blieb, die Geschütze gehörig zu vernageln, oder der Batterie einen groben Schaden zuzufügen. Nach gestilltem Ausfalle hat man sogleich Hand an die vernagelten Geschütze gelegt und die Nägel herausgezogen, so, daß die Carthaunen schon nach 3 Stunden, der Mörser bereits eine halbe Stunde später den Feuerschlund wieder in Thätigkeit zu setzen vermochten.

Kurze Zeit darauf, ungefähr um 6 Uhr Morgens, schreckten gewaltige, furchtbare Erdstöße alle Abtheilungen des weiten Lagers in unbeschreiblicher Weise auf. Dem Beben der Erde folgte augenblicklich ein dröhnender Knall und entsetzliches Geprassel; Steine, Balken, Eisenbestandtheile und Kugeln flogen nach allen Seiten und dicht geballte schwarze Rauch- und Staubwolken sah man in der Nähe des Schlosses aufsteigen und dann den ganzen Südtheil des Festungsberges düster umhüllen. Eine Bombenkugel — es ist nicht auszumachen, aus welcher Batterie sie geschossen wurde[3])

---

[1]) Markgraf Ludwig von Baden an Hermann von Baden (Röder a. a. O. I. S. 202). Damit stimmt der Bericht des Kurfürsten Max Emanuel an den Kaiser überein (Röder, I. S. 200).

[2]) „Von den Sächsischen ist der Herr Obrist Löben, welcher sich lange Zeit rühmlich gewehrt, endtlich auch umbkommen („Berichte aus dem Feldlager vor Ofen"). — Die Flugschrift: „Eigentliche Beschreibung u. s. w." betont ausdrücklich, daß Oberst Löwe „sich lange sehr tapfer defendiret". Der Verlust, den die Südarmee bei diesem Ausfalle erlitten, wird sehr verschieden angegeben. Der Markgraf Ludwig beziffert ihn auf 60 bis 70 Mann; das von Röder veröffentlichte Tagebuch (I. Urkunden, 65) auf 80; der englische Ingenieur Richards auf 150 (Tagebuch a. a. O. 233). — Die Flugschrift „Bestürmte und erstürmte Stadt Ofen u. s. w." auf 100 (S. 39); die Flugschrift: „Eigentliche Beschreibung u. s. w." auf 200 (S. 17). Beachtenswerth sind die Aeußerungen, mit welchen der Verfasser der „Berichte aus dem Feldlager vor Ofen" seine Erzählung des Ausfalls begleitet: „Ich habe in den approchen gesehen, die Toden haufenweiß aufeinander liegen, daß man sie nicht zählen können, wie mich aber bedünkt, wird wohl die benennte Summa (200) eintreffen, einige schreiben wohl 300 todt, sie selbsten aber wollen nicht über 100 gestehen".

Die bayerische Armee hatte bei diesem Ausfalle den Verlust eines hervorragenden Officiers, des Artillerie-Obersten Gschwindt zu beklagen. Durch einen Hieb erhielt er die Todeswunde, der er kurze Zeit später erlag. Es gibt fast keine gleichzeitige Schrift über die Belagerungsereignisse, die dieses Opfers nicht erwähnte.

[3]) Im Lager war das Gerücht verbreitet, „daß die erste Bomben, so man auß den unlängst vorhero durch den Feindt vernagelten Mörser geworfen, gedachtes Magazin soll angesteckt haben" (Tagebuch bei Röder, I. Urk. S. 65). Offenbar auf Grund dieses Gerüchtes meldet der Kurfürst dem Kaiser mit aller Bestimmtheit, es habe „das glück gewolt, daß der erste auß selben (nämlich dem Feuermörser) hernach mit einer Carcassen geschehene Schuß in ein orth gangen, alwo des feindts großes Magazin von pulver gewesen, wovon solches angezündet". — Das Gerücht muß aber eine sehr unsichere Grundlage gehabt haben, sonst würde Markgraf Ludwig in seinem Briefe an den Oheim (Röder I. 202) gewiß mit Bestimmtheit und Stolz auf diesen sicheren Treffer seiner Batterie hingewiesen haben; es klingt aber sehr skeptisch, wenn er schreibt: „wie man sagt" sei aus diesem Mörser „des Feindts großes Magazinhauß angesteckhet worden". Das Richtige mag da wohl die Flugschrift: „Eigentliche Beschreibung u. s. w." S. 17) getroffen haben: „Um 6 Uhr darauf ist das Magazin in der Festung, unwissend aus was für Ursachen mit grausamen Knall in die Luft geflogen".

— war in das an der nördlichen Flanke des Schlosses befindliche Hauptpulvermagazin der Türken gefallen und hatte die grauenerregende Explosion verursacht. Die Zerstörungen und Verheerungen, welche diese Katastrophe nach sich zog, der Schrecken, den sie verbreitete, lassen sich schwer beschreiben. Die Berichterstatter wissen zu erzählen, daß die Erde eine Meile im Umkreise erbebte, daß große Quadersteine über den Gerhardsberg, zu den Reiterwachen auf dem Schwaben-berg, in die Redouten jenseits des Stromes getragen wurden. In den Verschanzungen vor Pest sind durch die niederstürzenden Mauertrümmer 3 Dragoner erschlagen und fünf andere Soldaten der Feldwache verwundet worden. In die „Annäherungswege" und „Parallelen" der Belagerer ist ein Schrecken getragen worden, dem sich selbst die Muthigsten und gegen Gefahren Gestähltesten nicht entziehen konnten. In den bayeri-schen Linien, die dem Explosionsherde freilich am nächsten lagen, war die Erschütte-rung so furchtbar, daß man glaubte, es müsse Alles zusammenstürzen. Man kann sich lebhaft vorstellen, wie betäubend die Katastrophe auf die Gemüther wirkte, wenn wir hören, was da in der Verwirrung geschah. Der Kurfürst Max Emanuel, welcher sich aus Anlaß des feindlichen Ausfalls just in den Approchen befand und die durch das infernalische Getöse und Niederprasseln der Steine zur Flucht veranlaßten Soldaten aufhalten wollte, wurde durch die drängende Masse niedergeworfen und getreten, auch Oberstlieutenant Graf Rabutin wurde niedergerannt und durch die Fußtritte seiner Leute, die über ihn hinwegsetzten, so verletzt, daß er zwei Tage das Bett hüten mußte.

In der Festung selbst hat die Explosion des Pulvermagazins, das sich an der Stelle des heutigen Zeughauses erhob, eine grauenvolle Verwüstung angerichtet; sie riß den Ecktheil der nördlichen Flanke des Schlosses weg, legte in die Mauer an der Donauseite einen Wallbruch von 60—100 Schritt Länge, zertrümmerte den kleinen, dort gestandenen Thurm zur Hälfte, zerstörte unten am Ufer des Flusses ein Rondell, mehrere Häuser und die dort befindliche Moschee[1]. Wenn wir den, übrigens voll-kommen übereinstimmenden Aussagen der Ueberläufer glauben dürfen, hat das er-schütternde Ereigniß furchtbar viele Menschenopfer in der Festung gefordert. Es sollen 1500 Personen theils getödtet, theils verwundet worden sein[2]. Nachdem sich die dichten Rauch- und Staubwolken verzogen hatten, begaben sich der Herzog von Loth-ringen, Generallieutenant von Schöning und andere Generale auf das linke Donauufer, um von Pest aus den durch die Katastrophe entstandenen Wallbruch in Augenschein zu nehmen. Man fand die Bresche so groß, „daß man mit Bataillons en fronte hineinmarschiren könne[3]", und schon tauchte der Gedanke auf, auf dieser Seite eine neue Angriffsfront zu wählen. Eingehende Erwägung drängte aber rasch einen solchen Plan zurück, weil an der Ostseite die Bergböschung schroff abfällt und die stürmende Mannschaft einer sehr wirksamen Beschießung ausgesetzt gewesen wäre.

[1] Es kann wohl keine andere gewesen sein als die „Umgangs-Moschee" (Mataša džamiši). Siehe oben S. 37.
[2] Schreiben des Markgrafen Ludwig von Baden an Hermann von Baden (Röder I. 203). — Tagebuch Richards' a. a. O. S. 234. — „Eigentliche Beschreibung u. s. w." S. 17.
[3] Tagebuch bei Schöning a. a. O. S. 105.

XIII.

Ereignisse vor und in Ofen vom 23. bis 26. Juli.

Im kaiserlichen Hauptquartier gab man sich dem Glauben hin, daß unter dem Eindrucke des Schreckens, der Verwüstung und des massenhaften Menschenverlustes, den die furchtbare Explosion in der Festung hervorgerufen hat, die Widerstandskraft des Feindes gelähmt, die zähe Ausdauer erschüttert worden sei; es wurde der Beschluß gefaßt, eine schriftliche Aufforderung zur Uebergabe der Festung an den Pascha Abd ur Rahman zu senden. Auffällig und unerklärt bleibt es, daß dieser Schritt ohne Wissen und Zustimmung des Kurfürsten beschlossen und unternommen wurde. Mit begreiflicher Bitterkeit schreibt Markgraf Ludwig an seinen Oheim, „daß der Herr Herzog von Lothringen zu unser aller Verwunderung, ohne den Kurfürsten zu advertiren, in die Stadt schreiben und selbige sommiren lassen. Es ist aber eine schlechte Antwort darauf erfolgt und der Feind dadurch nur encouragirt worden" [1].

Um 2 Uhr Nachmittags — am 23. Juli — begab sich der Generaladjutant Graf von Königsegg, begleitet von einem Tambour und einem Dolmetsch, zur feind=lichen Vertheidigungslinie, um im Auftrage des Obercommandanten das Schreiben zu überbringen. Der Brief, der auf der Spitze einer Picke befestigt war, wurde zunächst zur Bresche getragen, dort aber nicht angenommen und die Forderung gestellt, die Uebergabe bei dem Stuhlweißenburger Thor zu vollziehen. Nach Ueberreichung der Depesche trat eine vierstündige Waffenruhe ein, während welcher mehrere kaiserliche Soldaten der Laufgrabenwache mit den Türken auf der Bresche in ein Gespräch sich einzulassen versuchten. Nach Verlauf von vier Stunden brachten vier Spahis das in scharlachrothen Seidenstoff eingewickelte Schreiben, das die schroff ablehnende Antwort des Pascha enthielt [2].

Der Herzog erklärt in dem Aufforderungsschreiben, daß er die Festung ehestens zu stürmen vorhabe, nachdem durch die Kraft der Geschosse hinlänglich Bresche gelegt sei; würde die Uebergabe der Festung erfolgen, so sollen alle Kriegsleute sowie die Einwohner sammt der beweglichen Habe freien Abzug und sicheres Geleite erhalten,

---

[1] Röder a. a. O. I. S. 203.
[2] „Berichte aus dem Feldlager vor Ofen". — Tagebuch bei Röder, I. Urk. S. 66. Tagebuch des englischen Ingenieurs Richards a. a. O. S. 234. Ferner die beiden Flugschriften: „Bestürmte und Erstürmte Stadt Ofen" S. 41 und „Eigentliche Beschreibung" S. 18. Die Angaben dieser fünf Quellen ergänzen sich gegenseitig.

würde aber die Festung mit den Waffen in der Hand erobert und erstürmt werden, so werde kein Mensch, weß Alters oder Standes er sei, verschont, sondern Alles nieder= gemacht werden. Der Pascha antwortete, es könne ihm unmöglich in den Sinn kommen, die Festung zu übergeben. Der Gegner melde ihm, daß er stürmen wolle; ein=, zweimal habe er dies schon versucht, Gott habe ihn gestraft; wenn er hinfür zu stürmen versuchen werde, so sei seine Bitte und Hoffnung, daß der Allerhöchste zu Ehren seines Apostels und Propheten mit seiner Macht und Kraft den Feind strafe, weil er hoffärtig geworden; des Hoffärtigen aber Feind und Rächer sei Gott [1]).

Um 6 Uhr Abends wurde auf beiden Seiten das heftigste Feuer wieder eröffnet. An diesem Tage ging auch die Hauptmine, die der Ingenieur Borgsdorf gegen das mittlere Rondell grub, und auf deren Wirkung man die kühnsten Hoffnungen setzte, der Vollendung entgegen. Schon in der Nacht war man mit dem Ausbaue der Minenkammer fertig geworden; den Tag hindurch wurden die Gänge durch Säulen, Spreißhölzer und Bretter gestützt, der Minenkasten wurde fest gekeilt und die Eindämmung vollendet. Nicht Alle scheinen sich der trügerischen Hoffnung auf einen unzweifelhaft großen Effekt dieser Mine hingegeben zu haben. Es wird erzählt, daß Generallieutenant von Schöning den Rath ertheilt habe, der Mineur möge noch fünf oder sechs Fuß tiefer gehen und noch eine Kammer anlegen, denn die erste scheine ihm nicht tief genug zu sein [2]). Ob auch nur versucht wurde, diesen Rath auszuführen, ist aus den vorliegenden Berichten nicht zu entnehmen. Es stand fest, daß die Mine am nächsten Tage angezündet und im Falle glücklichen Gelingens der Sturmlauf sofort unternommen werden sollte. Dem= gemäß wurden alle Vorbereitungen getroffen und die Sturmmannschaften bereit gehalten. Auf des Herzogs Geheiß waren Marschall von Starhemberg und Generallieutenant von Schöning in den Parallelen anwesend, um die nöthigen Dispositionen zu treffen.

Am 24. Juli früh Morgens wurde die Mine, die mit 40 Centner Pulver ge= laden war, angezündet. Ihr Aufsliegen erzielte eine der beabsichtigten ganz entgegen= setzte, gräßliche Wirkung. Sie schleuderte gewaltige Erdmassen nach rückwärts, wendete ihre furchtbar zerstörende Kraft gegen die Parallelen der Kaiserlichen und Branden= burger, überschüttete die zwei ersten Linien mit Erdreich und Steinen und richtete eine entsetzliche Verheerung in den Reihen der zum Sturme bereiten Mannschaft in den Approchen an; von den Kaiserlichen wurden 150, von den Brandenburgern 20 theils getödtet, theils verwundet. An der Bresche des mittleren Rondells, dessen Sprengung man durch die Mine erträumte, ist durch diese unglückliche unterirdische Arbeit, die mehr als jede andere die Unfähigkeit des Breschmineurs und dessen Unkenntniß in der Schachtführung bezeugt, mehr verdorben, als gutgemacht worden [3]). Es war klar, daß

---

[1]) Der Wortlaut der beiden Schreiben ist mitgetheilt: bei Röder, I. Urk. S. 66 und 67; ferner in der Flugschrift: „Bestürmt= und Erstürmte Stadt Osen" S. 41 u. 42 und in mehreren anderen gleichzeitigen Publikationen. — Vergl. auch Joseph Rémedy: Die Belagerungen der Festung Osen, S. 13 u. 14.

[2]) Schöning a. a. O. S. 106.

[3]) Tagebuch bei Röder, I. Urk. S. 67. — Schöning a. a. O. S. 106. — „Berichte aus dem Feldlager vor Osen", „Bestürmte und Erstürmte Stadt Osen" S. 42. Fast alle Hauptquellen stimmen in der Behauptung überein, daß die letzten schrecklichen Mißerfolge des Breschmineurs ihren Grund darin gehabt haben, daß er nicht in das Fundament der einzuwerfenden Mauer eindrang. Der Weg des Breschmineurs sei zu kurz gewesen, sagen sowohl die „Berichte aus dem Feldlager vor Osen", als auch die obgenannte Flugschrift. — „Die Mine ging" — sagt das Tagebuch bei Schöning

unter solchen Verhältnissen von einem Sturmlaufe an diesem Tage keine Rede mehr sein konnte.

Was der Breschmineur in Folge seiner inferioren Ausbildung und des Mangels an Erfahrung nicht zu Stande brachte, das mußte das andere Organ des Angriffs, das Geschützfeuer zu erzielen suchen. Ehe man den geplanten Sturm gegen die erschütterten Positionen des Feindes an beiden Angriffsfronten wagen durfte, mußten die Breschen erweitert werden, mußte ein Theil der die Bresche schützenden, in Doppelreihen eingerammten Palissaden fortgefegt werden. Das war die Vorbedingung für einen besseren Erfolg des beschlossenen allgemeinen gewaltsamen Angriffs. Der Erreichung dieses Zieles dienten die Anstrengungen in den nächsten zwei Tagen. Die Beschießung wurde Tag und Nacht in heftigster Weise fortgesetzt. „Sowohl unsere 4 halben Karthaunen auf dem Graben — schreibt Markgraf Ludwig von Baden am 24. Juli — als auch die hintere Batterie schießen Tag und Nacht fort. So hoffen wir zu Gott, wenigstens auf dem Rundell innerhalb 2- oder 3mal 24 Stunden einen Posten zu gewinnen"[1].

Auf der Nordseite ist in der Nacht vom 24. zum 25. Juli rastlos an der Wiederherstellung der 2 Parallelen, die der unglückliche Minenschuß des Ingenieurs Borgsdorf theilweise verschüttet und zerstört hatte, gearbeitet worden. Der Morgen des 25. Juli sah die Werke wieder im normalen Zustande. Dieser Tag ist ein heißer Kampftag geworden. Es schien, als ob die schweren Schläge, welche durch die verhängnißvollen Fehlschüsse der Mineure die Kaiserlichen getroffen, den Feind zu kühnen Vorstößen ermuthigt hätten. Um 4 Uhr Nachmittags flog ausserhalb der Mauer des Graner Eckrondells eine feindliche Mine auf[2], welche offenbar die Tendenz hatte, die in der Nähe errichtete Breschbatterie und die Mörserbatterie über den Haufen zu werfen. Diesen Zweck hat der Feind nicht erreicht, seine Mine hat nur geringen Schaden angerichtet[3] Dem Auffliegen der Mine folgten rasch drei kraftvolle Vorstöße der Türken; der erste Ausfall richtete sich gegen die äußerste rechte Flanke der kaiserlichen Attake hart an dem Eckrondell; etwa 200 Janitscharen überfielen da die Laufgräben, wurden aber nach kurzem Kampfe mit namhaftem Verluste zurückgeworfen[4]. Weit bedeutender war der Angriff, den der Feind in der Stärke von 1000 Mann auf die Linien der Brandenburger gleichzeitig unternahm. Mannhaft wurde der Vorstoß zurückgewiesen; die Brandenburger drangen vor und besetzten zwei

---

a. a. O. S. 106 — „nicht unter der Mauer, sondern nur an's Talut" (d. i. die Böschung; lat. talutum, franzöf. talus).

[1] Röder I. S. 203.

[2] Das Tagebuch bei Röder theilt mit, daß zwei feindliche Minen sprangen, eine Angabe, die im Widerspruche mit anderen Hauptquellen steht; die „Berichte aus dem Feldlager vor Ofen", das Tagebuch des Engländers, die zwei erwähnten Flugschriften u. s. w. wissen nur von der Entladung e i n e r Mine Mittheilung zu machen.

[3] Das Tagebuch bei Röder (I. Urt. S. 68) sagt, daß das Auffliegen dieser Mine „gar keinen Schaden gethan", diese Behauptung steht ganz vereinzelt da; die „Berichte aus dem Feldlager vor Ofen" und andere Quellen melden übereinstimmend, es seien durch die Mine „etliche von den Unserigen verschüttet" worden.

[4] „Gleich darauf (d. i. nach dem Auffliegen der Mine) geschah auch ein ausfall auf Unsere bey dem großen Rondell, aber solcher gestalten, daß er nit allein viel Tode hinterlaßen, sondern auch mit hinwegschleppung vieler plessirten sich widerumb retiriren müssen" (Berichte aus dem Feldlager vor Ofen; k. k. Kriegsarchiv).

Häuser, die unweit des Wiener Thores auf der sanft abfallenden Bergböschung gelegen waren. Kaum war dies geschehen, so erneuerte der Feind mit müthendem Geschrei seinen Angriff, dem ein heftiger, blutiger Kampf folgte. Die Brandenburger mußten die beiden Häuser wieder verlassen und erlitten schwere Einbuße. Der Oberstlieutenant von Löschbrand, der die brandenburgische Laufgrabenwache commandirte, fand da den Heldentod.

Gleichzeitig schoben die Türken andere Angriffscolonnen gegen den unteren Theil der Wasserstadt vor, wo, nahe dem Stromufer, die Haiducken die Wache hatten. Zu ihrer Verstärkung ließ man die zwei Bataillone, die außerhalb der unteren Stadtmauer als Reserve aufgestellt waren, in Eile vorrücken. Es entspann sich ein längerer, blutiger Kampf, in dem sich die Haiducken mit Erbitterung muthvoll schlugen. Mit gellendem Allah-Geschrei warfen sich die Janitscharen auf die Haiducken, mit dem Rufe „Hiba! Hiba" stießen dieselben den Feind zurück. Es war ein müthender Nahekampf. Manchmal — erzählt der englische Ingenieur — waren sie so untereinander gemischt, daß man Freund und Feind schwer unterscheiden konnte [1]. Einen Augenblick scheinen die Haiducken ins Wanken gekommen zu sein, aber sie erhielten bald ihren Halt an den zwei Bataillonen der Reserve. Erst als die Abenddämmerung eintrat, erhielt das heftige Gefecht sein Ende und zog sich der Feind mit schwerem Verluste in die Festung zurück. Auch die kaiserlichen Officiere hatten schmerzliche Verluste zu beklagen; der Fähnrich Baron Hohenwarth vom Souches'schen Regimente blieb todt, dem Adjutanten des Starhemberg'schen Regiments wurden beide Füße fortgeschossen, Oberstlieutenant Baron d'Asti erlitt eine nicht unbedeutende Fußwunde.

Die Vorbereitungen zu dem beabsichtigten Sturme haben diese heißen Abendkämpfe nicht im mindesten gehemmt oder gestört.

---

[1] Tagebuch des Jakob Richards a. a. O. S. 235.

Der Generalsturm am 27. Juli. Eroberung der Rondelle.

Gewarnt durch die erschütternden Erfahrungen beim mörderischen Sturmlauf am 13. Juli, faßte der Kriegsrath den Beschluß, daß der nächste Sturm am 27. Juli auf mehreren Seiten zugleich unternommen werden solle, eine Maßregel, die unter den damaligen Umständen allein Sinn und sich an anderen Orten schon aufs beste bewährt hatte.

Schon am 26. Juli sind alle Vorbereitungen mit der größten Umsicht und mit einer bis ins kleinste Detail gehenden Genauigkeit getroffen worden; auf der nördlichen Angriffsfront war bereits Abends die ganze zum Sturm commandirte Mannschaft in der Stärke von 3000 Mann in dem weitverästelten Netze der „Annäherungswege" und „Waffenplätze" (Parallelen) aufgestellt; in den vorgeschobensten Approchen waren vier Ausgänge — jeder in der Breite von 7 Schanzkörben — angebracht, um der Sturmmannschaft die rasche Entwicklung zu ermöglichen. Auch stand schon Abends alles Sturmgeräthe in Bereitschaft. Zum erstenmale im Laufe der Belagerung taucht bei diesen Vorbereitungen eine bisher nicht erwähnte, interessante, unsere Aufmerksamkeit fesselnde Persönlichkeit auf[1]). Ein

---

[1]) Die „Századok" (16. Jahrgang von 1882, S. 415—420) enthalten eine von Ludwig Némethy verfaßte Abhandlung (in magyarischer Sprache), welche den Titel führt: „Daten über Gabriel den Feurigen (Tüzes Gábor)". Mit anerkennenswerthem Fleiße sind da die wenigen zerstreuten biographischen Notizen über die interessante Mönchsgestalt gesammelt. Ueber den Namen derselben herrscht eine Meinungsverschiedenheit. Némethy hält an der bisherigen Ueberlieferung fest und nennt den Franziskaner: „Pater Gabriel", eine Bezeichnung, die offenbar aus dem Volksmunde in gleichzeitige und spätere Schriften übertragen wurde. Den Behauptungen Némethy's — insofern sie sich auf den Namen des Pater beziehen — trat Koloman von Thaly entgegen und veröffentlichte in demselben Jahrgange der „Századok" (16. Jahrg. 1882) S. 852 u. 853 eine Entgegnung unter dem Titel: „Des feurigen Gabriel wirklicher Name" (in magyarischer Sprache). Thaly sucht aus zwei Briefen des Raaber Vicegenerals Grafen Stephan Zichy (vom 21. Juli und 20. Oktober 1687) nachzuweisen, daß der Name des Franziskaners „Pater Gabrieli" gelautet habe; zweimal habe Graf Zichy konsequent diesen Namen gebraucht, das erstemal den von ihm begehrten Feuerwerkmeister: „Herrn Pater Gabrieli", das zweitemal „den Ofener Oberingenieur Herrn Pater Gabrieli" genannt. — Ludwig Némethy konnte sich nicht verhehlen, daß das schwerste Bedenken gegen die hergebrachte Ueberlieferung des Namens aus dem Tagebuche (Röder, I. Urk. a. a. O.) geschöpft werden müsse, das man irrthümlich dem Herzog von Lothringen zuschreibt, das aber sicher im Hauptquartiere (siehe oben Anmerkung

Franziskaner-Mönch, Pater Raphael Gabrieli, in dem der Geist seines berühmten Ordensbruders, dem man die Erfindung des Schießpulvers zugeschrieben hat, fortzuleben schien, tritt mit seinen von ihm erfundenen, eigenartigen Kampfmitteln in die Reihe der Helden, welche den Kampf um Ofen aufgenommen. Ihm ging der Ruf eines erfindungsreichen Feuerwerkmeisters voraus.

Am 26. Juli langte er, ohne Zweifel in Folge eines an ihn ergangenen Rufes, im Hauptquartiere des Herzogs von Lothringen an. Man rühmte von ihm, daß er auf Grund chemischer Versuche einen zu Kriegszwecken geeigneten Zündstoff erfunden und sich in der Pyrotechnik eine hervorragende Geschicklichkeit erworben habe. Wegen seiner artilleristischen Meisterschaft und seiner Feuerwerkskünste wurde er bei den Ungarn der „feurige Gabriel" (tüzes Gábor) genannt, und diesen Namen, unter welchem er im Munde der Soldaten und des Volkes lange fortlebte, umfloß ein Schimmer ungewöhnlicher Popularität. In der Geschichte der Belagerung Ofens werden wir seiner Thätigkeit von nun an wiederholt begegnen. Auf mehr als einem Gebiete des Angriffs- oder Vertheidigungswesens suchte er als erfindungsreicher Kopf zu gelten, aber die gespannteste und hoffnungsreichste Erwartung knüpfte sich an eine ganz eigenartige, neue Erfindung des Mönchs. Er verstand ein Zündmittel zu bereiten, das eine ähnliche Wirkung wie das griechische Feuer hervorbrachte. Man rühmte den von ihm bereiteten Feuerwerkskörpern nach, daß sie im Stande seien, die Palisadenreihen rasch in Brand zu stecken, ein unlöschbares Feuer zu erzeugen, das mit rapider Schnelligkeit alles brennbare Material versenge und einäschere.

Dem Mönche wurde zur Fabrikation seiner Zündstoffe ein Platz in der Werkstätte der kaiserlichen Feuerwerker angewiesen. Es erscheinen nämlich auf Seite der nördlichen Angriffsfront drei verschiedene Artillerie-Werkstätten, die in der Richtung gegen Altofen gelegen waren: die Werkstätte der brandenburgischen Feuerwerker, die Werkstätte der kaiserlichen Feuerwerker und die sogenannte spanische Werkstätte, welche dem berühmten, aus den Niederlanden berufenen Artilleriemeister Anton Gonzales eingeräumt war. Der Letztere hatte bereits zweimal in Wien in Gegenwart des Kaisers und vieler Generale Proben seines Erfindungsgeistes und seiner hervorragenden Geschicklichkeit in der Pyrotechnik abzulegen Gelegenheit gehabt, und soll damals Geschütze ganz neuer, von ihm erfundener Konstruktion vorgewiesen haben, die einerseits eine große Flug-

---

S. 58) geführt wurde. In diesem Tagebuche wird dieses Pyrotechnikers an vier verschiedenen Stellen Erwähnung gemacht, zweimal wird er einfach „Franziskaner Pater", zweimal dagegen „Pater Raphael" genannt. Némethy sucht dies Bedenken gegen seine Hypothese mit folgenden Worten zu beseitigen: „Dieser Irrthum konnte leicht geschehen, weil Gabriel und Raphael Namen von Erzengeln sind und der Herzog wußte, daß der Pater irgend eines Erzengels Namen trägt, jedoch kam ihm statt Gabriel — Raphael in den Sinn, und so nannte er auch den Pater". Dagegen muß eingewendet werden, daß man nicht annehmen kann, daß ein im Hauptquartier verfaßtes Tagebuch den Namen eines Mannes, der so hervorragende und nützliche Dienste geleistet, wiederholt unrichtig bezeichnet habe. Aber nicht nur negative Beweise lassen sich anführen, Koloman Thaly ist im Stande, wie wir gesehen haben, positive Resultate zu finden. — Die meisten Tagebücher und Flugschriften, welche die Belagerung von Ofen zum Vorwurf ihrer Darstellung genommen haben, nennen den Mann nur einfach „Franziskaner Pater", nur der englische Ingenieur nennt ihn „Father Gabriell" (a. a. O. S. 243), auch Propst Zenarolla nennt ihn einmal in seinem Tagebuche „il Padre Gabriel" (vergl. Némethy's Abhandlung in den „Századok" a. a. O). — Herkunft, Bildungsgang und frühere Lebensschicksale dieses merkwürdigen Mannes liegen übrigens völlig im Dunkeln.

weite ihren Geschossen zu geben vermochten, andererseits so leicht gebaut waren, daß selbst die 24pfündigen Kanonen von zwei Pferden gezogen werden konnten [1]).

In der Nacht vom 26. zum 27. Juli sollte der Versuch gemacht werden, mit den vom Pater Raphael erfundenen Feuerwerkskörpern die Palissaden der feindlichen Bresche niederzubrennen und dadurch den Stürmern Einbruchsstellen zu öffnen. Auf Seite der kurbayerischen Attake ist der Versuch größtentheils gelungen,

Auf Seite der kaiserlichen Attake ist dies Feuerwerk durch die Wachsamkeit des Feindes vereitelt worden. Aufgescheucht durch den Palissadenbrand auf der südlichen Angriffsfront, hängte der Feind auf der Nordseite beim Einbruche der Nacht eine Menge von brennenden Pechkränzen auf die Bresche, um jede Annäherung des Gegners sogleich zu bemerken. Bei dem grellen Lichte war es den Dragonern, die beauftragt waren, die Feuerwerkskörper des Franziskaners mit den Palissaden in Verbindung zu bringen, nicht möglich, zur Bresche hinaufzuschleichen. Jede Annäherung hat das sichere Janitscharenrohr vereitelt. Nachdem Minen und Feuerwerkskörper nicht zum Ziele führten, mußten die Breschbatterien ihr Werk fortsetzen, das freilich nicht das wirksamste Organ des Fortschrittes des Angriffes war.

Am 27. Juli wurde daher von Früh bis in den Nachmittag hinein auf allen Angriffsfronten das heftigste Geschützfeuer gegen die Palissaden gerichtet, um durch Rasirung derselben Einbruchsstellen zu schaffen. Dieser Umstand und wohl auch der starke Regen, der einen großen Theil des Tages hindurch anhielt, bewirkten die Verzögerung des allgemeinen Sturmlaufes bis zum Abend. Die Angriffsdispositionen wurden mit großer Klarheit und mit einer, alle Details umfassenden Genauigkeit getroffen. In dem Plane war als Regel angenommen, daß der gewaltsame Angriff ein allgemeiner sein und zu gleicher Zeit auf allen Seiten erfolgen solle, ferner, daß vier Hauptstürme gegen die erschütterten Positionen und ein Scheinangriff zu unternehmen seien. Die Kaiserlichen hatten zwei Sturmcolonnen zu bilden, deren eine das große Graner Eckrondell, die andere den angrenzenden Mittelwall (Kurtine) zu erstürmen berufen war.

Den Brandenburgern war die Aufgabe übertragen, das mittlere von den drei, westlich vom Wiener Thore gelegenen Rondellen zu stürmen [2]), während an der Südseite die kurfürstliche Armee den Angriff gegen das große Schloßrondell zu richten hatte. Die Haiducken aber sollten einen Scheinangriff gegen den durch die Explosion des Pulvermagazins entstandenen Wallbruch ausführen, um eine Diversion des Feindes zu bewirken. Die erste Sturmcolonne der Kaiserlichen bestand aus folgenden Abtheilungen: An der Spitze zogen 40 Grenadiere, geführt vom Hauptmann Zihlhammer, ihnen folgten 50 Haiducken, dann 50 Füsiliere und endlich 50 mit Sensen und Morgensternen bewaffnete Leute. Zu ihrer Unterstützung dienten zwei Abtheilungen, jede in der Stärke von 100 Mann und außerdem eine Schaar von 100 mit Schanzzeug versehenen Arbeitern, welche den Befehl hatten, erst dann aus den Linien zu

---

[1]) Ludwig Némethy in den „Századok" a. a. O.

[2]) Wenn Röder (I. 205) behauptet, daß 1000 Brandenburger das dritte Rondell angriffen, so ist dies unzweifelhaft ein Irrthum und steht im Widerspruch mit den Angaben aller Quellen, ja auch mit dem von ihm selbst (Urkunden I. S. 69—73) veröffentlichten Tagebuche. Das dritte Rondell ist nicht am 27. erstürmt, sondern erst später von den Brandenburgern besetzt worden, wie dies weiter unten erwiesen werden soll.

rücken, wenn die Stürmer sich des Rondells bereits bemächtigt haben. Ebenmäßig war die zweite Sturmcolonne formirt, die den Angriff gegen den Mittelwall auszuführen berufen war und zu diesem Zwecke in die vorgeschobensten Annäherungswege gesetzt wurde. Voraus zogen 50 Grenadiere, geführt vom Hauptmann Frühwirth, ihnen folgten 100 Haiducken, hierauf 100 Füsiliere, endlich 100 mit Sensen und Morgensternen bewaffnete Leute. Zur Unterstützung waren auch hier zwei Abtheilungen von je 100 Mann beordert und außerdem 150 Mann mit Schanzzeug in Bereitschaft gehalten.

In die erste Parallele wurden besonders ausgewählte gute Schützen gelegt, welche die auf der Bresche sich zeigenden Türken auf's Korn zu nehmen hatten.

Die Sturmcolonne der Brandenburger, die das mittlere Rondell zu attakiren beordert wurde, hatte eine gleichmäßige Gliederung. Weiter rückwärts in der Tiefe des Angriffsfeldes standen, gleichsam als zweite Reserve, 1000 Mann der Kaiserlichen, in zehn Schaaren getheilt, in Bereitschaft; in diesen Parallelen hatten sich alle dienstfähigen Oberstlieutenants und Oberstwachtmeister zu versammeln, um sich ihrer im Falle der Noth zu bedienen. Die genannten 1000 Mann erhielten den Befehl, in die von den Sturmcolonnen geräumten, vorderen „Annäherungswege" und „Parallelen" nachzurücken, während sodann ihre Stelle die als dritte Reserve außerhalb der unteren Stadtmauer aufgestellten Bataillone einzunehmen hatten.

Auf der südlichen Angriffsfront, wo die kurfürstliche Armee die Erstürmung des Schloßrondells auszuführen hatte, war die Sturmcolonne, wie folgt, gegliedert: Voran zogen 20 Füsiliere, von einem Lieutenant geführt, ihnen folgten ein Sergeant mit 6 Volontärs und 6 Grenadieren, hierauf ein Korporal mit 6 Zimmerleuten zum Fällen der Palissaden, dann 100 Mann, geführt von 3 Offizieren für das Feuergefecht und endlich 100 Arbeiter, von welchen 25 mit Schaufeln und Hacken und 75 mit gefüllten Sandsäcken versehen waren, um die Logirung vorzunehmen. Als erste Reserve fungirte die regelmäßige Laufgrabenwache, bestehend aus 8 Officieren, 200 Musquetieren, 30 Grenadieren und 50 Mann mit Kurzgewehren. Die zweite Reserve bildeten drei Bataillone (ein kaiserliches, ein sächsisches und ein bayerisches) und außerdem standen noch andere Truppenabtheilungen in Bereitschaft; im Ganzen waren auf dieser Angriffsseite zur Attaquirung außer der Laufgrabenwache und den 3 Bataillonen 851 Mann kommandirt [1]).

Den Scheinangriff gegen den Wallbruch an der Ostseite hatten 1200 Ungarn unter Führung des Vicegenerals von Raab auszuführen. Zu ihrer Unterstützung war eine kaiserliche Truppenabtheilung in der Stärke von 300 Mann bestimmt [2]), welche von dem Oberstwachtmeister Hompesch vom Prinz Neuburg'schen Regimente geführt wurden.

Es war etwa fünf Uhr Abends, als 12 Kanonenschüsse, die auf der Pester Seite gelöst wurden, das Signal zum Sturme gaben. Und es begann ein Kampf, so gewaltig und blutig, wie keiner von allen, die während dieser langen denkwürdigen Belagerung ausgefochten wurden, ein Kampf, der an Dauer und Opfern die anderen weit überragte und in dem, wie am 13. Juli, so viele leuchtende

[1]) „Disposition zur Attake des Rondells am Schloß" Geh. Staatsarchiv in München. Abgedruckt bei Staudinger: Das königl. bayr. 2. Infanterie-Regiment „Kronprinz", S. 31. (Anlagen).
[2]) „Eigentliche Beschreibung" u. s. w. S. 21.

Beispiele der Selbstverleugnung, der Hingebung und edelsten Thatkraft gegeben wurden. Mit der Energie der Begeisterung und des Hasses ist hier gestritten, dort im Feindes= lager die Abwehr mit der Wuth der Verzweiflung versucht worden.

Kaum war das Signal gegeben, so begann der Anlauf auf allen Seiten; das heißeste Ringen hatten die Kaiserlichen um den Besitz des großen Graner Eckrondells zu bestehen. Kaum hatten dieselben den Aufstieg gegen die Bresche begonnen, so stießen sie auf die furchtbarste Gegenwehr und auf ein mörderisches Feuer des Feindes, der Steine und Handgranaten in Menge warf, die Stürmenden mit einem Hagel von Pfeilen überschüttete, sich mit Sensen und Säbel wehrte, unaufhörlich mit Brandrohr versehene Pulversäcke unter die Leute warf und einige hart an der Bresche angebrachte Flatterminen auffliegen ließ. Mit solcher Wuth ist die Gegenwehr geführt worden, daß Weiber und Halberwachsene zur Vertheidigung herangezogen wurden. Man sah die Weiber Pulversäcke zutragen, Steine werfen; ja, ein Berichterstatter meldet, daß die Weiber durch herzhafte Worte die Mannschaft zum Kampfe anfeuerten[1]). Das infernalische Feuer und der Hagel von Geschossen aller Art brachten die kaiserlichen Sturmcolonnen einen Augenblick in's Wanken; sie wichen zurück. Da gaben die Ober= offiziere das leuchtende Beispiel der Entschlossenheit und Todesverachtung; durch ihre „Exponirung", ihr mahnendes Wort und ihre Befehle angetrieben, that die Mannschaft — wie das im Hauptquartier geschriebene „Journal=Buch" treffend bemerkt — „den letzten Schritt, welcher in dergleichen Begebenheiten der härteste scheint", sie faßte Stand an den Palissaden des Feindes[2]). Dies ist nach ruhmvoller Kraftentfaltung zuerst der Colonne gelungen, welche den Mittelwall erstürmte, den Feind zum Weichen brachte, die Palissaden überstieg und sich dann rechts wendete, um der Sturmcolonne, die das Eckrondell erstiegen hatte und in einem furchtbaren Nahekampfe begriffen war, Unter= stützung zu gewähren. Den vereinten Angriffen gelang es, den Feind in den Gräben zu werfen und zum weiteren Rückzuge zu zwingen. Wie schon früher erwähnt wurde, hatten die Türken an der ganzen nördlichen Angriffsfront hinter den Rondellen und Kurtinen einen tiefen Graben gezogen, hinter dem sich eine starke krenelirte Mauer erhob.

Kurze Zeit früher, als dies an der äußersten rechten Flanke geschah, hatten die Brandenburger im ersten Anlaufe die Bresche des mittleren Rondells erstiegen, sich rasch trotz des mörderischen Feuers der Palissaden bemächtigt und Posto gefaßt. Sie harrten da unerschüttert aus[3]).

Die Festsetzung, Logirung und Behauptung auf dem Eckrondell war für die Kaiserlichen mit unsäglichen Anstrengungen, Leiden und Opfern verbunden. Der Feind hatte den ganzen Boden des Rondells unterwühlt, ein Netz von Minen gelegt und Hohlgeschosse verborgen. Hier explodirten vergrabene Bomben und Pulversäcke, dort flogen Flatterminen auf. Die Oberfläche des Rondells erbebte und wurde umgewühlt[4]). Die Wirkungen waren furchtbar; haufenweise wurden die Soldaten durch die Kraft

---

[1]) „Journal oder warhafftige und ausführliche Erzehlung" u. s. w. 1686. S. 25.

[2]) Tagebuch bei Röder, I. Urkunden, S. 71.

[3]) Schöning a. a. O. Diarium S. 108 u. f. Vergl. auch das Tagebuch Richards' a. a. O. S. 235 u. f.

[4]) Richards' Tagebuch a. a. O. S. 236. . . . but a Fugade overturn'd the whole surface of the Roundell, Men and all, which did not soe discourage us.

der Minen von der Höhe des Rondells hinabgeworfen, aber trotzdem — sagt ein treuer Berichterstatter — war so große Standhaftigkeit bei den Unsern, daß jene, die hart daneben standen, unerschrocken aushielten und die Reihen wieder schlossen, nachdem die Minen ihre Wirkung gethan hatten, jene aber, welche an den Fuß des Rondells geworfen wurden und keinen großen Schaden erlitten hatten, sich sogleich wieder in die Reihe der Kämpfer stellten [1]). Und dennoch ist es inmitten dieser Zerstörungsmittel, die der Feind mit dämonischer Kraft verheerend wirken ließ, endlich gelungen, sich auf dem Rondell zu behaupten, zu logiren und zu verbauen. „Der Feind hat sich — sagt treffend eine der besten Flugschriften jener Zeit — auf allen Seiten unmenschlich ge= wehrt, zu dem Ende alle erdenklichen Mittel ergriffen, hingegen sind alle christlichen Soldaten vom Höchsten bis zum Geringsten dergestalt zum Fechten animirt gewesen, daß sie lieber sterben, als ihre gefaßten Posten verlassen wollten" [2]).

Auch die Brandenburger haben sich trotz der furchtbarsten Gegenwehr auf dem von ihnen erstürmten mittleren Rondell behauptet. Da die meisten Offiziere, die am Sturme theilnahmen, todt oder verwundet waren, mußte Generallieutenant von Schöning rasch für die Ausfüllung der Lücken Sorge tragen. Im Feuer des Feindes ist die Logirung und Verbauung begonnen worden. Generallieutenant von Schöning erschien selbst auf der Bresche und traf die nöthigen Dispositionen, in welcher Art während der Nacht die Verschanzungen und Brustwehren zu errichten seien. Oberst und General= adjutant von Brandt, der einzige unverwundet gebliebene brandenburgische Oberst, führte das Commando auf dem eroberten Platze [3]).

Während dieser blutigen Vorgänge auf der Nordseite tobte der Kampf mit gleicher Heftigkeit und mit gleichem Erfolge auf der südlichen Angriffsfront um den Besitz des Schloßrondells. Die Sturmcolonnen hatten hier beim Anlauf einen kürzeren Weg als auf der Nordseite zurückzulegen, aber eine steilere Böschung zu ersteigen. Mit glänzender Bravour ist der Sturm unternommen und das Schloßrondell trotz des furchtbarsten Feuers rasch genommen worden. Unverzüglich begann man die Festsetzung; noch Abends ist eine Verschanzung zum Logement für 3 bis 400 Mann erbaut worden. Der Tapfer= keit aller dabei betheiligten Heeresabtheilungen ist das höchste Lob gezollt worden; Markgraf Ludwig von Baden kann in seinem Schreiben vom 29. Juli an seinen Oheim die Haltung der Offiziere und Soldaten nicht genug rühmen, er hebt hervor, wie sie nicht allein zwischen den Bomben, Granaten, auffliegenden Minen und explo= direnden Pulversäcken unerschütterlich feststanden, sondern auch durch die Schußscharten in den Zwinger des Schlosses stiegen, darin viele Feinde niedermachten, 8 oder 9 Geschütze und 5 oder 6 Mörser eroberten [4]).

Es war ein sächsischer Kapitän, welcher zuerst durch eine Schießscharte muth= voll in den Zwinger drang [5]). Ihm folgten rasch mehrere Abtheilungen, die sich der eitlen Hoffnung hingeben mochten, nicht allein in das Schloß, sondern auch in

---

[1]) Tagebuch bei Röder a. a. O. S. 72.
[2]) „Eigentliche Beschreibung" u. s. w. S. 24.
[3]) Schöning a. a. O. S. 109.
[4]) Schreiben des Markg. Ludwig v. 29. Juli 1686; Röder, I. S. 206. Staudinger a. a. O. S. 131 gibt an, daß 8 Geschütze und 4 Mörser erobert worden seien.
[5]) Richards' Tagebuch a. a. O. S. 236. „It was a Saxon Captaine, who first Enter'd by a small Embrazure.

die Stadt vordringen zu können. Aber dieser Vorstoß lief dem Befehle entgegen, der zunächst die Logirung und Festsetzung auf dem Rondell angeordnet hatte. Das Feuer, dem die Leute im Zwinger ausgesetzt waren, gestaltete sich so mörderisch, daß der Markgraf Ludwig den Befehl zum Rückzuge aus dieser, Tod und Verderben bringenden Stellung ertheilen mußte.

Die 1200 Haiducken, welche einen Scheinangriff zu unternehmen hatten, versuchten vom Stromufer aus den Aufstieg gegen die Bresche auf der Ostseite, kamen aber nur „bis zur neugemachten Mauer", fanden da heftigen Widerstand und zogen sich auf die aus 300 Kaiserlichen bestehende Reserve zurück. Ihre Aufgabe war erfüllt, sie hatten nur eine Diversion zu bewirken, den Feind zur Theilung der Streitkräfte zu veranlassen, den Schrecken in der Stadt zu mehren.

Die Nacht war bereits angebrochen, als der vierstündige mörderische Kampf beendet war. So zahlreich und blutig die Kämpfe während der langen, 75 Tage dauernden Belagerung auch waren, keiner ist mit solcher Erbitterung geführt worden, keiner bis zu dieser Glühhitze gestiegen. Groß war der Erfolg, den man durch die Eroberung des Schloßrondells und der zwei nördlichen Rondelle erzielt hatte, aber dieser große Erfolg war unter schmerzlichstem Ringen erkämpft und um den Preis furchtbarer Opfer erkauft. Die Kaiserlichen beklagten den Verlust von 2000 Mann; sie zählten nämlich 200 Todte und 1800 Verwundete. Brandwunden kamen häufiger vor als Schuß- und Stichwunden. Welche Fülle von Elend hat sich allenthalben aufgethan! „Es ist — erzählt ein Zeitgenosse — nicht zu beschreiben, was für ein Elend an den Verbrannten zu sehen"[1]. Eine sehr lebhafte Vorstellung von dem furchtbaren und blutigen Ringen erweckt auch der Bericht, in welchem Marco d'Aviano dem Kaiser den Kampf am 27. Juli schildert. „Wenn ich nicht mit eigenen Augen geschaut — schreibt er — so würde ich einem Berichte darüber keinen Glauben beimessen. Die Türken warfen unablässig Pulversäcke auf die Unsrigen, so daß sie, beständig von Flammen umzüngelt, sich wie in einer Hölle befanden. Dennoch kämpften sie in diesem Feuer wie Löwen"[2].

Verhältnißmäßig gleich große Opfer waren der kurfürstlichen Armee auferlegt; die kaiserlichen und bayerischen Abtheilungen zählten 117 Todte und 972 Verwundete, die Sachsen, deren glänzend bewährte Tapferkeit ausdrücklich bezeugt ist[3], verloren 70 Todte und 199 Verwundete[4]. Die brandenburgischen Truppen hatten sich mit solcher Bravour geschlagen, daß der Herzog von Lothringen am folgenden Tage dem Generallieutenant von Schöning in Gegenwart der gesammten Generalität den Dank aussprach für die Dienste, welche er mit seinen Truppen Sr. Majestät am vorhergegangenen Tage geleistet hat. Ihr Sieg, die Erstürmung und Behauptung des zweiten Rondells, hatte ihnen schwere Opfer gekostet, sie zählten an Todten und Verwundeten 486 Mann, unter denen 40 Offiziere[5].

---

[1] „Journal oder wahrhaftige und ausführliche Erzählung u. s. w." S. 24.
[2] Bericht des Marco d'Aviano vom 4. August. (Otto Klopp a. a. O. S. 404).
[3] Staudinger a. a. O. S. 131.
[4] Ebenderf. beziffert den Gesammtverlust der kurfürstlichen Armee auf 117 Todte und 972 Verwundete. Die Angaben im Texte sind der Flugschrift: „Eigentliche Beschreibung u. s. w." S. 24 entnommen. Da der Verfasser dieser Flugschrift über die Vorgänge auf kurfürstlicher Seite sich sehr gut unterrichtet zeigt, glaubte ich seinen Angaben folgen zu dürfen.
[5] Schöning a. a. O. S. 110.

Ueber den Heldenmuth, mit dem die Offiziere aller Abtheilungen des christlichen Heeres sich schlugen und beispielgebend wie eine Fahne im Kampfe voranleuchteten, herrscht nur eine Stimme. So kam es, daß die Verlustliste eine erschreckend große Anzahl von hohen Offizieren aufwies. Auf Seite der Kaiserlichen waren verwundet: Feldzeugmeister Herzog von Croy, die Generalwachtmeister Dieppenthal und Thüngen, die Oberstlieutenants Baron Rödern und Graf Truchseß, Prinz Commercy und Graf Schlik. Die Brandenburger beklagten vor Allem den Hingang zweier, ebenso durch den Adel der Geburt wie durch militärische Tugenden hervorragender Regiments= Commandanten. Der Oberst Prinz Alexander von Kurland wurde beim Sturme so schwer verwundet, daß er auf dem Transporte nach Wien den Geist aufgab, und Oberst Graf Dietrich aus dem Hause der Dohna wurde beim Sturme erschossen. Sein Leichnam ist gleich dem seines, mehrere Tage vorher gefallenen Bruders in das Heimatland überführt und in der Familiengruft in der Pfarrkirche zu Küstrin bei= gesetzt worden; außerdem fanden auf brandenburgischer Seite den Heldentod: Oberst= lieutenant von Bornstedt und Major Elsnitz, schwer verwundet wurden: Oberst Belling, der dritte Graf Dohna, der Oberstlieutenant von Schlabberndorf, die Majors von Arnim, Marwitz und Blankensee. Im Lager der kurfürstlichen Armee beklagte man den Heldentod des Oberstlieutenants Pöckh, die Verwundung des Generalwachtmeisters de la Verne und des Grafen Aspremont [1]). Das jüngste blutige Ringen mehrte ge= waltig die Lücken, die eine lange Reihe aufreibender Kämpfe in die Regimenter der kurfürstlichen Armee gerissen hatte. Die erlittene Einbuße war überaus empfindlich. In lauter Klage gibt der Markgraf Ludwig von Baden seinem Schmerze darüber Ausdruck, daß der Armee bereits 7000 Mann von dem Stande fehlen, in welchem sie den Kampf um Ofen begann [2]).

Wenn man die Gesammtheit der Opfer ins Auge faßt, welche der vierstündige mörderische Kampf um den Besitz der Rondelle forderte, so ergibt sich, daß die christ= lichen Heere 3900 Mann an Todten und Verwundeten verloren.

---

[1]) Tagebuch bei Röder I. Urkunden, S. 73. Schöning a. a. O. S. 109 u. f. und S. 279, 282—285. Staudinger a. a. O. S. 131. — „Eigentliche Beschreibung" u. s. w. S. 23 und 24.

[2]) Wenn A. Staudinger in seinem sonst so trefflichen Werke, S. 132 sagt: — „die kurfürstliche (Armee) zählte anwesend etwa noch 7000 Kombattanten" — so beruht dieser Irrthum sicher auf einem Mißverständnisse der betreffenden Stelle in dem Briefe des Markgrafen Ludwig (Röder, I. 207): „undt. seindt nach meinem bedunckhen in diesem Lager über 7000 mann nit mehr zu diensten". Das heißt doch wohl, es fehlen bereits 7000 Mann; die andere Auffassung hätte die Annahme einer horrenden Einbuße von 13—14000 Mann zur Voraussetzung, der jede Basis in den Quellennachrichten fehlt.

XV

Ereignisse vor und in Ofen vom 28. Juli bis 2. August.

Dem siegreichen Eroberer der Rondelle war keine Spanne Zeit der Ruhe vergönnt. Dem blutigen Abendkampfe folgte eine grauenvolle, verderbenbringende Nacht, denn die Behauptung des Graner Eckrondells und der Kurtine hatte mit unsäglichen Schwierigkeiten und Gefahren zu kämpfen. Der Feind hatte da vor seinem Rückzuge über den Graben hinter die zweite Mauer sowohl die angefangene Schulterwehr (épaulement), als auch die Palissaden und die großen Holzvorräthe angezündet. Der furchtbare Brand wüthete die ganze Nacht hindurch und erhielt immer neue Nahrung, indem der Feind Pulversäcke über die Mauer in das Feuer warf. Dazu kam, daß fortwährend vergrabene Bomben und Granaten aufzischten und Verheerung anrichteten. Der um sich greifende Brand hatte die Nacht taghell erleuchtet, jeder Löschversuch war daher mit Todesgefahr verbunden, weil das grelle Licht dem sicheren Janitscharenrohr die Ziele wies und die Treffer ermöglichte. Unter diesen Umständen war auch das Aufwerfen der Schanzen, das Verbauen, mit ungeheurer Schwierigkeit und Gefahr verbunden und schritt nur mühsam fort, weil der Feuerschein die Arbeit entdecken ließ.

Trotz aller Schrecken der Nacht hat der Breschmineur an drei verschiedenen Stellen angesetzt und den Bau der Schächte begonnen, um durch die Grabensohle gegen die zweite Mauer vorzugehen. Wir wissen, welch' traurige Erfahrungen man bisher mit allen Mineurarbeiten gemacht, wie bitter der Mangel einer berufsmäßigen Schulung der Mineure sich gerächt hat. Ungeschreckt durch das traurige Ende ihrer Vorgänger, fanden diese todveachtenden Menschen immer wieder den Muth, die Arbeit aufs neue zu versuchen und trieben ihre Schächte mit bewunderungswürdiger Eile vorwärts. Das Gefühl eigener Unzulänglichkeit und die früheren Mißerfolge haben ihre Kraft nie gelähmt. Daß man trotz aller düsteren Erfahrungen immer wieder den Mineur ansetzen ließ, beweist, wie sehr man in ihm ein unentbehrliches Organ des Fortschrittes des Angriffs erkannte. Man stand da unter dem Einfluß der Lehre der militär= wissenschaftlichen Schriftsteller des 17. Jahrhunderts, welche die Breschlegung durch den Mineur dem Brescheschießen entschieden vorzogen[1]). Schon in der Nacht vom 28. auf

---

[1]) Vergl. Schröder: „Der Kampf um Wien 1683", S. 56 u. f., wo über das Mineurwesen und den Mineur des 17. Jahrhunderts sehr lehrreiche Bemerkungen gegeben werden.

den 29. wurden alle drei Minen vollendet, und am 29. um 9 Uhr Morgens ließ man sie auffliegen. Der Erfolg der ersten und zweiten war ein günstiger, sie füllten einen Theil des Grabens mit Erdreich, warfen ein Stück der Mauer ein und schleuderten einige Türken und zwei feindliche Geschütze in den Graben; aber das Aufsliegen der dritten Mine, welche von der Kurtine aus nächst dem, von den Brandenburgern besetzten zweiten Rondell gezogen war, hat der eigenen Sache den empfindlichsten Schaden zugefügt, indem etwa hundert Brandenburger von dem ausgesprengten Erdreich überschüttet wurden; viele derselben blieben unversehrt, andere aber haben schwere Verletzungen davongetragen [1]).

Unentmuthigt und mit rastloser Energie setzte der Mineur neuerdings an, der nun den doppelten Zweck zu verfolgen hatte, einmal den ziemlich tiefen Graben an einigen Stellen mit Erde zu füllen und dadurch einen leichteren Uebergang für die Stürmer herzustellen, dann aber vor Allem in die hinter dem Graben liegende Mauer Bresche zu legen. Indessen war es auf den Rondellen und der Kurtine gelungen, die Verbauung durchzuführen, Schanzen und Brustwehren zu errichten und dieselben durch Reihen von Sandsäcken zu schützen. Der neuerrungene Besitz schien ausreichend gesichert. Schon am 29. Juli waren auf den Rondellen und der Kurtine eine Batterie von 3 Geschützen und ein Kessel von 4 Mörsern aufgestellt. Das Brescheschießen sollte der Breschmineur unterstützen. Aber auch der Feind wußte neue Vertheidigungsmittel in Anwendung zu bringen. Am 29. Juli pflanzte derselbe auf dem in der Nähe liegenden Thurme, — und es kann kein anderer gemeint sein, als der Thurm der Johanniskirche (heute Garnisonskirche) — zwei Geschütze auf. Da dieser Thurm alle Werke auf den nördlichen Rondellen beherrschte, richteten diese zwei Geschütze empfindlichen Schaden an. Es galt, dieselben zu demontiren, und dies gelang auch. Die „große Batterie" der Kaiserlichen feuerte mit solchem Erfolge, daß die beiden Geschütze zum Schweigen und die oberen Theile des Kirchthurmes zum Einsturze gebracht wurden [2]).

Zwei Bestimmungsgründe mögen um diese Zeit den Entschluß zur nochmaligen Aufforderung wegen Uebergabe der Festung im Hauptquartiere des Belagerungsheeres zur Reife gebracht haben. Die Annahme, daß die Eroberung der Rondelle den Schrecken in das Lager des Feindes getragen, in der Stadt eine große Konsternation verursacht habe, wurde durch übereinstimmende Aussagen der Flüchtlinge und Ueberläufer bestätigt. Dazu kam, daß die Nachrichten von der Annäherung des türkischen Entsatzheeres sich häuften. Schon waren verläßliche Meldungen eingetroffen, daß der Großvezier die Brücke bei Esseg überschritten habe und im Anmarsche nach Ofen begriffen sei. Da Esseg 29 Meilen von Ofen entfernt liegt, mußte der Ankunft des Entsatzheeres in 10 bis 12 Tagen entgegengesehen werden. Es mußte also Alles versucht werden, den Fall der Festung vor der Ankunft des Großveziers herbeizuführen. Es ist bezeichnend für den Dualismus der Heeresleitung, daß nach Uebereinkommen zwei Aufforderungsschreiben zu gleicher Zeit von dem Herzog von Lothringen und dem Kurfürsten von

---

[1]) „Bestürmt- und erstürmte Stadt Ofen" theilt mit, daß 200 Brandenburger verschüttet wurden; „Eigentliche Beschreibung", daß „100 Brandenburger, welche nahe dabei standen, theils überschüttet, theils beschädigt" wurden. Das Tagebuch bei Röder (I. Urk. 73) stellt den Schaden als einen geringfügigen dar.

[2]) Darüber am ausführlichsten: Jakob Richards a. a. O. S. 236; auch das Tagebuch bei Röder (I. Urkunden, 74) bringt einige Andeutungen.

Bayern an den Pascha Abd-ur-Rahmân gerichtet wurden. Am 30. Juli Abends wurden die Briefe übergeben. In denselben ist zunächst darauf hingewiesen, daß durch die Gnade des Allerhöchsten die Breschen erstiegen und auch behauptet worden seien; die Commandanten von Ofen mögen daraus ersehen, in welchem Stande sie sich befinden. Aus Güte, die man gegen Jederman beobachte, und um nicht mehr Menschenblut zu vergießen, gebe man ihnen noch einmal zu wissen, daß im Falle der Uebergabe der Festung Allen Schonung werde zu Theil werden und das zu treffende Uebereinkommen wie bei der Eroberung von Gran, Visegrad und anderen Festungen strenge beobachtet werden solle.

Weil der Abend schon angebrochen, wurde die vom Pascha für die Beant-wortung erbetene Frist bis zum nächsten Morgen gewährt. Am 31. Juli langte im Laufe des Vormittags die schriftliche Antwort des Pascha ein. Die Uebergabe der Festung — sagte derselbe — stehe in der Allmacht Gottes und nicht in seiner Hand; man habe die „Clemenz" geäußert, dem weiteren Blutvergießen Einhalt zu thun; wäre es da nicht besser — fragt der Pascha — allen Fleiß anzuwenden, um den zwischen den beiden Majestäten ausgebrochenen Unfrieden und die Zwietracht durch die Uebergabe einer anderen Festung und durch Einleitung einer heilsamen Friedens-Negotiation aufzuheben; der Gegner möge sich also befleißigen, daß durch Vermittlung eines verständigen Mannes ein heilsames Negotium eingeleitet werde, damit die Unter-thanen von völliger Zertretung und weiteren Gefahren befreit werden [1]).

Man war in den beiden Hauptquartieren des Belagerungsheeres nicht entfernt gesonnen, auf Friedensverhandlungen sich einzulassen und beantwortete das Schreiben mit Erneuerung der Feindseligkeiten. Noch Vormittags flog eine Mine auf, die auf Seite der kaiserlichen Attake gegen die hinter dem Graben errichtete Mauer gebaut worden war. Diesmal war der Effekt des Mineurs ein ziemlich günstiger, indem ein Theil des tiefen Grabens mit Schutt und Erde ausgefüllt wurde [2]).

Kaum war das Feuer wieder eröffnet, der Breschmineur und die Breschebatterie wieder in Thätigkeit, sendete der Festungs-Commandant einen Parlamentär in das Hauptquartier des Kurfürsten von Bayern mit der Bitte, gegen Stellung von zwei türkischen Geiseln einen Abgeordneten zum Zwecke einer Unterhandlung zu schicken. Es ist bezeichnend, daß Abd-ur-Rahman, dem schon aus dem ersten Aufforderungsschreiben bekannt sein mußte, daß der Herzog von Lothringen an der Spitze der Heeresleitung stehe, die Organe der Unterhandlung im kurfürstlichen Lager suchte. Der Tochtermann des Kaisers nahm in seinen Augen offenbar eine hervorragendere Stellung ein und schien ihm zur Einleitung der Unterhandlungen geeigneter. Nachdem zwei Aga als Geiseln beim Kurfürsten erschienen waren, entsendete derselbe den Generaladju-tanten Freiherrn von Kreuz und einen Dolmetsch an den Pascha. Die beiden

---

[1]) Der Wortlaut der beiden Briefe ist abgedruckt bei Röder (I. Urkunden, S. 75 u. 76), dann im Theatrum Europaeum (12. Bd., S. 1017) und in vielen anderen gleichzeitigen und späteren Schriften.

[2]) Damit stimmt die Mittheilung im Tagebuche des Engländers Richards (a. a. O. S. 237) nicht überein; derselbe behauptet, es seien zwei Minen aufgeflogen, wovon die eine die kaiserliche Batterie auf dem Rondell stark beschädigt habe. Die Angaben der Flugschriften sind in Bezug auf das Mineur-wesen und die Minenarbeit häufig unklar, widersprechend und daher nicht zuverlässig. Ich folgte im Texte den Angaben des im Hauptquartiere geführten „Journal-Buches" (Tagebuch bei Röder, I. Urk. S. 74).

Abgeordneten wurden am Thore sehr höflich empfangen und in ein Haus geleitet, wo sie mit Reis, Brathuhn, Backwerk, Wein und Kaffee bewirthet und von vielen vornehmen Türken besucht wurden. Der Pascha ließ sich entschuldigen, daß er sie nicht sogleich empfangen könne, weil die Berathungen über die zu stellenden Propositionen noch nicht beendet wären. Nach Verlauf einer halben Stunde wurden sie eingeladen, vor dem Pascha zu erscheinen. Mit orientalischem Ceremoniel, unter dem Geleite vieler vornehmer Türken, wurden die Abgeordneten nun zum Pascha geführt, der sie nicht in seinem Wohnhause, sondern in einem hölzernen Gebäude, dessen Wände mit Teppichen behängt waren, auf das höflichste empfing und die Rede eröffnete. Er beklagte sich bitter über Kara Mustapha und über Emerich Thököly, die er als Urheber dieses Krieges beschuldigte; er gibt dem Gefühle seines Unglückes Ausdruck, in einem so hochwichtigen Platze, der so oft, aber stets ohne Aussicht auf Entsatz belagert worden wäre, durch des Kaisers Eidam und den christlichen Großvezier jetzt so bedrängt zu werden, daß er sich über die Frage der Uebergabe äußern müsse; es sei aber unmöglich, sich für eine solche zu entschließen, denn diese Festungsstadt sei die Beherrscherin eines Gebietes von 200 Meilen, ja mehr, dieselbe werde als der Schlüssel des ottomanischen Reiches betrachtet; es hänge von der Erhaltung dieses Platzes auch sein eigenes Leben ab, er könne denselben also dem Machtgebiete seines Kaisers nicht entziehen, außer unter der Bedingung des Abschlusses eines allgemeinen Friedens; in diesem Falle getraue er sich die Verantwortung zu übernehmen. Freiherr von Kreuz, der den Auftrag hatte, sich in keine Verhandlung einzulassen, sondern nur die Resolution wegen Uebergabe der Festung entgegenzunehmen, machte den Pascha auf die große Gefahr aufmerksam, in der die Festung sich befinde, auf die erfolgte Eroberung der Rondelle und Kurtinen, auf den Umstand, daß im Falle eines abermaligen Sturmes die Stadt dasselbe Schicksal wie Neuhäusel erleiden werde, denn die Soldaten könnten bei solchen Begebenheiten nicht zurückgehalten werden. Der Pascha schwieg und zuckte die Achseln. Als sich Freiherr von Kreuz nun verabschieden wollte, ersuchte ihn der Pascha, ihm zu einer vertraulichen Besprechung in das Nebengemach zu folgen, wohin auch der Mufti und drei andere vornehme Türken berufen wurden. Dort wiederholte er nochmals seine Propositionen wegen Abschluß eines Friedens, worauf Baron Kreuz neuerdings erklärte, er wolle und dürfe sich in keine Verhandlung einlassen, er habe den bestimmten Auftrag, nur allein die kategorische Entscheidung wegen Uebergabe der Festung entgegenzunehmen; er ersuchte daher den Pascha, ihn zum Ausgange zurückgeleiten zu lassen und schloß mit der Erklärung, daß er seinem kurfürstlichen Herrn die vernommenen Bedingungen vortragen werde, glaube aber jetzt schon versichern zu müssen, daß dieselben in keinem Falle werden angenommen werden. Noch einmal ergriff der Pascha das Wort und ersuchte den Abgeordneten, er möge die Botschaft ins Lager berichten, selbst aber die Nacht hindurch in der Festung verbleiben. Dies wurde abgelehnt, worauf dann Freiherr von Kreuz und der Dolmetsch unter vielen Höflichkeitsbezeugungen zu dem Thore, durch das sie eingetreten, zurückgeführt wurden. Nach ihrer Rückkunft und nach Zurücksendung der Geiseln fand der Waffenstillstand sein Ende und das Feuer wurde auf beiden Seiten wieder eröffnet.

Noch ehe der Abend des 31. Juli zur Neige ging, traf das Belagerungsheer ein schmerzlicher Verlust. Marschall Rüdiger von Starhemberg, der ruhmvolle Vertheidiger Wiens, erlitt eine schwere Verwundung, die ihn zwang, vom Kampfplatze zu scheiden. Als er auf der von den Kaiserlichen eroberten Position die feindlichen

Werke recognoszirte und hinter der Schulterwehr stehend die linke Hand auf einen der hohen Sandsäcke stützte, zerschmetterte eine Janitscharenkugel den Mittelfinger seiner linken Hand, nahm dann den Lauf zum Kinnbein, streifte den Hals, brach ihre Kraft an der Kette des goldenen Vließordens und drang fingerlang in den Leib bis zum Schulterblatte ein. Noch am selben Tage mußte ihm der Finger amputirt werden [1]). Wenige Tage darauf — am 3. August [2]) — verließ er das Feldlager, um ferne vom Kriegsschauplatze eine bessere Pflege und Ruhe zu finden. Mit ihm ging eine köstliche Kraft für die Kriegsoperationen verloren, schwer ersetzlich für den Angriff wie für die Vertheidigung; es war ihm nicht vergönnt, an dem ferneren Triumph der kaiserlichen Waffen persönlich theilzunehmen, denn er schied für immer vom Kriegs= schauplatze, erschien nicht mehr im Felde und erhielt eine andere Bestimmung. Bald darauf ist er an die Spitze der Heeresverwaltung gestellt worden. Fast zu gleicher Zeit traf an jenem Abend die Armee noch ein anderes Unglück; ein ungemein geschätzter Artillerie=Officier, Oberhauptmann Mueth, der — wie ein Zeitgenosse sagt — „die Bomben in höchster Perfektion geworfen", wurde so schwer verletzt, daß er der Todes= wunde wenige Stunden später erlag.

Am 1. und 2. August wurden in umfassender Weise alle Vorbereitungen zu einem neuen gewaltsamen Angriff auf allen Angriffsfronten getroffen. Sappeur, Mineur und Artillerist waren gemeinsam beschäftigt und entfalteten eine ineinander greifende Thätig= keit. Auf dem großen Graner Eckrondell wurden zu den bereits postirten Geschützen zwei halbe Carthaunen hinzugefügt, deren Feuer für die Erweiterung der Bresche in der zweiten Mauer zu wirken hatte; der Sappeur hatte den Zugang zur Grabensohle und zur Escarpe herzustellen; „zwei Sappen" — sagen die Berichterstatter übereinstim= mend — „wurden durch die Mauer angefangen, um die Descente in den Graben zu machen", der Sappeur hat also auf zwei Seiten einen Abstieg in den Graben gedeckt hergestellt [3]).

Am 1. August um 9 Uhr Vormittags schoß der Mineur abermals, der unter der Grabensohle gegen die 2. Mauer vorgegangen war. Der Effect war kein ungünstiger, denn der tiefe Graben ist an einigen Stellen mit Schutt erfüllt worden und in die Mauer wurde eine Bresche gerissen, die aber nicht groß genug schien, um den Sturm jetzt schon wagen zu können [4]).

Mit jener uns bekannten zähen Ausdauer, die durch keinen Mißerfolg gebrochen

---

[1]) Graf Thürheim: FM. Ernst Rüdiger Graf Starhemberg (S. 249) hat schon aus der Tage= buchstelle (bei Röder, I. Urk. S. 75) den Schluß gezogen, daß die Operation der Abnahme des Fingers bei dem Grafen Rüdiger Starhemberg noch am selben Tage der Verwundung und vor dessen Abreise nach Komorn vorgenommen wurde. Diese Annahme finde ich durch folgende direkte urkundliche Mittheilung bestätigt. „Jetzt gleich kombt unser Veldtscher=Meister sagend, daß H. Gen. Veldt Marschall Graff von Stahrnberg in die Axel blessirt und Ihro Ein Finger (welchen Er ab= genommen) gequetscht wehre". (Extract Schreiben vom Kays. Veldtlager vor Ofen den letzten July 1686). K. k. Kriegsarchiv, Sig. 7/11 1686. Abschr. aus dem großherz. badischen Hausarchive zu Karlsruhe.

[2]) „Berichte aus dem Feldlager vor Ofen". K. k. Kriegsarchiv.

[3]) Tagebuch bei Röder, S. 76. „Bestürmt= und erstürmte Stadt Ofen" u. s. w. S. 48.

[4]) „Berichte aus dem Feldlager vor Ofen". K. k. Kriegsarchiv. — Tagebuch bei Röder, I. Urk. S. 76. — „Bestürmte und erstürmte Stadt Ofen" S. 48. — „Eigentliche Beschreibung" S. 29. Ueber die Größe des Effectes dieses Mineur=Schusses stimmen die Angaben in den vier hier genannten Berichten nicht überein.

ober entmuthigt werden konnte, setzte der Breschmineur am 2. August neuerdings an. In 36 Stunden ist die neue Mine fertig gestellt worden, um die Vorbedingungen des Sturmes zu schaffen. Erdgefüllte Fässer und Sandsäcke wurden in immer wachsender Zahl zugeführt, um zur Ausfüllung des Grabens verwendet zu werden.

In diesen Tagen kehrten auch die zur Recognoscirung ausgesendeten Reitercorps unter dem Commando der Generale Pálffy und Dünewald in das Lager zurück. Ihre Mittheilungen bestätigten die Kunde von der Annäherung des Entsatzheeres. Ueber die Stärke desselben wichen die Angaben sehr von einander ab. Aber darüber konnte kein Zweifel sein, daß der Feind in den nächsten Tagen zu erwarten war, und daß man für den Fall, als der für den 3. August geplante Sturmlauf nicht zum Ziele führen sollte, auf einen Doppelkampf gefaßt sein mußte. Die Nachrichten über die Vorrückung des Feindes — sagt der englische Berichterstatter — beherrschten das ganze Tagesgespräch im Lager [1]).

Um gegen alle Eventualitäten sich zu sichern, um einen Schutz gegen das Entsatzheer zu schaffen und einen Durchbruch desselben zu verhindern, mußten umfassende Vorkehrungen getroffen werden. Das Genie des Herzogs von Lothringen schuf die Entwürfe, seine rastlose Thätigkeit bereitete die Mittel der Ausführung. Es wurde beschlossen, ein großes, umfassendes, aber höchst mühsames Vertheidigungswerk anzulegen, eine „Circumvallationslinie" zu errichten, die vom Stromufer südlich vom Blocksberge ausgehen, alle Lager des christlichen Heeres umfassen und bei Altofen zum Donaustrande zurückkehren sollte. Am 2. August erhielten die Ingenieure den Befehl, die Linie, welche eine Länge von beiläufig drei Stunden hatte, zu entwerfen und auszustecken. Die Arbeit wurde sofort in Angriff genommen [2]).

Um Mittag am 2. August nahm das Belagerungsheer eine sehr namhafte und ersehnte Verstärkung in seiner Mitte auf. Das bei Szolnok gestandene Korps, das von den Generalen Antonio Carafa und Donat Heißler geführt war, langte zur angegebenen Zeit in Pest an. Es zählte 3 Regimenter zu Pferd, 7 Kompagnien Fußvolk (in der Stärke von 1000 Mann) und die von Barkóczy befehligte ungarische Heeresabtheilung, die aus 1000 Hußaren und 500 Haiducken bestand. Das ganze „Corpetto" mag also eine Stärke von 4500 Mann gehabt haben [3]).

---

[1]) Jakob Richards a. a. O. S. 238. „All the Talke now is of the Enemyes Advanceing".

[2]) Jakob Richards a. a. O. S. 238. — „Berichte aus dem Feldlager vor Ofen". K. k. Kriegsarchiv: (zum 2. August) „Mehrerer Sicherheit halber, umb den feindt zu verhindern, einen Succurs in Ofen zu werfen, wird ein Tranchement unnd die Statt von unserer biß zur bahr. Attaque verfertigt".

[3]) „Berichte aus dem Feldlager vor Ofen": („3 Regimenter zu Pferd und 1000 Mann zu Fueß"). „Eigentliche Beschreibung u. s. w." S. 30 („3 Regimenter zu Pferd und 7 Kompagnien zu Fuß nebst Baron Barkóczy mit 1000 Hußaren und 500 Haiducken"). Die kaiserlichen Regimenter sind in keiner Quelle mit Namen angeführt. Man darf aber mit Sicherheit annehmen, daß die Kürassier Regimenter „Carafa" (heute 2. Dragoner-Regiment) und „Heißler", das Dragoner-Regiment „Castell", 3 Kompagnien vom Regiment „Metternich" und 4 Kompagnien „de la Verne" im Vereine mit den genannten ungarischen Truppen das „Corpetto" bildeten. Am 2. August mit der Belagerungsarmee sich vereinigte. Dabei ist zu bemerken, daß nach der Ordre de bataille (vergl. S. 61) Kompagnien des Regimentes „Metternich" nicht zum Korps gehörten, aber „die Berichte aus dem Feldlager vor Ofen" nennen unter den beim Sturme am 3. August verwundeten Officieren ausdrücklich den „Herrn Graf Kaunitz, Obrist-Leuth. von „Metternich", so mit 3 Kompagnien gestern sambt dem Heißler ankhommen".

Der Sturm am 3. August.

Schon am frühen Morgen wurden alle Vorbereitungen für einen neuen Sturm getroffen, die schriftlichen Befehle ertheilt, die Eintheilungen der Mannschaft vorgenommen. Nach den gemachten Erfahrungen konnte im Kriegsrathe darüber kein Zweifel bestehen, daß der Sturm auf allen Angriffsfronten zu gleicher Zeit unternommen werden müsse. Auf Seite der kaiserlichen Attake wollte man den gewaltsamen Angriff von dem Erfolge der am 2. August angelegten Mine abhängig machen. Trotz der düsteren Erfahrungen hegte man doch die eitle Hoffnung, daß der Breschmineur diesmal einen Treffer machen werde, denn der war nothwendig, weil die Palissadenwand des Feindes unerschüttert fest stand. Ein Versuch in der vorausgegangenen Nacht, die Palissaden in Brand zu stecken, war kläglich gescheitert. Mit fieberhafter Eile wurde daher an der Vollendung der Mine gearbeitet. Aber wahrscheinlich trug gerade diese Uebereilung die Schuld des Mißlingens, denn alle Berichte stimmen in dem Urtheile überein, daß die Mine „zu kurz" gewesen sei. Gegen 5 Uhr Abends schoß der Breschmineur, und er schoß abermals ohne Effekt. Die aufliegende Mine erschütterte zwar die hinter dem Graben liegende Mauer, brach einiges Gestein aus, aber — und dies war das Entscheidende — die Palissaden und die Brustwehr des Feindes blieben gänzlich unberührt. Bereits hatte der Herzog von Lothringen im Angesichte dieses Mißerfolges den Entschluß gefaßt, den Sturm an diesem Tage nicht zu unternehmen. Auch der brandenburgische Generallieutenant Schöning unterstützte lebhaft mit seinem Rathe dieses Vorhaben des Höchstcommandirenden. In diesem Augenblicke traf ein Adjutant des Kurfürsten mit der Meldung ein, daß die kurfürstliche Armee auf der Südseite den Sturm bereits begonnen habe und die Bresche der Schloßmauer von den Grenadieren schon erstiegen sei. Die lebendige Ueberzeugung von der Nothwendigkeit des Zusammenwirkens drängte alle Bedenken zurück und der Herzog gab den Befehl zum Sturme, der nach blutigem Ringen so viele Opfer fruchtlos kostete.

Es war etwa 6 Uhr Abends, als die Sturmcolonnen mit jener glänzenden Bravour, welche die Truppen bei den früheren Stürmen gezeigt hatten, vorgingen.

Auf der Nordseite erfolgte ein dreifacher Angriff. Die Kaiserlichen hatten die Attake vom Eckrondell bis zu der Batterie auf der Kurtine, kaiserliche und brandenburgische Truppen gemeinsam den zweiten Angriff von der Kurtine aus, die ungarischen Fußtruppen den dritten vom mittleren Rondell aus zu unternehmen. Die Gliederung der Sturmcolonnen war dieselbe wie bei früheren Stürmen; fünfzig Grenadiere mit

3 Offizieren zogen voran, ihnen folgten 20 Granatenträger und 50 Füsiliere, an die sich 50 Mann mit Springstöcken, Sensen und Morgensternen schlossen, worauf 50 ungarische Fußsoldaten folgten und 100 mit Schanzzeug versehene Arbeiter den Zug schlossen. Die Stärke der Reserve war der Zahl der Stürmer gleich. Mit der größten Unerschrockenheit gingen die Abtheilungen vor, vollzogen in größter Eile theils von ihren Verschanzungen aus, wo sie an einigen Stellen die Brustwehren einwarfen, theils durch die zwei gedeckt hergestellten, durch die Rondellmauer gebrochenenen Sappen den Abstieg in den Graben und mit unsäglicher Mühe und Anstrengung den Aufstieg über die Breschen an der Escarpe; dieselben waren aber jäh abfallend, gut verbaut und durch ein mörderisches Feuer des Feindes vertheidigt. Es begann nun ein blutiges Ringen und ein todverachtendes Bemühen, bis an die Palissaden vorzudringen. Oberstwachtmeister Bischofhausen vom Dieppenthal'schen Regimente und mehrere seiner Leute gaben ein leuchtendes Beispiel hingebender Tapferkeit und krochen förmlich die Bresche hinauf zu den Palissaden.

Kurze Zeit halten sie sich dort, dann werden sie zurückgedrängt, dann erneuern sie wiederholt den Angriff, aber immer vergebens. Wie am Fels die Welle, so brach sich jeder kühne Vorstoß an der Wand der Palissaden. Keiner Anstrengung gelang es, dieselben zu heben oder auf andere Weise zu öffnen. Indessen haben besonders jene Abtheilungen der Sturmcolonnen, welche auf der Grabensohle blieben, durch die vom Feinde geschleuderten Pulversäcke, durch Steinwürfe und Granaten ungemein viel gelitten. Als die Vergeblichkeit aller Bemühungen erkannt wurde, ordnete der Herzog den Rückzug der Colonnen an. Der blutige Kampf, welcher nahezu zwei Stunden gedauert haben soll, brachte den Stürmern auf der Nordseite einen Verlust von 11 Offizieren, 8 Unteroffizieren und 155 Gemeinen [1]).

Zu gleicher Zeit tobte auch auf der Südseite der Kampf und wurde mit gleicher Heftigkeit und gleicher Fruchtlosigkeit geführt. Vom Schloßrondell aus wurde der Angriff unternommen und versucht, sich „im Schloß zu logiren". Die Stürmer stießen auch hier auf eine furchtbare Gegenwehr. In großer Masse warf der Feind Pulversäcke, die mit Lunten versehen waren, mit solchem Erfolge dem Angreifer entgegen, daß viele gräulich verbrannten, viele mit versengtem Haar und Bart und halbverbrannten Kleidern zurückkehrten. Kreuzweise fielen des Feindes Bomben und Granaten und die Pfeile flogen „dicht wie der Schnee". Kinder und Weiber betheiligten sich an der Schloßvertheidigung, und warfen Steine und Pfeile. In zwei Höfe des Schlosses drangen die Stürmer todesmuthig ein, aber aus den Fenstern des Gebäudes wurden massenhaft Granaten geworfen, Pulversäcke geschleudert, Pfeile geschossen, und die Steine fielen so dicht „als wann es rieseln thäte".

Als man die Vergeblichkeit sah, sich unter diesen Verhältnissen in den Schloßhöfen festzusetzen, wurde auch hier der Rückzug angetreten, ohne den geringsten Erfolg errungen zu haben. Der Kampf hatte kürzere Zeit gedauert, darum war auch der Verlust geringer, als auf Seite des Herzogs und betrug an Todten 3 Offiziere und 10 Gemeine, an Verwundeten 4 Offiziere und 20 Gemeine [2]) Unter den Leichtver-

---

[1]) Schöning a. a. O. S. 112; das Tagebuch bei Röder, I. Url. S. 78 und die meisten Flugschriften jener Zeit beziffern den Verlust auf 200 Todte und Verwundete. Jakob Richards sagt sogar: „Nicht die Hälfte unserer Leute kam zurück" S. 238 („but not halfe our Men came back").

[2]) Karl Staudinger a. a. O. S. 132. — Markgraf Ludwig von Baden sagt in seinem Briefe

wundeten befanden sich zwei hervorragende Heldengestalten: Prinz Eugen von Savoyen wurde durch einen Pfeilschuß an der rechten Hand, der Markgraf Ludwig durch einen Streifschuß verletzt, „hat sich aber am Commando nicht hindern lassen[1])“.

Mit jenem unbesiegbaren Eifer, der immer neue Mittel wählt und neue Wege einschlägt, um zum Ziele gelangen, ließ der Kurfürst unmittelbar nach dem Rückzuge den Bau einer neuen Breschbatterie beginnen und den Breschmineur ansetzen. „Auf solche Weise — schreibt der Markgraf Ludwig von Baden — wird man suchen, das Terrain, wie man es in Kandia gemacht, nach und nach zu gewinnen“[2]). In der Nacht, welche dem unglücklichen Sturmangriffe folgte, bemächtigten sich die Brandenburger ohne Schwertstreich einer wichtigen Position; sie besetzten unter Führung des Generals Barfuß das dritte, westlich vom Wiener Thore gelegene Rondell, und es befand sich nun die ganze nördliche Angriffsfront vom Graner Eckrondell bis zum Wiener Thore im Besitze des christlichen Heeres. Beim ersten Morgengrauen des 4. August versuchten die Türken, diesen verlorenen Posten zurückzuerobern, wurden aber durch die tapfere Abwehr der Brandenburger kräftig zurückgewiesen.

---

vom 4. August, daß sie sich „mit Verlust ettlich undt dreißig todt- und bleſſirten“ zurückgezogen haben (Röder I. 211). Richards (a. a. O. S. 238) gibt einen Verlust von 50 Mann an. Die Flugschrift: „Eigentliche Beschreibung u. s. w.“ behauptet sogar: „auf ihrer Seite seynd so viel als unserseits wo nicht todt, doch bleſſirt“.

[1]) „Eigentliche Beschreibung u. s. w.“ S. 31.
[2]) Röder, I. 211.

Anmarsch des Entsatzheeres. Bau der Circumvallations-linie. Fortschritte der Belagerungsarbeiten.

———

Während der Sultan Mohammed in Konstantinopel Bettage anordnete, um den Sieg seiner Waffen in Ofen zu erflehen; während durch die Großartigkeit der in echt orientalischer Weise dabei entwickelten Formen die Gemüther der Menschen tief erregt wurden und am asiatischen Gestade auf dem riesigen Pfeilplatz 10.000 Menschen mit dem Sultan sich versammelten und mit lauter, dröhnender Stimme drei Bitten zur Gottheit sendeten, Ofen zu retten, die Pest abzuwenden, den Frieden zu gewähren: führte der Großvezier Suleimanpascha sein zahlreiches Entsatzheer von Belgrad über Esseg gegen Ofen, auf dem Marsche die Verstärkungen an sich ziehend, die er von den Paschen von Temesvar, Esseg und Stuhlweißenburg gefordert hatte. Ueber den Auf=marsch des Feindes, über die Etapen desselben und über die Zahl der Truppen war man im christlichen Heerlager vor Ofen sehr ungenügend unterrichtet. Die widersprechendsten Nachrichten liefen durcheinander. Die Stärke des Entsatzheeres wird sich wohl nie genau beziffern lassen; aus verläßlicher türkischer Quelle ist nie eine Nachricht darüber bekannt geworden, wir sind nur auf die Angaben der Gefangenen und Flüchtlinge, auf die Schätzungen der recognoscirenden Truppen angewiesen, und da begegnen wir ungeheuren Schwankungen. Bald wird die Stärke mit 40.000, bald mit 60.000, ja auch mit 80 und 100.000 Mann beziffert. Doch darin stimmen die Angaben so ziemlich überein, daß jene Truppengattungen, welche den militärischen Ruhm der Türken ausmachten, die Janitscharen und Spahis, den kleineren Theil des Heeres bildeten, der größere aus „Freigeworbenen“ und Tartarenhorden bestand. Der Anmarsch des Heeres erfolgte in mehreren Abtheilungen, die räumlich weit von einander getrennt waren. Truppen der Vorhut, welche aus etwa 10.000 Mann bestand, waren in den letzten Julitagen bereits in Ujpalanka [1]), 3 Meilen von Stuhlweißenburg, eingetroffen, während der Großvezier nach einer verläßlich scheinenden Nachricht erst am 4. August die Brücke bei Esseg überschritt [2]). Ueber die Bewegung jener Vorhut hatte bereits am 27. Juli

———

[1]) Staubinger a. a. O. S. 133. — Eine Ortschaft mit diesem Namen wird man in der Nähe von Stuhlweißenburg vergeblich suchen. Es war offenbar — wie der Name: Palanke (palanca) es sagt — ein Pfahlwerk, eine türkische Redoute d. h. eine Vertheidigungs=Palissadirung.

[2]) „Aussage eines Türken, so den 14. August 1686 vor Siklos gefangen und den 18. ins Lager überbracht worden“. Diese Aussage wurde vom Grafen Philipp von Thurn aus dem kais.

ein zur Recognoscirung ausgeschicktes bayerisches Dragoner-Regiment dem Herzog Kunde
zu geben vermocht, und nur jene Vorhut konnte gemeint sein, als die kaiserlichen Reiterscharen, welche zum Aufklärungsdienste entsendet worden waren, am 1. August die
Nachricht von der Annäherung des Feindes ins Hauptquartier brachten. Auf Grund
dieser Nachrichten ist dann der Entschluß gefaßt worden, das großartige Sicherungswerk
zu beginnen und das ganze Lager durch eine ununterbrochene Kette von Verschanzungen
zu umfassen.

Am 3. August stand die Vorhut des Entsatzheeres nur sechs Meilen von Ofen
entfernt[1]). Am 6. August — also zu einer Zeit, wo der Großvezier mit der Haupt-
macht noch in Darda stand — gewann die Belagerungsarmee bereits die Fühlung mit
dem nahenden Feinde. Eine vom Grafen Battyány ausgesendete Reiterschar stieß auf
die feindliche Vorhut und machte fünf Gefangene, welche Aussagen über die Stärke
des Vortrabes und über den Marsch des Hauptheeres unter Suleiman zu bieten
wußten[2]). Im Angesichte dieser Nachrichten ist die drängende Eile zu erklären, mit
welcher der Bau der Circumvallationslinie betrieben, die Lagerstel-
lungen geändert, die Dislocation des Hauptquartiers vorgenommen
wurden.

Bereits am 7. August war die gewaltige Verschanzung, die das ganze Lager um-
spannte und einen Umfang von drei Stunden hatte, in allen wesentlichen Punkten
vollendet, doch wurde in den nächsten Tagen noch an mancher Verbesserung und Ver-
vollständigung gearbeitet. Alle verfügbaren Kräfte waren zum Baue aufgeboten, seit
5. August auch alle Reiterregimenter dabei beschäftigt. Es scheint, daß jedem Regimente ein besonderer Wallabschnitt zur Arbeit zugewiesen war[3]).

Diese mächtige Circumvallationslinie nahm ihren Anfang südlich vom Blocksberge,
lief vom Stromufer westwärts durch die fruchtbare Ebene, die einstens den Namen
Banaföld trug, führte am Fuße des Adlerberges, der früher Königsberg, auch Gottesberg genannt wurde, vorbei, schloß dann nördlich vom Burgerberge die Südfront ab,

---

Feldlager bei Dernia am 19. August 1686 eingesendet. K. k. Kriegsarchiv, Sig. 8/14 1686 (Abschrift
aus dem großh. badischen Hausarchive). Suleiman, ein Spahi, sagte aus, daß der Großvezier am
4. August von Esseg aufgebrochen, „erstlich aber sei die Bagage über die Brucken gangen, der Bagage
sei die Soldatesca gefolgt und in 2 Tagen überpassirt, der Großvezier wäre 2 Tag in Darda still
gelegen, allwo des Gr. Tataren-Chans Sohn, welcher mit 20,000 Tartaren gefolgt, von dem Großvezier stattlich empfangen, traktirt und mit einem Kaftan beschenkt worden". — Ueber die Stärke
der Armee macht der Gefangene wohl übertriebene Angaben, die Armee führe 150 Regimentsstücke
mit sich, zähle 20,000 Janitscharen, 10,000 „Freigeworbene" (zumeist „Bosniaken"); mit den Tartaren
und der Reiterei belaufe sich die Stärke der Armee auf 100,000 Mann, ihr Wille sei, „Ofen zu
liberiren".

[1]) „Berichte aus dem Feldlager vor Ofen, 3. August 1686". K. k. Kriegsarchiv. „Der Feind
lavirt annoch auf 6 biß 8 Meilen von hier und will nicht heran, soll doch 60,000 Mann starck sein".

[2]) Jakob Richards a. a. O. S. 239. Die Aussagen der fünf Gefangenen lauteten sehr bestimmt,
daß in Stuhlweißenburg (Alba Regalis) 20,000 Mann angekommen und daß um diese Zeit (6. August)
der Großvezier die Brücke schon überschritten haben müsse und zwar mit einer viel größeren
Macht. „This Newes made us worke very hard to compleat our Lines, that the whole Army
might be Encamp'd within them." Aehnliches berichtet auch das Tagebuch bei Röder I. Urk.
S. 80 zum 6. August.

[3]) „Berichte aus dem Feldlager vor Ofen". K. k. Kriegsarchiv. „Vor Ofen den 5. August 1686.
Wegen des Feindes besorgenden Einfalles haben die Regimenter zu Pferd, welche jetzo um die Stadt
her sich gesetzt, heute angefangen, ihr Lager selbst zu vertrengementiren".

nahm bei dem „Thale, welches gegen Offen schauet" [1] und heute noch als das „Deutsche Thal" bezeichnet wird, die Richtung nach Norden, lief über den Schwabenberg, in ihrer Wendung etwa noch den „Raißenkopf" in sich schließend, vollzog dann in einem stumpfen Winkel den Uebergang von der Westfront zur Nordfront, führte zum Paulusthale, durchbrach dasselbe, zog am Rochus= und Josephsberg vorbei und erreichte das Ufer der Donau an der Grenze zwischen Neustift und Altofen [2]. Das große Schanzwerk zerfiel in eine Reihe von Wallabschnitten, zwischen welchen Ausgänge für die vor= brechenden Truppen hergestellt waren. Zur Deckung dieser Ausgänge erhoben sich vor der Front entweder Lünetten (Brillen), d. i. kleine Schanzen mit drei Gesichtslinien, oder Fleschen, d. i. Verschanzungen, welche nur aus zwei Facen bestehen, einen aus= springenden Winkel bilden und die Figur einer Pfeilspitze haben. Zumeist wurden vor der Front der Lünetten und vor der Spitze der Fleschen bei einem Abstande von 50 Schritten Bomben eingegraben, „um solche im Fall der Feind so weit avanciren möcht, springen zu lassen [3]".

Auf Seite der nördlichen Vertheidigungsfront waren in die Walllinie zwei fünf= eckige Sternschanzen eingefügt, welche dominirende Höhen krönten und von Haiducken besetzt waren.

An demselben Tage (7. August), an welchem die Verschanzung in der Hauptsache beendigt wurde, ist auch die Lagerung der christlichen Armeen in den Ofener Linien verändert, eine neue Aufstellung vorgenommen und der Sitz des Hauptquartiers verlegt worden. Auf der Südseite trat keine wesentliche Veränderung ein, dort stand in einer der früheren ähnlichen Gliederung das Lager der kurfürstlichen Armee und bildete in der Ausdehnung vom Stromufer bis zum Adlerberge die Form eines Kreissegmentes. Hart am Fuße des Blocksberges, nahe dem Strande der Donau, er= hoben sich die Zelte des Hauptquartiers der kurfürstlichen Armee, des Kurfürsten, des Markgrafen von Baden, des Prinzen Eugen von Savoyen. Den äußersten linken Flügel bildeten ungarische Reiterscharen, das bayerische Dragoner=Regiment „Arco", die bayerischen Infanterie=Regimenter „Leibregiment" und „Seibolsdorf", dann folgten die anderen bayerischen, die sächsischen und kaiserlichen Truppen, („die Bataillone zwischen den Schwadronen eingetheilt"); auf dem äußersten rechten Flügel erscheint als weit vor= geschobener Posten auf den Höhen des Adlerberges das bayerische Infanterie=Regiment Gallenfels (heute 2. Inf.=Regiment „Kronprinz" [4]). Hinter der langgestreckten west= lichen Vertheidigungsfront lagerten die kaiserlichen Regimenter und die deutschen Kreis=

---

[1] Tagebuch bei Röder I. Urk. S. 80.

[2] Vergl. den beiliegenden Belagerungsplan von Juvigny Nr. 66, wo der Zug der Circumvallationslinie mit größter Genauigkeit angegeben wird.

[3] Vergl. den beil. Belagerungsplan Nr. 58.

[4] Vergl. den beil. Plan von Juvigny. Dabei darf nicht übersehen werden, daß das Bild der Truppenlagerung, welches Juvigny mit so großer Präcision und allem wünschenswerthen Detail entwirft, ausschließlich nur der Zeit vom 30. August bis 2. September angehört. Am 29. und 30. August traf ins Lager das Schärffen= berg'sche Armeecorps ein, das in Eilmärschen aus Siebenbürgen gekommen war; es bestand aus sieben Reiterregimentern, drei Infanterieregimentern und zahlreichen Scharen magyarischer Reiter und Fußtruppen. Die Ankunft dieser Verstärkung machte eine Verschiebung in der Truppenlagerung nothwendig. Die ganze Nordfront, vom Paulusthale bis zur Donau, wurde am 30. August mit den Truppen dieses Corps besetzt, nur das Infanterie=Regiment „Serényi" an die kurfürstliche Armee abgegeben. Das Bild der Truppenlagerung vom 7. bis 30. August ist oben im Texte geschildert.

truppen, im Thale von St. Paul das brandenburgische Korps, nördlich von der Umfassungsmauer der Wasserstadt 3000 Mann „deutsches Fußvolk", bei dem Friedhofsthore ungarische Fußtruppen unter dem Befehle des Vice-Generals von Raab, Grafen Esterházi, beim Hahnenthor und von da bis zum Donaustrande ebenfalls Haiducken, verstärkt durch 100 Mann „deutschen Fußvolks".

Der Bau der Circumvallationslinie und die neue Truppenaufstellung führten die Nothwendigkeit herbei, das Hauptquartier des Höchstcommandirenden, das bisher nahe dem Donauufer, gegenüber der Margaretheninsel, seinen Sitz hatte, auf einen entsprechenderen Punkt zu verlegen. Am 6. August Abends schlugen der Herzog von Lothringen und sein Stab ihre Zelte auf dem Schwabenberge auf. Dadurch war das Hauptquartier dem Centrum der Truppenaufstellung nahegerückt und gewann eine dominirende Stellung. Auf der prächtig gelegenen Anhöhe erschloß sich der ungehemmte Ausblick auf das ganze Angriffsfeld und die Festung, auf die neuen Vertheidigungswerke, auf den Strom und die weite Ebene jenseits der Donau [1]).

Ein weiteres Glied in der Kette der neuen Vorkehrungen bildete der Bau einer zweiten Schiffbrücke. Dieselbe wurde am 8. August geschlagen und stellte die Verbindung der auf der Südseite lagernden kurfürstlichen Armee mit Pest und den dort errichteten Schanzen her [2]).

Indessen ward die Belagerungsarbeit mit rastlosem Eifer fortgesetzt [3]). Die Breschbatterie auf der erstürmten Position der Nordfront wurde vermehrt, schon am 4. August spielten dort acht Geschütze; am selben Tage begann der Sappeur den Bau einer neuen Sappe, den dritten gedeckten Abstieg in den Graben. Tag und Nacht war man beschäftigt, erdgefüllte Fässer, Strohbündel und Sandsäcke zuzuführen und damit den Graben zu füllen. In der Nacht zum 5. August setzten die Breschmineure an drei verschiedenen Stellen an, um ihre Schachte unter die zweite Mauer der Nordfront zu treiben. Manch schwerer Unfall war zu beklagen. Am 5. August fiel eine feindliche Bombe in die Batterie auf der Kurtine, entzündete den Pulvervorrath, verletzte und tödtete mehrere Soldaten des Oettingen'schen Regimentes, und zerschmetterte den Arm des Oberstlieutenants Grafen von Bloit. Beim ersten Morgengrauen am 9. August ist das ganze kaiserliche Lager durch ein furchtbares Geräusch, ein gewaltiges Knattern aufgeschreckt worden. Der Herzog von Lothringen eilte selbst zur Stelle; man glaubte, daß die Türken einen Ausfall unternommen haben. Aber das Unglück war anderer Art. Eine feindliche Bombe flog in den Haufen der bereit gehaltenen Granaten und entzündete dieselben. Die gewaltige Explosion tödtete zwei und blessirte mehrere Soldaten und brachte dem Oberstlieutenant Grafen Archinto drei, doch nicht gefährliche Wunden bei.

Am 11. August Abends waren alle drei Minenschachte fertig, die Ladungen vor-

---

[1]) Das Tagebuch bei Röder I. Urk. S. 80 gibt sehr bestimmt zum 6. August an: „. . . haben sich Ihro Durchlaucht heunt abentß auf dem Schwäbischen Berg hinter dem General Capraraischen Regimente campirt". Dagegen melden die „Berichte aus dem Feldlager vor Ofen", daß diese Veränderung am 7. August vorgenommen wurde. Ebenso sagt die Flugschrift: „Eigentliche Beschreibung u. s. w." S. 33 zum 7. August: „Das Hauptquartier, welches bis dato an der Donau gewesen, ist verändert und mitten in das Lager, allwo die schwäbischen Truppen gestanden, transportirt".

[2]) Jakob Richards a. a. O. S. 239.

[3]) Es ist unrichtig, wenn Röder I, 213 behauptet: „Vom 4. bis 7. August stand die Belagerung beinahe ganz stille".

genommen. Trotz aller Enttäuschungen, trotz der bitteren Erfahrung, die man mit dem wenig geschulten Arbeitspersonal der Mineure gemacht hatte, hegte man dennoch wieder tröstende Hoffnungen auf einen Erfolg der mit so großer Anstrengung und Vorsicht unternommenen neuen Arbeit. Die Hauptmine soll nicht weniger als acht Kammern gezählt haben, für deren Ladung 50 Zentner Pulver verwendet wurden [1]). Indem man mit Zuversicht den Erfolgen der Minen entgegensah, traf man alle Vorbereitungen zu einem neuen gewaltsamen Angriff. Die Sturmcolonnen wurden gebildet und die ganze Nacht hindurch lag die dazu beorderte Mannschaft in den Approchen, um am nächsten Morgen zum Sturme bereit zu sein.

Als der Tag anbrach, schossen die Breschmineure. Rasch nacheinander flogen die drei Minen auf. Die erste und dritte erzielte gar keinen, die zweite einen äußerst geringen Erfolg; sie brachte nur einige wenige Palissaden auf der Mauerbresche zum Sturze. Der Schaden war so gering, daß der Feind im Angesichte des Gegners die Lücke rasch auszufüllen vermochte und durch Aufstellung von „Spanischen Reitern" das Schanzwerk fester als früher gestaltete. Unter diesen Umständen mußte jeder Gedanke, einen Sturm an diesem Tage zu unternehmen, aufgegeben werden. „So giengen also — schreibt einer der Mitkämpfer — alle diese drei Minen, auf welche wir uns so große Hoffnung gemacht, unfruchtbar aus" [2]). Auch der Herzog von Lothringen hat seiner tiefen Verstimmung energischen Ausdruck gegeben, indem er laut ausrief: „Es ist gut, daß Feldschlachten nicht von Mineuren abhängen" [3]).

In diesen Tagen trafen wieder namhafte Zuzüge beim Heere der Verbündeten ein und bildeten eine ansehnliche Verstärkung der leichten Reiterei. Es waren mehrere Fähnlein Hußaren, etwa in der Stärke von 1200 Mann, die in der Zeit vom 3. bis 5. August ihren Einzug im Lager hielten und unter der Führung der Grafen Battyányi und Berseny und des kühnen, sagenberühmten Obersten David Petneházy standen [4]).

Wenngleich die Belagerungsarbeiten ununterbrochen ihren Fortgang nahmen, so war die energische Fürsorge in den folgenden zwei Wochen zunächst nach einer anderen

---

[1]) „Bestürmt= und erstürmte Stadt Ofen" S. 57.

[2]) Tagebuch bei Röder, I. Urk. S. 83.

[3]) Jakob Richards a. a. O. S. 240, . . . with which the Duke of Lorraine was greatly displeased saying alaud, It was well Feild Battailes depended not on Miners.

[4]) „Heunt ist der Graf Bathiani und Berzeni mit seinen leuthen anhero khommen" (Tagebuch bei Röder, I. Urk. S. 78, zum 3. August). — „Es sind ankommen 1 Fandl Hußaren, so etwa in 1200 Pferd aufs Höchste bestehen". („Berichte aus dem Feldlager vor Ofen", zum 5. August. — K. k. Kriegsarchiv). — „Und seynd im Lager 18 Fähnlein Hußaren in ungefehr 1200 Pferden bestehend angekommen" („Journal oder wahrhafftig= und ausführliche Erzehlung u. s. w." Flugschrift, 1686, S. 29). — „Herr Petenhasy langte mit etlich 1000 Hungarn bei Pest an" („Eigentliche Beschreibung u. s. w." Flugschrift, 1686 S. 33, zum 5. August).

David Petneházy entstammte einer alten ungarischen Adelsfamilie, die unter dem Namen de l'etenyeháza schon im XIII. Jahrhunderte unter Andreas II. blühte, und gehörte dem älteren Zweige der Familie an. — Er wurde um 1645 geboren und diente früher längere Zeit als Hußarenoberst im Revolutionsheere Emerich Thököly's, trat aber nach der verrätherischen Gefangennehmung desselben durch Ibrahim Pascha unter die Fahne des legitimen Königs. Seine heldenmüthige Haltung bei den im Spätherbste 1685 vorgefallenen Kämpfen bei Szolnok, Arad und Szarvas gab Veranlassung, daß Kaiser Leopold am 15. Jänner 1686 ihm eine ungemein ehrende Auszeichnung zu theil werden ließ. „15. Januarius 1686. An die Hoffkammer, dem Petnhasy seines wohlverhaltens halber bey Eroberung Arath und glücklichem Treffen alda mit einer guldenen Ketten und medaglia zu remuniriren". — Registratur des Reichskriegsministeriums, Protokoll v. 1686.

Seite gerichtet. Sie lag in der Abwehr der großen Gefahr, die vom türkischen Entsatz=
heere drohte. Es kamen furchtbar schwere Tage für die christlichen Heere vor Ofen.
Dieselben waren nun zwischen zwei Feuer gestellt, den Ausfällen der Belagerten preis=
gegeben, dem drohenden Angriffe des Entsatzheeres ausgesetzt und in einer ähnlich be=
drängten Lage wie drei Jahre früher Kara Mustapha vor Wien und mehrere Jahre
später Prinz Eugen vor Belgrad. Wir werden es glauben, wenn eine der besten Flug=
schriften jenes Jahres sagt, daß die Truppen von nun an fast stündlich alarmirt wurden [1]).
Wer die Berichte aus jenen Tagen liest, erhält die lebhafteste Vorstellung, welche Summe
anstrengender Arbeit von den Truppen an jedem Tage bis in die späteste Nachtstunde
zu bewältigen war. Obwohl diese Kerntruppen durch die endlosen Anstrengungen bis
aufs äußerste erschöpft waren, blieb ihr Kampfesmuth ungebrochen, ohne nur einen
Augenblick in der Erfüllung der höchsten Anforderungen an die militärische Pflichttreue
zu wanken. Dabei bekundete der Herzog von Lothringen eine bewunderungswürdige
Elasticität in der Beherrschung der zahlreichen, ihm zugewiesenen Aufgaben. Auf diese
Zeit beziehen sich die trefflichen Worte, mit welchen der brandenburgische Graf Dohna
in den für seine Kinder hinterlassenen Memoiren die Lage schildert. „Von jetzt an
— schreibt er — hatten wir täglich Gefechte, indem die Türken strebten, Hilfe in den
belagerten Platz zu werfen und wir unser Möglichstes thaten, sie daran zu hindern.
So hatten wir vor uns eine zahlreiche Garnison von Janitscharen und Spahis und
auswärts eine Armee von 70.000 Mann, die uns aus nächster Nähe bedrängte.
Hiernach wird man uns wohl glauben, daß wir unsere Arbeit hatten und nicht immer
das Vollmaß unseres Schlafes bekamen. Nur unser General en chef schien von einer
Fassung ohne Gleichen, nicht minder der Herzog von Lothringen; dieser Hochherzige
war ebenfalls über jede Furcht erhaben [2]).

Am frühen Morgen des 8. August erschien zum erstenmale die
Vorhut des Entsatzheeres im Angesichte des kurfürstlichen Lagers und kündigte
die Nähe der Gefahr an. Es waren tartarische Reiterschwärme, etwa 4000 [3]) Mann
stark, welche auf der Ebene zwischen Promontorium und dem Blocksberge vordrangen,
sich der südlichen Circumvallationslinie näherten, die Vorwachen zurückdrängten, aber
nach kurzem Gefechte den Rückzug auf die Höhen von Promontorium so rasch antraten,
daß sie die Leichen der gefallenen Kampfgenossen auf dem Angriffsfelde liegen ließen.

Die ganze Gegend von Promontorium westwärts hinauf bis nach Biã stand be=
reits im Machtkreise des Feindes. Mit welch' gewaltiger Gefahr jeder Furagirungs=
versuch verbunden war, hat an diesem Tage eine Husaren=Abtheilung blutig erfahren.
Dieselbe war in der vorangegangenen Nacht auf Furagirung ausgezogen, wurde von
überlegenen Tartaren=Schwärmen angegriffen und erlitt die empfindlichste Einbuße [4]).

---

[1]) „Journal oder wahrhaftig= und ausführliche Erzehlung u. s. w." S. 30.

[2]) Schöning a. a. O. S. 113. Memoires du comte de Dohna p. 44. Vergl. auch Otto
Klopp a. a. O. S. 402.

[3]) Das Tagebuch bei Röder (I. Urk. S. 81) gibt die Stärke der Tartaren auf 2000 Pferde an.
Dagegen machen die „Berichte aus dem Feldlager vor Ofen" zum 8. August folgende Mittheilung:
„Diesen Morgen früh haben sich die Türken in die 4000 Mann stark heran auf die Bayern gemacht,
sind aber gleich wiederum mit hinterlassung etlicher Todten zurückgetrieben worden" (K. k. Kriegs=
archiv).

[4]) Nach dem Tagebuche bei Röder (I. S. 81) haben sich von 150 Husaren nur 50 durch=
geschlagen und gerettet. Damit übereinstimmend melden die „Berichte aus dem Feldlager vor Ofen"

Am 9. und 10. August wiederholten sich die Vorstöße des Feindes; er sendete stärkere Reiterschwärme aus, die er wie Fühler vorstreckte und in der Ebene von der Donau bis zum Adler= und Burgerberge Stellung nehmen ließ, um den Gegner zu beobachten, zu alarmiren und zu beunruhigen. Jedem ernsten Kampfe wichen diese Reiterscharen aus; traten ihnen stärkere Abtheilungen entgegen, so wichen sie zurück. Am 10. August haben sie diese Beunruhigung des kurfürstlichen Lagers von 10 Uhr Morgens bis 4 Uhr Nachmittags fortgesetzt und zogen Abends wieder über die Höhen von Promontorium zurück[1]).

Indessen rückte das Gros der Entsatzarmee näher und näher. Die Stärke derselben anzugeben wäre gewagt. Ein zahlreicher Troß begleitete sie. Wagen, Maulesel und Kamele trugen gleichmäßig die Last der Mundvorräthe und des Futters.

Am 10. August stand der Großvezier Suleiman=Pascha in Abony, das 5¾ Meilen von Ofen entfernt liegt. Am 11. traf er in Érd (Hamsabég) ein und zog am 12. über Tetény bis nach Promontorium, einem Dorfe an der Donau, das nur wenig mehr als eine Meile von Ofen entfernt ist.

Bei Promontorium, welches die Türken „Lokum depesi", d. i. das Vorgebirge des Zuckerbissens genannt haben, endet das langgestreckte Plateau und es breitet sich nordwärts eine Thalfläche aus, welche bis zu den südlichen Abhängen des Blocks= und Adlerberges reicht. Auf dieser Ebene vollzog der Großvezier, so oft er von Hamsabég gegen Ofen vorrückte, seinen Aufmarsch, und formirte die Schlachtlinie nördlich von Promontorium in der Richtung gegen Buda=Örs. In dieser Stellung finden wir den Großvezier am Morgen des 13. August. Man hat mit Recht geglaubt, daß es an diesem Tage und auf dieser Ebene zum großen Zusammenstoße kommen werde, und daß die beiden Gegner im Entscheidungskampfe hier ihre Kräfte messen werden.

Im kaiserlichen Hauptquartier, wo in diesen Tagen wiederholt großer Kriegsrath gehalten wurde, machte sich schon am 11. August von höchst beachtenswerther Seite die Anschauung geltend, es sei besser, die Ankunft des Großveziers nicht abzuwarten, sondern aufzubrechen, ihm entgegenzugehen und ihn zu schlagen, ehe er von dem Plateau in die Ebene niedersteige. „Ich und viele Andere — schreibt der Markgraf Ludwig von Baden — sind der Meinung gewesen, den Feind nicht hier zu erwarten, sondern ihm schon vor zwei Tagen entgegen zu gehen und, weil man nicht anders kann, zu versuchen, ihn zu schlagen, man hat aber auf herzoglicher Seite, weil man auf etliche Minen hoffte, sich nicht dazu verstehen wollen". Man weiß, wohin der Kriegsplan des herzoglichen Hauptquartiers zielte. Trotz aller bisherigen Täuschungen setzte man dennoch auf den Effekt der drei Minen die tröstende Hoffnung. Alle Vorbereitungen zu einem großen allgemeinen Hauptsturme waren für den Fall des glücklichen Ge= lingens der Arbeit der Breschmineure getroffen. Vor der Ankunft des Großveziers

zum 10. August: „Die Husaren seind vor 3 Tagen gegen Stuhlweissenburg auf Parthei, aber sehr unglücklich gewesen, indem sie in die 100 verloren" (K. k. Kriegsarchiv).

[1]) „Berichte aus dem Feldlager vor Ofen" (K. k. Kriegsarchiv). „Den 9. August .... Diesen Morgen hat sich der Feind abermals mit vielen Truppen gezeigt, welchem die Unsern sobald entgegen= marschirt und bis Nachmittag in Bereitschaft gestanden, endlich aber der Feind, ohne daß er sich mit uns engagiren wollen zurückgegangen". — „Den 10. August. Diesen V. M. 10 Uhr kommt der Feind mit vielen Truppen wieder heran auf das flache Feld zur r. Hand gegen der Donau auf die bayerische, lassen die Truppen auf der Höhe stehen, streichen aber dispendirt zu uns herum, richten wenig aus, stehen noch jetzo N. M. 4 Uhr, werden bald wieder fortgehen, und damit ist's gethan".

wollte man die Stadt nehmen und dann die ganze Macht gegen den äußeren Feind kehren. Aber alle Hoffnungen auf den Erfolg der Minen erlitten die kläglichste Täuschung. Jetzt erst, am 12. August Nachmittags, entschloß sich der Herzog die ganze verfügbare Macht aus den Linien zu ziehen, der Entsatzarmee entgegen zu gehen und auf den Höhen, die sich von Promontorium westwärts ausdehnen, Stellung zu nehmen. Dazu war es aber zu spät, bereits hatte der Gegner jene vortheilhafte Position eingenommen. Nun faßte der Herzog den Entschluß, den Feind auf der Ebene südlich vom Ofener Gebirge zu erwarten und ihm die Schlacht anzubieten. Am Morgen des 13. August stand sein Heer in Schlachtordnung, und zwar hatte die kurfürstliche Armee, also der ganze linke Flügel, innerhalb der Circumvallationslinie, das Centrum und der rechte Flügel, gebildet aus den brandenburgischen, schwäbischen und kaiserlichen Truppen, außerhalb der Linie in ostwestlicher Richtung Stellung genommen. Mit welcher Sicherheit man die Entscheidungsschlacht an diesem Tage erwartete, geht aus dem Schreiben hervor, daß der Markgraf Ludwig von Baden zwei Stunden vor Tagesanbruch am 13. August an seinen Oheim richtete: „Und berichte Ewer gnaden alleinig mit kurtzen Worthen, daß der Feindt auf Einen Kanonenschuß von unserm Lager campiret, und Ich gar nit zweiffle, daß man in ettlich stundten in ein großes treffen mit Ihme gerathen möchte, von welchem der außgang dießer Belagerung, wie Ich vermeine, maistens dependiren wird" [1]).

Es kam aber nicht zu der erwarteten Schlacht; der Großvezier nahm den angebotenen Kampf nicht auf, er begnügte sich die Front seiner Truppen am Fuße des Plateaus zu entwickeln, die tartarischen Reiter in aufgelösten Schwärmen gegen die kurfürstliche Linie auszusenden und einige Kanonenschüsse abzufeuern. Gegen Abend zog er, ohne daß ein nennenswerthes größeres Gefecht stattgefunden hätte, auf die Höhen zurück.

Zwei Aufzeichnungen, die aus jenen Tagen stammen, melden übereinstimmend, daß bereits am 9. August vier Gefangene bei ihrem Examen im kaiserlichen Hauptquartier die Aussage gemacht haben, das Heer des Großveziers werde sich mit dem Gegner in eine Hauptaction nicht einlassen. Ist diese Mittheilung richtig, dann muß man sagen, daß diese Gefangenen bestens unterrichtet waren. Die Haltung, welche der Großvezier am 13. August und in den nächstfolgenden Tagen beobachtete, läßt klar erkennen, wohin seine Pläne zielten. Er wollte jeder Hauptschlacht ausweichen, das Schicksal seiner Armee nicht auf eine Karte setzen, sondern von seiner äußerst günstigen Stellung aus in einer Reihe von geschickt angeordneten Vorstößen auserlesene Kerntruppen als Succurs in die äußerst bedrängte Festung werfen. Unter dem Schleier der Nacht sollten einzelne Corps durch Thal und Wald des Ofener Gebirges ziehen, beim ersten Morgengrauen die Schanzen-Bewachung des Gegners überraschen, im gewaltigen Anprall die Linie durchbrechen und sich den Weg zum Stuhlweißenburgerthor mit der ganzen Wucht ihrer Waffe brechen. Diese kühnen Versuche ließ der Großvezier dreimal ausführen. Tapferkeit und persönlicher Muth der Türken sind bei diesen Vorstößen wiederholt in glänzendster Weise zum Vorschein gekommen. Mit einer Todesverachtung ohne Gleichen führten diese dem Untergange geweihten Janitscharenhaufen den wuchtigen Anprall aus, aber alle Versuche scheiterten an der Energie des Gegners, an dem trefflichen Zusammenwirken aller Kräfte der verbündeten christlichen Heere, an der Hingebung und Pflichttreue der Mannschaft und nicht zum mindesten an der überlegenen Leitung, die von so vielen glänzenden und eindrucksvollen Führergestalten geübt wurde.

---

[1]) Röder a. a. O. I. S. 215 u. f.

Der erste Succurs-Versuch des Entsatzheeres.

Am Abend des 13. August traf ein türkischer Ueberläufer „französischer Nation" bei den kaiserlichen Truppen ein und wurde sogleich einem Verhöre unterzogen. Aus seiner Aussage war unter anderem zu entnehmen, daß es in der Absicht der Türken liege, gegenüber dem kurfürstlichen Lager nur eine Demonstration zu unternehmen und dasselbe zu alarmiren, gleichzeitig aber von ihrem linken Flügel aus ein Corps von Janit= scharen als Umgehungscolonne durch die Thäler des Ofener Gebirges mit der Aufgabe zu entsenden, die Vertheidigungslinie der Kaiserlichen zu durchbrechen und sich den Eintritt in die Festung zu erzwingen. Gleichzeitig werde ein Ausfall aus der Stadt unternommen werden, um die Geschütze der „schwäbischen" Batterie zu vernageln[1]). Die Richtigkeit dieser Aussage haben die Ereignisse bestätigt und ist dieselbe früher in Erfüllung gegangen, als man befürchten mochte.

Die Truppen des Herzogs von Lothringen und des Kurfürsten verharrten die ganze Nacht zum 14. August in derselben Stellung, die sie am vorausgegangenen Tage eingenommen hatten, und blieben in Bereitschaft. Am frühen Morgen des 14. August stiegen die Türken wieder von den Höhen auf die Ebene herunter, richteten zunächst ihren Marsch gegen das kurfürstliche Lager, entwickelten aber bald ihren linken Flügel mehr gegen die Aufstellung des Herzogs. Schon früher aber war, offenbar unter dem schützenden Schleier der Nacht, eine Umgehungscolonne gegen das Gebirge aufgebrochen. Dieselbe besaß eine Stärke von 8000 Mann und bestand aus Janit= scharen, Spahis und acht Geschützen. Die Janitscharen waren mit Schaufeln, Hauen und Granaten reichlich versehen.

Es hat die innere Wahrscheinlichkeit für sich, daß diese kühnen Scharen ihren Weg von Buda=Oers durch das Gebirg gegen Budakész nahmen und die Absicht trugen, von dort aus das Paulusthal zu gewinnen, dasselbe zu durcheilen, die Linie der Kaiser= lichen zu durchbrechen und schließlich beim Stuhlweißenburger Thore die bedrängte

---

[1]) „Berichte aus dem Feldlager vor Ofen", zum 13. August (k. k. Kriegsarchiv): „Gleich kombt auch von der türkischen Armee ein Ueberlauffer französischer Nation, wohl herausgesagt . . . . . . wollen bayrischer Seiten larmen machen und laß, als unserer Seithen über den berg mit denen Janitscharen, so mit Haubtgranaten wohl versehen, durchbrechen lassen, indessen würden die auß der statt einen außfall thuen, die Stuckh auf der Schwab. Batterie vernagelen und also Succurs in Ofen bringen".

Stadt zu erreichen [1]). Etwa um 6 Uhr Morgens bemerkte der General Dünewald, der am äußersten rechten Flügel stand und dessen Wachsamkeit wohl durch die Aussage des französischen Ueberläufers besonders geweckt war, den Marsch dieses detachirten Corps. Unter Zustimmung des Herzogs von Lothringen formirte Graf Dünewald rasch ein Corps leichter Reiterei, das aus einer Hußarenabtheilung, dem Kroaten-Regimente „Graf Lodron" und dem Dragonerregimente „Schulz" bestand, und rückte mit demselben gegen die Höhen vor. Mitten im Gebirg traf er den vorwärts eilenden Feind, warf sich ihm in den Weg und begann sogleich das Geplänkel, das etwa eine Stunde dauerte und später, als die von Dünewald verlangte Verstärkung anlangte, in ein mörderisches Gefecht überging, welches mit der völligen Zerschmetterung des türkischen Corps endigte. Dieser blutige und denkwürdige Kampf entbrannte mitten im Gebirge, nordwestlich vom Kamme des großen Schwabenberges, in einer mit reichlichem Gebüsch und vielen Einschnitten versehenen Gegend [2]). Es war ein für das Reitergefecht höchst ungünstiges Terrain und die Nachricht ist daher sehr glaubwürdig, daß General Dünewald, als er auf den Feind gestoßen war, sofort vom Herzoge von Lothringen dringend die Zusendung einiger Infanterie-Bataillone begehrt und seine Forderung durch den Hinweis auf die Terrainschwierigkeiten gerechtfertigt habe. Der Herzog war aber außer Stande, Infanterie-Truppen zu entbehren und entsendete fünf Kavallerie-

---

[1]) Eine genaue, quellenmäßige Nachricht über die Marschrichtung liegt nicht vor; es ist daher nicht gerechtfertigt, wenn Röder (I, 217) mit voller Bestimmtheit sagt, daß der Großvezier von seiner Linken ein Corps von 8000 Mann detachirte, „um zu versuchen über Budakez durch das S-. Paulusthal nach Osten durchzudringen". — Die Quellen sagen nur: „um die vor unsere Lager gelegene Höhen einzunehmen, und die Linien zu forciren" (Tagebuch bei Röder, I. Url. 84), oder: „Ohngefähr um 6 Uhr sahe man ein starkes Detachement von Spahis und Janitscharen sich gegen die Gebirge rechts wenden" (Tagebuch bei Schöning S. 114), „um hinter die Hügel zu gelangen, welche an unserer Rechten waren, dieselben zu erobern und so unseren Flügel in die Flanke und den Rücken zu fallen und auf diese Weise Hilfe in die Stadt zu bringen" (Tagebuch des englischen Ingenieurs Richards a. a. O. S. 241), — gegen 6000 Mann, darunter 2000 Janitscharen waren rechter Hand über das Gebürg gegangen, in der Meinung, alldort durchzubrechen und die Janitscharen in die Festung einzuwerfen" („Journal oder wahrhaftig- und ausführliche Erzählung u. s. w." S. 31). Damit stimmen wörtlich überein: „Bestürmt- und erstürmte Stadt Ofen" S. 59 und „Eigentliche Beschreibung u. s. w." S. 35 u. 36.

[2]) Vergl. den beiliegenden Belagerungsplan von Juvigny, wo (Nr. 103) die Kampfgegend markirt ist. Die Zahlen, welche Juvigny in den „Erklärungen" zum Plane über die Stärke der Truppen und Zahl der Trophäen bringt, sind ungenau. Auch wird seine Angabe, daß das Dragoner-Regiment Styrum am Kampfe betheiligt war, von den besseren Quellen nicht bestätigt. Die Lage des Ortes, wo dieser mörderische Kampf stattfand, läßt sich nicht genau bestimmen, doch muß die Annahme, der Graf Mailáth (Geschichte der Magyaren, V. 50) zu folgen scheint, ausgeschlossen bleiben. Im Paulusthale ist dieses Reitertreffen sicher nicht geschlagen worden. Nach Juvigny's Bezeichnung erfolgte der Zusammenstoß nordwestlich vom Kamme des großen Schwabenberges (jetzt Szécheny-Berg). Alle Quellen stimmen darin überein, daß der Kampf „hinter den Hügeln zu unserer Rechten", — „mitten auf dem Gebirge", — in der Mitte des Gebirges" stattgefunden habe. (Tagebuch Jakob Richards' a. a. O. S. 241.) — „Bestürmt- und erstürmte Stadt Ofen u. s. w." S. 59. — „Eigentliche Beschreibung u. s. w." S. 36.) Das Tagebuch bei Röder (I. Url. S. 85) sagt ausdrücklich, daß „es ein Ort voller Pusch ware". Damit stimmt auch der drastische Vergleich (ebenda), daß die Janitscharen „wie die Schnepfen in diesen kleinen Puschen geschossen wurden". Damit stimmt auch die Angabe, daß die Thal- und Höhenwege bis hinaus zur südlich gelegenen Ebene anderthalb Stunden weit mit Leichen bedeckt waren, denn die Entfernung von Buda-Ders bis zu den östlich von Budakész gelegenen Höhen beträgt etwa $7/8$ Meilen.

Regimenter zur Verstärkung. Es waren die Kürassier-Regimenter Caprara, Palffy Taaffe, Prinz Neuburg und Fürstenberg[1]), die nun mit aller Raschheit gegen die Höhen avancirten. Dem Regimente Graf Taaffe hatten sich die englischen Freiwilligen, an ihrer Spitze Fitz-James, angeschlossen und in die erste Reihe des Regimentes gestellt[2]). Mit Ausnahme dieser kleinen Freiwilligenschar waren es also ausschließlich kaiserliche Kavallerie-Truppen, welche dieses heiße und blutige Reitergefecht heldenhaft ausgekämpft und trotz der größten Terrainschwierigkeiten einen vollständigen Sieg errungen haben. Für die Ankunft der Verstärkung war es nachgerade die höchste Zeit geworden. Die ungarische Reiterabtheilung und das Regiment Graf Lodron waren schon zurückgedrängt, als die Kürassiere erschienen und in das Gefecht eingriffen. Der Angriff — erzählt der englische Ingenieur, der den Kampf mitgemacht — wurde mit solcher Tapferkeit vollzogen, daß der Feind den Anprall nicht auszuhalten vermochte, und sich zur Flucht wendete[3]).

Die Spahis waren die ersten, welche zum Wanken gebracht wurden. Sie eilten auf ihren schnellen Rossen davon und ließen die Janitscharen im Stiche, welche ob dieser muthlosen Haltung ihrer Reiterei — wie später mehrere Ueberläufer zu melden wußten — von Wuth und Ingrimm erfüllt waren. Aber bald gab es auch für diese tapferen türkischen Kerntruppen nicht nur keine Aussicht auf Erfolg, sondern auch keine Rettung und keinen Halt mehr. Bald war der Sieg der Kaiserlichen ein vollständiger, die Zahl der errungenen Trophäen ungemein groß. Des Feindes Rückzug kehrte sich in allgemeine Flucht und es begann eine wilde Jagd durch Thäler und über Hügel. „Wie die Schnepfen sind die Janitscharen in diesen kleinen Gebüschen geschossen worden" — sagt das Tagebuch, welches in dem Hauptquartier des Herzogs von Lothringen geführt wurde[4]).

An unzähligen Stellen gab es einen furchtbaren Nahekampf. Der Janitschar, der nun das Feuergefecht einstellen mußte, warf die Flinte über den Rücken und griff zum Krummsäbel, mit dem er sich gegen die andringenden Reiter wehrte[5]). Ein großer Theil der Janitscharen ward abgeschnitten und dem Untergange rettungslos preisgegeben, nur ein kleiner Rest floh durch die Büsche und tiefen Einschnitte hinaus in das Flachland, das die flüchtigen Spahis schon längst erreicht hatten und wo eine starke Reserve sie aufnahm[6]). Anderthalb Stunden weit lagen die Leichen der Erschlagenen, ein Zeichen, daß die Sieger so zu sagen gleichen Schritt mit den Flüchtigen hielten[7]).

---

[1]) Tagebuch bei Röder I. Urk. S. 85. Die Flugschriften erwähnen gleich Invigny auch des Dragoner-Regimentes „Styrum". Das Tagebuch Jakob Richards' theilt nur mit, daß 7 Reiter-Regimenter in Action waren, was unrichtig ist, denn es waren wenigstens 8 im Kampfe engagirt. Das Dragoner-Regiment „Graf Schulz" erscheint in allen Quellen, die über die Affaire am 14. August berichten, noch unter diesem Namen, obwohl bereits am 6. August die kaiserliche Entschließung erfolgt war, durch welche die durch den Tod des Grafen Schulz vacant gewordene Inhaberstelle dem Grafen Kisel übertragen wurde. Bereits mit allerhöchster Entschließung vom 6. August 1686 erklärte Kaiser Leopold: . . . „habe ich mich entschlossen, daß Ableibens des Schulten vacant gewordene Regiment Dragoner dem Grafen Kisel zu conferiren". (Großh. bad. Hausarchiv zu Carlsruhe. Abschrift im k. k. Kriegs-Archive, Fasc. 8/5 1686.

[2]) Tagebuch des englischen Ingenieurs Richards a. a. O. S. 241.

[3]) Ebenda.

[4]) Tagebuch bei Röder a. a. O. S. 85.

[5]) Ebenda S. 85.

[6]) Jakob Richards a. a. O. S. 241 u. 242.

[7]) Tagebuch bei Röder a. a. O. S. 85.

So war also der Succursversuch nicht nur abgewehrt, sondern das türkische Corps völlig zerschmettert. Gegen 3000 Janitscharen waren gefallen, 500 gefangen genommen. Der Feind hatte alle acht Geschütze, die er mit sich geführt, und mehr als 40 Fahnen und Standarten verloren[1]). Als der Großvezier die flüchtigen Reste des Corps auf= genommen, zog er aus der Ebene gegen die südlichen Höhen zurück und gleichzeitig begann das allgemeine Vorrücken der verbündeten christlichen Heere. Zu einer entscheidenden Schlacht kam es nicht, der Großvezier wich, wenn auch unter beständigem Kampfe, zurück. „Es war mehr ein escharmouche — sagt ein Berichterstatter — als ein Treffen, bis der Abend angekommen". Auch der Herzog hielt es für rathsam, in die Linien zurückzukehren und die Belagerung fortzusetzen[2]).

Der glänzende Sieg der Kaiserlichen war um so erfreulicher, als er verhältniß= mäßig nicht theuer erkauft war; sie zählten nur 50 Todte und Verwundete, beklagten aber den Verlust zweier hervorragender Stabsoffiziere. Unter den Leichen lagen nämlich Graf Girolamo Lodron, Oberstlieutenant im Lodronischen Kroatenregimente und Baron von der Leye, Oberstwachtmeister im Kürassier=Regimente Caprara. Die englischen Freiwilligen, obwohl sie mit hingebender Bravour an der Spitze des Taaff'schen Re= gimentes fochten, erlitten gar keinen Verlust. „Gott wollte, ruft Jakob Richards aus, der selbst am Kampfe theilnahm, daß weder Fitz=James noch irgend einer der englischen Freiwilligen verwundet wurde"[3]).

---

[1]) „Berichte aus dem Feldlager vor Ofen", zum 14. August (K. k. Kriegsarchiv). Das Tage= buch bei Röder (S. 86) beziffert dagegen den Verlust der Türken auf „wenigst 2000 wo nicht mehr Todte". — Jakob Richards stimmt in Bezug auf die Verluste der Türken genau mit den „Berichten aus dem Feldlager vor Ofen" überein (gegen 3000 Todte, 500 Gefangene, acht Geschütze), doch beziffert er die Zahl der errungenen Fahnen und Standarten mit 58.

[2]) Tagebuch bei Röder a. a. O. 86.

[3]) Jakob Richards a. a. O. S. 243.

XIX.

Der zweite Succurs-Versuch.

Es hieße die türkischen Ueberlieferungen verkennen, die zähe Ausdauer und wilde
Kampflust der Osmanen jener Zeit unterschätzen, wollte man annehmen, daß die zer=
malmende Niederlage, welche den ersten Versuch traf, ihren Muth erschüttert, oder der
Schrecken ihren Unternehmungsgeist gelähmt habe. Sechs Tage nach dem Mißlingen
des ersten Versuches schritt der Großvezier zur Unternehmung eines zweiten. Auffallen
muß es dagegen, daß im Heere der Verbündeten nicht eine größere Wachsamkeit ent=
faltet wurde, um jede Bewegung des Feindes im Gebirge zu erspähen und jedem ver=
suchten Vorstoße jenseits der Höhen rechtzeitig zu begegnen und entgegentreten zu können,
denn nach der ganzen Lage der Dinge und nach der Beschaffenheit der Terrainver=
hältnisse stand zu vermuthen, daß die Umgehungscolonnen ihren Weg durch das Gebirge
in das Paulusthal nehmen werden, um von dort aus die Linien zu durchbrechen und
durch das Stuhlweißenburgerthor in die bedrängte Stadt zu kommen. Begünstigt durch
die Dunkelheit zogen in der Nacht zum 20. August etwa 2000 Janitscharen, die
sämmtlich beritten gemacht waren, völlig unbemerkt durch das Gebirge und gelangten,
ohne auf irgend ein Hinderniß zu stoßen, noch vor Tagesanbruch in das Paulusthal.
Wir hören zwar, daß in derselben Nacht zwei Hußaren=Abtheilungen als starke Pa=
trouillen ausgesendet wurden, um einen allfälligen Marsch des Feindes zu observiren,
und sich von jedem, die Sicherheit der Belagerungsarmee bedrohenden Vorfalle zu unter=
richten und zu überzeugen. Die zweite Abtheilung war erst kurz vor Tagesanbruch
im Lager eingerückt; beide Abtheilungen erstatteten den Rapport, daß sie nichts von
einer Bewegung des Feindes wahrgenommen haben. Offenbar hatte das Janitscharen=
corps schon beim Beginne der Nacht die Thalwege von Buda=Oers nach Budakész
passirt. Man muß es nicht nur als ein Unglück[1]), sondern auch als eine arge Außer=
achtlassung der nöthigen Vorsicht bezeichnen, daß die aus einigen Schwadronen for=
mirte Bereitschaft, welche die Nacht hindurch im Paulusthale aufgestellt war, beim
Anbruch des Tages nur leider allzufrüh zurückgezogen wurde. Es war etwa 5 Uhr
Morgens, als das berittene Janitscharencorps in wildem Anprall durch das Paulus=
thal gegen die Circumvallationslinie mit verhängtem Zügel daherstürmte und die

---

[1]) Tagebuch bei Röder (I. 91). „Zu dem hat daß unglück auch sein müssen, daß die bereitschaft
etlicher Squadronen, so die ganze Nacht in diesen Thall gestanden, etwaß frühe, und gar wenig
vor den feindtlichen Einfall zurück gezogen worden".

Vedetten und Feldwachen vor sich hertrieb, die fast gleichzeitig mit dem Feinde bei der Lagerlinie anlangten. Man erzählt uns, die späte Alarmirung erkläre sich daraus, daß die brandenburgischen Vorwachen die Feinde in der Dämmerung für Hußaren und Croaten gehalten haben[1]). Es ist kein Zweifel, daß das Lager des Herzogs durch den Ueberfall völlig überrascht wurde. „Bis zu Pferde geblasen worden — sagt ein verläßlicher Berichterstatter — und unsere Leute zu Pferde gekommen, war der Feind nicht allein schon im Thal, sondern auch die Kurbrandenburgischen, die da campirten, schon vorbei"[2]). Es nützte nichts, daß der brandenburgische Generallieutenant Schöning auf 200 Schritte mit drei achtpfündigen Stücken auf den Feind Feuer geben ließ. Man konnte nicht verhindern, daß die drei ersten Abtheilungen der Janitscharen die Circumvallationslinie durchbrachen und sich zwischen den brandenburgischen Truppen und dem Croatenregimente Lobron, welche zu beiden Seiten des Paulusthales auf= gestellt waren, durchschlugen. Der Marschall Caprara war der erste, der mit drei eilig zusammengerafften Schwadronen des Regimentes Heißler dem in Furie vorwärts stürmenden Feind nachjagte, während die Lobronischen Croaten die übrigen Abthei= lungen der Janitscharen aufzuhalten suchten; 150 Janitscharenleichen bedeckten da in der Nähe der Circumvallationslinie das Angriffsfeld. Die drei hastig vorwärts drin= genden Janitscharen=Fähnlein fanden momentan ein Hinderniß ihres Ansturmes bei dem Communicationsgraben, der sich von den Angriffswerken gegen den kleinen Schwabenberg hinzog, und bei der „alten großen Batterie", die aber leider unbesetzt war. Die bestberittenen setzten mit ihren Rossen über das Hinderniß, andere saßen ab und sprangen über Wall und Graben. Nun eilten diese todesmuthigen Scharen dem Weißenburgerthore zu, hatten aber auf dem Wege einen mörderischen Kampf zu be= stehen. Die von Caprara geführten Schwadronen waren ihnen auf den Fersen und in der Flanke griffen sie General Heißler, der mit 100 Reitern in der Nähe der „alten großen Batterie" gestanden, und Oberstlieutenant Graf Königsmark vom bayerischen Kavallerie= Regiment Bielke[3]), der die kurbayerische Reiterwache befehligte, in der Flanke an; 120 Janitscharen wurden erschlagen, viele verwundet, aber 300 dieser Un= erschrockenen drangen bis zum Stuhlweißenburger Thore vor und ge= langten in die Festung, wo sie von ihren Kampfgenossen jubelnd empfangen wurden. Wir wissen aus einem aufgefangenen Briefe des Festungscommandanten, daß ein großer Theil von diesen sieghaft in die Festung eingedrungenen 300 Janitscharen verwundet und kampfunfähig war[4]). Während auf dem Angriffsfelde, wo heute die Christinen= stadt sich ausbreitet und der Südbahnhof, das Palais Karacsonyi und die Häuser=

---

[1]) Tagebuch bei Schöning a. a. O. S. 116. Damit stimmt fast wörtlich überein: „Eigentliche Beschreibung u. s. w." S. 39. Diese Flugschrift schildert den Succurs=Versuch am 20. August so ausführlich, wie keine andere.

[2]) Tagebuch bei Röber a. a. O. S. 90.

[3]) Das Tagebuch bei Röber (S. 91) sagt: „. . . von den General Willkischen Regiment"; es kann kein anderes sein, als das bayerische Küraffier=Regiment, dessen Inhaber General Bielle war. Selbst die besten Quellen jener Zeit lassen die Eigennamen nicht selten arg verstümmelt erscheinen; so nennt z. B. der kaiserliche Oberst Graf von Vecchi in seinen, sonst so trefflichen Berichten den General Graf Schärffenberg bald ‚Conte di Schiaffemberg‘, bald ‚Generale Suaffemberg‘.

[4]) Accusa il soccorso entrato il giorno delli 20 ascendente a' otto bandiere in tutto 300 persone, mà gran parte di quelli feriti, che non puo servirsi. (Bericht bei Röber I. Urk. S. 44.)

reihe die „Generalwiese" umsäumen, der kurze aber blutige Kampf tobte, führte der Großvezier seine Armee von den südlichen Höhen auf die Ebene, näherte sich dem bayerischen Lager bis auf Kanonenschußweite und alarmirte dasselbe. Der Herzog ließ alle verfügbaren Truppen aus dem Lager rücken und stellte sie in derselben Schlachtlinie auf, in welcher er am 13. August zum erstenmale seine Streitkräfte gegen das Entsatzheer entfaltet hatte. Etwa um 9 Uhr Morgens vernahm man aus der Festung den Donner einer dreimaligen Geschützsalve und das Knattern sehr starker Gewehrsalven. Zugleich wurden vier große rothe Fahnen auf der Batterie beim Stuhl=weißenburger Thore aufgepflanzt. Die Schüsse und das Wehen der Fahnen sollten der Freude über die Ankunft der Kampfgenossen Ausdruck geben[1]). Die Demonstration in der Festung war zugleich für den Großvezier das Signal zum Rückzuge, den er, ohne einen Vorstoß zu versuchen, rasch antrat, als ob eine große Aufgabe glücklich gelöst worden wäre. Er mochte damals noch nicht ahnen, wie geringfügig der er=zielte Erfolg gewesen und welch' furchtbare Opfer derselbe seiner Kerntruppe auferlegt hat. Um 1 Uhr Nachmittags zog auch der Herzog seine Armee hinter die Lager=verschanzung zurück. Der Großvezier schlug sein Hauptquartier in Erd (Hamsabég) auf, aber das seine Vorhut bildende zahlreiche Corps errichtete auf dem Plateau von Promontorium sein starkes Lager. Acht Tage verharrte nun die Entsatzarmee in un=erklärlicher Thatlosigkeit. Wohl brachen dichte Reiterschwärme von Zeit zu Zeit gegen das bayerische Lager vor, ermüdeten den Gegner durch fortwährende Alarmirungen, nahmen seine Kraft bis zur Erschöpfung in Anspruch, zwangen ihn Tag und Nacht zur Wachsamkeit und Bereitschaft, aber irgend eine nennenswerthe Unternehmung ist in den nächsten acht Tagen nicht gewagt worden.

---

[1]) „Berichte aus dem Feldlager vor Ofen" (K. k. Kriegsarchiv). „Hierauf haben die in der Stadt zur Zeugung ihrer Freud 4 große rothe Fahnen auf der nächsten Batterie beim Thor, da dieser succurs hineinkommen, gesteckt und 3mal eine starke Salve mit ihren Handgewehr und Stuck gegeben, diese Salve war zwar groß, es haben aber Weiber, Kinder und Alles, was darin gewesen, mitgeschossen".

XX

Die Fortschritte der Belagerung.

Man kann nicht sagen, daß durch die Beschäftigung mit dem äußeren Feinde und durch die fortwährenden Alarmirungen ein Stillstand der Belagerungsarbeiten eingetreten sei. War auch die Aufmerksamkeit getheilt, so schritt dennoch das Angriffs= werk ruhelos weiter. Nicht nur der Artillerist, auch der Mineur und Sappeur waren ununterbrochen thätig. Gleich am 13. August, an jenem Tage, an welchem die erste Aufstellung der Verbündeten gegen das Entsatzheer auf der südlich von Osen gelegenen Ebene erfolgte, setzten die unentmuthigten Mineure auf der Nordseite abermals an, und gingen an zwei Stellen vor, von der Kurtine und von dem mittleren Rondell aus. So rasch wurden die Schachte vorwärts getrieben, daß beide Minen schon am 16. August nahezu fertig waren und daß an diesem Tage ein sonst nicht sanguinischer Bericht= erstatter schreiben konnte: „In drei Tagen wird von einem frischen Sturmb zu schreiben seyn"[1]). Es galt jetzt wie früher, die Palissaden, die der Feind auf der Bresche der zweiten Mauer hinter dem Graben eingesetzt, in die Luft zu sprengen, eine klaffende Lücke zu schaffen und Raum für die Sturmmannschaft zu gewinnen. In einer Be= ziehung hat das unvollkommen geschulte Arbeitspersonal der Mineure doch allmälig eine größere Gewandtheit errungen. Der Mineur erlangte im Horchdienst nutzbrin= gende Erfahrungen. Am 17. August wurde in einer der beiden genannten Minen der türkische Contremineur gehört. Mit großer Ruhe und Vorsicht erwarteten nun der kaiserliche Ingenieur Dumont und sein Hilfsarbeiter den Gegner. Als der Contremineur durchschlägig wurde und dessen Galerie direct geöffnet stand, gaben die Kaiserlichen Feuer, schossen den türkischen Arbeiter todt, erneuerten, als einige französisch sprechende Mineure im feindlichen Schachte sich näherten, das Feuer und ruinirten schließlich durch ein Carcasse den Kanal des Gegners[2]). Weil man aber durch die traurigsten Erfahrungen belehrt war, daß die Minen das Ziel der Breschlegung so selten er= reichen, schlug man gleichzeitig andere Wege ein, um die Palissaden des Feindes zu vernichten und eine Lücke zu schaffen. Der bekannte Franciscaner, Pater Raphael — genannt der „feurige Gabriel" — hatte abermals künstlich präparirte und, wie es scheint, verbesserte Feuerwerkskörper angefertigt, welchen die Eigenschaft nachgerühmt wurde, eine rasch verzehrende und furchtbar zerstörende Wirkung auszuüben. Es galt nun, neuerdings den Versuch zu machen, mittelst dieser Substanz die Palissaden des

---

[1]) „Berichte aus dem Feldlager vor Osen" (zum 16. August). K. k. Kriegsarchiv.
[2]) Tagebuch bei Röder I. Urk. S. 89.

Feindes in Brand zu stecken[1]); 12 Freiwillige, deren jeder 12 Reichsthaler als Be=
lohnung erhielt, übernahmen die Verderben drohende Sendung, die Feuerwerkskörper
zu den Palissaden zu tragen, dort zu befestigen und anzuzünden. In der Nacht zum
17. August um die 10. Stunde wurde diese Aufgabe mit Geschick und mit geringem
Verluste gelöst, nur ein Mann blieb todt und einer wurde schwer verwundet. Die
fressende Flamme zerstörte rasch eine ganze Reihe von Palissaden. Aber trotz des
furchtbaren Wurffeuers, das mit Granaten und Bomben gegen die Lücke eröffnet
wurde, verstanden es die Türken, noch im Laufe der Nacht „durch unaussprechlichen
Fleiß und mit Geschicklichkeit" neue Palissaden an Stelle der zusammengebrannten
einzurammen[2]).

Am 18. August waren die zwei oben erwähnten Minen vollendet, deren Kammern
gefüllt. Die oft getäuschte Hoffnung richtete sich nochmals auf. Im Hinblick auf den
ersehnten Erfolg der Minen wurden alle Vorbereitungen für einen neuen Sturm ge=
troffen und die Sturmmannschaft in den Annäherungswegen in Bereitschaft gehalten.
Um Mittag schossen die Mineure, aber ohne einen nennenswerthen Effect zu erzielen.
Man gab nun das Vorhaben des Sturmes auf und zog die zum Angriff commandirte
Mannschaft in das Lager zurück. Da nun einerseits das Niederbrennen der Palissaden
fruchtlos blieb, andererseits die letzte Hoffnung auf den Breschmineur untergraben war,
so blieb nichts anderes übrig, als die Breschlegung dem freilich unsicheren Brescheschießen
zu überlassen. Das Geschützfeuer ist daher in diesen Tagen mit besonderer Lebhaftigkeit
Tag und Nacht sowohl auf der Nord= als Südseite fortgesetzt worden, und die Bresche=
batterien wurden hier wie dort stets vermehrt. „Auf baierischer Seite — erzählt eine
Flugschrift jener Tage — hat man das Schloß dergestalt zusammengeschossen, daß es
fast einem Steinhaufen gleichsieht und wie das zerstörte Jerusalem erscheint"[3].

Bei diesem Umfange und bei dieser Intensität des Geschützfeuers, bei dieser kolossalen
Thätigkeit aller Zerstörungswerkzeuge, bei der kostspieligen Beistellung der Verpflegsmittel
findet man die Behauptung glaubwürdig, die ein Mitkämpfer um diese Zeit in sein
Tagebuch schreibt: „Die Unkosten der Belagerung werden ohne Bezahlung
der Armee täglich 50.000 Reichsthaler gerechnet"[4]. Belehrt durch die
bitteren Erfahrungen, die man bei dem überraschenden Vorstoß der Janitscharen im
Paulusthale am 20. August gemacht hat, beeilte man sich, schon am folgenden Tage bei
der das genannte Thal quer durchziehenden Circumvallationslinie Sicherungsmaßregeln
zu ergreifen, um in Zukunft jeden Durchbruchsversuch des Feindes zu erschweren.
Es wurde an der Stelle, wo die Janitscharen eingedrungen waren, eine starke Re=
doute errichtet, dieselbe mit zwei Geschützen versehen und mit einem entsprechenden
Truppencontingent besetzt; zugleich wurde auf der Höhe[5]), „zu deren linker Hand das

---

[1]) Tagebuch Jakob Richards' a. a. O. S. 243, wo der Erfinder ausdrücklich „Father Gabriell"
genannt ist; die anderen Quellen sprechen nur „von des Franciscaners präparirten Feuer", vergl.
Tagebuch bei Röder I. Urk. 88; „Bestürmt= und erstürmte Stadt Ofen", S. 62; und „Eigentliche
Beschreibung u. s. w." S. 37. Százabot, Jahrg. 1882 a. a. O. (Abhandl. von L. Némethy).
[2]) „Berichte aus dem Feldlager vor Ofen" (K. k. Kriegsarchiv) und Tagebuch Jakob Richards'
a. a. O. S. 243.
[3]) „Bestürmt= und erstürmte Stadt Ofen u. s. w." S. 60 u. 61.
[4]) „Berichte aus dem Feldlager vor Ofen" (K. k. Kriegsarchiv).
[5]) Es ist ohne Zweifel jene Höhe gemeint, die heute den Namen „Rochusberg" führt, früher
Rosa hegy d. i. Rosenberg genannt wurde.

Lobron'sche Kroaten-Regiment stand", die schon früher begonnene Redoute vollendet und mit einer starken Besatzung versehen[1]).

Auch sonst war man bemüht, theils Sicherungsvorkehrungen zu treffen, theils neue Angriffswerke aufzuwerfen. Dabei leisteten die vielseitige Thätigkeit, der rastlose Eifer und der Erfindungsgeist des „feurigen Gabriel" die erheblichsten Dienste. Es wird ausdrücklich bezeugt, daß der Franciscaner-Pater Raphael es war, der auf der Pester Seite, hart am Donaustrande, eine Mörser-Batterie errichtete, um durch die Geschosse derselben alle Leute, die aus der Festung zum Wasser sich begeben, zu beunruhigen und eine Schädigung der türkischen Schiffe zu bezwecken[2]). Ueber die Konstruktion dieser Mörser, die Einrichtung der Batterie und über die erzielten Erfolge dieser Geschosse liegen keine Nachrichten vor. Vom „feurigen Gabriel" ist auch der Gedanke angeregt und ausgeführt worden, eine schwimmende Wehr zu errichten, eine Art von Sperr-schiffen auf der Donau anzubringen; er ließ nämlich viele durch eiserne Ringe ver-bundene Baumstämme im Wasser vor Anker legen, um den Strom zu sperren[3]), die beiden Schiffbrücken zu sichern und die Brandschiffe und steinbeladenen Flöße auf-zuhalten, welche der Feind zum Zwecke der Schädigung der Brücken stromabwärts treiben ließ.

Der Hauptaufgabe der „Attake", Terrain zu gewinnen und das gewonnene zu behaupten, ist das Belagerungsheer in den letzten Augusttagen auf der südlichen An-griffsfront in höherem Grade nachgekommen, als auf der Nordseite. Am 21. August faßte der Kurfürst Max Emanuel den Entschluß, am kommenden Tage einen neuen Versuch zu machen, sich im Schlosse festzusetzen und jene Positionen zu erobern, die festzuhalten beim Sturme am 3. August trotz der hingebendsten Tapferkeit und trotz entsagungsfreudiger Anstrengung nicht möglich war. Es galt, von der Mauer aus, welche das eigentliche Schloßgebäude vom Schloßrondell trennte, rechts und links vor-zudringen und einerseits den halb zusammengeschossenen Thurm zu erklimmen und andererseits zunächst den östlich gelegenen Schloßzwinger zu besetzen und darin die Logirung vorzunehmen.

Am Abend vor dem Sturme erlitten die Bayern einen schmerzlichen Verlust. Generalwachtmeister Rummel, der bestimmt war, am folgenden Tage den gewaltsamen Angriff zu leiten, wurde unter dem Thore des Rondells, als er die Approchen be-sichtigte, erschossen[4]).

Nach der mit dem Herzog von Lothringen getroffenen Vereinbarung sollte auf der Nordseite, während auf der südlichen Angriffsfront der Sturm erfolgte, ein Schein-angriff unternommen werden, um die Aufmerksamkeit und die Kräfte des Feindes zu theilen. Am 22. August um 7 Uhr morgens[5]) wurde das Zeichen zum Sturme ge-geben. Man formirte zwei Angriffscolonnen. Die erste, welche aus Truppenabthei-lungen des kaiserlichen Regimentes „Baden" bestand und etwa 140 Mann stark war,

[1]) „Berichte aus dem Feldlager vor Ofen", zum 21. August (K. k. Kriegsarchiv).
[2]) Tagebuch bei Röder, I. Urk. S. 94.
[3]) Ebenda S. 95. Vergl. auch: Ludwig Némethy: „Tüzes Gábor" in den Századok a. a. O. S. 415 u. f.
[4]) „Eigentliche Beschreibung u. s. w." S. 40.
[5]) „La mattina delli 22 alle hore sette". Schreiben des Obersten Vecchi, bei Röder, I. Urk. S. 40 u. f. Die ausführlichste Schilderung dieser Belagerungs-Episode gibt der erwähnte Brief Vecchi's an den Markgrafen Hermann von Baden.

sollte zur linken Seite vorbrechen, eine erhöhte Stelle des Schlosses einnehmen und dort die Logirung vornehmen; die zweite aus Bayern bestehende Abtheilung erhielt die Aufgabe, den östlich gelegenen Zwinger zu besetzen. Die letztere Colonne war formirt aus einem mit dem Commando betrauten Oberstlieutenant, aus 2 Lieutenants mit 30 Grenadieren und 10 Zimmerleuten, einem Hauptmann mit 50 auserlesenen Schützen, 50 Arbeitern mit Brettern und Sandsäcken und endlich einer Reserve von 2 Hauptleuten mit 160 Mann[1]). Es entbrannte ein heftiger und opfervoller Kampf.

So muthig drangen sowohl die Truppenabtheilungen vom Regimente „Baden" zur linken, als auch die Bayern zur rechten Seite vor, daß die Türken in den ersten Augenblicken nicht Zeit zur Gegenwehr fanden. Als die Sturmcolonnen die Höhe des Schlosses gewonnen, fingen sie an, die Feinde von oben herab mit Musketen und Granaten zu beschießen. Jene liefen herbei, aber da sie keinen geeigneten Platz hatten, um Aufstellung zu nehmen und Widerstand zu leisten, zogen sie sich zurück und feuerten durch die Löcher einiger Keller (per li buchi di alcune Cave) unter den Füßen der Stürmenden, die über ihnen standen, mit Musketen auf die nachrückenden Truppen, auch warfen sie durch ein sehr hohes Fenster Steine und Granaten herab, und manche in der Bresche vergrabene Bombe brachte dem Angreifer Schaden. Als dessenungeachtet der Sturm mit größerer Wucht erneuert wurde, behauptete sich der linke höhere Posten, und auch der rechte würde sich aufrecht erhalten haben, aber ein Zufall bewirkte, daß sich 25 Granaten in der Mitte der bayerischen Sturmcolonne durch eine Lunte (micchia) entzündeten. Dies brachte, indem man im ersten Augenblicke nicht wußte, was man davon halten sollte, eine solche Verwirrung hervor, daß man, da Flucht einriß, den Rückzug beschloß. Während der eine Posten verloren ging, haben die Leute vom Regimente „Baden" den anderen unerschütterlich festgehalten[2]).

Aber schon in der nächstfolgenden Nacht hat der Kurfürst im Beisein des Markgrafen Ludwig und des Prinzen Eugen von Savoyen während eines furchtbaren Gewittersturmes und unter strömendem Regen die verlorene Position ohne Schwierigkeit zurückerobert und sich in diesem Zwinger dauernd festgesetzt.

Der Sturm am 22. brachte der kurfürstlichen Armee schwere Verluste, sie verlor 200 Mann; unter den gefallenen Offizieren befand sich der bayerische Generaladjutant Paul Bertrand Chastel de la Perouse, unter den verwundeten Herzog Heinrich von Sachsen-Weißenfels und Oberst Graf von Fürstenberg.

Die Festsetzung der Sieger im Schlosse übte auf den Pascha und die Besatzung von Ofen eine erschütternde Wirkung aus. Aus derselben erklärt sich der verzweifelte Versuch, den die Türken am 25. August unternahmen, um den Bayern die Position im östlichen Zwinger zu entreißen. Der wüthende Anprall, der gegen das bayerische Logement unternommen wurde, ist aber nach hartem Kampfe glücklich abgewehrt worden.

---

[1]) Karl Staudinger a. a. O. S. 134. Die Quelle, aus welcher derselbe seine Daten schöpfte, ist in diesem Falle leider nicht angegeben. Seine Schilderung der Stärkeverhältnisse der Truppen stimmt nicht mit den Angaben Vecchi's überein, welcher schreibt: „ascendendo tanto alla dritta che alla sinistra qualche truppa del Reggimento Baden, che de Bavari in numero de 40 per parte, sostenuti et secondati da 100 moschettieri per ogni lato.

[2]) Graf Vecchi an den Markgrafen Hermann von Baden (dal campo li 23 Agosto alle hore 11 della mattina 1686). Röder a. a. O. I. Urk. S. 41.

Der in diesen Tagen aufgefangene Brief Abd-ur-Rhaman's an den Großvezier vergegenwärtigt uns in einschneidenden und düsteren Zügen die Stimmungen, von denen der dem Tode geweihte Festungscommandant erfüllt war. Er könne sich nicht mehr im Castelle halten — schreibt er — und der Fall desselben sei mit dem unvermeidlichen Verluste der Stadt gleichbedeutend; der Succurs müsse schnell erfolgen und dürfe nicht länger aufgeschoben werden, denn ohne dessen Hilfe würden sich die Vertheidiger um alle Hoffnung gebracht sehen; er dürfe betheuern, so lange ausgehalten zu haben, als er vermochte und man werde ihm keine Unterlassung zur Last legen können. Der am 20. August in die Stadt gelangte Succurs habe acht Fähnlein betragen, im Ganzen 300 Mann, aber ein großer Theil derselben sei verwundet und könne nicht verwendet werden; außerdem seien 100 von den Ankömmlingen am 22. August bei dem Angriffe auf das Schloß völlig zu Grunde gegangen; es sei nicht möglich, diejenigen, die auf der Höhe des Castells Posto gefaßt haben, zu vertreiben, man habe es versucht, aber vergebens, alle diejenigen, welche Ausfälle unternahmen, blieben todt auf dem Platze und die Christen hätten bei ihrem Angriffe des Castells sehr große Fortschritte gemacht; er bitte bei dem großen Gotte um schnelle Hilfe[1]. — In so schneidenden Tönen kündigten sich des tief bekümmerten Festungscommandanten schwere Bedrängnisse an.

---

[1] Unter allen Quellen bringt das in italienischer Sprache verfaßte Schreiben des Grafen Vecchi (Röder, I. Urk. S. 43 u. f.) die ausführlichste Analyse des aufgefangenen Briefes. Röder (I. S. 221) und nach ihm Joseph Némethy (a. a. O. S. 21) bringen zwar sinngemäße, aber kurze Auszüge aus Vecchi's Brief.

XXI

Der dritte Succurs-Versuch.

Bei der ganzen bisherigen Haltung des Großveziers, der jeder Schlacht auswich, jeden Hauptangriff gegen das Lager der Verbündeten ängstlich zu meiden schien, nur Verstärkungen in die Festung werfen wollte und den Gegner zu ermüden und zu erschöpfen trachtete, mußte man ohnehin jeden Tag, ja jede Stunde auf einen neuen Succursversuch gefaßt sein. Zu diesen allgemeinen Voraussetzungen kam der Umstand, daß sich seit dem 23. August die Nachrichten der Ueberläufer und Gefangenen häuften, der Großvezier werde demnächst einen neuen energischen Succursversuch unternehmen[1]), ja schon am 24. August hatte das Hauptquartier ganz bestimmte Nachrichten über die Richtung des Vorstoßes erhalten und in Erfahrung gebracht, daß der Einfall der Janitscharen längs der Donau von Altofen her erfolgen werde[2]). In Folge dessen wurden die umfassendsten Sicherungsmaßregeln getroffen; Tag und Nacht standen die Truppen an der Circumvallationslinie in voller Bereitschaft, die Truppenzahl im St. Paulsthale wurde verdoppelt, bei dem Wasserrondell und längs der unteren Stadtmauer wurden starke Abtheilungen des Fußvolkes und der Reiterei aufgestellt und Streifpatrouillen entsendet.

Am 28. August stiegen im Laufe des Vormittags ungemein zahlreiche Reiterschwärme von den Höhen bei Promontorium herunter auf die Ebene und avancirten gegen das kurfürstliche Lager, ohne einen ernsten Angriff zu wagen. Nachmittags machte ein großer Theil der feindlichen Reiterei eine Schwenkung nach der linken Seite und Abends bemerkte man in der Richtung von Buda-Oers große Staubwolken aufsteigen, die den Vormarsch größerer Truppenabtheilungen gegen das Gebirge anzudeuten schienen[3]). Es war klar, daß der Feind schon in den nächsten Stunden den

---

[1]) Tagebuch Jakob Richards' a. a. O. S. 244. — Tagebuch bei Röder, I. Urk. S. 93, 94 und 95. — „Berichte aus dem Feldlager vor Ofen" (K. k. Kriegsarchiv).

[2]) „Weilen man Nachricht erhalten, daß der Feindt bey den wasser Einen anschlag habe". Tagebuch bei Röder, I. Urk. S. 94. — „Weilen Bericht einkommen, daß der Feind versuchen wollte, Nachts bei dem Wasser einen Succurs durch und in die Stadt zu bringen". — „Bestürmt- und erstürmte Stadt Ofen u. s. w." S. 66.

[3]) „Berichte aus dem Feldlager vor Ofen" (K. k. Kriegsarchiv). Diese erzählen zum 28. August: „Der Feind ist bishero noch in seinem Lager 3 Stund von hier gestanden, heunt aber hat er sich genähert, einige 1000 sind uns näher khommen, auß dem Staub aber, welcher auf die andere seithen hin außgangen, judicirt man, daß . . . sie morgen wieder einen Versuch wagen werden, Succurs einzubringen".

Versuch erneuern werde, Verstärkungen in die bedrängte Stadt zu werfen. Von Seite der verbündeten Heere ist aber kein Versuch unternommen worden, den Feind auf= zuhalten und seinem Vormarsche im Gebirge sich entgegenzuwerfen, wie dies am 14. August geschah. Unter dem Schutze der Nacht haben die feindlichen Colonnen ganz ungestört ihren Marsch durch das Gebirge vollzogen. Beim ersten Morgen= grauen schlugen die kaiserlichen Vorwachen, die bei Altofen aufgestellt waren, Alarm und signalisirten die rasche Annäherung zahlreicher feindlicher Reiterscharen. Während 1500 Tartaren als Reserve bei Altofen zurückgelassen wurden, sprengten etwa 3000 berittene Janitscharen, die kaiserlichen Wachen vor sich herjagend, auf der Straße heran, die am Donaustrande von Altofen nach der Wasserstadt führte. Mit wildem Ungestüm und in tollkühner Hast rannten die Janitscharen bei dem „warmen Bade"[1]) und beim "Castell"[2]) vorbei gegen die untere Stadtmauer. Indem sie gegen das Wasser= rondell vordrangen, mochten sie die Hoffnung hegen, bei dem in der Nähe des Ron= dells befindlichen Hahnthore den Durchbruch zur oberen Stadt zu erzwingen und bis zum Thor von Stambul sich durchzuschlagen. Aber bei dem Wasserrondell stießen sie auf eine furchtbare Gegenwehr. Dort hatten unter dem Commando des Oberst= lieutenants Freiherrn von Asti zahlreiche deutsche und ungarische Fußvölker Aufstellung genommen. An dieser festgeschlossenen Colonne prallte der wilde Ansturm der Jani= tscharen ab, die dem mörderischen Feuer weichen mußten. Rasch entschlossen stürmten sie in westlicher Richtung weiter und wendeten sich gegen die Bresche der unteren Stadtmauer, wurden aber dort durch die wohlgezielten Schüsse der hinter den Pa= lissaden der Bresche postirten Mannschaft zurückgeworfen. Ein Theil des Feindes eilte nun längs der Mauer der unteren Stadt weiter, stieg vom Pferde und machte den tollkühnen Versuch, mittelst der mitgebrachten Leitern die Mauer zu ersteigen; zehn, dem Tode geweihten Helden[3]) ist es auch in der That gelungen, dieselbe zu er= klimmen und sich auf das jenseitige Angriffsfeld zu werfen, wo sie von den dort auf= gestellten Haiducken augenblicklich zusammengehauen wurden. Der größte Theil der Janitscharen aber stürmte weiter westwärts gegen die große Redoute der kaiserlichen Attacke[4]), offenbar in der Absicht, von da aus gegen das Stuhlweißenburger Thor sich zu wenden und dort den Eintritt in die Festung zu erzielen. Da ist ihnen aber der gewaltigste Widerstand entgegengestellt worden. In der Nähe der großen Redoute wurden sie in der Flanke von 8 Schwadronen, die Oberst Graf Kronsfeld führte, und in der Front von den zwei Reiter=Regimentern Mercy und Saurau auf das heftigste angegriffen. Hier entwickelte sich nun ein langandauernder blutiger Nahe= kampf, der auf kaiserlicher Seite von dem Feldmarschalllieutenant Grafen Mercy, Generalwachtmeister Heißler und Oberst Saurau geleitet wurde. Mit dem Muthe der Verzweiflung wehrten sich die Janitscharen, unablässig bemüht, wenigstens einem Theile ihrer Kampfgenossen den Durchgang zum Stuhlweißenburgerthor zu erkämpfen. Aber alle Todesverachtung und alle Hingebung blieben fruchtlos, nicht ein einziger Mann vermochte sich in dieser Richtung durchzuschlagen, dagegen be=

---

[1]) Vergl. den beiliegenden Plan Nr. 80; das heutige Kaiserbad.
[2]) Ebenda Nr. 57. Juvigny bezeichnet in den „Erklärungen" zum Belagerungsplane das mit 4 Thürmchen versehene Gebäude als „Pulver=Mühl", später trug dasselbe den Namen „Kaisermühle", erhielt sich bis auf die neueste Zeit und fiel erst im Jahre 1878 der Straßenerweiterung zum Opfer.
[3]) Richard's Tagebuch a. a. O. S. 245.
[4]) Vergl. Juvigny's Belagerungsplan Nr. 28 und die Erklärung zu dem Plane.

deckten 400 Janitscharenleichen hier das Angriffsfeld. Die Reihen des Feindes waren jetzt bereits zersprengt; ein Theil ergriff die Flucht und rettete sich über die nördlich gelegenen Höhen. Der größere Theil stürmte vorwärts und wendete sich rechts den Verschanzungen im St. Paulsthale zu. Die Fliehenden wurden aber da von dem Feuer der in der Redoute postirten kaiserlichen Infanterie zurückgeworfen, versuchten die Redoute zu umgehen, trafen aber auf ihrem Ritte fünf Schwadronen des Palffy'schen Regiments, die sich mit solcher Heftigkeit ihnen entgegenwarfen, daß sie rasch die Zügel wenden mußten. Der Kampf wurde jetzt zur wilden Jagd, bei der es für den größten Theil dieser Janitscharen-Haufen keinen Ausweg, keine Rettung mehr gab. Von den Palffy'schen Schwadronen verfolgt, wurde der Feind nun von Reitertruppen des brandenburgischen Corps in der Flanke und Front mit dem größten Nachdrucke an= gegriffen. Generallieutenant von Schöning, der Commandant des brandenburgischen Hilfscorps, führte, als das Lager alarmirt wurde, alles, was er an Kavallerie rasch zusammenfassen konnte, durch die Zelte dem Feinde entgegen. An der Spitze von zwei Kürassier=Schwadronen und zwei Compagnien Dragoner stürmte er gegen den Feind. Bei einer dieser Schwadronen befand sich auch der Obercommandant, Herzog Karl von Lothringen, dessen Leben bei diesem kurzem aber mörderischen Kampfe augen= scheinlich der größten Gefahr ausgesetzt war; unmittelbar an seiner Seite ist sein Stall= meister de Lamoll erschossen worden. Mit der Wuth der Verzweiflung schlugen sich nun die Janitscharen, nicht mehr um in die Stadt zu bringen, denn in dieser Beziehung war jede Hoffnung bereits zertreten, aber um sich durchzuschlagen oder ihr Leben so theuer als möglich zu verkaufen. Nach einem kurzen letzten Ringen waren die Janit= scharenhaufen völlig zerschmettert. Was nicht den Schwertern der kühnen Reiter erlag, suchte sich in aufgelösten Scharen durchzuschlagen. Einzelne kleine Abtheilungen entkamen wohl über die Höhen und durch das St. Paulsthal; einige sprengten in der Verwirrung und ohne Kenntniß der Lagerordnung der Verbündeten auf ihren schnellen Rossen gegen die Zelte des Hauptquartiers. Wie gehetztes Wild sind diese Versprengten da verfolgt und von den Freiwilligen und Trainsoldaten erschossen oder erschlagen worden. Es steht fest, daß kein einziger Türke in die Stadt gelangte. Wie groß die Einbuße des Feindes bei diesem mißglückten Entsatzversuche war, läßt sich bei dem Schwanken der Quellenangaben nicht genau feststellen, doch war sein Menschen= verlust ein ungeheurer. Kaum die Hälfte jener Kerntruppen, die beim grauenden Morgen die Linie bei Altofen durchbrochen, ist im kampffähigen Zustande heimgekehrt. Bei 500 Janitscharenleichen bedeckten das Angriffsfeld, die Verwundeten hatten die Kampfgenossen zumeist mit sich fortgeschleppt[1]). Gefangene gab es nur wenige, ein Zeichen für den Vernichtungskampf, in dem kein Pardon erbeten, keiner gegeben wurde; dagegen blieben 18 Fahnen als Trophäen in den Händen des Siegers[2]).

---

[1]) „Mit Zurücklassung über 400 Todter Leiber und zweifels ohne viel mitgeschlepfter plessirter". Tagebuch bei Röder, I. Urk. S. 97. Dagegen melden die „Berichte aus dem Feldlager vor Ofen": „seint ... nach und nach gewiß tausend, wiewohl einige aus 2000 schreiben, niedergemacht worden"; (zum 29. August). Mit dieser Angabe stimmen auch die Mittheilungen der Flugschriften größtentheils überein. „Journal oder wahrhaftig= und ausführlicher Erzehlung u. s. w." beziffert den Verlust mit 1000 (S. 35), ebenso „Bestürmt= und erstürmte Stadt Ofen u. s. w." (S. 68). Dagegen gibt: „Eigentliche Beschreibung u. s. w." (S. 43) den „Verlust 500 Todter" an.
[2]) Tagebuch des engl. Ingenieurs Jakob Richards a. a. O. S. 245. Wee tooke some Prisoners and 18 Standards. Damit stimmt überein: „Eigentliche Beschreibung u. s. w." (S. 43)

Die Verbündeten, welche so heldenhaft diesen Angriff abgewehrt, zählten verhält=
nißmäßig wenige Todte und Verwundete. Die Kaiserlichen beklagten den schweren
Verlust eines hervorragenden Generals. Feldmarschalllieutenant Graf Mercy, der
sein Reiterregiment dem Vorstoße der Janitscharen entgegengestellt hatte, erlitt am
Kopfe und an der Schulter schwere Verletzungen. Noch hat er die frohe Botschaft
von der Einnahme und Eroberung Ofens erlebt, aber wenige Wochen später erlag er
in Wien am 5. Oktober 1686 seiner Todeswunde[1]). Während dieser blutigen Reiter=
kämpfe unternahmen die Belagerten einen Ausfall auf die kaiserliche und branden=
burgische Attake, wurden aber mit dem Verluste von 40 Todten zurückgeworfen[2]).

Fast zur selben Zeit, in welcher der verwegene Succursversuch die blutigste Ab=
wehr erfuhr und türkische Kerntruppen in gewaltigem Vernichtungskampfe scharen=
weise niedergeschmettert wurden, war der Großvezier auf der Südseite wieder mit dem
größten Theile seines Heeres in die Ebene herabgestiegen und stellte seine Truppen
in Schlachtlinie, ohne jedoch einen Angriff zu wagen.

Da erschienen um 1 Uhr Nachmittags an der Pester Brücke die ersten Ab=
theilungen des aus Siebenbürgen angekommenen Schärffenberg'schen
Armeecorps. Fünf treffliche Reiterregimenter vollzogen da ihren imposanten Auf=
marsch. Des Großvezieres Haltung blieb vom Hauche dieses Ereignisses nicht un=
berührt. Um 2 Uhr Nachmittags zog er sich entmuthigt und thatenlos wieder auf
die Höhen zurück. Fast alle Quellen bringen diese beiden Erscheinungen in nahen
Zusammenhang[3]).

„Unsrige haben 18 Fahnen bekommen und selbige umb Ihro Durchl. Herz. von Lothringen Zelt
gesteckt". Nach dem Tagebuche bei Röder, I. Urk. S. 97 betrug die Zahl der eroberten Fahnen 20.

[1]) Röder, I. S. 223, Anmerkung. Die Behauptungen Hammer's (VI. 787, zweite Ausgabe) und
Mailáth's, V. 51, daß Mercy im Kampfe am 29. August getödtet worden, sind längst widerlegt.

[2]) Tagebuch bei Schöning a. a. O. S. 117 und „Journal oder wahrhaftig= und ausführliche
Erzählung u. s. w." S. 35. Die übrigen mir bekannt gewordenen Quellen erwähnen dieses Aus=
falls nicht.

[3]) Tagebuch des Jakob Richards a. a. O. S. 245. Tagebuch bei Röder I. Urk. S. 97. „Berichte
aus dem Feldlager vor Ofen", zum 29. und 30. August.

XXII

Am Vorabend der Entscheidung.

Ein Gefühl der Befriedigung, der Sicherheit und aufrichtenden Hoffnung mag sich am 29. August Abends aller Theile des Belagerungsheeres bemächtigt haben. Ein tollkühner Angriff des Gegners ward nicht nur heldenhaft abgeschlagen, sondern im Blute erstickt, der Großvezier durch den Gang der Dinge zum Rückzuge ohne Schwertstreich gedrängt, und die Hoffnung auf die ersehnte Verstärkung der kaiserlichen Truppen hatte ihre Erfüllung gefunden. Wir können das Gefühl der Beruhigung nachempfinden, mit welchem der englische Ingenieur am 29. August in sein Tagebuch die Worte schrieb: „Wir lagen diese Nacht mit geringerer Besorgniß, als wir sie einige Tage vorher empfanden"[1]. Aus allen Schriftstücken und Tagebüchern jener Zeit ist bekannt, mit welcher Sehnsucht man im Hauptquartier der Ankunft des kaiserlichen Armeecorps entgegensah, welches Feldmarschalllieutenant Graf Friedrich Siegmund Schärffenberg führte und das aus Siebenbürgen zur Verstärkung nach Ofen gerufen worden war. Wiederholt sind Eilboten entsendet worden, um den beschleunigten Vormarsch des Corps zu erzielen. Am 27. August schickte der Herzog von Lothringen 200 (nach anderen Nachrichten sogar 400) Wagen der nahenden Streitmacht entgegen, um das Fußvolk rascher vorwärts zu bringen. Am 29. und 30. August langten nun diese trefflich ausgerüsteten und kampferprobten Truppen vor Ofen an. Sie bestanden aus fünf Kürassier- und zwei Dragoner-Regimentern, aus 2000 Hußaren unter dem Commando des Grafen Csaky, ferner aus drei kaiserlichen Infanterie-Regimentern und zwei Compagnien ungarischen Fußvolkes. Am erstgenannten Tage erfolgte das Eintreffen der Kürassier-Regimenter „Sachsen-Lauenburg"[2], „Piccolomini"[3] und „St. Croix"[4], und der Dragoner-Regimenter „Tetuin" und „Magni"; am 30. August Mittags sah man dann den Rest des Corps über die Schiffbrücke ziehen: die Hußaren unter Csaky, die Kürassier-Regimenter „Veterani" und „Götz" und die drei Infanterie-Regimenter „Schärffenberg"[5], „Serenyi"[6] und „Spinola"[7]. An der Spitze des letzt-

---

[1] Tagebuch Jakob Richards' a. a. O. S. 246.
[2] Heute Dragoner-Regiment Nr. 9, Freiherr von Piret.
[3] Heute Dragoner-Regiment Nr. 4, Erzherzog Albrecht.
[4] Heute Dragoner-Regiment Nr. 8, Graf Sternberg.
[5] Heute Infanterie-Regiment Nr. 13, Graf Huyn.
[6] Heute Infanterie-Regiment Nr. 25, Freiherr von Pürker.
[7] Heute Infanterie-Regiment Nr. 35, Freiherr v. Philippovic.

genannten Regiments zog sein Oberst-Inhaber, der jugendliche und tapfere Marquis Johann Domenico von Spinola. Es war sein Grabesritt; drei Tage später ist er beim Hauptsturme als eines der ersten Opfer jenes blutigen Tages für die große Sache gefallen. Mit Ausnahme des Infanterie-Regimentes „Sérenyi", welches der kurfürstlichen Armee als Verstärkung überlassen wurde, nahmen sämmtliche Truppen des Schärffenberg'schen Corps, das eine Stärke von beiläufig 11.000 Mann gehabt haben mag, auf der Nordseite der Festung ihre Aufstellung und bildeten im kaiserlichen Lager den äußersten rechten Flügel, der vom Donaustrande bis zum Paulusthale reichte. Jetzt erst war der Halbkreis enggeschlossen, fest gestaltet und bildete eine eiserne Umklammerung, die vom Donaustrande bei Altofen in weitausgreifendem Umfange bis wieder zur Donau südlich vom Blocksberge reichte. Die letzte Verstärkung des Belagerungsheeres, die am Tage des Hauptsturmes, am 2. September, anlangte, bildete das Hilfscorps der Schweden, das eine Stärke von 1095 Mann besaß[1] und seine Aufstellung beim Paulusthale in unmittelbarem Anschlusse an die Truppen des Schärffenberg'schen Corps angewiesen erhielt[2].

Sofort nach dem Eintreffen des Schärffenberg'schen Corps wurde großer Kriegsrath gehalten, um den Unternehmungen der nächsten Tage die entscheidende Richtung zu geben. Die erste Berathung der gesammten Generalität fand am 30. August statt[3]. Anfänglich trat ein schroffer Gegensatz der Meinungen zu Tage und mit großer Lebhaftigkeit bekämpften sich die entgegenstehenden Anschauungen. Die eine Partei trat für den Plan ein, dem Entsatzheere des Großveziers entgegen zu ziehen, mit demselben den Entscheidungskampf aufzunehmen, gleichzeitig eine genügende Truppenanzahl zur Vertheidigung der Laufgräben vor der Festung zurückzulassen, und erst nach errungenem Siege die Belagerung fortzusetzen und den gewaltsamen Angriff zu unternehmen; die zweite Partei im Kriegsrathe hielt es für rathsamer, den Sturmangriff im Angesichte des feindlichen Heeres zu wagen und gegen dasselbe zur Deckung des Sturmes alle verfügbaren Kräfte der Armeen innerhalb der Linien in Bereitschaft zu halten. Zu einer endgiltigen Entscheidung scheinen die Berathungen an diesem Tage nicht geführt zu haben. Am 31. August Vormittags fand abermals eine Berathung statt und diesmal ist eine Harmonie der Meinungen erzielt worden. Einhellig wurde der Beschluß gefaßt, zuerst mit dem Aufgebote aller Macht den Hauptsturm zu wagen und dann erst dem Angriffe und der Verfolgung des Großveziers sich zuzuwenden. Daß der entscheidende Beschluß schon an diesem Tage gefaßt wurde,

---

[1] Expedits-Protokoll des Reichskriegsministeriums vom Jahre 1686, Z. 372, Seite 261, wo die Stärke der „Schwedischen auxiliar Völker" genau mit 1095 Mann beziffert ist.

[2] Vergl. den beiliegenden Belagerungsplan. Auf demselben ist die Aufstellung der Truppen mit namentlicher Anführung aller Regimenter und der einzelnen Contingente genau so gezeichnet, wie dieselbe am 1. und 2. September gestaltet war, nachdem die Truppen Schärffenberg's und die Schweden in die Umklammerungslinie eingerückt waren.

[3] Tagebuch Jakob Richard's a. a. O. S. 246. Schreiben des Obersten Grafen Vecchi an den Markgrafen Hermann von Baden vom 1. September 1686 (Röder, Urk. S. 45). — Wenn Röder (I. 226) und alle Schriftsteller, die ihm folgen (Nemedy a. a. O. 23 u. f. w. in neuerer Zeit auch Staudinger a. a. O. S. 135), der Meinung geneigt scheinen, daß in diesen Tagen nur ein Kriegsrath und zwar am 1. September in Gegenwart des Hofkanzlers Stratmann stattgefunden habe, so läßt sich eine solche Annahme mit den Quellenangaben nicht in Harmonie bringen. Jedenfalls ist der Sturmangriff schon am 31. August Vormittags beschlossen und sind Nachmittags bereits die Einleitungen getroffen worden (Tagebuch bei Röder, I. Urk. S. 98).

geht aus dem Umstande klar hervor, daß bereits Nachmittags die Vorbereitungen zum Sturme getroffen wurden. Am folgenden Tage (1. September) langte aus Wien der Hofkanzler Graf Stratmann als Abgeordneter der Centralregierung im Hauptquartiere an. Die ihm ertheilten Instruktionen sind nicht bekannt, mochten aber auf eine Ausgleichung der entgegenstehenden Anschauungen der Heerführer, vor allem auf eine Beschleunigung der Unternehmung abzielen. In seiner Gegenwart, unmittelbar nach seiner Ankunft, fand dann noch einmal ein Kriegsrath statt und da mag der Beschluß, schon am nächsten Tage den Sturm auf allen Attaken zu unternehmen, gleichsam seine Sanction erhalten haben[1]).

So stand man denn am Vorabend des großen Entscheidungskampfes, in dem die Frage türkischer Herrschaft nicht nur über Buda, sondern über einen großen Theil von Ungarn endgiltig ihre Lösung finden sollte. Der wiederholte Schmerzensschrei des Festungscommandanten, der aus den an den Großvezier gerichteten und aufgefangenen Briefen bekannt wurde, mag neue Impulse zur Beschleunigung der That gegeben haben. Er werde — ließ der Pascha durch einen am 28. August von den Bayern aufgegriffenen Boten dem Großvezier melden — mit seinen abgematteten Leuten dem nächsten Sturme schwerlich zu widerstehen vermögen, doch wolle er sich, wenn ihm die Besatzung das Wort halte, bis auf den letzten Blutstropfen wehren[2]).

Die Schlußarbeiten an den Belagerungswerken hatten seit dem 27. August mehr und mehr ihre Vollendung gefunden. In der Nacht zum 27. August wurde vom großen Eckrondell aus durch den Graben zu den feindlichen Palissaden eine Sturmbrücke errichtet; trotz der furchtbaren Gefahren und Schwierigkeiten, mit denen der Bau solcher Werke in der unmittelbarsten Nähe des Feindes verbunden ist, wurde die Arbeit schon in der ersten Nacht nahezu vollendet; in der nächsten Nacht erhielt die Brücke ihren Abschluß und wurde mit einer hohen Erdschichte bedeckt, um sie gegen das Wurffeuer zu sichern, zugleich an der Stirne der Brücke ein Logement für 10 Füsiliere errichtet, die sich dort verbauten. In der Nacht zum 30. August wurden noch zwei neue Sappen in den Graben bei dem großen Eckrondell und der angrenzenden Kurtine getrieben, um beim Sturme schneller und daher mit geringerem Verlust die Palissaden des Feindes zu erreichen[3]). In der Nacht zum 31. August wurde im Graben unweit des Graner Eckrondells ein neues Logement errichtet, das nur „eine Picke lang von des Feindes Palissaden" entfernt war[4]). In so unheimliche Nähe war der Angreifer durch die Behauptung auf der Grabensohle dem Feinde gerückt. Bei der niedrigen Lage der neuen Logirung konnte das Wurffeuer des Feindes wenig schaden und die Festsetzung wurde mit geringem Verlust von ein paar Blessirten vollzogen[5]).

---

[1]) Daß am 1. September nochmals Kriegsrath stattfand, erfahren wir aus Stratmann's Brief an den Kurfürsten von Brandenburg, dem er von Ofen aus am 2. September schrieb: „ich bin gestern hier angekommen, der Sturm ist darauf resolvirt und die Stadt damit heute genommen worden" (Schöning a. a. O. S. 133).

[2]) Tagebuch bei Röder, I. Urk. S. 95.

[3]) „Berichte aus dem Feldlager vor Ofen" (K. k. Kriegsarchiv).

[4]) Ebenda, zum 31. August.

[5]) „Wobei, weil der Niedrigkeit halber der Feind selber nicht schießen können, nur ein paar Mann blessirt worden" („Berichte aus dem Feldlager vor Ofen").

Das Sprichwort von der Ruhe, welche dem Sturme vorausgeht, hat am 1. Sep=
tember vor Ofen seine buchstäbliche Erfüllung gefunden. „Alles blieb ruhig im Lager
— schrieb an diesem Tage der englische Ingenieur in sein Tagebuch) — während die
Vorbereitungen für den gewaltsamen Angriff des nächsten Tages, welcher auf beiden
Seiten unternommen werden soll, getroffen wurden"[1]). Mit einer mustergiltigen Um=
sicht und bis in's kleinste Detail ausgearbeitet wurden die Angriffsdispositionen ge=
geben, alle Vorbereitungen mit großer Genauigkeit getroffen[2]). Die Einheit der Leitung,
welche der hellen Einsicht und reichen Kriegserfahrenheit des Herzogs von Lothringen
oblag, ward durch keinen Mißton gestört; in voller und reiner Harmonie, die sonst
nicht immer zu erzielen war, wirkten alle Heerführer dieser buntgemischten Armee für
den großen Entscheidungskampf zusammen. Herzog Karl, dessen Hochsinn stets fremdes
Verdienst in reichem Maße anzuerkennen bereit war, rühmt besonders die Mithilfe,
welche ihm bei diesen Vorbereitungen der Führer des brandenburgischen Armeecorps
hingebend leistete. „Herr Generallieutenant von Schöning — schreibt der Herzog an
den Kurfürsten von Brandenburg — hat bei den Dispositionen des Angriffs reiche
Hilfe geleistet, indem er mir mit seinen nützlichen Rathschlägen diente"[3]).

Nach den einhellig gefaßten Beschlüssen des Kriegsrathes hatte der Sturmangriff
auf der Nord= und Südseite nach gegebenem Kanonensignal zu gleicher Zeit zu er=
folgen. Zum Sturme auf der Nordseite wurden im Ganzen 3000 Gemeine, 3 Oberste,
3 Oberstlieutenants, 6 Majors, 32 Kapitäne, 39 Lieutenants, 38 Fähnriche und
218 Unterofficiere commandirt, dazu stellten die Brandenburger und die jüngst ein=
gerückten Schweden 500 Gemeine, 1 Oberstlieutenant, 1 Major, 5 Kapitäne, 7 Lieute=
nants, 7 Fähnriche und 40 Unterofficiere. Die gesammte übrige Sturmmannschaft
war aus kaiserlichen Infanterie= und Dragoner=Regimentern zusammengesetzt. Außer=
dem wurden zur Besetzung der „Annäherungswege" und „Parallelen" 1500 Mann
bestimmt. Von der kaiserlichen und brandenburgischen Attake aus hatten drei Sturm=
colonnen den Vorstoß zu unternehmen. Die Führung der ersten war unter dem Ober=
commando der Generale Souches und Dieppenthal dem Obersten Grafen v. Oetting an=
vertraut; dieselbe hatte den Befehl, rechts vom Graner Eckrondell, von der Westseite
aus gegen die „neue Bresche" vorzugehen; die zweite Sturmcolonne führte Johann
Domenico Spinola mit der Weisung, vom neu errichteten Logement auf dem Eckrondell
über die Sturmbrücke des Grabens durch die Palissaden auf der Mauerbresche ein=
zudringen. Die Leitung der dritten Sturmcolonne, die in der Nähe des Wienerthores
den Angriff zu unternehmen hatte, wurde in die Hände des brandenburgischen General=
lieutenants von Schöning gelegt[4]).

Auf der Südseite, wo die Detaildispositionen des Angriffs von dem Kurfürsten

---

[1]) Jakob Richards' Tagebuch a. a. O. S. 246.

[2]) Tagebuch bei Röder, I. Urk. S. 98 bis 105.

[3]) Schöning a. a. O. S. 129. Schreiben Karls von Lothringen an den Kurfürsten de dato
7. September 1686 (in französischer Sprache). Eine, freilich mangelhafte Uebersetzung des Briefes
ins Deutsche enthält das Theatrum Europaeum, XII. p. 1026.

[4]) Röder, I. Urk. 105 u. f. — Schreiben des Obersten Grafen Vecchi an Hermann v. Baden
(Röder a. a. O. S. 45). — „Journal oder wahrhaftig= und ausführliche Erzählung u. s. w."
S. 36 u. f. Unter allen Flugschriften schildert diese wohl am ausführlichsten die Vorgänge beim
Hauptsturme, doch ist auch sie reich an Irrthümern und es muß bei der Auswahl der Mittheilungen
die größte Vorsicht angewendet werden.

Max und dem Markgrafen Ludwig von Baden getroffen wurden, sind 2000 Mann für den Angriff bestimmt worden, wovon 1500 Stellung in den Trancheen zu nehmen, 500 die Sturmcolonnen zu formiren hatten[1]). Die beiden Colonnen, denen die schwierige Aufgabe zufiel, die Labyrinthe und Schlupfwinkel des Schlosses zu nehmen, wurden aus dem kaiserlichen Regimente Fürstenberg und dem kurfürstlichen Leibregimente gebildet[2]). Die unmittelbare Führung dieser beiden Sturmcolonnen lag wohl ohne Zweifel in der Hand der Commandanten der beiden genannten Regimenter; vom bayerischen Leibregimente wissen wir dies ganz bestimmt[3]). — Ungarische Truppenabtheilungen werden in der Ordre de bataille für den Sturm, wie sie im Hauptquartier aufgezeichnet worden ist, nicht erwähnt[4]); es wird uns aber andererseits ausdrücklich mitgetheilt, daß sich für den großen Entscheidungskampf auch freiwillige Streiter stellten[5]), und unter diesen mögen viele Ungarn gewesen sein; von den magyarischen Officieren wird aber urkundlich und von gleichzeitigen Schriftstellern nur einer erwähnt, der beim Sturme hervorragenden Antheil nahm. Der streitbare Oberst David Petneházy hat seinen erprobten Heldensinn auch bei diesem Waffengange glänzend bewährt.

Noch ehe die Schatten der Nacht gewichen, ließ der Herzog von Lothringen am 2. September die gesammte für den Sturm bestimmte Mannschaft in die Annäherungswege und Parallelen einrücken. Geräuschlos ist der Aufmarsch vollzogen worden, um dem Feinde durch die Truppenbewegungen nicht die Absicht des Angriffes zu verrathen. In größter Stille lagen da die Truppen bis zu dem Sturmsignal, genau in der Ordnung gegliedert, in der sie den Anlauf unternehmen sollten.

---

[1]) Röder (I. 226) und Staudinger (a. a. O. S. 136) behaupten, daß 3000 kurfürstliche Truppen, davon die Hälfte als Reserve, zum Sturme beordert waren. Diese Angabe steht aber im Widerspruche mit der sehr bestimmten Mittheilung, welche Graf Vecchi in seinem Briefe vom 1. September 1686 (Röder, I. Urk. S. 45) gibt; und Vecchi war über die Verhältnisse auf kurfürstlicher Seite, wo er focht, gewiß gut unterrichtet, er schreibt: Alle hore una doppo mezzo giorno resta senza replica stabilito l'assalto generale nelli due attacchi alle hore 4, ciovè 2000 huomini all'attacco di Lorena, compresi 500 Dragoni à piedi, 3 Colonelli et uno de' Cavalleria. Et al nostro attaco 2000 compresi li 1500, che montano alla Trincera.

[2]) Staudinger a. a. O. S. 136.

[3]) Vergl. das Folgende.

[4]) Röder, I. Urk. S. 99—105.

[5]) „Eigentliche Beschreibung u. s. w." S. 44.

XXIII

Der Hauptsturm.

(2. September.)

So nahte denn die Stunde des großen Entscheidungskampfes, in dem ein dauern=
des Denkmal des Sieges errichtet werden sollte. Es war nicht zufällig, sondern das
Ergebniß kluger und vorsichtiger Berechnung, daß der Sturm erst in den späten Nach=
mittagsstunden unternommen wurde. Wachsam hielt das Auge Ausschau nach Süden
hin, um zu erspähen, ob das Heer des Großvezires nicht von den Höhen bei Pro=
montorium auf die Ebene herabsteige, sei es, um irgend einen Vorstoß zum Zwecke
des Succurses, sei es, um im Widerspruch mit der bisherigen Zauderpolitik einen
allgemeinen Angriff zu wagen. Bis 3 Uhr Nachmittags war keine Bewegung des
Feindes zu entdecken. Indessen hatte das heftigste Feuer der Geschütze auf der Nord=
und Südseite ununterbrochen fortgedauert. Am frühen Morgen hatte der Gegner
eine Flattermine springen lassen. Augenscheinlich war beabsichtigt, das neuerrichtete
Logement bei der Sturmbrücke zu sprengen. Der Mineur schoß aber so unglücklich,
daß der kaiserlichen Attake gar kein Schaden zugefügt, ja der Weg zu den Palissaden
des Feindes geradezu besser erschlossen wurde, indem die Mine einige Palissaden
niederriß. Das während des Tages fortgesetzte Feuer brach dann noch einige weitere
Lücken in die Palissadenreihe. Mit der ihnen eigenen katzenartigen Schnelligkeit haben
aber die Türken diese Lücken, wenn auch nur nothdürftig, auszufüllen und an die
Stelle der geborstenen frische Pfähle einzurammen versucht.

Es war 3 Uhr, als die Geschütze der Batterie auf dem Schwaben=
berge das verabredete Signal zum Sturme gaben. Die zum Angriff
bestimmte Mannschaft, welche — wie ein verläßlicher Augenzeuge uns erzählt — mit
Freude die Stunde erwartete, erhielt nun den Befehl, auf die Bresche zu steigen.
Auf der Nordseite stürmten alle drei Colonnen zu gleicher Zeit vor. Herzhaft, mit
bewunderungswürdigem Elan und mit der Energie des Ingrimms ward der An=
griff unternommen. Die mittlere Colonne, geführt vom Marquis von Spinola, hatte
den kürzesten Weg zurückzulegen. In wenig Augenblicken war sie über die Sturm=
brücke zu den Palissaden geeilt, stieß aber dort auf den heftigsten Widerstand und
vermochte trotz aller Energie lange nicht, die Palissadenwand zu durchbrechen. In=
dessen hatte die Colonne auf der rechten Seite, wo Graf Oetting das Commando
führte, von der Westseite aus die „neue Bresche“ nach kurzem aber gewaltigem Kampfe
erstiegen, den Feind zurückgeworfen und vor sich hergetrieben. Da sahen sich die
Janitscharen, welche der mittleren Sturmcolonne des Marquis v. Spinola gegenüber=

standen, in Flanke und Rücken bedroht und mußten weichen; nun drängten die Kaiser=
lichen unaufhaltsam und in dichten Reihen vorwärts. Der hinter der Mauer errichtete
Abschnitt des Feindes war unvollendet, nur ungenügend mit Palissaden versehen und ohne
Brustwehr. Dies mangelhafte Vertheidigungswerk bot dem zurückweichenden Feinde
keinen Halt mehr. Vom Sieger mit ungestümem Nachdruck verfolgt, hoffnungslos
kämpfend, zogen sich die aufgelösten feindlichen Scharen durch die von Norden nach
Süden führenden Straßen gegen das Schloß zurück[1]) Da, beim ersten muthigen
Nachdrängen sank, von einer Musketenkugel zu Tode getroffen, der junge tapfere Oberst=
Inhaber von Spinola in der Nähe der Johanniskirche (der heutigen Garnisonskirche)
in den Staub und ein an glänzenden Hoffnungen so reiches Leben fand ein frühes
Grab. Als ob der Tod dieses Edlen gerächt werden sollte, fand eine kurze Spanne
Zeit später der Festungscommandant Abd=ur=Rahmann=Pascha nach heißem Kampfe
sein blutiges Ende.

Vielleicht den hartnäckigsten Streit hatte auf dieser Seite des Angriffs die dritte
Sturmcolonne zu bestehen, welche in der Nähe des Wiener Thores auf der linken
Flanke die Bresche überstieg. Wie eine Fahne muß der Führer dieser Sturmcolonne,
Generallieutenant von Schöning, seiner Mannschaft vorangeschritten sein, denn Herzog
Karl von Lothringen sagt in dem Schreiben, das er wenige Tage nach der Erstür=
mung von Ofen an den Kurfürsten von Brandenburg richtete: „Bei der Action war
er (Schöning) einer der ersten, die in die Stadt eintraten und traf die nöthigen Dis=
positionen[2]). Es liegt zwar keine Meldung vor, daß der Durchbruch durch die Pa=
lissadenreihe auf dieser Bresche durch blutiges Ringen und schwere Opfer erkauft werden
mußte, aber jenseits der Mauer stießen die Truppen auf eine Gegenwehr, die zwar
kurz währte, aber mit dem Muthe der Verzweiflung geleistet wurde. Dort warf sich
der Festungscommandant mit einer Schar von Kerntruppen, dem letzten Reste der
Janitscharen, dem Sieger entgegen. In der Nähe des Wiener Thores und in der
Judengasse[3]) tobte der letzte verzweifelte Kampf, hier fand der Pascha den Heldentod,
hier theilte eine Reihe vornehmer Türken, die an der Seite ihres Führers fielen, wie
im Kampfe, so im Tode sein Schicksal. Treulich hat Abd=ur=Rahman sein Wort ge=
halten, bis auf den letzten Blutstropfen die Stadt zu vertheidigen. Der Ruhm un=
erschütterter Tapferkeit und aufopfernder Hingebung wird ihm immer gesichert bleiben.

---

[1]) Tagebuch bei Röder, I. Urk. 105 u. f. — Tagebuch Jakob Richards' a. a. O. S. 246. Die
meisten Flugschriften aus dem Jahre 1686 erzählen, daß die Sturmcolonnen auf der Nordseite zwei=
ja dreimal zurückgeschlagen worden seien, daß die Musquetiere vor dem letzten Anlaufe einander sich
die Hand gereicht mit dem Ausrufe: „Bruder, wir wollen es noch einmal wagen", und daß erst der
dritte beziehungsweise vierte Sturm vom Erfolge gekrönt gewesen sei. Diese Behauptungen sind auch
in das „Theatrum Europaeum" (XII. p. 1025) und andere Druckwerke übertragen worden. Eine
solche Darstellung läßt sich aber aus den verläßlichsten Quellen nicht erweisen; sie steht im Wider=
spruche mit den bestimmten und klaren Schilderungen im Tagebuche bei Röder und im Tagebuche
des englischen Ingenieurs, sie steht im Widerspruche mit den verhältnißmäßig geringen Verlusten
beim Angriffe der Nordseite, die unerklärlich wären, wenn der Sturm zwei= oder gar dreimal
abgeschlagen worden wäre.

[2]) Schöning a. a. O. S. 129: „dans l'action il a été des premiers à y entrer lui même et
y faire les dispositions nécessaires".

[3]) Die Gasse trug diesen Namen (Zsido utcza = Judengasse) seit sehr alter Zeit und behielt
ihn während der ganzen Periode der Türkenherrschaft; später wurde sie „Wienerthorgasse" benannt
und in neuester Zeit erhielt sie die Bezeichnung: Verböczy Gasse (Verböczy utcza).

Ueber seine und seiner Großen Leichen stürmten die Sieger vorwärts gegen den Georgs=
platz und das Schloß, dessen Vertheidiger in diesem Augenblicke noch unbezwungen
waren. Bei dem Vordringen gegen das Schloß mag es gewesen sein, wo der unga=
rische Oberst, David Petneházy, so glänzende Proben seiner Tapferkeit und ungestümen
Kampflust abgelegt hat, daß die kaiserlichen und deutschen Officiere staunend ausge=
rufen haben sollen, er kämpfe wie ein Löwe[1]).

Beachtenswerth wird es immer bleiben, daß bei dem Sturme auf der Nordseite
auf Befehl des Herzogs die Dragoner einer neuerfundenen Stoßwaffe sich bedienen
mußten. Der Gewährsmann, der uns dies erzählt, gibt ihr keinen Namen, er be=
schreibt sie ausführlich und in der Schilderung erkennt man die erste Form des Bajo=
nettes[2]). Gewaltiger, schwerer und an Opfern reicher gestaltete sich der Kampf, den die
beiden Sturmcolonnen der kurfürstlichen Armee im Schlosse zu bestehen hatten. Die
labyrinthartigen Theile des Gebäudes und die kluge Ausnützung aller Vertheidigungs=
posten von Seite des Feindes mehrten sowohl die Schwierigkeiten des Vordringens
als die Größe der Gefahr. So hartnäckig tobte da der Kampf, so energisch war die
Gegenwehr, daß 600 Mann der kurfürstlichen Reserve herangezogen werden mußten[3]).
Noch dauerte das blutige Ringen, als die auf der Nordseite geschlagenen Türkenhaufen
gegen das Schloß sich wälzten und dort Aufnahme fanden. Die Entscheidung erfolgte
da erst, als die siegreich vordringenden Kaiserlichen und Brandenburger beim Schlosse
erschienen, das vom Georgsplatze zur Burg führende Thor sprengten und von da aus
im Schlosse vordrangen. Nun ward der Feind in der Front und im Rücken nach=
haltig angegriffen und auf das heftigste bedrängt. Alles floh in wildem Wirrwarr in
den großen, viereckigen, auf der Westseite des Schlosses gelegenen Hof. Alles, die Schloß=
vertheidiger, die Trümmer der auf der Nordseite geschlagenen Heerhaufen, Flüchtlinge
aus der Stadt, viele Weiber und Kinder drängten sich in diesem letzten Zufluchts=
orte zusammen. Vom Wurffeuer der Granaten und der Kugel der Musketen ge=
troffen, war der wüste Menschenknäuel da rettungslos dem Untergange preisgegeben.
Mit dem Glauben an irgend einen Erfolg der Vertheidigung schwand auch die letzte
Hoffnung der Feinde. Sie schwangen nun weiße Tücher und winkten mit den Tur=
banen zum Zeichen, daß sie die Gnade des Siegers erflehen. Dieselbe wurde ihnen
großmüthig gewährt. Es wird stets ein Zeugniß der geläuterten Empfindungen und
eines humanen Geistes bilden, daß die Gefangenen in Schutz genommen wurden, der
nach dem barbarischen Kriegsbrauche des 17. Jahrhunderts so selten geübt wurde,
wenn der Platz mit stürmender Hand genommen und vom Vertheidiger gleichsam die
letzte Patrone verschossen worden war, zumal einem so schrecklich grausamen Feinde
gegenüber, der seine Gefangenen regelmäßig zu morden pflegte. Es wird erzählt,
daß der Kurfürst an den Herzog von Lothringen die Anfrage richten ließ, was mit den
Barbaren zu geschehen habe. Der Herzog stellte die Entscheidung der Frage dem

---

[1]) Michael Cserei. (Ujabb nemzeti könyvtár. I. 1852); „ez a' Petneházi nem ember,
hanem oroszlán“.

[2]) Wagner a. a. O. I. 721, vergl. auch Röder, I. 226, Némethy a. a. O. S. 23 u. 35. Graf
Mailath a. a. O. V. 52. Vergl.: Feldzüge des Prinzen Eugen von Savoyen, herausgegeben von
der Abtheilung für Kriegsgeschichte des k. k. Kriegsarchivs, 1. Band (Wien 1876) S. 225—226,
dazu Tafel IX.

[3]) Staudinger a. a. O. S. 136.

Kurfürsten anheim. Da trat der kaiserliche Hofkanzler Stratmann lebhaft dafür ein, daß die Flehenden als Gefangene zu Gnaden aufgenommen werden sollen, denn — sagte er — es zieme sich für Christen nicht, mit Grausamkeit gegen jene zu verfahren, die alle Pflichten trefflicher Soldaten durch ausdauernde Tapferkeit erfüllt haben. Nun wurde General Sérenyi beauftragt, die Bedingungen der Uebergabe schriftlich fest= zusetzen[1]). Bei 2000 wehrhafte Männer, viele Weiber und Kinder wurden auf diese Weise als Gefangene abgeführt[2]) und zunächst in einer Moschee der Unterstadt unter= gebracht.

Kaum hatte der Sturmlauf gegen Stadt und Schloß seinen Anfang genommen, so stieg der Großvezier — aufgeschreckt durch das gewaltige Kampfgetümmel — mit seinen Truppen von den Höhen auf die Ebene herab; da blieb er stehen und machte nicht den geringsten Versuch eines Angriffes auf die Circumvallationslinie; es war — verkündet das im Hauptquartier geschriebene Tagebuch höhnisch und mit stolzer Befriedigung — als wolle er zum größeren Ruhme der kaiserlichen Waffen Zeuge einer so kraftvollen Waffenthat werden.

Es war etwa 5 Uhr Abends, als die Eroberung von Buda auf allen Punkten vollzogen war. Die Osmanen beklagten die Zertrümmerung einer stolzen Herrschaft, die 145 Jahre gedauert hatte, sie beklagten den Verlust einer Stadt, die dem Range nach zwar erst die zehnte in ihrem Riesenreiche war, die sie aber als Bollwerk ihrer Herrschaft im Westen betrachteten, die sie den Schlüssel des osmanischen Reiches nannten, einer Stadt, der ihre ganze Liebe gehörte wegen der dominirenden Stellung, welche dieselbe einnahm, wegen der Gunst der klimatischen Verhältnisse, wegen der Schönheit landschaftlicher Reize, nicht zum wenigsten wegen des Reichthums an heil= kräftigen Thermen, jenen heißen Quellen, die sie in prächtigen Bädern aufgefangen.

Man weiß, welch' hohes Interesse zu allen Zeiten der Gedankenausdruck erweckt, der unmittelbar unter dem überwältigenden Eindrucke eines großen Ereignisses von den dabei in hervorragender Weise betheiligten Personen schriftlich niedergelegt wird. Mit welcher Theilnahme wird stets der markige Brief begleitet werden, den Blücher unmittelbar nach der Schlacht bei Waterloo an Knesebeck schrieb, wie fesselt uns das Schreiben, in dem der Herzog von Marlborough unmittelbar nach dem großen Siege bei Hochstädt seine Stimmung zum Ausdrucke bringt.

Es sind uns drei Briefe erhalten, welche am 2. September Abends gleich nach dem Vollbringen der großen Aufgabe von Personen, welche dem Hauptquartiere an=

---

[1]) Wagner a. a. O. I. 723. Damit stimmt im Wesentlichen die Mittheilung Jakob Richards' überein; er sagt: „the Duke of Lorraine would not permit the Duke of Croy to Treat with those who fled into the Castle, leaving them to his Electorall Highnesses Disposall (it being his Attaque) who gave them Qnarter"; d. h. der Herzog von Lothringen wollte dem Herzog von Croy nicht gestatten, mit jenen, welche in das Schloß geflohen, in Unterhandlung zu treten, er stellte sie zur Verfügung Sr. Hoheit des Kurfürsten (nachdem dort dessen Angriffsfront war) und derselbe gab ihnen Pardon. Die Flugschrift: „Journal oder wahrhafftig= und ausführliche Erzählung u. s. w." betont sehr nachdrücklich des Kurfürsten Sorge für die Gefangenen: „und hätte vielleicht dürffen diß Orts von den erbitterten Soldaten keinem das gegebene Lebens=Pardon erthält worden seyn, insall Jhro churfürstliche Durchl. aus Bayern nicht in persona neben dem Prinzen Louis sich auf die Bresche und in das Schloß begeben und den Befehl ertheilt hätten, daß kein gemeiner Soldat bey Verlierung seines eigenen Lebens denen Gefangenen das geringste Leyd beyfügen sollte" (S. 37 u. f.).

[2]) Die Angaben schwanken zwischen 1500 und 2000. Jakob Richards beziffert die Zahl dieser Gefangenen auf 200, eine Behauptung, die ganz vereinzelt dasteht.

gehörten, niedergeschrieben wurden und uns die Stimmungen in jener an Aufregung so reichen Stunde in sprechender Weise vergegenwärtigen.

Der erste dieser Briefe ist gleichsam zwischen Rauch und Pulverdampf auf den Trümmern des Schlosses von dem kaiserlichen Obersten Vecchi an den Markgrafen Hermann von Baden geschrieben worden. Er lautet:

„Im Augenblicke den 2. September 1686.

Ich freue mich mit Sr. kais. Majestät und mit Euer Durchlaucht! Ofen ist mit Waffengewalt genommen, heute den 2. um 5 Uhr Abends, zum Ruhme des Hauses Euer Durchlaucht. Ich schließe, denn ich schreibe auf dem Wachtposten nächst dem Thore zwischen Stadt und Schloß und bediene mich des kurfürstlichen Curriers; es schreibt nämlich eben der Obersthofkanzler. Tapferer Kurfürst! Tapferer, überaus tapferer und unsterblicher Prinz Ludwig!"[1]

Noch ist uns der Brief erhalten, den am späten Abend jenes denkwürdigen Tages der kaiserliche Hofkanzler Graf Stratmann aus dem Hauptquartiere an den Großen Kurfürsten richtete, um dem Lobe über die treffliche Haltung der brandenburgischen Truppen Ausdruck zu geben. Nach einigen einleitenden Worten über seine Ankunft beim Heere und das glückliche Vollbringen der Erstürmung schreibt der Kanzler: „Das kann ich aber unterthänigst versichern, daß Euer churfürstlichen Durchlaucht Mannschaft, zuvörderst aber dabei einen großen Theil hat Dero Generallieutenant, von dessen Valor und Conduite der Herr Herzog von Lothringen mir Alles sagt. Die Annales werden Euer churfürstl. Durchlaucht inter merita eminentia in rempublicam christianam diese nicht unter den geringsten deuten[2]."

Viel stimmungsvoller, durch Form und Inhalt charakteristischer ist der kurze Brief, der unmittelbar nach dem vollbrachten Waffengange an Kaiser Leopold von jenem vielgenannten Capuziner Marco d'Aviano gerichtet wurde, dessen heiße Liebe alle Siege der verbündeten christlichen Heere begleitete, dessen Feuerwort die Soldaten anspornte, dessen Rathschläge ausgleichend im Kreise der Heerführer zu wirken strebten. In seinen einschneidenden Zügen und seinem lapidaren Style vergegenwärtigt das Schreiben lebhaft die Stimmungen, die ihn bewegten: „Gelobt sei Gott und Maria! Buda mit Sturm genommen! Die Einzelnheiten werden E. K. Majestät erfahren. Wahres Wunder von Gott! Inzwischen glaube ich nicht, daß von den Unseren hundert gefallen. Ich schreibe in Eil. Mündlich werde ich zu reden haben mit E. K. Majestät, die ich verehre, und freue mich von ganzem Herzen. Von der Armee, am 2. September"[3].

Nach dem harten Kriegsbrauch jener Zeit, die in solchen Fällen den Empfindungen des Mitleids gänzlich fremd war, ist die erstürmte Stadt der Plünderung preisgegeben worden. Wie ein Lauffeuer durchzogen die siegestrunkenen Soldaten die Gassen und Plätze, um der Beute nachzujagen. Nicht nur die Sturmmannschaft, sondern, wie ausdrücklich erwähnt wird, auch alle Abtheilungen, die in den Trancheen als Reserven aufgestellt waren, streckten voll ungestümen Verlangens die Hand nach diesem

---

[1] Der Brief wurde zuerst von Röder, I. S. 228 sowohl im italienischen Originaltexte als auch in deutscher Uebersetzung veröffentlicht. Die letztere ist später ganz unverändert von Némedy a. a. O. S. 26 in sein Buch hinübergenommen worden. Die hier gebotene Uebersetzung weicht in einigen, übrigens unwesentlichen Punkten von der Röder'schen ab.

[2] Schöning a. a. O. S. 133.

[3] Otto Klopp a. a. O. S. 405.

Preis des Sieges aus [1]). Daß in der ersten Kampfwuth manch grobe Ausschreitung vorkam, manche Grausamkeit begangen wurde, kann im Angesichte übereinstimmender Mittheilungen nicht geleugnet werden. Wo so furchtbar viel Erbitterung aufgehäuft war, wo man einem Feinde wildester Art gegenüberstand, der keinen Pardon zu geben gewohnt war und die Gefangenen fast regelmäßig mordete, ist es erklärlich, daß der Strom der Leidenschaft die Dämme durchbrach und die Ufer überfluthete. Hervorgerufen durch den schweren Druck eines übermüthigen Siegers ist da und dort manche Gräuelthat verübt worden, haben Wehrlose, auch einzelne Frauen und Kinder ihr Leben eingebüßt. Es läßt sich aber aus glaubwürdigen Quellen nicht erweisen, daß ungewöhnliche Gräuel mit erbarmungsloser Härte verübt worden seien, im Gegentheil erhebt eine Reihe von Thatsachen lauten Widerspruch gegen eine solche Behauptung. Wir haben oben vernommen, wie bei der Umklammerung der Feinde im Schloßzwinger das Gefühl der Menschlichkeit zum Siege gelangte und wie dort Tausenden von Besiegten das Leben geschenkt und gesichert wurde. Ausdrücklich wird uns erzählt, daß auch in der Stadt nicht nur die Officiere, sondern auch zahlreiche Musquetiere sehr viele Gefangene abführten und daß überhaupt die Zahl der Gefangenen eine ungemein große war [2]). Dafür spricht auch das Zeugniß eines ausländischen Berichterstatters und Augenzeugen, der sehr objectiv urtheilte und keine Ursache hatte, etwas zu verschleiern oder zu beschönigen. „Das Blutbad — sagt der Engländer Richards — war geringer als man vermuthete, obwohl in der ersten Kampfhitze Frauen und auch Kinder getödtet wurden; doch wurde mehr Pardon gegeben, als es bei der Hartherzigkeit („Severity“) der Deutschen in solchen Fällen gewöhnlich war, vorzüglich in Plätzen, die mit stürmender Hand genommen wurden“[3]). Allen Gefangenen, denen man Schonung des Lebens zusagte, ist das Versprechen gewiß auch gehalten und die Gewähr der Sicherheit ertheilt worden.

Jene unglückliche Schar von Juden und Raizen, welche unmittelbar nach der Erstürmung aus der oberen Stadt zum Donaustrande rannte, sich und ihre mitgeschleppte Habe auf Schiffe retten und so entkommen wollte, dann aber beim Wasserrondell ertappt, beraubt und niedergemacht wurde, bestand nach übereinstimmenden Zeugnissen nicht aus Gefangenen, wie in neuerer Zeit behauptet wird, sondern aus Flüchtlingen, die sich und ihr Gut auf diesem Wege in Sicherheit zu bringen bemüht waren [4]). Nicht Beutelust und wilde Siegestrunkenheit allein, sondern ein

---

[1]) Tagebuch bei Röder, I. Urk. S. 107.

[2]) Tagebuch bei Röder, S. 107.

[3]) Richards' Tagebuch a. a. O. S. 247.

[4]) In der oben erwähnten, sehr interessanten Abhandlung von Dr. Samuel Kohn: „Die Ofener Juden während der Türkenzeit“ (Literarische Berichte aus Ungarn, IV. 399) ist darüber Folgendes zu lesen: „Die gefangenen Juden wurden vorläufig in Keller und unterirdische Gewölbe gesperrt; einhundert — wie es scheint jene, welche in baierische Gefangenschaft gerathen waren — in ein Schiff zusammengepfercht. Diese wurden von Hussaren, welche die wachehabenden Soldaten übermannten und entwaffneten, theils niedergemetzelt, theils in die Donau gesprengt“. — Hier mag wohl ein Mißverständniß obwalten, das auf den ursprünglichen Autor, der die Nachricht überlieferte, zurückzuführen sein wird. Gerade diejenigen zeitgenössischen Flugschriften, welche die Vorgänge jener Schreckenstage am ausführlichsten schildern, theilen übereinstimmend den Sachverhalt folgendermaßen mit: „Die meisten Juden und Rascianer, welche auf die Schiff sich salviren wollen, seynd bey der Wasser-Rondell von den Unsrigen ertappt, erwürgt und all ihr Hab und Güter zur Beuth gemacht“ („Journal oder wahrhafftig- und ausführliche Erzählung u. s. w.“ S. 38). — „Bei obgemeldtem

ganz besonderer Ingrimm und eine auflodernde Erbitterung mögen bei diesem Ueberfalle der Flüchtlinge in gleicher Weise ihren Einfluß geltend gemacht haben. Es war allgemein bekannt und viel besprochen, daß die Ofener Juden sich enge den Türken angeschlossen, in guten, wie in bösen Tagen zu ihnen gestanden und an den Kämpfen gegen die christlichen Heere eifrig theilgenommen haben. Diese Erscheinung und Haltung der Juden ließ sich leicht erklären. Die Lage der jüdischen Gemeinden in Ofen war unter türkischer Herrschaft eine verhältnißmäßig sehr günstige, sie genossen die ungehemmte Entwicklung ihrer Autonomie, freie Bewegungsfähigkeit und erlitten keine Störung ihres blühenden Handels. Die Folge der Zufriedenheit mit ihrer socialen Stellung waren der enge Anschluß an ihren Gebieter und die Theilnahme an dessen Vertheidigungskämpfen; auch während des jüngsten Angriffes auf Ofen arbeiteten die Juden mit an den Werken, fochten in den Reihen der Türken und waren bei der Abwehr der Stürme auf den Wällen thätig. So brachte es der Gang der Dinge mit sich, daß sie als türkische Kampfgenossen in dem Augenblicke, wo die Schicksale der Stadt sich vollzogen und die Consequenzen der Erstürmung nach Kriegsbrauch gezogen wurden, gleich den Türken behandelt wurden, die Rache des schwer gekränkten Siegers empfinden und die Ausbrüche menschlicher Leidenschaft miterfahren mußten. Die Gewährung des Pardons kam übrigens den Juden wohl in gleichem Maßstabe wie den Türken zugute, man zählte unter den Gefangenen weit über 500 Juden.

Die Plünderung dauerte auch am nächstfolgenden Morgen noch fort; „und wurde — sagt das im Hauptquartier geschriebene Tagebuch — dem gemeinen Mann noch vergönnt, der Beute, so viel er gewollt, nachzugehen". Doch setzte ein furchtbar entfesseltes Element dem Gewinne verlockender Beute mehr und mehr Schranken. Bald nach der Erstürmung brach ein schrecklicher Brand in der Stadt und im Schlosse aus. Ein Haus nach dem anderen flammte auf und ehe die Nacht anbrach, war Buda in ein Flammenmeer verwandelt, das unzweifelhaft einer großen Menge von Gütern, Kostbarkeiten und Schätzen den Untergang bereitete. Der Brand wüthete die ganze Nacht und am nächsten Morgen in grauenhafter Weise fort. Die Entstehungsursachen desselben waren verschiedenster Art. Hier hat die Verzweiflung des Besiegten[1], dort der Uebermuth des Siegers die Brandfackel geschleudert, hier haben

---

Sturm sind viel Türken und Juden beim Wasser über die Mauern gesprungen, in Hoffnung dadurch ihr Leben zu erretten, sind aber alle bekommen und niedergemacht worden" („Eigentliche Beschreibung u. s. w." S. 46). — „Die meisten Juden, welche auf den Schiffen sich salviren wollten, seynd bei dem Wasser=Rondell von den Unsrigen ertappt und erwürgt, auch all ihr Habe und Güter zur Beut gemacht" („Bestürmt= und erstürmte Stadt Ofen u. s. w." S. 72). — Kein Wort ist da gesagt, daß Gefangene, welche zum Transport bestimmt waren, überfallen oder auch nur verunglimpft wurden; dagegen wird ausdrücklich erwähnt, es habe der Kurfürst den Befehl ertheilt, „daß kein gemeiner Soldat bey Verlierung seines eigenen Lebens denen Gefangenen das geringste Leyd beyfügen solte" („Journal oder wahrhaftig= und ausführliche Erzählung u. s. w." S. 38). — Wir wissen übrigens keine einzige Quelle bekannt, in der ein blutiger Zusammenstoß der Hußaren mit kaiserlichen oder bayerischen Soldaten erwähnt würde, und die von Dr. Kohn gebrachte Notiz setzt doch e nen solchen Kampf voraus, denn die angegriffenen Soldaten werden sich gewiß nicht gutmüthig die Waffen haben entwinden lassen.

[1] „Und hat diese in der Stadt durch die Türken verursachte Brunst einen unbeschreiblichen Schaden an reichen und kostbaren Waaren, Mobilien und Silbergeschirr verursacht" („Journal oder wahrhaftig und ausführliche Erzählung u. s. w." S. 38). — „Der Feind hat fast

in Folge von Fahrlässigkeit und Unvorsichtigkeit die Lunten der Musquetiere und Grenadiere den zündenden Funken gestreut, dort wurden durch die Schüsse, welche der Sieger auf jene verfolgten Feinde abfeuerte, welche hinter Baumwollvorräthen, Holz und leicht brennbarem Material rettende Verstecke suchten, die rasch entzündlichen Gegenstände in Flammen gesetzt. Am Morgen des 3. September waren Rauch und Gluthmeer in der Stadt so groß und unerträglich, daß die übliche kirchliche Siegesfeier dort unmöglich abgehalten werden konnte. Sie fand daher im Lager des Kurfürsten am südlichen Fuße des Blocksberges statt. Unter dem Schalle aller Heerpauken und Trompeten und unter dem Donner der Geschütze der ganzen Armee wurde dort das Te Deum gesungen, um dem Allmächtigen den Dank für den Sieg zu bringen. Fast zu derselben Zeit brach der Großvezier, ohne den geringsten Versuch zu machen, den Siegeslauf seines Gegners aufzuhalten, sein Lager ab, trat ruhmlos seinen Rückzug an und führte die Reste seines Heeres über Abony nach dem Süden.

Indessen zischten droben in Stadt und Schloß die fressenden Flammen noch fort, erst am 4. September gelang es, die Wuth des Feuers zu bändigen, nachdem tausend und tausend schätzbare Dinge im Flammenmeere ihr Grab gefunden hatten. Ein Theil des Schlosses, nur wenige Häuser, hie und da eine Moschee, darunter die an stolzen historischen Erinnerungen reiche Marienkirche — die „Alte Moschee" zur Türkenzeit (Eski dschamisi) — waren unversehrt geblieben; die übrigen Gebäude bildeten mehr oder weniger einen Trümmerhaufen, auch die ehrwürdige Johanniskirche (heute Garnisonskirche), das einzige den Christen während der Türkenzeit gelassene Gotteshaus, hatte die schwersten Schäden durch die Geschosse erlitten.

Buda bot am 4. September ein Gemälde grauenvoller Verwüstung und seine narbenvollen Züge verkündeten in erschütternder Weise, daß Zerstörung und Vergänglichkeit das Erbtheil des Menschenwerkes sind.

Wohl nur Wenige werden sich damals, in den Stunden nach der siegreichen Erstürmung der Stadt, mitten im Kampfgetümmel und beim Auflodern der verzehrenden Flammen des furchtbaren Gegensatzes zwischen Einst und Jetzt bewußt geworden sein, nur Wenigen mag die Erinnerung aufgestiegen sein, daß hier einstens die Culturarbeit große und fruchtbare Impulse empfangen, ein glänzendes Dasein geschaffen und reiche Schätze des menschlichen Geistes gesammelt hat; aber Einer war unter ihnen, in dem diese Erinnerung mächtig aufflammte, der mit der Neigung zu den Waffen die Liebe zu den Wissenschaften verband, ein edler Bücherfreund, dem die Erinnerung lebhaft vor die Seele trat, daß hier einstens eine der glänzendsten und reichsten Bibliotheken errichtet war, und der sich dem täuschenden Glauben hingab, noch Reste jener bewunderten Büchersammlung des Königs Mathias Corvinus finden zu können. Der gelehrte Luigi Ferdinando Marsigli aus Bologna, welcher den Befreiungskampf mitgekämpft und an der Erstürmung Ofens theilgenommen hatte, gab

---

in alle Häuser haufenweiß Pulver zerstreut und Feuer angelegt, also daß eins nach dem andern aufgegangen" („Eigentliche Beschreibung u. s. w." S. 46). — Tagenau schreibt das bei Röder (l. Urk. S. 107) veröffentlichte Tagebuch: „Die unsern blünderten die ganze Statt und stedketen, wie es bey dergleichen occasion nicht wohl anderst sein khan, mit denen Liechtern die in solchen orthen gefundene combustibile wahren an, andere vernachlesieten Ihre lunten, andere gaben Feuer auf die Türkhen, so sich zwischen Baumwohl, Holz und andere leicht brennende sachen versteckt, also daß gegen den Abend die ganze Statt in brandt ware".

nach der Einnahme der Stadt den Soldaten seines Regimentes den Befehl, ihm die Orte zu bezeichnen, wo gedruckte oder geschriebene Bücher gefunden werden, ja er eilte selbst zwischen Flammen und Leichen in das Schloß, um Reste der Corvine zu suchen. Aber die prachtvollen Bände der bewunderten Königsbibliothek hatten längst ihre Wanderungen nach den verschiedensten Richtungen unternommen und die Bücher, welche Luigi Marsigli in Ofen fand, sowie die arabischen, türkischen und persischen Manu= scripte, die er von dort nach Bologna brachte, bildeten schwerlich je Bestandtheile der Corvina, sondern entstammten wahrscheinlich den Bibliotheken wohlhabender und ge= lehrter Türken[1]). Auch die kaiserliche Regierung richtete nach der Eroberung Ofens ihre Aufmerksamkeit neuerdings auf die Entdeckung von Resten der Corvina. Auch sie gab sich der trügerischen Hoffnung hin, daß noch Theile der königlichen Bibliothek aufgefunden werden könnten und erließ Anordnungen, die erbeuteten Bücher zu sam= meln und nach Wien zu bringen; noch am 29. September 1686 wurden dem Ge= neral=Kriegscommissär Grafen Rabatta Weisungen in Bezug auf den Transport der Bücher von Ofen nach Wien ertheilt[2]). Wohl gelangten damals 271 Bücher aus Ofen in die Wiener Hofbibliothek[3]), aber es wird sich schwer nachweisen lassen, ob auch nur der geringste Bruchtheil derselben je einen Platz in der bewunderten Königs= bibliothek einnahm.

Werke der Kunst und Wissenschaft bildeten überhaupt keinen Bestandtheil der in Ofen gemachten Beute. Die Schöpfungen der Kunst, welche einst ein so leuchtendes Zeugniß der Liebe des großen Corvinen zum Schönen und Großen gebildet haben, die zahlreichen plastischen Bildwerke, welche Schloß und Stadt zierten, hatte der Nach= bildungshaß des sunnitischen Islams längst in Trümmer geschlagen; die Bibliothek, die einstens die Stadt zum vornehmen Sitze der Musen gemacht, war theilweise schon vor Beginn der Türkenherrschaft, vorzüglich aber während derselben nach allen Wind= richtungen zertheilt worden.

---

[1]) König Mathias Corvinus und seine Bibliothek. Von Prof. Ludwig Fischer (Jahresbericht über das k. k. St.=U.=Gymnasium im II. Bezirke von Wien). Wien 1878, S. 17. — Die Bibliothek des Königs Mathias Corvinus von Dr. Eugen Abel. Literarische Berichte aus Ungarn. II. Jahrg. 1878, S. 556—581.

[2]) Registratur des Reichskriegsministeriums, Protokoll, zum 29. September 1686.

[3]) Fischer a. a. O. S. 17. — Abel a. a. O. S. 561. Letzterer sagt: „Die wenigen Corvina= Handschriften, die in den Besitz des Churfürsten Max von Bayern (?) und des Grafen Luigi Marsigli kamen, haben, soweit wir sie kennen, ebensowenig Werth, wie die andern, von Marsigli in einem Keller der Burg entdeckten und bald darauf in die Wiener Hofbibliothek überführten Werke, zusammen etwas über dreihundert gedruckte und geschriebene Bände, von denen manche, wie z. B. Luther's Bibel, Werke des Erasmus zc. sicherlich niemals der eigentlichen Corvina angehört haben".

XXIV.

Trophäen und Verluste.

Wie groß die Beute an Edelmetall und Schmucksachen war, wird sich inmitten der widersprechendsten Nachrichten der Zeitgenossen schwerlich je genau bestimmen lassen[1]. Am glaubwürdigsten erscheint die Nachricht einer Flugschrift[2]), daß die Beute an Geld, Gold und Silber gering, dagegen größer an Decken, Kleidern und Kupfer gewesen sei, nur allzuviel hätte das Feuer verzehrt. Groß war dagegen die Zahl der errungenen Trophäen. Außer vielen Fahnen fiel eine ungeheure Menge von Kriegsmaterial aller Art in die Hände des Siegers. Man zählte unter den Beutestücken 215 Geschütze und zwar 182 Carthaunen, 24 Mörser, 8 Haubitzen und 1 Petarde, man fand ferner 100 Centner Pulver in Säcken, eine ungezählte Masse von Projectilen aller Art, 500 Centner ungegossenes Blei und 10 Zentner Schwefel. Das uns überlieferte amtliche Verzeichniß der eroberten schweren Geschütze und Munitionsvorräthe entrollt ein sprechendes Bild des Reichthums an Vertheidigungsmitteln, über welche die Türken noch in den Tagen des Untergangs ihrer Ofener-Herrschaft verfügten[3]).

---

[1]) Tagebuch bei Röder, I. Urk. S. 107.
[2]) „Eigentliche Beschreibung u. s. w." S. 46.
[3]) „Inventarium derjenigen Stuck, Pöller und Haubitzen, so nach Eroberung Ofen den 3. September Ao 1686 auf denen Posten gefunden worden, als:

Innerhalb des Weißenburger Thors auf dem hohen Thurm:

1 metall. ¾pfündiges Stuck von 1586)
1 10löthiges eisernes türkisches Stückl } je auf einer Gabel.
1 16löthiges metall. Stückl von 1552)

Unter dem Weißenburger Thor:

1 80pfündiges steinschießendes Stuck, türkisch.

Auf dem großen Rundell am Weißenburger Thor:

1 2½pfündiges metallenes türkisches Stuck ohne Mundirung.
1 vierzigpfündiges metallenes Stuck auf türk. Mundirung.
1 dreipfündiges churbayr. Stuck auf türk. Mundirung von 1635.
1 dreipfündiges metallenes Stuck von Ferdinand 3tio.
1 zweipfündiges türkisches Stuck auf seiner Mundirung.
1 siebenpfündiges türkisches Stück auf seiner Mundirung.
1 vierzigpfündiges metallenes Stuck von der steirischen Landschaft Ao 1548.

Der Menschenverlust, den die Besiegten in den letzten verzweifelten Kämpfen des 2. September und nach der Erstürmung erlitten, war jedenfalls sehr groß, doch scheint

1 zweipfündiges metallenes Stuck mit dem kaiserlichen Adler und griechischer Schrift.
1 1½pfündiges metallenes türkisches Stuck.
1 zehnpfündiges metallenes Stuck von 1561.
1 zehnpfündiges metallenes Stuck mit dem Salzburger Wappen, „der Tod" genannt, A° 1592.
1 sechsunddreißigpfündiges metallenes türkisches Stuck.
1 achtpfündiges metallenes Stuck von Wilh. Freiherr von Gunderstorf.

In dem Gewölb an dem großen Rundell:
1 achtpfündige Haubitz von 1594.

In einem anderen Gewölb gegenhinüber:
1 achtpfündige Haubitz von 1592.

Rechter Hand des großen Rundells an der Kurtinen gegen dem Schloß hinunter:
1 hundertpfündiger Pöller von Kaiser Maximiliano.
1 1½pfündiges türkisches Stückl von Metall.
1 zweipfündiges türkisches metallenes Stückl.
1 vierzigpfündiges türkisches metallenes Stück.
1 zweieinhalbpfündiges türkisches metallenes Stück.
1 zwanzigpfündiges Stück von A° 1529 mit einem Crucifix.
1 dreipfündiges metallenes türkisches Stück.
1 dreißigpfündiges metallenes türkisches Stück.
1 dreißigpfündiges metallenes verschraubtes türkisches Stück.
2 vierzigpfündige metallene türkische Stücke.
1 zweipfündiges metallenes türkisches Stück.
1 vierzigpfündiges metallenes türkisches Stück.

Herauß des Wasserthor an der langen Wand zum Wasser hinunter:
1 zweipfündiges metallenes türkisches Stück.
1 zweipfündiges metallenes türkisches Stück.
1 einundeinhalbpfündiges kaiserliches Stückl auf türk. Mundirung.
1 zweipfündiges metallenes türkisches Stückl.
1 zweiundeinhalbpfündiges metallenes türkisches Stückl von 1554.
1 vierundzwanzigpfündiges metallenes türkisches Stuck.

In der Stadt beim Wasserthor gegen dem Schloß rechter Hand gegen der Curtinen:
1 fünfzigpfündiges metallenes türkisches Stuck.
1 sechspfündiges metallenes Stuck mit dem kaiserlichen Adler von 1661.

Weit linker Hand des Wasserthor an der Curtine:
1 zweipfündiges türkisches Stuck.
1 vierzigpfündiges metallenes türkisches Stück.

An dem Rundell rechter Hand gegen dem Schloß hinauf neben dem Judenthor:
1 zweipfündiges kaiserliches Stuck von 1570 mit dem kaiserlichen Adler.
1 vierundzwanzigpfündiges metallenes türkisches Stuck.
2 achtpfündige kaiserliche Stuck (von 1552 und eines von 1553).
1 vierzigpfündiges Stuck völlig zersprungen.
1 achtpfündiges metallenes Stuck mit dem kaiserlichen und Tiefenbachischen Wappen von 1650.
1 dreipfündiges metallenes türkisches Stück.
1 vierpfündiges churbayr. Stuck mit F. M. H. J. P. C. F. 1658.
1 vierzigpfündiges türkisches Stuck.
1 dreipfündiges türkisches Stuck.

es in dem Gewirre der widersprechenden Nachrichten gewagt, genaue Verlustziffern anzugeben. Die Zahl der Todten mag gegen 3000, die der Gefangenen mit Ein-

1 dreipfündiges Stückl mit dem kaiserlichen Adler und Montecuculischen Wappen von 1676.
1 dreipfündiges pfalzgräfliches Stückel mit der Ueberschrift „hab Gott vor Augen".
1 zweipfündiges Stückel mit dem kardinalischen Wappen, Mainzisch.
1 dreipfündiges Stückel mit dem kaiserlichen Adler und Conjagischen Wappen.
1 zweipfündiges Stückel von 1579.
1 sechspfündiges salzburgisches Stückel von 1564.
1 vierzigpfündiges türkisches Stückel.
1 dreipfündiges kaiserliches Stückel von 1569.
1 zweipfündiges mit dem ungarischen Wappen von 1561.
1 dreißigpfündiges
1 achtundvierzigpfündiges } türkisches Stuck.
1 sechzigpfündiges
1 sechspfündiges kaiserliches Stuck.
1 vierundzwanzigpfündiges türkisches Stuck.
1 sechzigpfündiges türkisches Stuck.
1 dreißigpfündiges türkisches Stuck.
1 dreipfündiges von Freiherrn Hans Hofmann Aº 1554.
1 dreipfündiges Stuck mit dem kaiserlichen Adler und Tiefenbach'schen Wappen 1650.
1 dreipfündiges türkisches Stuck.
1 3pfündiges kaiserliches Stuck von 1584.
1 dreipfündiges kaiserliches Stuck von 1570.

Beim Wiener Thor:
1 vierundachtzigpfündiges steinschießendes metallenes Stuck.
1 zweiundsiebenzigpfündiges türkisches Stuck.
1 zwölfpfündige steinwerfende Haubitz von 1550.
2 Bockstückeln ohne Boden.
1 türkische Haubitz.
1 fünfundfünfzigpfündiges eisenschießendes türkisches Stuck.
1 zwölfpfündiges kaiserliches Stuck mit dem Traunischen Wappen 1657.
1 kaiserliches Regimentsstückel.
1 dreißigpfündiges kaiserliches Stückel von 1556.
1 vierzigpfündiger steinwerfender Pöller, türkisch.
3 sechzigpfündige türkische Pöller.
1 zweihundertpfündiger Pöller mit dem fürstl. Schloßnig'schen Wappen.
1 dreißigpfündiger Pöller, türkisch.
1 vierzigpfündiges türkisches Stuck.
1 vierundzwanzigpfündiges türkisches Stuck.

Hinter der Presch bei der Kirchen:
1 zweipfündiges Augsburger Stückel.
2 vierzigpfündige türkische Stuck.
1 sechzigpfündiges türkisches Stuck.
1 zwölfpfündige Haubitz mit dem Traunischen Wappen 1566.
2 sechzigpfündige Pöller.
1 achtpfündiger metallener
1 achtpfündiger eiserner } türkischer Pöller.
1 dreißigpfündiges türkisches metallenes Stuck.

Auf der Presch:
1 sechspfündige Falkaune mit dem kaiserlichen Adler und Traunischen Wappen 1665.
1 vierundzwanzigpfündiges Stuck mit einer alten Schrift und unbekannten Wappen.

schluß aller Weiber und Kinder 4 bis 5000 betragen haben. Unter den Gefangenen sollen sich etwa 2000 wehrhafte Männer befunden haben, die übrige Masse bestand aus Weibern und Kindern.

---

1 zwölfpfündiges Stück von Calabrino 1589.
1 einundeinhalbpfündiges ⎫
1 zwanzigpfündiges   ⎬ türkisches Stück.
1 vierzigpfündiges   ⎭
1 sechsunddreißigpfündiges türkisches Stück.
1 zwölfpfündige Haubitz von 1550.
1 zweipfündiges Stückel mit 2 Delphinen.
1 zwölfpfündiges türkisches Stück.
1 fünfzigpfündiges türkisches Stück.
1 sechsunddreißigpfündiges türkisches Stück.
2 vierzigpfündige türkische Stück.
1 achtpfündiges Stück von 1601.
1 achtpfündiges Stück von Freiherrn Hans Hofmann.
1 dreipfündiges Stück von 1569 mit dem kaiserlichen Adler.
1 zweipfündiges türkisches Stück.
1 achtpfündiges von Kaiser Ferdinand I. 1546.
1 sechspfündiges türkisches Stück.
1 zwölfpfündiges Stück mit dem Kardinalischen Wappen, Tod genannt.
1 vierpfündiges churbayr. Stück von 1635.
1 dreipfündiges kaiserl. Stück.
1 fünfundfünfzigpfündiges türk. metallenes Stück.
1 dreipfündiges metallenes Stück.
1 zehnpfündiges Stück von Rudolpho secundo.
1 dreißigpfündiges metallenes türk. Stück.
1 dreipfündiges türk. Stück.
1 einundeinhalbpfündiges ungar. Stück.

Summarum aller sich befindenden Stück in Ofen:

der brauchbaren	48
der so umzugießen	30
deren so zu verschrauben	36
brauchbare Pöller	11
so zu verschrauben	1
brauchbare Haubitzen	6
	132.

100 Zentner türkisches Pulver in Säcken, davon aber nur 20 Zentner brauchbar, das übrige kann reparirt werden, über 500 Zentner ungegossenes Blei. Eine große Quantität unterschiedlicher Sorten Stückkugeln, deren Zahl noch unwissend, weilen solche noch nicht sortirt sind; 10 Centner Schwefel.

Folgen diejenigen Stück, Pöller und Haubitzen, so in dem Schloß Ofen churbayrischer Seiten seind erobert worden. Als

Im ersten vorderen großen Rundell:
1 kaiserl. eilfpfündige Stein schießende Haubitz.
2 Pöller, wovon einer 65, der andere 35 Pfund Stein wirft. Türkisch.
1 kaiserl. Falkaune, schießt 5 Pfund Eisen, 1602.

Im mittleren Zwinger linker Hand:
1 zweipfündiges türk. Regiments-Stückl.
2 sechsunddreißigpfündige ⎫
1 vierzigpfündiges   ⎬ türkische Stück.
3 fünfunddreißig Pfund Stein werfende türk. Pöller.

Die Einbuße der Sieger war bei diesem Sturme eine verhältnißmäßig sehr geringe, was dafür Zeugniß ablegt, daß der Angriff rasch durchgeführt und mit unwider-

Im hintern Rundell des mittlern Zwingers.

1 türkische Falkaune 6 Pfund Eisen schießend.
1 zersprungenes ungar. 2pf. Stückl.
1 kais. achtpfünd. Falkaune von Ferdinando.

Im obersten Zwinger:

2 Pöller, so türkisch, der eine 66, der andere 34 Pfund Stein werfend.
1 kais. Haubitze 7 Pfund Stein schießend.
1 kais. Falkaune von 1601, so 9 Pfund Eisen schießt.
1 große Petarde.

Auf dem Platz bei der Stadt:

1 eisernes Stückl, 1 Pfund Eisen schießt.
1 zweipfündiges metallenes Stückl mit ungarischen Wappen.
1 dreiviertelpfündiges eisernes Stückl.
1 zweipfündiges eisernes Stückl.
1 einpfündiges zersprungenes Stückl.
1 vierzigpfündiges türk. Stuck.
1 einpfündiges Stückl.
3 achtundvierzigpfündige ⎫
1 sechsunddreißigpfündiges ⎬ türkische Stuck.
1 70pfündiges ⎭
1 vierundzwanzigpfündiges deutsches Stuck, die „Singerin" genannt, 1522.
1 einpfündiges türkisches Stuck.
1 zweipfündiges türkisches Stuck.
1 dreiviertelpfündiges türkisches Stuck.
1 zweipfündiges Moscowitisch Stuck.
4 vierzigpfündige türkische Stuck.
2 36pfündige türkische Stuck.
1 dreißigpfündiges von Carolo, Herzogen zu Oesterreich 1579.
2 vierzigpfündige türkische Stuck.
1 siebenzigpfünd. türk. Stuck.
4 kais. metallene Lärmen-Pöller, so 5 Pfund Stein werfend.
1 dreipfünd. kais. Stuck.
1 dreiviertelpfünd. kais. Stuck.
2 einpfündige türkische Stück.
1 einpfündiges kais. Stuck.
1 dreipfünd. Erzherzogl. Stuck.
1 6pfündiges ⎫
1 55pfündiges ⎪
1 3pfünd. ⎬ türkische Stuck.
1 30pfünd. ⎪
3 vierzigpfünd. ⎪
1 zweipfünd. ⎭
1 3pfünd. kais. Stuck.
1 16pfündiges türk. Stuck.
1 einpfündiges kais. Stuck.

Im Zwinger am Wasser:

1 dreipfündiges türkisches Stuck.
1 zweiundeinhalbpfündiges kais. Stuck.
1 48pfündiges türkisches Stuck.

ftehlichem Anprall vollzogen wurde. Beim Sturme auf der Nordseite waren nicht mehr als 50 Streiter gefallen, auf der südlichen Angriffsfront war der Verlust größer, der Kurfürst verlor 200 Todte. Die Kaiserlichen beklagten den Tod des tapfern Marquis von Spinola, der Hauptleute Schweißthal und Monticoli, die tödtliche Verwundung des Oberstlieutenants d'Asti und des Oberstwachtmeisters Grafen Zacco. Der Dragoner-Oberst Graf Magni wurde leicht verwundet, ließ sich rasch den Verband anlegen und erschien wieder auf dem Kampfplatze. Das bayerische Corps betrauerte den Tod des Grafen Tattenbach, des Hauptmannes Schultheiß, die schwere Verwundung des Hauptmannes Chevalier de Losa [1]).

1 20pfündiges türkisches Stuck.
1 sechspfünd. kaiserliches Stuck.
1 sechspfünd. Augsburger Stuck.
2 zweipfündige türkische Stuck.
1 zweihundertpfündiges Stein schießendes schönes Kammerstuck.
1 siebenzigpfünd. Stein schießendes schönes Kammerstuck.
1 40pfündiges türkisches Stuck.

Im Rundell am Wasser:

1 zwölfpfündiges türk. Stuck.
1 einpfündiges türk. Stuck.
1 70pfündiges Stein schießendes Stuck.
1 einundeinhalbpfündig. kaiserl. Stuck.
1 Lärmen-Pöller, kais. Stuck, 5 Pfund Stein werfend.

Summa der im Schloß gefundenen

brauchbaren Stucken	33
unbrauchbaren	19
deren, so zu verschrauben	16
Pöller:	
brauchbare	10
unbrauchbare	2
brauchbare Haubitzen	2
unbrauchbare Petarden	1
Summarum im Schloß gefundener Stuck, Pöller und Haubitzen	83

Datum den 23. Septembris 1686.
(K. k. Kriegs-Archiv, Fasc. 9/8 1686.)   Sybert, Oberstlieutenant."

Ein Nachtrags-Inventar, das derselbe Oberstlieutenant aus „Ofen den 6 8bris 1686" einsendet, zählt dann noch folgende Beutestücke, „so verschütt waren" auf: 1 fünfpfünd. Pöller, 1 fürzehnpfünd. Haubitze, 3 metallene „Stückel", 10 Doppelhacken und 50 Zentner Blei. (K. k. Kriegs-Archiv, Fasc. 10/17 1686.)

[1]) Jakob Richards a. a. O. S. 247. — „Journal oder wahrhafftig- und ausführliche Erzählung u. f. w." S. 38 u. 40. — „Eigentliche Beschreibung u. f. w." S. 46 u. 47. Tagebuch bei Röder a. a. O. I. Urk. 107.

XXV.

Sagenbildung.

Gewaltige und folgenreiche Ereignisse, welche wie die Belagerung und Erstürmung von Ofen die Gemüther der Menschen auf das tiefste bewegen, sind stets willkommene Stoffe für Sagenbildung. Vor allem knüpft sich hier die Sage an die Frage, welche von den Helden der Erstürmung als die Ersten die Wälle der Feinde erstiegen. Da tritt uns zunächst die reckenhafte Gestalt des ungarischen Hußarenobersten David Petne= házy entgegen, dessen Haupt heller Nachruhm bis auf den heutigen Tag in Ungarn umfließt. Er folgte zuerst dem Banner der Revolution des Emerich Thököly und hatte schon da Proben seiner Tapferkeit und seines Muthes gegeben[1]). Dann siegte bei ihm die bessere Einsicht in die Verderblichkeit türkischer Politik und er trat zu der Fahne seines Königs über. Unmittelbar nach seinem Uebertritte hat er in dem Kampfe bei Arad so leuchtende Beweise seines löwenkühnen Muthes gegeben, daß er die Auf= merksamkeit weiter Kreise auf sich lenkte. Es war ein Zeichen kluger Politik, daß Kaiser Leopold diese schätzbare Kraft fester an seine Sache zu knüpfen suchte und den Mann durch eine Kundgebung königlicher Huld und besondere Auszeichnung ehrte[2]). An Ofens Erstürmung am 2. September hat Petneházy als freiwilliger Führer einer Haiduckencolonne theilgenommen und es ist glaubwürdig bezeugt, daß er durch seine Kühnheit das Staunen der Kampfgenossen erweckt hat. Aber die Tradition weiß mehr zu erzählen. Nach ihrer Darstellung ist er der erste, der die Mauer ersteigt und die kaiserliche Fahne aufpflanzt, dann mit wahrer Tollkühnheit vordringt, im Schlachtgetümmel sich von den Seinigen trennt, isolirt kämpft und schließlich in die Hände der Türken fällt. Die wüthenden Feinde übermannen den Helden und knüpfen ihn auf dem Baume auf, der auf dem Georgsplatz an der Stelle gestanden, wo später das Sándor'sche Palais sich erhob. In diesem verhängnißvollen Augenblicke tritt die Rettung noch zur rechten Zeit ein. Die sieghaft Nachstürmenden erlösen und befreien den Helden[3]). Dasselbe Schicksal hat die Sage noch auf eine andere Persönlichkeit

---

[1]) Vergl. oben S. 140.

[2]) Ebenda, Note 4.

[3]) Graf Johann Mailáth: Geschichte der Magyaren, V. 53 und S. 165, wo sich der Autor in den „Anmerkungen" auf die „mündliche Ueberlieferung" beruft. Vergl. auch desselben Verfassers: „Ofens Rückeroberung im Jahre 1686", Taschenbuch für die vaterländische Geschichte von Hormayr und Mednyánsky, Jahrgang 1824, S. 330 u. f.

übertragen. Ein kühner ungarischer Fähnrich, der mit einer kleinen auserlesenen Heldenschar durch das Stuhlweißenburger Thor in die Stadt dringt, stürmt mit der Fahne in der Hand bis auf den Georgsplatz vor, wird da im Kampfgewühl von den Seinen abgeschnitten, bahnt sich tollkühn den Weg bis zu dem Schloßgraben, der damals auf dem Georgsplatze die Stadt vom Schlosse trennte, wird aber übermannt und auf einem Hollunderbaum aufgeknüpft, von den Nachstürmenden befreit und dringt vereint mit denselben in die königliche Burg ein. Der Name dieses kühnen Fähnrichs soll Ramocsaházy gelautet haben[1]). Eine andere Tradition reicht die Palme des Ruhmes, zuerst siegreich die Mauerbresche erstiegen zu haben, dem königlichen Kapitän Johann Fiáth, welcher bei der Belagerung von Ofen das Fußvolk des Raaber Generalates befehligte. Man glaubte seine That aus einem Diplome erweisen zu können, das zwanzig Jahre später, am 30. Mai 1707, von dem Palatin Paul Esterházy diesem Helden ausgestellt wurde[2]). Doch führt eine genaue Erwägung des Inhaltes dieser Urkunde zur Erkenntniß, daß einerseits nur im Allgemeinen der Tapferkeit dieses Mannes bei dem Kampfe um Ofen Zeugniß gegeben, dabei aber insbesondere hervorgehoben wird, daß derselbe der erste unter den Ungarn war, der mit seinem Fußvolke die Laufgrabenwache in den Parallelen zu beziehen beauftragt wurde und während

---

[1]) J. V. Häufler: Buda-Pest, historisch-topographische Skizzen, Pest 1854, S. 111 u. 112. Ferner: Joseph Némedy: „Die Belagerungen der Festung Ofen in den Jahren 1686 und 1849", S. 25 und Anmerkung Nr. 38 auf S. 36. Dazu ist vor Allem zu bemerken, daß beim Stuhlweißenburger-Thor, was ganz fest steht, am 2. September gar kein Angriff erfolgte und dort gewiß keine Angriffs-Colonne eindrang; im Gegentheile wurde erst jüngst darauf hingewiesen, daß ein Theil der Bevölkerung während der Sturmkämpfe sich aus dem westlichen Thore zu retten suchte und Prinz Eugen mit der kürfürstlichen Cavalleriereserve dasselbe rasch besetzte und bis zum Vordringen der Kaiserlichen festhielt (Karl Staudinger: „Das königlich bayerische 2. Infanterie-Regiment „Kronprinz", S. 136.) Wenn Némedy und Häufler ihre Annahme eines Sturmangriffes beim Stuhlweißenburger-Thore durch den Hinweis auf Fontana's Mappe zu rechtfertigen suchen, wo es Nr. 24 heißt: „Stuhlweißenburger-Thor, wo der kleine Succurs hineinkommen"; so liegt hier ein schwerer Irrthum vor, denn es ist ja augenfällig, daß der „kleine Succurs" hier nicht eine Sturmcolonne sondern jene Schar von 300 Janitscharen bedeutet, welche als Succurs sich am 20. August durch dieses Thor den Eingang in die Stadt erkämpfte. — Hier ist übrigens Raum für eine Bemerkung, die sich uns aufdrängt. Häufler begleitet seine Darstellung der Erstürmung Ofens am 2. Sept. mit 10 sehr interessanten, wenn auch vielfach anfechtbaren Anmerkungen, die in zwei Fällen auch urkundliches, bis dahin nicht veröffentlichtes Quellenmaterial enthalten (S. 109—113). Diese Anmerkungen finden sich der Reihe nach in einer bis ins kleinste Detail wörtlich übereinstimmenden Weise bei Némedy (S. 35—37) wieder. Letzteres Buch ist im Jahre 1853, ersteres im Jahre 1854 erschienen. Die Priorität des Erscheinens bestimmt hier aber nicht die literarische Urheberschaft; der erste Theil des Häufler'schen Werkes ist mehrere Jahre früher, noch in den vierziger Jahren gedruckt worden, wie dies aus der Vorrede und auch aus vielen Stellen dieses Theiles erhellt; das Buch erschien aber erst im Jahre 1854 im Buchhandel; dem „Joseph Némedy" standen also offenbar die Aushängebogen zur Verfügung. „Némedy" ist übrigens ein Pseudonym und es schwebt über dem Autor ein gewisses Dunkel; die Meinungen der Fachgenossen in Budapest weichen über diese Autorschaft von einander ab; die einen behaupten, der Verfasser sei ein Adjutant Arthur Görgei's gewesen, der das Buch aus naheliegenden, hier nicht näher zu erörternden Gründen unter fremdem Namen erscheinen ließ, die anderen dagegen bezeichnen den Feldmarschalllieutenant a. D. Joseph Némedy als Autor des Werkes; meine in dieser Beziehung an maßgebendster Stelle gepflogenen Nachfragen (nämlich bei dem betreffenden Herrn selbst) ergaben, daß Feldmarschalllieutenant Joseph Némedy sicher nicht der gesuchte Autor sei.

[2]) Häufler a. a. O. S. 110. Joseph Némedy a. a. O. S. 35.

der Zeit dieses Dienstes bei einem feindlichen Ausfalle heldenhaft an der erfolgreichen Abwehr sich betheiligte.

Die Sage, welche ihren Kranz um die löwenkühne Haltung des David Petne-házy flocht und von der grausen Lebensgefahr, welche der Barbaren Hand ihm bereitete, zu erzählen weiß, findet ihre erste Grundlage und Quelle in den Mittheilungen, welche der siebenbürgische Chronist Michael Cserei (geb. 1668, † 1756) uns hinter-lassen hat[1]. Derselbe erzählt, daß Petneházy mit seiner Haiduckenschar beim Sturme in kühnster Weise vordrang, den Widerstand der Türken überwältigte, mit seinen Ungarn zu allererst die Steinmauer erstieg und dann vor allen in die Stadt ein-drang. Staunend hätten die deutschen Generale ausgerufen: „Petneházy sei nicht ein Mensch, sondern ein Löwe". Diese hier gebotenen Mittheilungen sind dann im Laufe der Zeit mehr und mehr sagenhaft ausgeschmückt und zu jenem Bilde erweitert worden, das wir eben aufgerollt haben. Es darf aber der Umstand nicht unerwähnt bleiben, daß diese von Cserei überlieferten Thatsachen in keiner anderen Quelle eine Bestätigung finden und daß dieser Autor seine Geschichte lange später niederschrieb. Urkunden und Actenstücke, Tagebücher und Flugschriften jener Zeit wissen überhaupt keine Persönlichkeit zu nennen, welche, wie eine Fahne voranleuchtend, am 2. September zuerst die Mauer auf der nördlichen Angriffsfront erstiegen habe. — Der Ruhm, sich mit gigantischem Muthe auch an diesem Tage geschlagen zu haben, wird Petneházy bleiben, wenn auch die von seinen Volksgenossen mit Stolz und Bewun-derung verkündeten einzelnen Züge seiner Haltung und seines Schicksals an jenem großen Tage in das Gebiet der Sage verwiesen werden müssen. Dagegen liegt über jene Persönlichkeit, die auf der Südseite bei dem entscheidenden Sturme die Mauern zuerst erstieg, ein bestimmtes urkundliches Zeugniß vor. Daß dort Martin Günther von Pechmann, Interimscommandant des bayerischen Leibregiments, der erste auf der Bresche der Schloßmauer war, bezeugt das Diplom in unzweifelhafter Weise, welches Kaiser Leopold dem genannten Helden am 27. Juni 1698 ausgestellt hat[2]. Auch die Erhebung Pechmann's in den Reichsfreiherrnstand steht als Zeichen kaiser-licher Anerkennung im Zusammenhange mit der erwähnten Heldenthat. Ungarns Krone wurde zum Lohne in dessen Wappen gesetzt[3].

Auch das Schicksal einzelner, am 2. September gefangener Türken umwallt ein bunter Sagenschleier; eine aus demselben hat besonders weite Verbreitung gefunden, augenscheinlich aus zwei Gründen am meisten gefesselt und die Seele vieler Menschen gewonnen. Denn einmal bot dieselbe ein leuchtendes Beispiel des Edelmuthes, das der Sohn einer altberühmten magyarischen Familie gab, andererseits verkündete sie die sieghafte Macht der im Christenthum ruhenden Ideen. Unter den Gefangenen — so wird erzählt — befand sich auch Hamsa-Beg, der Nachkomme jenes Hamsa, Sandschaks von Stuhlweißenburg, dem Suleiman einstens jene Ortschaft geschenkt, die heute noch den Namen Hamsabég (Erd) trägt. Dieser Hamsabeg nahm einstens den Grafen Peter Száparý gefangen, hielt ihn als Sklaven, behandelte ihn grausam, ja

---

[1] Cserei's siebenbürgische Geschichte ist abgedruckt im I. Bande des Sammelwerkes: „Ujabb nemzeti könyvtár" Pest 1852.

[2] Némethy a. a. O. S. 36 (Note Nr. 36). — Häusler a. a. O. S. 111 (Note Nr. 12). — Karl Staudinger: „Das königlich bayerische 2. Infanterie-Regiment „Kronprinz", S. 136.

[3] Nuith: „Das k. b. 10. Infanterie-Regiment „Prinz Ludwig". (Ingolstadt. 1880). S. 15.

spannte ihn, einem Ackerthiere gleich), vor den Pflug. Einem glücklichen Streifzuge des Grafen Batthyány hatte dann Szápáry seine Rettung zu danken. Nach der Erstürmung von Ofen, an der auch Szápáry theilnahm, wurden viele Gefangene wie Beutestücke vertheilt und dem Grafen Szápáry sein ehemaliger Bedränger zugewiesen. Kaum hatte derselbe dies erfahren, nahm er aus Furcht vor der Rache des von ihm Gequälten tödtliches Gift. Bei der Uebergabe des Gefangenen verkündete aber Graf Szápáry: „Du hast viel Grausamkeit an mir geübt und bist nun in meiner Gewalt, damit du aber siehst, daß ein Christ besser ist als ein Türke, schenke ich dir die Freiheit". Ueberwältigt von dem Edelmuthe seines Gegners verlangte Hamsabeg zur Lehre desselben sich zu bekennen, ließ sich taufen und gab bald darauf seinen Geist auf[1]).

Auch nach anderen Richtungen wob die Sage ihren Schleier. Noch zu Ende des vorigen Jahrhunderts erzählten sich die Landleute der Ofener Gebirgsgegend, daß jährlich im August und September die Stadt und Festung von zahlreichen Adlerscharen umkreist werden, deren Instinkt ihnen die Erinnerung an die einstige Beute auf den Leichenfeldern gab. Die Höhe, von der diese Adler auszogen, und welche früher den Namen Königsberg, auch Gottesberg trug, soll daher die Benennung „Adlerberg" erhalten haben[2]). So lebhaft beschwingt das Andenken an gewaltige Ereignisse die Phantasie des Volkes.

---

[1]) Mailáth a. a. O. V, S. 53, 54 und 165. Németh a. a. O. S. 28. Häufler a. a. O. S. 114. Ono Klopp a. a O. S. 391, wo aber der Vorfall in das Jahr 1684 gesetzt wird.

[2]) Graf J. Mailáth: „Ofens Rückeroberung im Jahre 1686", Taschenbuch für die vaterländische Geschichte von Hormayr, 1824, S. 331. — „Geschichte der Magyaren" von demselben, V. 165. — Häufler a. a. O. S. 121.

XXVI

Die Siegesfeier.

———

Es entsprach der Sitte jener Zeit, unmittelbar nach einer großen Waffenthat hochgestellte Officiere vom Schlachtfelde weg als Siegesboten an die Mitglieder des kaiserlichen Hauses zu senden. Nach dem glücklichen Vollbringen der Erstürmung und nach der militärischen Besetzung der Festungsstadt wurden mit dieser Mission betraut: der Prinz Carl Franz von Commercy und der Deutschmeister Pfalzgraf Anton von Neuburg. Der Prinz von Commercy wurde an die verwitwete Kaiserin nach Wien gesendet, Prinz von Neuburg eilte zum Kaiser, der sich damals in Wolkersdorf aufhielt. Es war etwa 6 Uhr Abends, als diese Curiere Ofen verließen. Schon am nächsten Tage erhielt Wien die frohe Siegesbotschaft. Prinz Commercy war es, der sie zuerst überbrachte. Am 3. September um 12 Uhr Mittags sprengte er durch die Straßen von Wien zur kaiserlichen Burg; er hatte also den Weg von Ofen nach Wien in 18 Stunden zurückgelegt[1]) und es klingt daher nicht unglaubwürdig, wenn eine Flugschrift jener Tage die Nachricht bringt, des Siegesboten Ritt sei so eilfertig gewesen, daß er unterwegs Hut, Sattelpistolen und Degen verlor[2]).

Die tiefe Erregung und hohe Freude, mit der die Siegesbotschaft am Hofe zu Wien und in allen Gesellschaftskreisen der Stadt aufgenommen wurde, schildern in sprechenden Bildern jene Berichte, welche der brandenburgische Resident unter dem Eindrucke der Nachricht am 3. und 4. September an den kurbrandenburgischen Hof erstattet hat; „die glückliche Eroberung Ofens ist heute — schreibt er am 3. September — durch den Prinzen von Commercy gegen Glock 12 Uhr Mittags an den verwittibten kaiserlichen Hof zu jedermänniglich unbeschreiblichem Freude und Frohlocken überbracht worden[3])". — „Der Hof — schreibt derselbe am 4. September — ist heute in extraordinärer Galla gewesen, von den kaiserlichen Ministern ist diesen Morgen keiner zu sprechen gewesen, weil geheimer Staatsrath gehalten worden und mit denen Depeschen an fremde Höfe viel zu thun gefallen. Bei Hof und in den Antichambres

———

[1]) Die Zeit des Eintreffens in Wien ist genau angegeben in den beiden Gesandtschaftsberichten des brandenburgischen Residenten Schmettau an den Großen Kurfürsten und an den brandenburgischen Kurprinzen. Schöning a. a. O. S. 123—126.

[2]) „Bestürmt- und erstürmte Stadt Ofen u. s. w." S. 69.

[3]) Bericht an den Kurprinzen d. d. „Wien den 3. September 1686 styli nov." — Schöning a. a. O. S. 123.

ist viel Lob und Rühmens von den Churbrandenburgischen gehört worden, wie sie sich bei der letzten Action abermals so tapfer gehalten und die Ersten in die Stadt gedrungen .... Die allhiesige Freude ist schwer zu exprimiren und wird von nichts als Festen, Schießen, Frohlocken und Musiken gehört[1])."

Am nächstfolgenden Sonntag, den 7. September, beging dann Wien in solenner Weise die Siegesfeier; nach dem strengkatholischen Sinn dieser Monarchie trug sie vor allem ein kirchliches Gepräge. An der großen Procession, die sich prachtentfaltend von der Hofkirche nach der Stephanskirche bewegte, haben der Kaiser, die Kaiserin, die Kurfürstin von Bayern, alle Minister, alle Herrn und Damen des Hofes und Wiens gesammte Klerisei theilgenommen. Im Dome von St. Stephan celebrirte der Nuntius, Cardinal Buonvisi, das Hochamt und die Absingung des Ambrosianischen Lobgesanges wurde von dem Donner der Kanonen begleitet, welche auf den Bastionen eine dreimalige Salve gaben.

Aber nicht Wien allein hat dem Siegesjubel Ausdruck gegeben. Man darf sagen, das große Ereigniß von Ofen hat sich nicht ohne die innigste Theilnahme des ganzen Abendlandes vollzogen. Fast an allen Mittelpunkten des europäischen Lebens ist die Siegesfeier begangen worden, hat man die Befreiung Ofens mit ungetheiltem Jubel begleitet.

Als die frohe Botschaft nach London kam, gab der König seiner freudigen Theilnahme dadurch Ausdruck, daß er in allen größeren Kirchen Londons die Abhaltung von Dankgebeten anordnete. Der spanische Gesandte in London ließ eine besondere Feier veranstalten, in seiner Hauskapelle das Te Deum laudamus singen und Abends vor seinem Palaste ein Kunstfeuerwerk abbrennen[2]). Als am 8. September der Curier die Nachricht von der Eroberung Ofens nach Brüssel brachte, „war die Freude unbeschreiblich groß". Die Siegesfeier währte da mehrere Tage, Feste folgten auf Feste so daß man sagen konnte, es habe „kein Einwohner der Stadt Brüssel, so gering er auch sein mochte, zur Bezeigung seiner Freude das geringste gespart"[3]). Wie hätte in Rom die Freude geringer sein können, wo Papst Innocenz XI. alle Siege der verbündeten christlichen Heere stets mit seinem Jubel begleitete und dem Kampfe seine werkthätige und großartige Unterstützung geliehen hatte. Am Mittwoch den 10. September gelangte die Siegesbotschaft in die ewige Stadt und am folgenden Tage verkündeten die Kanonen der Engelsburg und das Geläute der Glocken aller Kirchen dem Volke, daß im fernen Osten ein großes Ereigniß sich vollzogen habe. In Akten königlicher Freigebigkeit äußerte der Papst zunächst seine Freude, und seine hilfreiche Hand spendete den Armen und Bedrängten die reichsten Gaben. Am darauf folgenden Sonntag fand dann die Siegesfeier in solennster Form und wahrhaft erhebender Weise statt. In der päpstlichen Hauscapelle las Cardinal Pio die Festmesse und zum Schlusse intonirte der Papst selbst mit lauter Stimme den Ambrosianischen Lobgesang unter Thränen der Cardinäle und anderer Umstehenden. Draußen hallte der Donner der Kanonen des Kastells über die Siebenhügelstadt hin und die Klänge aller Thurmglocken begleiteten die kirchliche Siegesfeier. Abends erglänzten die Wohnungen der

---

[1]) Bericht an den Kurfürsten d. d. Wien den 4. September st. n. 1686. — Schöning a. a. O. S. 125.

[2]) Theatrum Europaeum, XII. 1051.

[3]) Ebenda XII. S. 1063.

Großen und Kleinen von unzähligen Lichtern, die eine seltsame Wallfahrt beleuchteten, denn festliche Aufzüge belebten die Straßen und Triumphwagen führten die Bildnisse des Kaisers und der Fürsten, welche Mitglieder der Liga waren. Am Montag Abends wiederholte sich die Stadtbeleuchtung. Der dritte Tag war pietätvoll der Erinnerung an die Todten geweiht, an jene tapfern Streiter, die im Kampf und Sieg bei Ofen gefallen. Auf Geheiß des Papstes wurden in allen Kirchen Seelenmessen gelesen; insbesondere ist in der Theatinerkirche die Todtenfeier mit großem, düsterem Gepränge begangen worden[1]).

Auch in Mailand und Genua wurden rauschende Siegesfeierlichkeiten veranlaßt. In Mailand war die kirchliche Feier vom Donner der Geschütze und dem Geläute der Glocken aller Kirchen begleitet, in beiden Städten wiederholte sich die festliche Beleuchtung an drei aufeinander folgenden Abenden[2]).

In den weiten Landen der habsburgischen Monarchie gab es keine Provinzial-Hauptstadt, wo nicht eine Dankfeier abgehalten worden wäre, keine noch so kleine Festung, in der nicht der Donner der Kanonen dem Volke verkündet hätte, daß im fernen Osten eine große Waffenthat vollbracht wurde und ein großes historisches Ereigniß sich vollzog[3]).

In der beredten Erscheinung, daß im Jahre 1686 zahllose Flugschriften, theils in deutscher, theils in italienischer und französischer Sprache erschienen sind, welche ausschließlich die Belagerung und Erstürmung von Ofen zum Vorwurfe ihrer Darstellung genommen haben, ferner in der Erscheinung, daß 70 Denkmünzen verschiedener Form und Größe zur Erinnerung und Verherrlichung dieses Ereignisses geprägt wurden, offenbart sich ein unwiderlegliches Zeugniß, daß eine halbe Welt die That der Befreiung Ofens mit ihrer Theilnahme und mit ihrem Jubel begleitete. Die hohe Bedeutung des Kampfes und Sieges ist allenthalben erkannt, die tiefgreifenden Folgen sind vorausempfunden worden.

Fassen wir die Folgen dieses Sieges und dieser Eroberung mit Kürze zusammen. Der Kampf um die Befreiung Ofens war im vollsten Sinne ebenso ein Entscheidungskampf, wie drei Jahre früher die großartigen Waffenerfolge unter den Mauern von Wien. Seine Folgen, die sich auf das stärkste fühlbar machen, ragen weit in die kommenden Jahre hinein. Das Ansehen türkischer Kriegskunst war auf's tiefste erschüttert, der Proceß der Zersetzung osmanischer Herrschaft hatte mächtigen Fortgang genommen. Als Frucht des großen Erfolges fiel noch im selben Jahre — wenige Wochen nach Ofens Befreiung — eine Reihe wichtiger Stützpunkte osmanischer Herrschaft in Ungarn dem Sieger in die Hände, die Städte Fünfkirchen und Szegedin wurden eingenommen, die festen Orte Simontornya und Siklos bezwungen, Kaposvar unterworfen und die Esseger Brücke vernichtet. Aber die ruhmvolle Befreiung Ofens bildet zugleich den Ausgangspunkt einer glänzenden Reihe von Siegen in den zwei folgenden Jahren, wo die Barbaren bis jenseits der Mauern von Belgrad zurückgeworfen wurden. Die unerbittliche Logik der Thatsachen führte dann weiter als Folge dieser

---

[1]) Theatrum Europaeum, XII. 1104 u. f.

[2]) Ebenda, S. 1107 und 1108.

[3]) Registratur des Reichskriegsministeriums, Protokoll von 1686; zum 4. und 6. September. Notificationen an 21 Commandanten, dann an die österreichische Hofkanzlei und an die böhmische Kanzlei. —

Siegeszüge den dreifachen großen Schicksalswechsel in Siebenbürgen herbei: das Auf=
hören türkischen Einflusses für immer, den Niedergang des sterbenden nationalen
Fürstenthums und die Begründung habsburgischer Herrschaft. — Ungarn und sein
legitimer König waren nun wieder im Besitze der alten Hauptstadt; freilich waren da
nicht einmal mehr Reste des alten Glanzes und Ruhmes vorhanden, sie glich zunächst
einem Trümmer= und Leichenfelde, aber auf der Stätte der Zerstörung war zugleich
die Fahne der Hoffnung aufgepflanzt, daß nach der Niederschmetterung des Feindes
aller abendländischen Kultur eine glückliche Wiedergeburt erfolgen, daß aus den Ruinen
neues Leben erblühen werde. Diese Hoffnung und dieser Glaube haben ihre reiche
Erfüllung gefunden, denn dort verkündet heute eine zu neuem Wohlsein erblühte, stolze
und prächtige Doppelstadt die Siege der Volkskraft und des neu erwachten nationalen
Geistes.

Wahrlich, es sind in jenen Sommertagen des Jahres 1686 große Erfolge er=
stritten worden, aber es sollte auch jederzeit unvergessen bleiben, um welchen Preis
die Befreiung Ofens errungen, wie theuer der Sieg erkauft wurde. Eine große Zeit
hat kein kleines Geschlecht gefunden, alle Opfer mußten in großem Maßstabe für diese
große Sache gebracht werden. Eine Riesenaufgabe mußte gelöst werden, vor deren
Bewältigung nur selbstbewußte Thatkraft und unermüdliche Arbeit nicht zurückschrecken
konnten. Der Muth jener Streiter, die den Kampf heldenhaft ausgekämpft, blieb trotz
aller Gefahren, trotz riesiger Anstrengungen ungebrochen, ihre Energie durch Drang=
sale und Leiden unberührt und uneingeschränkt. Der Menschenverlust und die Opfer,
welche die 75 tägige Belagerung gekostet, entsprachen der Größe des Siegespreises. Die
Verlustliste der kaiserlichen Armee läßt sich nicht genau feststellen, denn es liegen uns
nur die Angaben über die Zahl derjenigen vor, die bei den Stürmen und bei feind=
lichen Ausfällen Tod oder Verwundung fanden, es ist uns aber nicht bekannt, wie
viele durch feindliche Minen verschüttet, wie viele durch das Ungeschick der eigenen
Mineure geschädigt wurden und wie viele täglich bei dem schweren Dienste in den Lauf=
gräben ihr Grab fanden; nur annäherungsweise läßt sich sagen, daß die Zahl der
Todten und Verwundeten der kaiserlichen Truppen 4500 bis 5000 betragen habe;
dagegen wissen wir genau, daß die gesammte Armee des Kurfürsten von Bayern an
Todten 28 Officiere und 2044 Mann, an Verwundeten 66 Officiere und 1612 Mann,
an Kranken 1098 Mann zählte[1]. Die verhältnißmäßig schwerste Einbuße hat das
brandenburgische Hilfscorps erlitten. Dasselbe war in der effectiven Stärke von
8269 Mann vor den Mauern von Ofen erschienen und verlor während der Be=
lagerung 3138 Streiter, „mehr wie der dritte Mann von denen, die da auszogen,
schlief im Schooße fremder Erde"[2].

Das Andenken an die großen Opfer, an die entsagungswillige Anstrengung, an
die Kühnheit und Todesverachtung all der Streiter in den Tagen des langen, schweren
Kampfes sollte jederzeit eine Stelle finden in dem patriotischen Empfinden der Völker
Österreich=Ungarns. Es sollte unvergessen bleiben, daß das Befreiungswerk nicht der

---

[1] Staudinger: „Das königlich bayerische 2. Infanterie-Regiment Kronprinz" (1682—1882)
S. 137.

[2] Schöning a. a. O. S. 145, dann S. 282—285, wo eine genaue Liste der während der
Belagerung gefallenen und verwundeten brandenburgischen Officiere mitgetheilt wird. Die Zahl der
getödteten Officiere betrug 30, die der verwundeten 61.

Wehrkraft eines einzelnen Landes gelang und zu danken war, sondern nur dem har=
monischen Zusammenwirken aller Kräfte der habsburgischen Monarchie, die damals
in der treuen Bundesgenossenschaft des deutschen Reiches eine Stütze fand, gleichwie
in der Gegenwart wieder die beiden großen Nachbarreiche in ihrem Bündnisse ein
Verhältniß erblicken, auf dem der europäische Friede, ja der Fortbestand des euro=
päischen Rechtszustandes beruht.

Es ist den Menschen ein Bedürfniß des Gemüthes, der Vergangenheit den Lorbeer
zu reichen.

So mögen denn auch die Blätter dieses Buches einen Kranz der Erinnerung
bilden, der pietätvoll zur zweihundertjährigen Gedächtnißfeier niedergelegt wird, zur
Erinnerung an jene Ruhmestage Oesterreichs, an die entsagungsfreudige Opferwilligkeit
und an den heroischen Muth aller Streiter in jenen aufreibenden Kämpfen, vor
Allem aber zur Erinnerung an jene Helden, die ihr Herzblut für die große Sache
vergossen und ihrer Fahne und ihrem Schwure bis in den Tod getreu blieben.

Beilage.

Erklärungen zu dem Belagerungs-Plane von Juvigny.

Der von Karl von Juvigny im Jahre 1686 herausgegebene Plan der Belagerung von Ofen, welcher hier in verkleinertem Maßstabe und mit Hinweglassung der „Prospecte" dargestellt ist, trägt folgende Aufschrift: „Grund-Riß der Belagerung und Eroberung Ofen sambt drey Prospecten und Vorstellungen unbterschüblicher feindlicher Einfäll und Niederläg, wie auch beyder gegen einander in der Schlacht-Ordnung stehender mächtiger Kriegsheere, Alles nach dem Leben fleissig abgezeichnet und abgemessen durch Carl de Juvigny Eines löbl. Mansfeld: Regmt.-Officier und Ingenieur 1686."

„In Wien bey Mathias Greischen, Accadem. Kupferstecher und Kunsthandler nächst bey der Kayser: Burg zu finden" [1]).

Erklärungen [2]).

1 Die kayserliche Attaque.
2 Batteria von 12 Halb-Carthaunen.
3 Batteria von 3 Halb-Carthaunen.
4. Batteria von 2 Halb-Carthaunen.
5 Batteria von 3 Halb-Carthaunen.
6 Batteria von 8 Halb-Carthaunen.
7 Batteria von 2 Halb-Carthaunen.
8. Batteria von 5 Halb-Carthaunen auff dem Schwaben-Berg, welche nachmalen in die Approchen verführt und an statt deren jetzt seynd Feld-Stückel gepflanzt worden.

---

[1]) Eine sehr unvollständige Reproducirung dieses Planes erschien in verkleinertem Maßstabe als Beilage in einem besonderen Umschlage zu dem Werke Joseph Némedy's: „Die Belagerungen der Festung Ofen in den Jahren 1686 und 1849". Die beiden im Umschlage erschienenen Pläne von Fontana und Juvigny sind im Buchhandel längst vergriffen Der hier beiliegende Plan ist nach dem Originalstiche, von dem nur noch wenige Exemplare in Bibliotheken und Archiven vorfindlich sind, sorgfältig gezeichnet worden.

[2]) Diese Erklärungen, die auf dem Originalstiche verzeichnet sind, wurden schon einmal von Némedy (a. a. O.) durch den Druck veröffentlicht; dieser Abdruck ist aber lückenhaft, unvollständig und weist mehr als dreißig, theilweise sehr sinnstörende Fehler auf, so, daß eine neuerliche Reproduction, die genau nach dem Verzeichnisse des Originalstiches gegeben wird, vollkommen gerechtfertigt erscheint.

9. Batteria von 6 Halb=Carthaunen auff der Breche auff einem Gerüst.

10. Batteria von 3 Halb=Carthaunen auff dem großen Rundell auff einem Gerüst.

11. Batteria von 22 Feld=Stückeln, darauß die Brandenburger glüende Kugeln in die Vestung geschossen.

12 Batteria von 6 Halb=Carthaunen, so gedienet zu der untern Statt attaque, an statt deren seynd hernach 8 von des Spaniers Feuermörser gepflanzt worden.

13 Battteria von 2 Feld=Stückeln für die Ausfäll.

14. Batteria von 3 Feld=Stückeln.

15. Kessel von 8 Feurmörsern, welche nachmals auff numero 16 und 17 verführt seynd worden.

16. Kessel von 6 Feurmörsern, die hernach auf numero 19 übergesetzt seynd worden.

17. Kessel von 4 Feurmörsern.

18 Kessel von 4 Feurmörsern.

19 Kessel von 2 Feurmörsern am Fuß der breche.

20. Unsere Minen.

21 Zappen oder Durchgäng in den Graben.

22 Kayserliche Reserva.

23 Contravallations Lini mit ihren Redoutten.

24 Pallisaden, womit die Lauffgräben verschanzt gewesen.

25. Kessel von 4 Feurmörsern, die hernach auff numero 34 übergesetzt seynd worden.

26 Verschanzung bey dem Wasser Rundell in der untern Statt, allwo ein Obrist mit 300 Mann die Wacht gehalten.

27. Verschanzung in der Donau dem feindlichen Succurs den Paß zu Wasser ab=zuschneiden.

28 Eine alt verneuerte Redout, wobey eine Wagenburg; an den Orth ist Herr Gen. Mercy den 29. Augusti von feindlichen Succurs, der in die Statt gewolt, töblich gehaut worden.

29. Breche an der untern Statt=Maur, so die Unserige mit Pallisaden und Gräben verschanzt, und mit 200 Mann besetzt haben.

30. Attaque gegen der untern Statt.

31 Chur=Brandenburgische Attaque.

32. Batteria von 12 Halb=Carthaunen.

33. Batteria von 2 Feld=Stückeln und 1 Halb=Charthaunen.

34. Kessel von 4 Feurmörsern.

35. Eine Schanz in der Höhe nechst bei St. Paulusthal, welche von 300 Talpatschen verwacht gewesen.'

36 Eine Redout nechst gedachter Schanz, so von 150 Brandenburger besetzt gewesen.

37. Chur=Bayrische Attaque.

38. Batteria von 12 Halb=Charthaunen.

39. Batteria von 7 Halb=Charthaunen.

40. Batteria von 6 Halb=Charthaunen.

41. Batteria worauff erstlich 4 Halb=Charthaunen, darnach 4 Feurmörser gestanden.

42. Batterie von 2 Halb=Charthaunen auff dem Schlos=Rundell.

43 Batteria von 2 Halb=Charthaunen auff einem Gerüst.

44. Redont, in welcher eine Batteria für 10 Stücken, so aber von des Feinds gegen Batterien ruinirt worden.

45 Batteria von 3 Feld=Stückeln.
46 Batteria von 3 Feld=Stückeln auf dem Gerhardsberg.
47. Batteria von 4 Halb=Carthaunen.
48 Batteria von 6 Feld=Stückeln für die Ausfäll.
49 Neu erbaute Brucken die Stück in das Rundell darüber zu bringen.
50 Feindliche Verschantzung und Abschnitt.
51. Feindliche gegen Batterien.
52. Feindliche Minen.
53 Die Breche.
54 Schantz bei Pest.
55 Schantze die Brucken zu verwachten.
56. Circumvallations Lini mit ihren Redoutten.
57 Pulver Mühl.
58 Vergrabene Bomben, solch (im Fall der Feind so weit avanciren mögt) springen zu lassen.
59. Das Orth woburch der Feind den 20ten Augusti etlich 100 Mann in die Statt gebracht.
60. Das Orth, allwo Herr General Heußler den 20ten Augusti mit dem Feind gescharschirt, denselben bis zum Weißenburger Thor verfolgt, deren in die 200 nidergemacht, und 4 Fahnen erobert.
61. Moschea in welcher 500 Tallpatschen in der Reserva gestanden.
62. Das Orth, wo des Herrn Gen: Mercy Regiment den 29ten Augusti sich mit dem Feind geschlagen, von dem 100 erlegt und 6 Fahnen erobert.
63. Das Orth, wo des Herrn General Heußler, und Dona Regimenter mit dem Feind getroffen, davon 150 nidergemacht und 2 Fahnen erobert.
64. Ein anderes Orth, wo H: Gen: Heußler 155 Türken nidergemacht und viel Fahnen erobert.
65. An diesem Orth, seynd die Türken alle Tage werender Belagerung außgefallen.
66 Reutter Wacht.
67. Chur=Bayrische Reserva.
68. Churbrandenburgische Reserva.
69. Des Bassa sein Wohnung.
70. Das Graner Thor.
71. Das Stullweissenburger Thor.
72. Das Pester Thor.
73. Communications Lini, das Wasser sicher zu hollen.
74. Pallanka, gedachte Communications Lini zu verstärken.
75. St. Gerhartsberg.
76. St. Paulus Thall.
77. Vorgenommene aber noch nicht gevollendete Werk.
78. Wägen so für Schanzen gedient.
79. Feindliche Kesseln von 4 Feurmörsern hinder der Breche.
80. Warme Bäder.
81. Die obere Statt.
82. Arsenall.
83. Die Schmiden.

84. Das Orth, wo der Feind die Stuck gegossen.

85. Ein großer Thurm, worin die gefangene Christen seynd gelegen.

86. Die Bibliothek in dem Schloß.

87 Ein Zimmer voll mit Bögen, Pfeil, Küras und andere Kriegs-Rüstungen.

88. Ein Gemach voll mit Biscotten.

89. Ein Kammer voll mit Feur-Rören.

90 Ein Orth voll mit Lunden.

91. Ein Orth wo allerhand Instrumenten (als Krampen, Schauffeln und dergleichen, so zum Krieg nothwendig seynd) gefunden worden.

92. Die Schloß Capellen.

93 Das Magazin Hauß so den 22ten Juli in die Lufft gesprungen, und ein gueten Theil vom Schloß mit sich gerissen.

94. Die untere oder Wasser-Statt.

95. Die Vorstatt.

96. Der Christen Gotts-Acker.

97. Der Türken Begräbnuß.

98 Der Christen Kirchen.

99. Moschee oder Türkische Kirchen.

100. Alt Ofen.

101. Das Feld-Spitall, darin die Kranken, und Blessierten Soldaten seynd gelegen.

102 Das Munition Hauß, wo unsere Munition im Vorrath ist gelegen.

103. Das Orth, wo 10,000 Türken, so in die Statt haben eindringen wollen, von den Unsserigen Recontrirt, deren 4000 auf der Waalstatt geblieben, und haben 9 Stuck, sambt 40 Fahnen und Standarden verlohren.

104. Christliche Armee, wie sie gegen dem Feind in der Schlacht-Ordnung gestanden.

105. Türkische Armee, wie sie gegen Uns in ihrer Schlacht-Ordnung gestanden und sich zu avanciren gestellt.

106. Das Türkische Lager.